U0137936

北纬三十八度线

——彭德怀与朝鲜战争

杨凤安　　著
王天成

中央文献出版社

再版说明

  抗美援朝战争，是二战后规模最大的现代化局部战争。敌我双方投入共约300万大军。美军使用了除核武器之外所有最先进的武器装备，但结果却是以侵略者的失败而告结束。正如"联合国军"总司令、美国将军克拉克在停战条约签字后说："我成了历史上签订没有胜利的停战条约的第一位美国陆军司令官。"中国人民志愿军和朝鲜人民军并肩作战，第一次打破了美国不可战胜的神话，显示了中华人民共和国的军威、国威，使中国的国际威望空前提高，同时也取得了在现代条件下进行大兵团作战的宝贵经验。这些，对我国现实国防建设仍具有重要启迪意义。

  1950年10月，我们跟随彭德怀入朝作战。杨凤安担任彭德怀的军事秘书兼志愿军司令部办公室副主任，直到战争结束。王天成从抗美援朝开始到撤军前夕，在朝鲜战场工作了近8年，曾在"志司"做参谋工作。我们荣幸地参加了这场战争的全过程，并直接在彭德怀、邓华、陈赓、杨得志、洪学智、韩先楚、宋时轮、杨勇、王平等老首长领导下工作。我们的亲身经历、耳闻目睹和战场体会使我们深深感到，毛泽东、周恩来、彭德怀等老一辈革命家对这场战争的胜利作出了永远不会磨灭的重大贡献。他们对这场中国历史上规模最大的现代化战争的指导艺术，是后人极其宝贵的财富。每当回忆这段往事，我们记忆犹新，感到作为两个老志愿军，有责任拿起笔，把他们的高超的战略

1

战役指导艺术和才智、光辉的战略思想、灵活的战场指挥、顽强的革命斗争精神记述下来，告慰在朝鲜战争中牺牲的烈士，献给读者，留给后人。1980年5月，浦安修同志揭示我们俩人写一本可读性强的抗美援朝史书。当年志愿军老首长也给了我们支持和鼓励。

本书原名为《驾驭战争的人》。它在广阔的背景上，从全景的角度，重现抗美援朝战争这一惊心动魄的史诗，重现志愿军的英雄形象，重点是重现第一个打败美军的中国将军、中国人民志愿军司令员彭德怀在朝鲜战场上的赤胆忠心、大智大勇和大将风范。作者以资深军史研究员、当年任志愿军司令员彭德怀的军事秘书和志愿军总部参谋的独特身份，遵照当时的历史背景和观点，以作者熟悉的亲历事实和文电为依据，主要以彭德怀的军事指挥为轴线，围绕着他在抗美援朝战争期间的重大决策、活动和事件，描绘出声誉世界的军事家彭德怀的形象和他的这一段传奇经历，以反映抗美援朝战争概貌。同时，对历次战役中各军各师的作战经过，对广大指战员在战争中英雄形象，也加以描述。

本书作者请全国政协副主席赵南起(中)指导本书编写时合影。

1953年,作者杨凤安与爱人鲁虹云(志愿军司令部机要秘书)在桧仓志愿军司令部驻地。　　1956年,作者王天成在志愿军司令部驻地附近烈士陵园毛岸英墓旁。

在本书撰写过程中,杨得志、洪学智、王平、王诚汉、郑文翰、赵南起、肖全夫、李际均等首长和老战友曾给以支持和帮助。出版后,《新闻出版报》、《解放军报》、《智囊》、《沈阳晚报》、《书市》等报刊杂志先后全文连载或部分转载。王诚汉、李际均、潘春复等老首长、老战友写了书评,并发表在有关报刊上。许多读者在报刊或向作者写信,提出评价和增修意见。作者根据读者需求和近年来对朝鲜战争研究的新成果,对原书内容作了增补和修订,充实了史料,丰富了内容,增强了可读性,并更名为《北纬三十度线——彭德怀与朝鲜战争》。在此过程中,继续得到中央文献研究室、中央党史研究室、外交部、社会科学院、总政治部、军事科学院、彭德怀传记组、中国版权保护中心等部门的领导、专家等的热情指导和帮助。主要有:徐才厚、郑振环、明振江、孟照辉、徐怀中、陆柱国、王庆生、海波、饱梦梅、王波、范天恩、莱斌、李平分、王慧卿等。

本书2000年经增修出版后,继续受到各界关注。北京图书大厦特邀

3

作者参加纪念志愿军出国作战50周年活动与签字售书。北京大学共青团委、湖南省委、彭德怀纪念馆、丹东抗美援朝纪念馆等部门邀请作者介绍抗美援朝战争与彭德怀业绩。中央电视台、北京电视台、辽宁电视台、凤凰卫视、中共中央对外宣传局、五洲媒体传播中心与法国电视台等媒体记者、学者约作者口述本书有关内容。应八一电影制片厂等影视单位约定，作者依据本书改编成反映抗美援朝战争的影视文学剧本，经军事科学院领导支持作为课题上报，得到军委首长、总政首长和广电部电影管理局、中央重大影视题材领导小组领导的关怀与支持。

今年是彭德怀同志诞辰110周年，中国人民志愿军出国作战58周年。作者依据热心读者建议，对书中某些内容再作注解与修订，并由中央文献出版社出版。在此之际，特向为作者提供指导帮助的各界人士表示诚挚的谢意。

作　者
2008年1月10日

目　录

序　言

　　杨凤安同志是抗美援朝战争中志愿军司令员彭德怀的军事秘书。我很早就认识杨凤安。解放战争时期,他在华北的第十九兵团任参谋。1949年初解放太原后,十九兵团归第一野战军彭总指挥。我当时任十九兵团司令员。根据野战军司令部要为彭总选调一名作战参谋的指示,我推荐他到彭总身边工作。此后,杨凤安就跟随彭总转战西北战场。

　　1950年毛泽东主席委派彭总率志愿军抗美援朝出国作战,杨凤安跟随彭总一起入朝,从此纵横驰骋朝鲜战场。以后,杨凤安又兼任志愿军司令部办公室副主任,但跟随彭总当军事秘书仍然是他的主要工作,直到抗美援朝战争胜利结束。王天成同志也是一名老志愿军,从志愿军最初入朝作战到大军凯旋,他先后在朝鲜战场工作近8年,期间也曾在志愿军司令部做参谋工作。他们已近60岁和70岁的年纪,但仍然"老骥伏枥,志在千里,烈士暮年,壮心不已"。他们长期坚持,潜心写作,亲自动手撰写了这本《驾驭朝鲜战争的人》,实为可喜之事。

　　我认为,从总体上说,他们俩写的这本书,有以下主要特点:

　　一是作者都是这场战争的参加者,又曾在彭总身边和志愿军总部做军事工作,对毛主席和彭老总以及彭总的助手邓华、陈赓、杨得志、洪学智、韩先楚、宋时轮、杨勇、王平等的指挥比较熟悉,以亲身感受突出介绍他们的战争指导艺术,回忆许多鲜为人知的内情,是一本抗击世界强国侵略的"群英谱",史实生动、新鲜、宝贵。

　　二是作者回国后都长期从事军事学术和军事历史研究工作。杨凤安是原军事科学院战役战术部研究室主任,《抗美援朝战争史》编审。王天成是军事科学院军事历史研究部世界军事史研究员,长期从事军事理论、世界军事史特别是美国军事史的研究。他们把军事理论研究与战例分析结合起来,并参考了中、朝、韩、美、英、日等国最新出版的史料和史书,内容翔实、准确、可靠。

三是作者重点描述驾驭朝鲜战争的人,刻画毛泽东、彭德怀等伟大战略家和军事家的光辉形象,同时也依据敌方史料披露的内幕机密,描绘敌方国家首脑与战地指挥官的形象,准确而清晰地再现敌我双方斗智斗勇为轴线展开的惊心动魄的斗争场面,再现毛主席和我军高级将领的雄才大略以及我军战士的英雄形象,很引人入胜。

四是以文艺形式全景式地描绘这场战争概貌,并从宏观上概括、归纳、提炼,重点叙述敌我斗争的惊险环节,主题突出,可读易懂,像一本生动通俗的纪实体文学故事,具有趣味性,又有军事学术内涵。当然,这场战争本身颇具戏剧性,像险象环生的两个巨人之间的搏斗。作者本人是

1995年12月,作者杨凤安与原中央军委副秘书长(原志愿军副司令员)洪学智在北京一起回忆随彭德怀入朝作战的历史。

　　1995年12月,作者杨凤安(左三)、王天成(左一)与原中共中央副主席、中央军委副主席李德生(左二)回忆抗美援朝战争历史。

身临其境,如实纪录了这场史诗,不需过分雕琢,就足以扣人心弦,震撼人心。

　　抗美援朝战争胜利结束已40年了。在此时机出版这本书,可作为向朝鲜停战协议签字40周年的献礼。

　　抗美援朝战争是中华人民共和国成立不久,中国人民为了援助朝鲜人民反抗美国侵略和保卫自己国家的安全,组织中国人民志愿军开赴朝鲜,进行的一场反侵略的正义战争。在这场战争中,中国人民和中国人民志愿军在中国共产党的领导下,不畏强暴,艰苦奋战,在以金日成为首的朝鲜劳动党和朝鲜人民的关怀和支持下,同朝鲜人民和朝鲜人民军一道,给予以美国为首的16个国家的军队组成的"联合国军"和南朝鲜军以极其沉重的打击,赢得了举世公认的伟大胜利。

　　作为亲身参加这场战争的老战士,我深深体会到,我们之所以能赢得这场战争,毛泽东主席为首的中国共产党的正确领导是决定因素。这场战争是军事、政治、外交、经济等各种斗争的总体战。中共中央、中央军委和毛泽东、周恩来、彭德怀等老一辈无产阶级革命家、军事家,在各条战线上对战争的指导都发挥了重要作用。他们对出兵决策、战略方针和计划的制定、整个战争行动的筹划与指挥等,都体现了卓越的战争指导艺术,成功地驾驭了战争并把它引向胜利。现在,毛泽东、周恩来、彭德怀同志都已与世长辞,但他们对这场战争胜利所作的重大贡献永远不会磨灭。以亲身经历、亲耳所闻并参考史料,生动通俗地介绍这场战争,重点介绍驾驭这场战争的人,是这两位作者的心愿。这表达了作者对我们党,对毛主席、周总理和彭老总等军事家和志愿军战友们以及中朝人民的深厚感情,对我国我军这段光辉历史的爱戴与怀念。作者为此勤奋地作出了贡献。

杨得志

一九九一年八月十九日

(杨得志:原中国人民志愿军第三任司令员,原中央军委常委,
原中国人民解放军总参谋长,上将)

第一章　美军入侵朝鲜

1. 朝鲜内战爆发,举世瞩目

1950年6月25日凌晨4时。朝鲜半岛中部三八线地区,夜色渐渐消失,金色的早晨即将来临。突然,雷电啸,炮声彻,地动山摇,轰隆隆的枪炮声打破了三千里锦绣山河的平静,一场惊动世界的朝鲜南北双方的内战爆发了。

朝鲜是中国的邻邦。1895年,朝鲜被日本帝国主义占领,沦为日本的殖民地半殖民地。朝鲜人民为争取独立和解放,曾经进行了长期的不屈不挠的斗争。一直到第二次世界大战结束,朝鲜才从日本帝国主义的铁蹄下挣脱出来。1945年8月上旬,美国得悉日本投降的意愿后,即拟定了关于受降步骤的命令。经美、苏两国商定,在朝鲜境内接受日本投降以北纬三十八度线为界(通称"三八线"),三八线以北的日军由苏军受降,三八线以南的日军由美军受降。从此朝鲜被人为地以三八线分割成南北两部分,造成了民族分裂状态。

1945年八九月,苏、美两国军队以三八线为界分别进入朝鲜北半部和南半部后,同年12月苏、美、英三国外长在莫斯科举行的会议又决定"重建朝鲜成一独立国家","设立一临时朝鲜民主政府",并商定由苏、美

1945年8月9日苏联对日宣战后，出兵进入日本统治下的朝鲜北部。8月15日，日本宣布投降，美国马上提议以北纬38度线为界分区占领朝鲜，得到苏联方面同意，从而由外部势力将统一朝鲜国家分割为两部分。图为9月中旬美军进抵汉城以北的三八线上的小镇，与苏军相遇。

两国军事代表组成联合委员会就此问题讨论具体实施办法，尔后提请苏、美、中、英四国政府审议。但是，美国为了其称霸世界的战略利益，破坏了这些协议。

1947年3月12日，杜鲁门在美国国会特别会议上提出了一个系统的纲领，宣称美国不能再对"自由世界"的"领导方面举棋不定"，"必须采取果断的行动"，向某些国家提供"财政援助和物资援助"，并"选派美国文职和军事人员"，帮助镇压某些国家人民的"混乱和无秩序状态"，挽救"自由制度的崩溃"，遏制"共产主义的扩张"。这个纲领后来被称为"杜鲁门主义"，它的实质就是要在全世界扩展美国利益，干涉别国的内政，反对社会主义革命运动和民族民主革命运动，在全世界建立美国的霸权。在朝鲜，它阻挠苏、美联合委员会的工作，破坏朝鲜独立统一的实现，图谋把整个朝鲜纳入自己的势力范围。

1948年5月10日，美国在南朝鲜导演了单独选举，组成"国民议会"。7月12日，南朝鲜"国民议会"通过"大韩民国宪法"，接着选举李承晚为"总统"。8月15日，南朝鲜成立"大韩民国政府"。在这种情况下，朝鲜北方也于8月25日选举最高人民会议议员。9月8日，最高人民会议通过朝鲜民主主义人民共和国宪法。9月9日，以金日成为首相的朝鲜民主主义人民共和国政府宣告成立。

朝鲜南北两个不同的政权、两种不同的政治制度形成以后，双方围绕着国家的统一问题，展开了尖锐的斗争。南朝鲜当局在美国支持下坚持"北进统一"的政策。李承晚1949年10月31日在美国发表演说，叫嚣"南

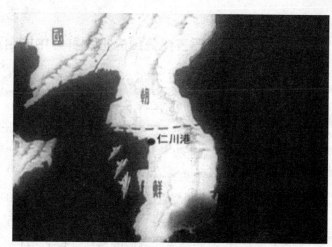

朝鲜三八线。

北分裂是必须用战争来解决的"，同时加紧了战争的准备。朝鲜北方在这种情况下也做了必要的准备，加强了人民军的建设。此后，朝鲜南北双方在三八线上不断发生武装冲突。从1950年初起，朝鲜的紧张局势日趋严重。6月25日，朝鲜终于爆发了全面内战。

在三八线上爆发的朝鲜内战，通过无线电波传向世界各地。一时成为震惊世界的舆论中心，成为全世界关心的焦点。

金日成发表广播讲话，朝鲜人民军发起反攻；联合国安理会召开紧急会议，作出有关朝鲜问题的非法决议等等消息立即在无线电广播中播出。

来自欧美各大通讯社的电讯，来自亚洲各国的重要反应，一件接着一件传送到世界各地，也传送到了中南海。

新华社平壤分社发出的消息，尤为引人注目。不少地方报纸连续发出《号外》，以醒目标题告诉读者："朝鲜战争爆发了！""朝鲜祖国战线发表告全国人民书"。饱受战争创伤的中国人民，是否又会经受一场新的战争？这是全中国人民共同关心的问题。

这场战争将如何发展，中国人民的领袖毛泽东和全国人民都在密切注视着。

2. 麦克阿瑟狂言："美国应把朝鲜与中国台湾划入美国防线"

1950年6月25日晨。麦克阿瑟的私人官邸。

麦克阿瑟穿着胸前印有一个黑A字的灰色西点军校浴衣,在他的卧室开始做健身操。他养的4条狗,欢蹦乱跳地进到他的卧室,排成一路纵队向主人喧闹。他做一套固定的简单的体操,以弯身活动而结束,4条狗也围着主人理解似的观看……

麦克阿瑟的夫人琼走进来。麦克阿瑟走过来吻她。

他的夫人惊笑着说:"哈罗,将军。你现在似乎是上帝,深居简出,脱离社交活动,过着修道院一般的生活。不领兵打仗,你似乎没事干了。天天训练小狗!"

1950年6月17日,即朝鲜内战爆发前八天,美国著名的反共政客杜勒斯前往南朝鲜访问。这是他(图中穿黑西服者)在南朝鲜军总参谋长的陪同下,到开城附近的三八线前沿阵地向北窥探的照片。这次访问,表明美国自一年前从南朝鲜撤军后又加紧介入该国内部事务,并将该国置于其"保护"之下。10天后,美国就宣布出兵介入朝鲜内战。

麦克阿瑟大笑。他的秘书惠特尼走进屋内(惠特尼作为他的心腹谋士,是唯一不经事先约定就可以敲麦克阿瑟门而进来的人)。

惠特尼靠近麦克阿瑟说:"三八线发生冲突。"

麦克阿瑟提高声音似乎在演讲:"这是个机遇。战争可以使军人大显身手!我相信南朝鲜军队能够很快振作起来。美军也会很快振作起来!美国应该重新划分亚洲的防线,应把朝鲜、台湾都划在美国的防线之内!"

麦克阿瑟此时任美国远东美军司令。美国陆军五星上将,他是美国历史上的名将。

麦克阿瑟1880年1月26日生于美国阿肯色州小石城一军人世家。小学毕业后入西得克萨斯军校中学。1899年考入美国陆军军官学校(西点军校)。1903年以优异成绩毕业后在工程兵部队任职,赴菲律宾执勤。1905~1906年随其父赴日本、中国、印度及东南亚地区考察军事。回国后曾一度兼任罗斯福总统随从副官。1912年调陆军部任职。1917年任陆军第42师参谋长,赴法参加第一次世界大战。1919年任西点军校校长,推行一系列改革。1922年再赴菲律宾,任马尼拉特区司令。1925年晋少将,回国任第3军区司令。1928年任驻菲美军司令。1930年任美国陆军参谋长,大力促进美军现代化建设。1935年任菲律宾军事顾问,翌年被授予菲律宾陆军元帅称号。1937年退出美军现役。1941年7月复入军界,任远东美军司令。太平洋战争爆发后,在菲律宾指挥美菲军抵御日军进攻,因作战失利被迫放弃马尼拉,退守巴丹半岛。1942年3月被调往澳大利亚,不久出任西南太平洋盟军总司令。他强调太平洋战场的重要性,对"先欧后亚"的战略方针持异议。同年7月至次年1月指挥西南太平洋盟军取得巴布亚战役的胜利,随后挥师西进,运用"蛙跳"战术多次实施两栖登陆,至1944年7月夺取新几内亚。同年10月开始实施菲律宾战役,12月攻取莱特岛。1945年1月率部在吕宋岛登陆,3月初攻占马尼拉,7月占领整个菲律宾群岛。8月被任命为盟军最高统帅,执行对日占领任务。9月2日代表盟国接受日本投降。在占领日本期间,全面推行民主改革,对日本战后历史产生重大影响。美国军界与政界称他是日本的真正"天皇"。他在二战中成功地在太平洋实施两栖登陆作战,二战后在美国政府享有较高威望。

他是一个战争犯。所以在朝鲜内战爆发后,他认为要抓住这个战机,推行美国争霸世界的军事战略。

3. 杜鲁门准备乘机打一场局部战争

朝鲜半岛上发生的事件,迅速引起了美国总统杜鲁门的关注和反应。

美国时间当时是6月24日下午9时左右,正是星期六的晚上,美国首都华盛顿的政府机构白宫,接到了从汉城发去的请求派兵支援的紧急电报。晚间10时左右,美国国务卿艾奇逊急忙打电话向总统报告这一重大军事情况。此时,杜鲁门正在美国密苏里州独立城度假,刚刚度过计划中的头几个小时,正轻松愉快地同家人一起围坐在自己家庭图书室中闲聊。电话铃响了。

"总统先生,我有极其重大的事向您报告。"这是艾奇逊打的电话。

"快讲。"杜鲁门说。

艾奇逊说,朝鲜三八线发生了冲突,南朝鲜军队迅速溃败。

杜鲁门说,怎么局势坏得这么快?

艾奇逊说,我们也出乎意料,正在进一步了解详情。

杜鲁门生气地说,怎么搞的,吉布尼不是说拥有10万之众的韩国陆军的规模在亚洲是首屈一指,一夜之间怎么变成乌合之众?

艾奇逊解释:"目前局势还不太严重。""它很快会成为奇灾大祸。需赶快寻求对策。"

杜鲁门预测这场战争的发展不妙,埋怨南朝鲜军队的无能,急切希望拿出措施。他当即告诉艾奇逊:

"通知国防部长以及有关人员,立即召开紧急会议,我马上回华盛顿去。"

杜鲁门接完电话后,表现出十分惊恐的样子。

第二天上午,美国最高军事机构参谋长联席会议举行全体人员会议,出席会议的参谋长们没有提出关于美国出兵干涉的主张。这是因为几个月前，他们已经拟订出了一项有关对付朝鲜局势的应急计划。其中心内容是：一旦发生事件，美国将尽快撤出所有的军事人员、外交官和平民，必要时动用空军掩护。美国无论如何不能卷入朝鲜战争。杜鲁门还多次阐述他的观点：朝鲜对美国无"战略利益可言"，美国不会运用军事手段。美国也"无意攫取"中国的任何领土。他明确表示，不会在亚洲使用武力。

但是，朝鲜内战爆发使这位口谈"和平"的总统暴露了真面目。

杜鲁门得知朝鲜战争爆发消息后，立即集合了他的随从人员，于星期日下午2时坐"独立号"座机返回华盛顿。

在飞返华盛顿的途中，杜鲁门独自思索。他在飞机上自言自语地说："美国要参战，必须以牙还牙……"当时美国的国务卿艾奇逊也认为：美国畏缩后退，将极大地损害美国的力量和威望。他希望与联合国共同行动，但如果必要，美国就是单枪匹马也要干。

杜鲁门是一个政客，是一个权术家，是一个极端的民族利己主义者。他常以实用主义的态度对待国际事务，出尔反尔，自食其言。他当面一盆火，背后一把刀。当面说话好听，背后他暗算别人。几个月前他说对朝鲜不使用军事手段，现在他决心向朝鲜派兵。这充分暴露了杜鲁门的言论与行为如此自相矛盾。

历史是最好的公证。

1950年1月5日，杜鲁门发表不干涉台湾的声明，确认日本投降后，"美国及其盟国承认中国对该岛行使主权"。时间仅仅过了几个月，他竟于1950年6月27日说什么"台湾未来地位的决定，必须等待太平洋安全的恢复、对日本的和平解决、或联合国的审议。"

这就是杜鲁门与"杜鲁门主义"。听其言、观其行，便知其人。

杜鲁门，中等身材，戴一副没边的眼镜，讲起话来像是排长叫操，不像美国罗斯福总统那样文雅而有教养。他1884年5月8日生于密苏里州南部的拉玛尔乡下，后来定居在堪萨斯城以南不远的独立城。他青年时代活动的范围局限于农场和小镇，加上少年时害了一场病，弄得视力减弱，所以从小就是坐在屋子里读书，室外活动较少。他爱读历史、战史和历届总统的政绩实录。1901年高中毕业以后,当过银行的职员,还经营过农场。第一次世界大战期间,他当过炮兵连长,大战结束时是一个陆军少校,复员后主持过一个县的政府工作。1935年,他当选为参议员。在他60岁的时候,1944年成为民主党副总统的候选人。1945年只当了82天的副总统,在这82天内,也只见过罗斯福两次。当年4月12日罗斯福总统去世,按照美国宪法规定,他继承罗斯福成为美国第33任总统。

第二次世界大战结束,德、意、日法西斯垮台,通过雅尔塔和波茨坦会议,世界形成了国家或国家集团之间的格局。英、法等老殖民主义者削弱了,美国从未遭受战火破坏,战后便成为世界上经济实力最雄厚的头号强国。只有苏联才有可能同美国抗衡。这时,原属于帝国主义的殖民地半殖民地的民族解放运动方兴未艾,猛烈地冲击着正解体的殖民主义营垒。杜鲁门是在这种形势下登上了总统宝座的。他一手挥舞着一支大棒——原子弹,一手摆弄着一条胡萝卜——美援,雄心勃勃要称霸全球。"反共"便成了杜鲁门称霸全球的一种手段。

1947年3月12日,杜鲁门发表后来称之为"杜鲁门主义"的讲话,宣称美国有领导"自由世界"、援助一些国家"复兴"的使命。他宣布美国要包揽全球事务,要将世界一切反共力量集结起来,反对共产主义。他宣布干涉世界上任何地方的共产主义,包括可能被怀疑为共产主义性质的国内革命。他帮助蒋介石消灭中国共产党,帮助李承晚镇压南朝鲜劳动党和民主党派,坚持要建立完全分裂朝鲜的在美国控制之下的南朝鲜政府。

1948年7月10日,杜鲁门给丘吉尔的一封信中说:"所谓共产主义是我们紧接着要解决的大问题,我希望我们无需付出战胜纳粹法西斯的血和泪的代价,就能解决它。"朝鲜内战爆发后,他在给他女儿的信中说:"决策将是非作不可,我正打算作出决策。""我们也许不得不为争取世界和平而打仗。""争取世界和平"成了杜鲁门发动侵略战争的烟幕。

杜鲁门为推行他的世界战略,早就准备要打一场局部战争了,只是时机而已。朝鲜内战爆发,使杜鲁门得到了契机,他准备选择朝鲜这个地区,打一场现代局部战争。

4. 金日成指挥人民军奋起决战

1950年6月25日。朝鲜民主主义人民共和国的首都平壤。

早晨,夜来的风雨已经停止,几十万市民同往常一样迎来了黎明,一个平静的星期日。繁华的街道上人员匆匆忙着上班。商店正打开窗门准备开业。休假的人民军官兵和市民开始在热闹的街道和公园游逛。

上午9时许,市民突然在广播中听到朝鲜民主主义人民共和国内务省发布第一条有关三八线战斗情况的新闻。这条新闻说:

南朝鲜伪政府的所谓国防军,于6月25日拂晓,在全三八度线地区向三八度线以北开始了出其不意的进攻。

发动意外进攻的敌人,在海州西部、金川方面、铁原方面,侵入到以北地区一公里乃至二公里。

朝鲜民主主义人民共和国内务省,已命令共和国警备队击退侵入三八度线以北地区的敌人。

现在共和国警备队,正展开着激烈的防御战来抵抗敌人。共和国警备队已击退从襄阳方面侵入三八度线以北地区的敌人。

朝鲜民主主义人民共和国政府,已指令共和国内务省警告南朝鲜当局,假若南朝鲜伪政府当局不立即停止对三八度线以北地域的冒险的战争行为时,则即采取决定的办法压制敌人,同时敌人须负因这一冒险的战争行为而引起严重后果的一切责任。

同日,金日成立即召开了朝鲜劳动党中央政治委员会和内阁的非常会议,研究了形势,讨论了采取各种对策的问题。接着召开朝鲜民主主义人民共和国最高人民会议常任委员会会议。在这次会议上,推选内阁首相金日成为军事委员会委员长和朝鲜人民军最高司令官。会议还就按照战时体制改组整个国家的工作作出紧急决定。

6月26日，金日成发表广播讲话，他说："全体朝鲜人民如不愿重新沦为外来帝国主义者的奴隶，就必须一致奋起，投入打倒和粉碎李承晚卖国'政权'及其军队的救国斗争。我们将不惜任何牺牲，一定要争取最后胜利！"

6月27日，朝鲜劳动党中央委员会发表致劳动党所有党组织和全体党员的公开信。号召全体党员要根据战时的要求改变党的工作，做好一切战斗准备。

7月1日，共和国政府颁布了战时动员令。同时重新审查了发展国民经济的两年计划，把它改编为季度计划，以适应战时要求。

具有光荣革命传统的朝鲜人民动员起来了。大批的优秀干部、大批的优秀党员被派到人民军的各个部队。成千上万的青年学生报名奔赴前线。成千上万的工人组成工人团开赴前线。留在后方的工人、农民、妇女以多种形式增加生产，使军需品产量达到平时的5倍以上。

7月8日，金日成首相发表广播演说，表示朝鲜人民坚决抵抗美国侵略的决心。他说："我们决不能饶恕美帝国主义者在我们祖国的土地上犯下的滔天罪行，不能饶恕他们野蛮地轰炸我们的和平城市和农村，屠杀我们的父母兄弟姐妹和天真烂漫的儿童。"他号召全朝鲜人民动员起来，为祖国的荣誉、自由和独立，积极展开全民性的民族解放战争，把美国侵略者赶出朝鲜去。

整个朝鲜民主主义人民共和国燃起了史无前例的捍卫自由与独立的全民族抗战的熊熊烈火。朝鲜人民军在金日成的号召和指挥下，展开英勇作战，奋起杀敌。

1950年，朝鲜人民军共编有10个步兵师、1个坦克旅和1个摩托车团。属于内务省的一些警备部队，负责守卫三八度线地区。这支朝鲜人民的军队，虽然兵力不大，非常年轻，但它的军官素质、它的士气、它的政治觉悟，较之李承晚军具有极大的优势。它是以金日成率领的人民革命军为基础建立起来的，它的军官多数来自朝鲜人民革命军，也有来自参加过中国抗日战争和解放战争的中国人民解放军的。居留中国的朝鲜人，不少参加过中国的土地革命战争、抗日战争和解放战争;中华人民共和国建国前后,他们要求回到自己的祖国,参加保卫、建设自己的祖国。人民军的士兵,绝大多数又是翻了身的工人和农民。这样一支永远不愿再作外国奴隶的人们组成的部队,在金日成的领导下,积极响应祖国的召唤,立即投入战斗。他们士气高昂,同仇敌忾,决心与敌人决一死战。

5. 杜鲁门拟定入侵朝鲜的决策

杜鲁门关心朝鲜局势。他想乘机大显身手。时间带走一切,历史会把一个人的名字、命运都改变。杜鲁门乘坐专机赴华盛顿策划战争行动,心急如焚……

飞行途中,杜鲁门发出一份电报,要求艾奇逊以及高级军官和外交顾问于当晚在布莱尔大厦举行战略会议。在白宫修缮期间,杜鲁门一家居住在布莱尔大厦,这座通常供贵宾下榻的豪华饭店坐落在白宫以西,仅隔一个街区。

布莱尔大厦是一幢老式建筑,古朴典雅,但内部装饰非常考究,都是红木精雕的家具,都是艺术珍品。客厅里精致的水晶吊灯和金框镶边的大型穿衣镜,使这里显得更加富丽堂皇。当时美国最高级决策会议在这里开始。参加这次会议的有——

国务卿:迪安·艾奇逊;国防部长:路易斯·约翰逊;副国务卿:詹姆斯·韦伯;陆军部长:弗克兰·佩斯;海军部长:弗朗西斯·马修斯;空军部长:托马斯·劳勒特;参谋长联席会议主席:奥马尔·布莱德雷;陆军参谋长:劳顿·柯林斯;空军参谋长:霍伊特·范登堡;海军作战部长:福雷斯特·薛尔曼;无任所大使:菲利普·杰塞普;助理国务卿:迪安·腊斯克、约翰·希克森;

美国政府的战争决策权威人物全集中一起了,这是美国历史上罕见的重大会议。

会议开始,布莱德雷首先宣读他前一天刚从远东返回时带来的麦克阿瑟的一份备忘录。身为远东地区美军司令的麦克阿瑟,急切呼吁杜鲁

11

门改变关于美国不承担保卫台湾的政策。麦克阿瑟还要求对台湾实施军援。

艾奇逊听完宣读后说:"美国当前不应该和蒋介石搞得太热乎,不能把朝鲜问题和台湾问题拉在一起,应重点解决朝鲜问题"。

杜鲁门同意这种看法:"对麦克阿瑟这个人要严加管束。给他的指示要尽可能详尽具体,以免他借题发挥,随意扩大行使职权。"

约翰逊也担心麦克阿瑟独断专行。他立即表示支持:"不要让麦克阿瑟行使总统的权力。他这个人爱火上浇油,借题发挥,把事态扩大到不可收拾的地步。"

会议还讨论了美国派员入侵朝鲜是否会引起苏联和中国直接干涉的问题。最后,杜鲁门作出了重大决策,发布如下命令:

1.麦克阿瑟以空投或其他办法,速向李承晚部队提供武器弹药和给养。

2.迅速撤离美军顾问团的家属,命令美国驻远东空军和海军支援李承晚部队。

3.命令美国第七舰队开进台湾海峡,阻止对台湾的任何进攻。

杜鲁门读完上述命令后,又补充说:"美国空军应该立即着手制定摧毁苏联远东全部空军。"

1950年6月,美国陆军总兵力约59.1万人,共10个作战师。大约36万人驻在美国本土,其他23万人驻扎海外。其中,驻远东15万人,驻欧洲8万人(驻在西德)。美国步兵的力量如此单薄,但是美国总统杜鲁门还是决心要大干一场。从6月25日星期日朝鲜内战爆发到6月30日星期五,共6天时间内,美国采取了三大步骤——

第一,对朝鲜人民军实施海空军袭击,直接支援南朝鲜李承晚部队作战。

第二,对朝鲜北部地区实施空袭。

第三,美军向战场投入地面作战部队。

杜鲁门策划的这一系列行径,使朝鲜内战迅速演变为帝国主义进行侵略、朝鲜人民进行反侵略的战争。一个远离美国本土的半岛上发生的军事事件,为什么如此引起美国总统的关切?而且杜鲁门迅速作出了武装干涉朝鲜内政的战略决策。这要从美国的全球军事战略来说明。

关于这一点,美国人约瑟夫·格登在他所著的《朝鲜战争——未透露的内情》中特意提到这一点,不妨摘引如下:

> 朝鲜战争——它是第二次世界大战后美国军事和外交战略的转折点,它标志美国第一次试图通过诉诸武力来阻止共产主义军事扩张的冒险行动,而且是这类冒险行动的漫长路上的第一步。果不其然,就在朝鲜战争刚开始两个月,美国就给在印度支那的法国人送去了第一批军事援助,以资助其与当地的起义者作战;后来这场起义演变成了越南战争。无论结果如何,美国在以后的10年中,把国家的资源,加上声望名誉,越来越多地投到东南亚、欧洲、非洲、拉丁美洲。这就是美国企图以强大军事力量来主宰世界的开端;为了保持这种力量,即使在"和平年代"里,也要消耗美国联邦政府年度预算的一半,并使美国的无数儿女在世界最遥远的地方枕戈待旦。

这位学者说出了一些实话。

的确,杜鲁门抱着要干出名堂的雄心,作出了派美军入侵朝鲜的决策,标志着美国战略的转折。美国共和党称这是"本世纪对外政策的妄动蠢举"。有人称,"杜鲁门和艾奇逊是一对最不可思议的政治搭档,他们先行动起来,以后再论后果,就这样鲁莽轻率地做出重大决策,把美国拖进了朝鲜战争。"

6. 美国海军第七舰队侵入中国台湾海峡,企图霸占我国领土台湾

6月27日,美国总统杜鲁门悍然宣布对朝鲜实行武装侵略,同时他还

宣布,他已命令美国第7舰队开进台湾海峡,阻止对台湾的任何进攻。他不顾台湾的地位已为第二次世界大战中主要同盟国的开罗宣言、波茨坦公告以及日本投降后的现状所肯定的事实,在声明中制造"台湾地位未定论",说"台湾未来地位的决定,必须等待太平洋安全的恢复,对日本的和平解决或联合国的审议",企图霸占中国领土台湾。

1943年的开罗宣言已经有明文规定,中、美、英"三国之宗旨在剥夺日本自1914年第一次世界大战开始以后在太平洋所占有之一切岛屿,在使日本窃取于中国之领土,例如满洲、台湾、澎湖群岛等归还中国。日本亦将被逐出于其以武力或贪欲所摄取之所有土地"。杜鲁门亲自参加签署的波茨坦公告,又重申"开罗宣言之条件必将实施"。而且,日本投降以后,国民党政府已经接收了台湾;中华人民共和国成立以后,1950年1月5日,杜鲁门发表不干涉台湾的声明,确认日本投降后,"美国及其盟国承认中国对该岛行使主权"。

可是,时间仅仅过了几个月,杜鲁门竟于1950年6月27日宣称"台湾未来地位的决定"。杜鲁门出尔反尔的主要原因是,他决心在武装入侵朝鲜的同时,从世界战略考虑,把台湾作为"不沉的航空母舰"控制在手。

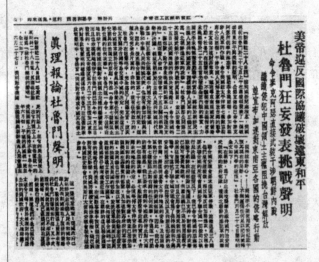

6月27日,美国总统哈里·杜鲁门发表声明,悍然宣布对朝鲜实行武装干涉。

6月27日,美国海军第七舰队奉命侵入台湾海峡,企图霸占中国领土台湾。从6月27日起,美国海军第七舰队10余艘军舰占领台湾基隆、高雄两港口,并在台湾海峡进行"保安巡逻"和作战演习。随后,美国空军第十三航空队一批飞机进占台北空军基地。美国驻远东军总部还设立了名为"驻台考察团"

的指挥机构,统一指挥其侵台的海、空军。

美国海军第七舰队侵入台湾海峡,使台湾的战略地位在美国全球战略中变得十分重要了。其结果,对朝鲜战争的升级与扩大产生了重大影响。

第一,美国第七舰队进驻台湾海峡的直接结果,是把美国与蒋介石集团又紧紧地绑在了一起。两者加强了密切的联系,把利益与命运拴在一起,美国保卫了摇摇欲坠的蒋介石政权,巩固和加强了国民党对台湾地区的统治。

第二,引起中国政府和人民的极大愤慨,使得本来有希望进一步发展的美国与新中国的关系彻底中断;美国海军第七舰队入侵台湾海峡,阻止中国人民解放神圣领土台湾,激怒了中国人民和中国领导人,被迫决策出兵援朝,以抗击即将打到家门口的侵略者。

7. 联合国安理会通过非法决议,要求会员国支援南朝鲜军作战

1950年6月25日,朝鲜内战爆发的当天,美国就在中华人民共和国和苏联两个常任理事国缺席的情况下,操纵联合国安全理事会通过非法决议,指责朝鲜民主主义人民共和国对南朝鲜"发动武装进攻","构成了对和平的破坏",为美国出兵侵略朝鲜制造舆论。这是极其荒谬的。按照国际公认的准则,国内战争只有进步和反动、革命与反革命之分,"侵略"一词只适用于国家与国家之间。朝鲜南北两方从来都只承认有一个朝鲜,所谓"大韩民国"也一直声称它的国界线在鸭绿江、图们江,而从未说过它的国界线在三八线。

但是,6月27日,美国从它对朝鲜的侵略野心出发,操纵联合国安全理事会通过决议,公然违反联合国宪章关于不得授权联合国干涉在本质上属于任何国家内部事务的原则,要求联合国各会员国"援助"南朝鲜李承晚集团,为美国及其伙伴武装侵略朝鲜制造"法律依据"。

同日,杜鲁门发表声明,说他已命令美国驻远东空海军对南朝鲜军提供"掩护和支持"。随后,美国又纠合了英国、法国等十几个国家的

军队①,连同南朝鲜的军队,统归远东美军司令麦克阿瑟指挥。美国还操纵联合国安理会又通过一个非法决议,给美国及其他国家的侵朝军队披上了"联合国军"的外衣。

这些行动说明,美国为了侵略朝鲜,把"联合国"机构变成了它的工具。这是"联合国"历史上最黯淡的一页。

8. 新中国面临新的威胁

1950年6月27日夜。北京中南海丰泽园内毛泽东的菊香书屋。灯光并不明亮。

墙上一幅很大的世界地图,毛泽东神色严肃地站在地图旁,手中拿着几张当天的报纸,其中一张有醒目大标题:"朝鲜内战爆发";"美国政府宣布派兵干涉朝鲜内政","美国第七舰队进驻台湾海峡"。他良久地凝视着朝鲜半岛,隐约可以看到上面插了不少红蓝两色小标志旗。随后,他的视线移到台湾海峡,那里也插上了蓝旗,标示了美军第七舰队的位置。

毛泽东离开地图,自言自语地说:"他们的野心太大了! 这是趁火打劫,狼子野心啊!"随即在房间里踱起步来。稍刻,他走到桌前,关上了台灯。顿时,室内暗了下来。透过月光看到,毛泽东点燃了一支香烟,然后坐下来。一缕缕蓝色的烟雾冉冉升起,扩散开去,慢慢地消溶在朦胧的夜色之中。

"铃铃铃……"电话铃短促地响了一阵,打断了毛泽东的思绪。

毛泽东抓起电话筒,听到的是带有些淮安口音的清晰的普通话:

"主席吗? 我是周恩来。你还没有休息吗?"

"杜鲁门不让我们安静,这也好嘛。我有事正要同你商量。"

10分钟后,周恩来总理走进菊香书屋毛泽东的办公室。两人同时坐下。

"杜鲁门的来头不小啊,什么美国的陆、海、空军一齐出动,什么第七

---

① 这十几个国家,指美国、英国、加拿大、澳大利亚、法国、新西兰、荷兰、泰国、希腊、哥伦比亚、土耳其、比利时、菲律宾、南非联邦、埃塞俄比亚、卢森堡。

舰队进驻台湾海峡，他要赤膊上阵了……"毛泽东稍微停顿了一下，又继续说，"看来，杜鲁门总统比过去聪明了一些，接受了他们在中国人民解放战争中的失败教训，不愿只拿武器装备，让蒋介石当运输队长给我们送。现在他要亲自出兵到朝鲜，充当武装警察了。"

"杜鲁门把朝鲜当作希腊，选在这里，看来是决心用武力实现霸占全朝鲜的目的。"周恩来补充说。

"对于侵略者来说，就要有武松打虎精神。我们国家经济建设刚刚开始，困难很多。对于困难，也要勇于克服。"毛主席坚定地说。

"我同意主席的想法。我们面对两个敌人，一是贫困，一是美帝的军事挑衅。"周恩来加重了语气。

"我们要举起双拳，一个要克服国内经济建设方面的困难。一个要打退美国的军事挑衅"。毛泽东说到此处，站立起来，在室内走动。

房间烟雾弥漫，隐约可见毛泽东在来回踱步，不停地抽着香烟。那浓重的烟雾告诉人们，毛泽东正在为新中国的建设和命运夜以继日地运筹着。

新中国诞生，人民解放战争基本结束。中国人民首要目标就是进行经济建设，医治战争创伤，恢复已被破坏的工业和农业生产。党和国家领导人毛泽东、周恩来、刘少奇、朱德等老一辈革命家，以超人的气魄和毅力，在过去8个月里，已经做了前人多少世纪不可能做到的工作。从建

周恩来总理兼外交部长针对美国入侵中国领土台湾的行动发表声明。

立国家机构,打开国内外政治局面,维护国家主权,到抓军事、抓公安、抓粮食、抓救灾、抓水利、抓税收、抓文化教育、安置失业人员、公布婚姻法……以至查禁鸦片、取缔娼妓、严禁吸毒、禁止赌博等等,取得了惊人的成就,受到人民的热烈称赞。

但是,仍有很多问题,全国拥有3.1亿人口的新解放区,土地改革尚未进行,恢复国民经济的任务还十分繁重。正是为了解决这些问题,1950年6月6日至9日,中共七届三中全会在北京举行。会议一致同意毛泽东所做的《为争取国家财政经济状况的基本好转而斗争》的报告、刘少奇做的关于土地改革问题的报告、周恩来做的关于外交工作和统战工作的报告、陈云做的关于财政经济工作的报告和聂荣臻做的关于军事工作的报告。6月6日,在会议开幕的这一天,毛泽东发表了意味深长的《不要四面出击》的讲话。这个讲话,是对他在会议上书面报告《为争取国家财政经济状况的基本好转而斗争》的一个重要说明,深刻展示了这个报告的战略思想。

毛泽东指出,治理疮痍满目、百业待兴的国家,首先要进行土地改革。在全国3.1亿人口的新解放区进行土改,是一件翻天覆地的大事。为此,党的七届三中全会还决定,由刘少奇、彭德怀、习仲勋、王震、刘伯承、邓子恢、黄克诚、饶漱石、叶剑英、刘澜涛等组成全国土地改革委员会。同时抓紧恢复国民经济工作。中央人民政府下决心要扭转局面,改善人民生活,调整工商业,使工厂尽早开工,解决失业问题。

全世界爱好和平的国家和人民纷纷举行集会和示威游行,坚决反对美国政府武装侵略朝鲜和中国。

中共七届三中全会和此后召开的全国政协一届二次会议刚刚结束，参加这两个会议的代表有的刚返回住地，有的还在途中，有的还没有离开北京。就在这个时候，朝鲜内战爆发了，美国发动了侵朝战争，并下令美国海军开进台湾海峡，侵犯我国领土主权。

面对突如其来的新情况，怎么办？久经考验的经历过千难万险终能转危为安、转败为胜的新中国的领导人，毛泽东和其他老一辈无产阶级革命家，坚定沉着，准备应付面临的这一新的战争威胁。

9. 毛泽东对美国提出严厉警告

美国出兵侵略朝鲜和侵略中国领土台湾，引起了全世界爱好和平人民的愤怒，中国人民更是坚决反对。毛泽东主席最先对美国的侵略行径提出抗议。

6月28日，毛泽东主席在中央人民政府委员会第八次会议上发表讲话，表明了中国人民的根本立场。

他指出："全世界各国的事务应由各国人民自己来管，亚洲的事务应由亚洲人民自己来管，而不应由美国来管。美国对亚洲的侵略，只能引起亚洲人民广泛的和坚决的反抗。中国人民既不受帝国主义的利诱，也不怕帝国主义的威胁"。他号召："全国和全世界的人民团结起来，进行充分的准备，打败美国帝国主义的任何挑衅。"

同日，中华人民共和国政务院总理兼外交部长周恩来发表声明，强调指出："杜鲁门27日的声明和美国海军的行动，乃是对于中国领土

1950年6月28日，毛泽东在中央人民政府委员会第八次会议上讲话。

的武装侵略,对于联合国宪章的彻底破坏。"

苏联驻联合国代表雅各布·马立克,1950年8月4日提出关于和平解决朝鲜问题的提案。提案内容有两项,一是认为在讨论朝鲜问题时必须邀请中华人民共和国的代表参加,并听取朝鲜人民代表的意见;二是要求停止朝鲜境内的敌对行为,并同时从朝鲜撤退外国军队。8月20日,周恩来外长致电联合国安全理事会主席雅各布·马立克及秘书长赖伊,支持苏联关于和平调处朝鲜问题的提案。8月24日,周恩来又致电联合国安全理事会主席马立克及秘书长赖伊,就美国武装侵略中国领土台湾问题提出控诉案。

由于中国政府的强烈要求,由于8月份联合国安全理事会主席苏联代表据理力争和其他国家代表的赞同,联合国安全理事会于8月29日决定把中国控诉美国武装侵略台湾案列入议程,并于9月29日邀请中国政府派代表出席联合国会议,参加讨论。中国在外交斗争中取得了一次重大胜利。

10. 周恩来派特使赴平壤,加强同朝方的联系

新中国的领导人对朝鲜战争这个突如其来的情况作出应急措施之后,密切注视战局的发展,加强同朝鲜民主主义人民共和国的联系就成为需要解决的一个突出问题了。

中国人民解放军总参谋部看到杜鲁门6月27日的声明以后,呈上一份建议派军事观察小组前往平壤的报告。

1950年6月30日深夜。正在熟睡的外交官柴成文被叫醒,乘车前往中南海周总理办公室。

汽车在月光下奔驰,驶进中南海西门西花厅门口。当柴成文走进总理办公室客厅时,看见外交部副部长章汉夫、军委情报部第一副部长刘志坚已在这里就座。他们互相点头示意后,静等总理的到来。

几分钟后,神采奕奕的周恩来从客厅西头的办公室里走了出来,和大家一一握手。然后,周恩来示意请大家就座。

周恩来首先指着柴成文说："朝鲜打起来了，美国杜鲁门政府不仅宣布派兵入侵朝鲜，侵略台湾，而且对进一步侵略亚洲作了全面部署。他们把朝鲜问题同台湾问题连结在一起，同远东问题连结在一起，所以我们需要派人同金日成同志保持联系。聂老总建议你去平壤，已同伯承讲过，他也觉得合适。现在要你带几个军事干部先去平壤。"

周恩来还就联合国安理会6月25日、6月27日的决议以及由此可能带来的后果作了分析，阐释了毛泽东和他本人28日的讲话和声明。

最后，周恩来问柴成文："你有什么意见没有？"

"总理，我坚决服从组织决定。"

周恩来高兴地说："那好。"

周恩来又继续明确了几个问题。

7月7日，准备工作完成。军委情报部从武官训练班又挑选了几位既有作战经验、又有分析能力的军事干部，组成工作班子。他们是：柴成文为政务参赞、临时代办，倪蔚庭、薛宗华为参赞，张恒业为一等秘书，朱光为武官，王大纲、刘向文为副武官。

1949年10月6日，新中国与朝鲜民主主义人民共和国就正式建立了外交关系。朝鲜派李周渊为第一任驻华大使，早已到任。我驻朝大使倪志亮因病未能到职。

7月8日上午8时，即将登上征程的外交官由柴成文率领，驱车来到政务院会议室，接受周恩来总理的接见。

周恩来向他们精辟地阐述当前朝鲜战争的形势。他说："现在，美国第八集团军已经在朝鲜参战。根据刚刚收到的消息，联合国安理会又授权由美国指挥参加侵朝的各国部队。从安理会的决议可以看出，美帝必纠集更多的国家出兵参加侵略朝鲜的战争，所以朝鲜战争将扩大升级，长期化很难避免，这就会带来影响全局的一系列复杂的问题。朝鲜人民军英勇顽强，斗志旺盛，令人钦佩。你们见到金日成同志时，首先要祝贺朝鲜人民军在劳动党、金首相领导下取得的伟大胜利，还要感谢朝鲜人民在我们困难时期对我们的帮助。"

7月8日晚，中国驻朝鲜使馆人员一行乘火车离开北京。7月10日晨，到达朝鲜民主主义人民共和国首都平壤。当日下午5时,中国代办在外务省朴东楚副相的陪同下,乘车来到内阁首相办公大楼。

中国客人走进办公室的时候,办公室中央站着一位身材魁梧、目光锐利、乌发茂密、和蔼亲切的领导人,他就是金日成首相。他身着灰色小翻领列宁装,穿平底皮便鞋,左额上方有一缕绕了半个圈的头发,右手插在胸前衣服第三个钮扣下边,显得英俊飒爽。

金日成对中国怀有特别的感情。他曾说过,他出生在朝鲜,成长在中国,中国是他的第二个故乡。他在吉林毓文中学读过书,参加了朝鲜人的抗日运动,同中国人民的抗日斗争结合在一起,共同战斗,是中国人民的亲密战友。中国人民对他非常崇敬。

这时,金日成操着一口流利的中国话说:"欢迎你,柴同志!"

他伸出手和中国客人边握手边说:"欢迎!欢迎!"

宾主坐定。柴成文说:"我们奉命来到友好邻邦,当天就受到金首相的接见,非常荣幸。请允许我转达毛泽东主席、周恩来总理对首相的亲切问候,热烈祝贺朝鲜战友在朝鲜劳动党和首相领导下取得的伟大胜利!"

"谢谢!"性格爽朗的金日成笑了。他问:"毛泽东同志、周恩来同志身体好吗?"

柴成文将周恩来总理亲自签署的介绍信递交给金日成。

金日成目光炯炯有神,视线集中在周恩来总理签署的函件上。他对中国代办说:"感谢中国党和政府对我们的支持和帮助。毛主席、周总理最近发表的谈话,义正辞严,态度明朗,这是对我们的鼓舞和声援。"

周恩来总理派去朝鲜的特使迅速展开了工作,两国政府加强了联系,密切注视着朝鲜形势的发展。

11. 有"亚洲之虎"称号的南朝鲜军溃不成军,美国惊慌

朝鲜内战爆发的头一天,被美国驻南朝鲜顾问团团长罗伯茨准将吹嘘为"亚洲之虎"的南朝鲜陆军一败涂地。

南朝鲜军队是美军撤离朝鲜前,由美国武装和精心培训建立起来的

现代化军队。美军移交给南朝鲜军队的军事装备像一座颇具规模的武器库：1949年给南朝鲜的军用装备，价值达1.1亿美元，足够装备一支数万人的地面部队。有10万支枪，5000万发轻武器子弹，2000支火箭发射筒，4万多辆车辆，以及各种火炮和迫击炮。美国还派驻南朝鲜一个军事顾问团，共472名官兵，由第二次世界大战中担任过坦克部队军官的威廉·罗伯茨准将指挥。

1949年6月，美国参谋长联席会议的博尔特将军在国会作证时说："我们感到南朝鲜部队的装备优于北朝鲜部队。……建立南朝鲜部队和提供物资援助的目标已经达到。"

1950年6月，罗伯茨将军约见向他辞行的《时代》周刊驻远东记者弗兰克·吉布尼。吉布尼告诉他可以放心离开朝鲜，他在朝鲜训练南朝鲜军队的军务已功成名就。吉布尼把发表在《时代》周刊的文章中的一句话给他看。文章中说："大多数观察员现在认为，拥有10万之众的韩国陆军的规模在亚洲是首屈一指的。"

李承晚毫不掩饰他要依仗这支军队最终夺取北朝鲜的意图。

朝鲜南北双方开始交战后，拥有10余万之众的南朝鲜现代陆军几天之内成为乌合之众，丢盔卸甲，被朝鲜人民军打得狼狈逃窜、溃不成军。在开战中，由于部队一片混乱，致使105毫米榴弹炮等重装备没法开炮。一名在现场的美军炮兵事后对人讲：南朝鲜士兵们恐慌得不知道如何射击，只知道逃命。

最使美国顾问们吃惊的是，南朝鲜部队士气低落，斗志丧失殆尽。

伦敦《每日快报》的西德尼·史密斯是首批抵达朝鲜战场的记者之一，他对南朝鲜部队退却的场面作了更为典型的描述："我看见一些卡车上的高级指挥官坐在士兵中间，戴着雪白的手套，一只手握着佩剑，另一只手擎着树枝做雨伞。"离奇的现象到处可见：一些南朝鲜人在前线骑着军马逃跑，牲口被枪炮声吓得挣脱缰绳；韩国士兵用枪逼着老百姓脱下衣服、穿在自己身上，遮住军服，以便混杂在逃难的人流之中乘机开小差逃走，军官则站在一边无动于衷。

12. 李承晚悄然逃离汉城

6月25日,星期日,夜幕降临汉城。

李承晚正在汉城城内他的总统官邸兰宫吃晚饭。同桌坐着南朝鲜代理国防部长申善模和美国驻南朝鲜大使穆乔。

突然,朝鲜人民军的雅克战斗机扫射兰宫附近地区。"嗒嗒嗒……",枪声震耳。兰宫内的南朝鲜内阁部长们和杂七杂八的随从个个惊恐万状,而且也感染了李承晚。

随从送交李承晚一份公文报告,是国防部送来的。李承晚打开看后,惊慌不安地问:"怎么?汉城可能失守?"

"是的。北朝鲜共军约10个师快要兵临汉城,势不可挡。我们是守城还是撤退?"

南朝鲜代理国防部长申善模说:"看来,撤是上策,否则将不堪设想。"

穆乔接着说:"贵国军队在这次战争中打得相当不错。现在还没有哪支部队放弃抵抗。"穆乔是夸大其词地说假话欺骗李承晚。他想说服李承晚不要临阵脱逃。总统跑了,南朝鲜军队就会更为混乱,影响军心士气。虽然他自己已获得可靠情报证实:南朝鲜有些部队已经全军覆没或者溃不成军。但是他还是要稳住李承晚。

约翰·穆乔大使是1948年8月在美国正式结束对南朝鲜的占领后到任的。这位精明谦和的外交官刚到南朝鲜时仅47岁。他较长时间在拉美和远东任职。穆乔与军方颇具情谊,他能够同下级军官们一同饮酒闲聊,他会摆出一副男子气概,与那些温文尔雅的外交官截然不同。到南朝鲜后,他同李承晚交往愈来愈深,支持李承晚要求美国军队留驻的请求,很使李承晚满意。现在关键时刻,他代表美国意见,竭力劝说李承晚不要急于逃离汉城。

李承晚想逃之夭夭。他为自己辩解说:"我不是关心个人的安危,我在汉城,共军进城,等于束手就擒。如果共军抓着了我,那么我毕生奋斗谋求朝鲜独立的理想就会成为泡影。"

穆乔告诫李承晚："如果你立即离开汉城，消息一传开，就不会有一个南朝鲜士兵继续抵抗了，整个南朝鲜陆军将不战而垮。"

"难道我一走就都会知道吗？"李承晚说。

申善模说："想办法尽可能留在汉城，又保证你的安全，这是万全之策。"

穆乔说："好吧，总统先生，你自己拿定主意，但是我呆在这里不走。"穆乔的这种坚定态度算是稳住了李承晚。

夜幕降临后，北部战场暂时呈现一片平静。黑夜给汉城带来一个短暂的喘息机会。

6月26日，星期一，深夜。李承晚的随从搞到两趟专列。李承晚和他的高级顾问以及他们的眷属悄悄地乘车向南逃离。虽说李承晚和穆乔有言在先，但他还是不肯招惹麻烦，就未通知穆乔，溜之大吉。

李承晚逃离汉城几个小时以后，杜鲁门总统在白宫召见朝鲜驻美大使约翰·张，为他鼓劲打气。

张大使见到杜鲁门，便开门见山地说："我们的军队需要坦克、火炮和飞机。"

杜鲁门说："更重要的是，韩国部队必须有效地作战。这样，才能有效地使用美国的援助。有些国家在更为险恶的形势下保卫了他们的自由。可是，这场战争才进行了48小时，你们就顶不住了。听说你们的总统先逃跑了。"

张大使急促地说："韩国部队作战勇敢，就是缺乏对付敌人的现代武器装备，希望你们快点运去。"

"我们的援助正在途中。你们必须形成坚强的领导才能渡过危机。"杜鲁门在这里显然是表明他对李承晚慌忙逃命极为不满。

兵败如山倒。6月26日整整一天，南朝鲜部队在节节败退，朝鲜人民军步步进逼汉城。汉城城里混乱不堪。

13. 朝鲜人民军逼近洛东江

　　6月26日。朝鲜人民军西线部队沿西海岸向南实施主要突击。实施第一次战役,即汉城战役。他们从金川、华川一线向南进攻,解放古都开城,突破了临津江防线,直捣汉城门户议政府。南朝鲜军第七师、第二师进行顽抗。同时,李承晚的"国防军"组建起由8个步兵师和一些独立部队组成的进攻兵团,叫嚷与人民军进行决战。26日上午,人民军解放重镇议政府,打开通往汉城的门户。27日突破南朝鲜军防线。6月28日下午3时,解放汉城。

　　此时,东线人民军解放了江陵和春川。汉城解放后,南朝鲜军队迅速溃退。它的"陆军本部"于6月28日晨逃至水原后,匆忙组织汉江一线的防御,等待美国援军的到达。

　　6月30日,人民军进行第二次战役,即水原战役。战役企图是,强渡汉江,向平泽方向实施主要突击,歼灭水原地域的李承晚军,然后推进到平泽、安城、忠州一线。人民军分别从汉城以南多处同时强行渡过汉江,并紧急修复了被炸毁的汉江大桥中间的单行铁桥,以利坦克部队通过。敌人弃地南逃。人民军于7月4日在大量歼灭敌人有生力量之后解放水原。在向平泽推进中,人民军于7月5日在乌山一线同美军步兵第二十四师先谴支队一个步兵营和一个炮兵营交火。人民军攻势凌厉,所向披靡,这支美军一交手就几乎全军覆没。

　　人民军解放水原后向南挺进,先后解放西线平泽、安城和仁川,攻克原州、忠州等地。

　　美军史密斯指挥的步兵第二十四师在乌山遭到惨败。美军总部没有如实公布史密斯支队的全军覆没,仅说该支队战死150名、被俘72名。据日本《现代》周刊披露:美军在撤退时只带走了轻伤员,至于重伤员,给他们盖上星条旗就不管了。

　　7月7日,朝鲜人民军发起第三次战役,也叫大田战役。

　　这时,侵朝美军陆续到达南朝鲜参战。直接指挥侵朝美军的美第八集团军司令沃尔顿·沃克于7月13日在大丘设立司令部,所属美军步兵第二十四师最先到达,除其二十一步兵团的一部在乌山被歼外,主力进至大田地区。7月2日,刚刚接任师长的威廉·迪安少将也到大田指挥。美步兵第二十五师于7月10日运抵釜山登陆。美骑兵第一师(装甲坦克师)于7月18日在浦项登陆。李承晚的南朝鲜军也都交由美军统一指挥。美国侵略军和南朝鲜军队企图利用大田以北的锦江和小白山脉的有利地形,构筑坚固的防御阵地,以阻止人民军的进攻,掩护美军展开和整顿李承晚军。

朝鲜人民军最高司令部成立了方面军司令部,统一指挥人民军第一军团和第二军团实施这次战役。意图抢在美军基本兵力展开之前歼灭锦江、安东一线之敌,向大田实施主要突击。

大田是李承晚退出汉城后宣布的"临时首都"。

金日成亲临前线,指挥了这次战役。

朝鲜人民军越战越勇。7月20日拂晓,人民军各部密切协同对大田发起总攻。霎时间,枪弹横飞,硝烟弥漫,战斗十分激烈。7月20日,人民军攻克大田。美步兵第二十四师遭到惨败。7月21日,人民军越过小白山脉,大田战役胜利结束。美军、南朝鲜军损失官兵32000余人、火炮220余门、坦克20余辆、汽车1300辆及其他许多军用装备。连上任仅有18天的少将师长迪安,也当了人民军的俘虏。1953年9月5日,朝鲜停战协定签字后,他在交换战俘时被遣返回国。

大田战役之后,李承晚的"临时首都"又由大田迁至大丘,美国第八集团军各部队都已展开部署完毕,后续美军第二师、陆战队第一师的先头部队也已到达。这时大量歼灭敌人的机会已经过去。

7月21日,人民军以第一和第二军团向金泉、大丘方向实施主要突击,又发动了第四次战役,企图进抵洛东江并在对岸夺取登陆场。8月初,人民军进抵洛东江和朝鲜南部海岸,并解放西南全境。

8月1日,肩负着民族兴亡重担的金日成将军再次亲临前线,到达位于忠州以南小白山麓的永安堡前敌司令部,坐镇指挥。

人民军长驱直入,摧毁了美、李军的一道道防线,以洛东江战役的胜利,迎来了8月15日祖国解放5周年的光辉节日。

"八一五"头一天晚上,平壤举行了隆重的报告大会。朝鲜民主主义人民共和国的党、政、军主要领导人先后在大会主席台上就座。当中国代表团正副团长郭沫若、李立三,中国大使倪志亮,苏联大使史蒂柯夫出现在主席台上的时候,受到了热烈的欢迎。金日成在庆祝"八一五"祖国解放5周年大会上发表讲话,不时为雷鸣般的掌声所打断。他向全军发出命令:要使8月成为完全解放朝鲜国土的月份。

人民军面对强敌节节取胜,勇往直前,在1个多月的时间里,把美军和南朝鲜军压缩到洛东江以东的狭小地区,解放了南朝鲜90%以上的地区和92%以上的人口。在解放了的南半部国土上,实行了土地改革、劳动法令,采取了教育、文化、保健等民主化的措施。

8月31日,人民军发起反攻以来的第五次战役,即釜山战役。人民军以顽强的毅力,克服种种困难,突破了洛东江敌人的防线,先遣部队打到了北纬三十五度线上。

这时,美军、南朝鲜军与朝鲜人民军双方处于僵持状态。

14. 彭德怀关注朝鲜局势

1950年7月23日。西安,彭德怀的办公室兼宿舍。

彭德怀这时住在西安城区鼓楼北面,现市府的会议厅内。办公也在这里。当时,彭德怀的办公室兼着宿舍。他与浦安修住在会议厅东侧的小房子里。从彭德怀的屋子出来是正厅会议室,是西北五省地方高级干部开会的地方。正厅西边一间小屋住着军事秘书杨凤安。

彭德怀的住屋内放着一个办公桌、两个凳子,墙上挂着一幅普通的朝鲜地图。

美国派兵入侵朝鲜和中国领土台湾,面对这种国际形势的变化,身经百战的中国人民解放军副总司令、西北军区的司令员兼政治委员的彭德怀,怎能无动于衷。早在6月25日朝鲜内战爆发时,彭德怀就非常关注朝鲜的局势。他一直催杨凤安为他准备一幅朝鲜全景地图。

当时，西安是中国西部城市，在该城内确实难找朝鲜挂图。彭德怀任第一野战军司令时，指挥大军进军兰州、新疆，作战地图库中也没有像朝鲜这样的外国地图。杨凤安跑遍全城书店，终于买到一幅朝鲜概貌图，挂在彭德怀的卧室兼办公室的墙上，每天向他报告朝鲜战局发展变化的情况。

7月23日，杨凤安拿着当天的《新华日报》走进彭德怀办公室，高兴地告诉他："朝鲜人民军打到大田、大丘、洛东江一线了，20日进占大田，生俘美军第二十四师师长威廉·迪安。快到釜山了，人民军已解放了南朝鲜的大部分地区，把美帝赶下海的日子不会太长了。"

彭德怀元帅画像。

彭德怀："谁这样说的？"

杨凤安："记者的报道和评论……"

彭德怀："问题不会像你说的那么简单。美国毕竟是在二战中得到便宜而乘机发展起来的军事强国。美军亲自入侵朝鲜，战争国际化了，形势复杂和严重了。"

杨凤安："美军在釜山狭窄地区上岸，来不及展开就可能遭到歼灭性打击，被赶下海。时间对人民军有利……"

彭德怀："不能忽略美国的军事实力。美国现在是持强凌弱呀！朝鲜是一个小国，曾长期被日军侵略军占领，现在很难抗得住大而强的国家侵略。所以，要警惕美国的动向与企图。"

彭德怀在统帅第一野战军解放大西北后，又任西北军政委员会主席。一年来，除指挥一野部队肃清残匪外，他主要精力已倾注在医治战争创伤、恢复和发展生产上。他经常思考和关注的问题是怎样恢复经济，特

29

别是西北地区的工农业生产和交通建设等。1950年三四月间,毛泽东同意他的工作规划,并特别指出,西北铁路要修到迪化(今乌鲁木齐),不超过10年,越快越好。此时此刻,彭德怀也刚刚结束在甘肃、宁夏、青海、新疆等四省的视察。他不辞辛苦,踏上雪原高山,在新疆、青藏高原,亲自勘察修建进入西藏公路的地形……

这位农民出身的军事家、革命家,正致力于改变西北贫穷面貌的时候,没有意料到推行霸权主义、世界战略的美国竟赤膊上阵,出兵朝鲜,充当世界宪兵,直接干涉朝鲜内政。他以军事家的机敏,预感到朝鲜战争可能升级扩大的严重前景。

本书作者王天成(右)与彭德怀秘书、原军事科学院院长郑文翰参观湖南湘潭彭德怀故居。

第二章　战火扩大

15. 美国第68号绝密计划付诸实施

杜鲁门宣布美国派兵入侵朝鲜,立即引起全世界的震惊。但是他决心干下去。这不是他的临时考虑,而是他执政时期世界军事战略思想的表露。1949年底,他组织政府和国防部一些人成立一个秘密班子,集中一批军事和战略专家,制定了美国的世界战略。事后他又亲自修改审定。这就是后来闻名于世的美国政府第68号绝密文件。这个文件标志着杜鲁门的世界战略的全面形成。朝鲜战场也正是美国推行新的世界战略的典型地区,成为两个阵营较量的热点。

美国政府第68号绝密文件的核心内容是:

美国预测,到1954年,美国和苏联在核武器方面将形成僵持局面。而苏联人和中国人拥有巨大的常规兵力优势,并可随时使用。特别是新中国的成立,中国人民革命取得了根本的胜利,使世界形势发生了巨大变化,社会主义国家越来越增多。为了遏制社会主义的发展,美国有三种选择——

(1)坐观世界各地共产主义和社会主义力量的发展。美国退缩。

(2)向苏联发动一次核和常规结合的袭击,打击"共产党势力的根据地"。这冒险性极大。

(3)加强美国和西方的军事力量。遏制共产主义运动的发展。

第三种选择是第68号文件主体和关键内容。该文件指出,不惜一切代价全速加强西方防务,加强美国和西方军事实力,特别是能够遏制向美国和西方发动进攻的军事力量。要建立一个国际社会,把同盟国和它以前的附属国包括大小不一、自然资源不一、军事潜力不一的国家在内,并使之强大。实质是结成全球性的军事联盟体系。通过"冷战"来加速社会主义制度的衰败。美国为此要担当起领导"自由世界"的责任。必要时亲自派兵,担当世界警察或宪兵,甚至不惜打一场"热战"。

第二次世界大战结束以后,世界各国人民的共同愿望是,反对战争再起,反对制造紧张局势,反对扩大军队,要求医治战争创伤。美国人民普遍要求部队复员,要求缩减军备,国会也一直反对增加军事预算。为此,美国各界不少人反对美国推行遏制战略。坚决反共并在中国抗日战争时期来华的魏德迈认为,"遏阻会导致愚蠢的军事行动,因为对方可以在其卫星国的边界上进行侵略性挑衅,用他的丙级队对付我们的甲级队,把美国弄得筋疲力竭"。但是也有坚决支持杜鲁门的世界战略的。

朝鲜内战的爆发,使杜鲁门得到一个机会。

6月26日,在作出入侵朝鲜决策并宣布出兵命令的第二天早晨,杜鲁门匆匆到了白宫办公室。他的秘书给他安排的事项表中第一件大事是:审阅美国关于朝鲜战争的声明。

杜鲁门审批声明后,走到壁炉前的地球仪边,把它转动了一下,对他的最年轻的助手埃尔西说:"朝鲜是远东的希腊。我们现在强硬,挺起腰对付他们。他们共产党人会像希腊一样,不会采取进一步行动……"

埃尔西说:"希腊靠近苏联,朝鲜靠近中国。我们出兵朝鲜,这对毛泽东会产生什么影响?必须谨慎才是。"

"我们现在必须挺身战斗,否则他们会在世界其他任何地方采取进一步行动。朝鲜是今日斗争的焦点,我们要在此点上获胜,你懂吗?"

接着,南朝鲜大使张勉由国务卿艾奇逊陪同,走进办公室。这位大使忧郁地说："李承晚总统来电讲，南朝鲜部队缺少大炮、坦克和飞机……"

杜鲁门气愤地说："你们还缺乏勇气和果断。大炮、飞机我们可以支援，但是……"

张勉说："现在支援武器装备为时已晚。"

杜鲁门说，"要镇静，要有信心。我们正设法解救你们。"

本书作者杨凤安与原志愿军司令员杨得志在一起，回忆抗美援朝历史。

此时，埃尔西手拿电报，兴奋地说："西方主要国家来电支持我们出兵。"

"我接到电报电话，大多数西方国家大使表示，对我们的行动在联合国给予支持。国内许多人也很支持。参议员塔夫脱赞成总统声明中所概括的总政策。他甚至责备我在今年初说朝鲜处于美国太平洋的防御圈之外，要求我现在辞职呢。"

杜鲁门哈哈大笑，高兴地说："现在大家都明白朝鲜的战略地位，都说山姆大叔该真枪实弹地去干了，这好么。要赴快召集国会领袖开会，设法迅速落实出兵朝鲜的措施。我们多年没打仗了，要加快准备。"

当天下午，美国国会开会。当杜鲁门把美军投入朝鲜战场的既成事实摆在国会面前时，支持战争就成为国会的第一位要考虑的问题了。所以军事拨款直线上升，7月份签署了1950——1951年12亿美元的军事拨款；9月又签署40亿美元的附加拨款；9月6日又签署原来的146亿美元国防拨款；9月27日又增加126亿美元。与此同时，7月份下达了征兵命令，把武装力量扩大两倍。

在国外，杜鲁门乘侵朝战争机会，立即使美国在世界范围内缔结军事同盟的活动活跃起来,这是第68号绝密文件的关键所在。

16. 毛泽东注视朝鲜战局发展

1950年6月。夏季炎热的一个早晨。

北京的香山,古木参天。毛泽东主席坐在双清别墅走廊一只木椅上微微沉思。一年前,即1949年4月21日,他和朱德总司令颁布了进军命令,命令全军奋勇前进,坚决、彻底、干净、全部地歼灭一切敌人。中国人民解放军百万大军在一千余里的战线上强渡长江,于4月23日占领国民党反动政府的"首都"南京。毛泽东就是坐在此处"浮想联翩",从而"欣然命笔",写下了一篇最后大决战的颂歌——

> 钟山风雨起苍黄,百万雄师过大江。
>
> 虎踞龙盘今胜昔,天翻地覆慨而慷。
>
> 宜将剩勇追穷寇,不可沽名学霸王。
>
> 天若有情天亦老,人间正道是沧桑。

这首诗的大意是:人民解放军百万雄师打过了长江,这革命的暴风雨以迅雷不及掩耳之势席卷了南京城,捣毁了蒋家王朝。这个虎踞龙盘般雄伟险要的南京城,发生了天翻地覆的大变化,全国人民无不慷慨激昂、欢欣鼓舞。但是,我们应该乘胜追击国民党反动派,痛打落水狗,将革命进行到底!绝不能被胜利冲昏头脑,重演楚霸王的悲剧,使革命半途而废。自然规律是无情的,社会规律亦然。将革命进行到底,彻底打垮蒋介石,使中国发生翻天覆地的变化,这是符合人类社会发展规律的。

北京的香山公园,毛泽东与周恩来信步走进山中林荫小道。静静的山林,高高的青山,与天空的白云相伴,是多么好的一幅图画。

毛泽东身穿深蓝色便装,在人行山道上与周恩来共忆这首诗词。他十分喜爱这首诗词。他以诗人的灵感和人民领袖的气魄,用诗词表达将革命进行到底的必要和决心。两个亲密的战友边走边谈。

周恩来说："我们解放南京,没有被胜利冲昏头脑,继续革命,所以才有今天的新中国。主席的诗词道理很深刻……"

毛泽东说："中国人民胜利了。一百多年来,帝国主义、封建主义和官僚资本主义这群吃人肉、喝人血的妖魔鬼怪骑在人民头上张牙舞爪,为非作歹,横行霸道,猖獗一时。最终他们在中国这块土地上垮台了。"

周恩来把话题接过来,引向最新形势,说："6月25日,朝鲜内战爆发后,美国总统杜鲁门第二天就命令其驻远东的空海军参战,支援李承晚集团的军队。27日公开宣布武装入侵朝鲜,干涉朝鲜内政,派第七舰队侵入台湾海峡,霸占中国领土台湾。"

毛泽东："主子亲自出马、赤膊上阵。"

周恩来："6月26日,金日成首相发表广播演说,号召全朝鲜人民和人民军官兵一起团结起来,进行正义的祖国解放战争。朝鲜人民军正在奋勇作战。"

"侵略者总是要捣乱、失败、再捣乱、再失败……"毛泽东说到这里,停顿了一会。他预测着形势发展的可能趋势。

大战略家的重要特征是能精确预测战争形势。孙子是世界公认的兵法大师。美国战略理论家约翰·柯林斯在他所著的《大战略》一书代序中"公认的战略创造者"一节里写道:"孙子是古代第一个形成战略思想的伟大人物。"孙子认为战争的胜负是可以预先认识的。这种对战争的预先认识就是预测,《孙子》谓之"知胜"。《孙子》强调,要在准确了解敌我情况的基础上实施准确的预测,"知之者胜,不知者不胜","知战之地,知战之日",知道同敌人交战的地点,同敌人交战的时间,分析上述几点能否做到,就可以预见到战争能否取胜。认识到战争威胁,还要"居安思危,有备无患"。毛泽东在抗日战争初期,就卓越地为战争的发展描画了一个轮廓,引导战争走向胜利。

如今,他预见了共和国面临的威胁。人民共和国诞生还不到一年,老虎又到了邻居家。他考虑的事情更多、更多……

17. 狂人机遇，麦克阿瑟出任"联合国军"总司令

1950年6月27日。美国总统杜鲁门公开发表声明，美国决心发动侵略朝鲜的战争。当晚，联合国安理会再次开会。杜鲁门获悉苏联外交部副部长谈话："苏联政府从朝鲜撤军比美国政府为早，从而证实它对其他国家的内部事务奉行传统的不干涉原则。现在对朝鲜的内部事务，苏联政府同样坚持外力不得干涉的原则。"杜鲁门如获至宝。从这个谈话中，他得出苏联无意干预的结论。他开始放手大干了。

6月28日，他下达美军占领南朝鲜釜山的命令。

6月30日，他授权麦克阿瑟使用所属部队干涉朝鲜内政。

7月1日，美国陆军第二十四师先头部队到达朝鲜。

7月7日，联合国安理会授权美国指挥下的统一司令部使用参加干涉朝鲜的各国部队，由美国指派指挥这些部队的司令官，并授权该司令部使用联合国的旗帜。

7月7日，杜鲁门下达全国征兵令。

7月8日，杜鲁门任命麦克阿瑟为联合国军总司令。这是关系美国前途的一个重大措施。杜鲁门把战争指挥大权交给一位美国人担心的、极不稳定的傲慢的军官。

这样，年已70岁高龄、在陆军服役了50年的道格拉斯·麦克阿瑟，在一生中第四次遇上了真枪真炮的战争。杜鲁门委婉地把这称为"治安行动"，但实际上这是一场使人不安的侵略战争。麦克阿瑟同他的朋友们说，他受到又一次轻视，没有人同他商量，没有征询拥有宣战权的国会的意见，甚至没有同有关的军事指挥官磋商，杜鲁门和政府行政机构的成员就这样决定参加朝鲜战争，这要冒同中国和俄国交战的风险。他对杜鲁门的决策方式非常不满。但他有了一项新的职务，可使他显露头角，为此他也颇为满意，喜欢以自己特有的精力投身于这一行动。

麦克阿瑟在美国也很有一点名气，是美国著名的五星上将。出身于军人世家。

朝鲜内战爆发后，杜鲁门不得不任用他，因为麦克阿瑟是最熟悉亚洲太平洋战区情况的驻远东美军司令。但又对他不放心，历来对他看法不好，怀疑他能否按总统意志执行战略任务。这是杜鲁门在历史上对麦克阿瑟持有的一贯看法。

1945年杜鲁门就任总统不久，在其私人日记中就说麦克阿瑟是虚荣自大、高官厚禄的将军。从他的日记中可看出他是如何讨厌麦克阿瑟。现摘录其中的一段：

麦克阿瑟"他比卡伯茨和洛奇还坏，他们在告诉上帝要什么之前，至少还互相交谈一下。麦克阿瑟则干脆只同上帝打交道。令人遗憾透顶的是，我们还得把这样自命不凡的讨厌鬼放在关键岗位上。我真他妈的不明白，罗斯福为什么不把温赖特调回国(1942年时在科雷吉多尔)，让麦克阿瑟去当烈士呢？如果我们得到的是温赖特，那将是一名真正的将军和战士，而不是我们现在看到的这么一名话剧演员式的骗子。令人难以思议的是，一个造就出像罗伯特·E·李、约翰·J·潘兴、艾森豪威尔和布莱德雷这样伟大人物的国家，竟也造出了像卡斯特、巴顿和麦克阿瑟这一类人物。"[1]

由此，杜鲁门在朝鲜战争爆发时就讲过，不能让麦克阿瑟的权力过大。许多美国政府高层人士也担心麦克阿瑟在关键时会像狂人一样失去理智，拖着总统走向深渊。

18. 沃克率美第八集团军坚守釜山

7月22日，美国派进朝鲜的侵略军兵力已经达到与北朝鲜势均力敌的水平，双方兵力均约为10万人。美第八集团军已在一线部署了3个美国师，即第一骑兵师、步兵第二十四师、步兵第二十五师。美国的第一骑兵师是美国的"王牌"部队，在美军历史上屡建战功。另一个拥有2000人的

美国海军陆战旅和英国旅正开赴战场。南朝鲜军队通过强行征兵，正重新组建一支约5万人的军队。大量坦克、自行火炮、重迫击炮也正从日本运到朝鲜。

美国第八集团军始建于1944年6月，组成后立即开赴新几内亚，执行逐岛进攻的作战。它曾跨越一个又一个的岛屿攻歼日军，进行过60多次的水陆两栖攻击作战。人们称之为"水陆两栖的第八集团军"。1944年底到1945年7月，参加进攻菲律宾的作战并占领了菲律宾群岛。日本投降后，登陆日本本土，担负占领军任务。第二次世界大战期间，它的兵力最多时达到11个师、3个独立团，达25万人之众。大战结束以后，第八集团军一直是驻日陆军的主要力量。现在，它又担负起在朝鲜作战的重任。

沃尔顿·沃克中将于1948年9月3日接任美第八集团军司令。1950年7月6日，指挥该集团军侵略朝鲜。麦克阿瑟赞扬他是"很能大张旗鼓地显示力量"的人物。

沃克到达釜山地区，决定在朝鲜最南端的釜山港周围地区建立一条防线，坚决固守。沃克的当务之急是阻止人民军进入釜山以北55英里的大丘，该城是公路和铁路枢纽。他命令被称为"忠诚可靠、不屈不挠，具有稳重的性格"的基恩将军亲率美步兵第二十五师在大丘以北进行防御，以阻止人民军席卷洛东江河谷。

7月20日，美步兵第二十五师投入战斗。由该师一支清一色由黑人组成、历史上战功显赫的第二十四团扼守大丘附近的礼泉城。在礼泉开战头一天，这个黑人团就厄运当头。才打了几个小时，部队就乱了阵脚，仓惶逃跑。

此后，该团被美国士兵取个绰号为"逃窜"部队而始终不能洗刷掉了。美国士兵喜欢把这个名字送给一触即溃的部队。一年以后，军服上的第二十四团臂章一出现，就会招致其他部队的讥讽奚落，他们时不时唱起讽刺挖苦的小调《逃窜舞蹈》："迫击炮轰轰叫，二十四团老爷撒腿跑……"

7月26日。沃克对此状况十分担忧，决定把部队撤至"预备阵地"。当晚，沃克在司令部打电话向美军远东司令部报告情况。

沃克在电话中说："北朝鲜军队已兵临釜山，美军司令部正移至釜山,美军正在撤退,朝鲜局势岌岌可危,请麦克阿瑟亲自关照。"

接电话的是美军远东部队参谋长爱德华·阿尔蒙德将军:"停止后撤,坚守阵地。急忙后撤会影响士气,韩国军队会认为是第八集团军不打算呆在朝鲜,会感觉是总溃败,后果不堪设想"。

19. 麦克阿瑟与蒋介石密谋联合行动

朝鲜内战爆发后,杜鲁门除了要应付南朝鲜军队节节败退的战局,还得同时处理另一个与战争有关的战略问题,即如何加强同台湾国民党的联合,处理麦克阿瑟与他对国民党政策的争论。

蒋介石从大陆逃到台湾以后,杜鲁门政府设法与国民党政府保持一种融洽但又有距离的关系。麦克阿瑟则大为不满,他主张要与蒋介石加强合作,认为台湾是"不沉的航空母舰",要发挥台湾在美国世界战略中的作用。

中华人民共和国成立以后,1950年1月5日,杜鲁门发表不干涉台湾的声明,确认日本投降后,"美国及其盟国承认中国对该岛行使主权",并称"美国对福摩萨或中国其他领土从无掠夺的野心","美国亦不拟使用武装部队干预其现在的局势"。同日,艾奇逊专门就杜鲁门的上述声明进行阐述,他说:"中国管理福摩萨已有4年了,美国及其盟国均未对这种权力和占领提出任何疑问。当福摩萨成为中国一个省时,谁也没有提出任何法律上的问题。"

可是,朝鲜爆发内战后,杜鲁门一反既往,改变了他对台湾原来的政策。6月27日,他声称"台湾未来地位的决定,必须等待太平洋安全的恢复、对日本的和平解决、或联合国的审议。"6月28日,他授权麦克阿瑟在朝鲜使用美军,也命令美国第七舰队进驻台湾海峡。此时,美国第七舰队只有1艘航空母舰、1艘重巡洋舰、1艘轻巡洋舰以及几艘驱逐舰。这支舰队承担在朝鲜作战的任务,又要负责整个东亚的作战任务,力量不足。

7月下旬,美国情报部门报告说,在台湾对面,中国人民解放军集结了部队。并判断说,尽管有美国的保护,中国的这些部队也能取得进攻的胜利。

7月28日，美国国防部长约翰逊和参谋长联席会议均主张，允许蒋介石在台湾和大陆之间的水域布雷，并轰炸解放军的集结地域。杜鲁门最后决定，派一个调查小组前往台湾，以拟出一项增加军事援助的具体计划。

7月29日，美国参谋长联席会议就可能为台湾采取的"防卫措施"征求麦克阿瑟的意见，并提到美国国家安全委员会会议上否决了关于允许轰炸台湾对面中国大陆上的解放军集结地域的事。参谋长联席会议还告知麦克阿瑟，美国准备派调查小组去台湾。

麦克阿瑟立即表示赞成轰炸中国并在台湾海峡布雷。他迅速回电，宣称他打算7月31日亲自前往台湾视察防务。

7月30日，麦克阿瑟带领一个由16名军官组成的代表团赴台湾。当他们乘坐的飞机在台北机场降落时，受到蒋介石的隆重欢迎。军事会议开了两天。蒋介石夫人宋美龄举行一次宴会，使麦克阿瑟及其随员更为感动。席间，宋美龄作为女主人直接同麦克阿瑟交谈。麦克阿瑟得意洋洋地对她说，"你的丈夫在上次大战中是我的老搭档。老战友再次合作，胜利就得到保证。"在坐的人感到惊讶，感到麦克阿瑟同蒋介石和他的夫人从未见过面，这次一见面交谈起来像是挚友亲朋。

麦克阿瑟回到东京后，宣称"在当前形势下，台湾包括附近的澎湖列岛，不会遭到军事入侵"。他接着又说，他同蒋介石探讨了"迅速并且慷慨地提供"国民党部队到朝鲜作战的事宜。"目前已就我指挥的美军和国民党中国人的部队之间的有效协同做出了安排。"

世界新闻界对此事反应强烈，认为麦克阿瑟单方面地决定美国与同中国共产党作战的蒋介石结盟，是在嘲弄政府的政策，说他是"惯于莽撞行事，自作主张，独断专行的将军"。

杜鲁门得知此事十分恼火。麦克阿瑟事先没有告诉杜鲁门和艾奇逊关于此行的计划。他担心麦克阿瑟热衷于更冒险的政策。

8月5日，美国参谋长联席会议正式通知麦克阿瑟说，总统已经否定了他对中国大陆采取防御性袭击的建议。麦克阿瑟也回电表明他的愤怒。他讽刺说，他完全能理解总统"保护共产党大陆"的决心。

第三章　准备应变

20. 未雨绸缪，毛泽东考虑应变措施

中国人民热爱和平，要集中精力进行经济建设，不愿意同美国打仗。然而，美国对中国邻邦朝鲜实行武装侵略，并派兵侵略中国领土台湾。面临突如其来的情况，新中国领导人毛泽东就不得不予以严重关注。

1950年7月初的一天早晨。中南海颐年堂院中。

海棠树翠叶在风中淅沥而语，花圃里的秋菊已孕出最早的一批花蕾。

毛泽东走到院中，漫步在小路上。周恩来在旁边陪同，不断向毛泽东介绍形势。

周总理从容地讲："苏联驻联合国代表马立克在安理会上提出一个和平提案，要求停止朝鲜境内的敌对行动，同时从朝鲜撤退外国军队……"

毛泽东插话说："我们要和平，可是杜鲁门不要。他不会同意的。他要推行世界战略，现在远隔重洋，紧急插入干涉朝鲜内政，劲头很足。我们不能小看这个问题。"

周恩来说："最近金日成发表演说，要在8月完全解放朝鲜领土。人民

军已经解放汉城,正在向大田一线前进。"

"形势不容太乐观。美国派军队参加作战,会给朝鲜人民带来许多困难。"毛泽东沉默了一会后继续说,"但是,困难是可以克服的,胜利总属于反对侵略战争的朝鲜人民。我们也不是没有同美国打过交道。抗日战争时期,他们曾经是我们的盟友。我在延安时见过许多美国人,他们对中国人民还是很友好的。只是在日本投降以后,杜鲁门就开始帮助蒋介石打中国共产党人了。美国出主意、出枪炮、出美元、出物资,帮助蒋介石打了3年多内战。结果,蒋介石垮台了,逃到台湾去了。中国人民胜利了,新中国诞生了。这就是历史发展的逻辑。"

周恩来说:"杜鲁门并没有接受这个历史教训,他现在要把美国士兵投入朝鲜战场,他要赤膊上阵,还拉上一批帮手,要聚众打劫。"

"美国人并不是不接受历史教训,而是错误地总结历史教训,认为他们早就应该亲自干。这虽然是少数美国将军的说法,但代表了美国战争狂们的意见。我们要保持警惕。"毛泽东停顿了一下,接着坚决地说,"恩来,我看这场战争有可能扩大为一场中美交兵的战争。"

周恩来说:"一位苏联军事代表对我说,要不了几天,一下子就可以把美国人和李承晚搞掉,朝鲜很快就会统一。我同他讲,事情并不那么简单。他说,美国人在日本的军队还没动呢。他不敢动,动也不行。"周总理说到这里,轻轻摇摇头说,"什么事情都要有备无患。"

毛泽东说:"有备无患,未雨绸缪。我们还是要有所准备为好。恩来,明天你主持军委开会研究一下,调十三兵团到东北,加强那里的防务,也可待机支援朝鲜同志。"

21. 解放军战略预备队北上辽沈

7月初,毛泽东和中共中央其他领导同志高瞻远瞩地分析了朝鲜战争形势,认为朝鲜战争已趋于复杂化,成为国际斗争的焦点,至少是东方斗争的焦点。美国扩大战争规模和战争转入长期化的可能性已日益增大,中国人民不能不有所准备。

毛泽东决定,国内恢复经济的工作部署不变,把当前支援朝鲜反抗美国侵略的斗争工作主要交给东北行政委员会负责。并在全国开展"反对美国侵略台湾、朝鲜运动周",以动员全国人民。

7月7日,由毛泽东提议,中央军委由副主席周恩来主持召集保卫国防问题会议,讨论朝鲜形势和加强国防问题。朱德总司令、聂荣臻代总参谋长、罗荣桓主任和军委各总部、各军兵种领导人林彪、肖华、肖劲光、刘亚楼、杨立三、李涛、许光达、滕代远、谭政、万毅、苏进、贺晋年、赵尔陆等出席了会议。会议议题有五项:

1.调整部署。4个军3个炮兵师限7月底全部调往安东(今丹东)、辑安、本溪等地集结。2.指挥机构组织。以粟裕为东北边防军司令员兼政委、肖华为副政委。3.后勤工作准备。4.兵员补充准备。5.政治动员工作。

当天,会议决议事项报告毛泽东。毛泽东当天深夜给聂荣臻写信,同意这次保卫国防问题会议决议的事项。信中说:

荣臻同志:

　　本日会议决议事项同意,请即按此执行。

毛泽东

7月7日24时

7月13日,中央军委作出了《关于保卫东北边防的决定》,决定立即抽调战略预备队,并配备地面炮兵、高射炮兵及工程兵部队,集结东北地区,组成东北边防军,抓紧进行整训工作。

为什么动用第四野战军部队赴东北地区?这是中央军委经过反复研究考虑决定的。一是因为四野部队里东北人多,解放战争时期在东北战场上打过仗,对东北战场以及地理情况和东北的气候也完全能够适应。二是当时四野的主力部队三十八、三十九、四十军,作为机动部队集结在河南,组成了军委战略机动兵团。三十八军驻信阳,三十九军驻漯河,四十军驻洛阳。当时,把这几个主力军放在中原地区这个中国的中心位置,主要是便于机动。东南西北,哪里有需要到哪里去。中央军委经过慎重研究决定,十三兵团这几个军立即开赴东北。稍后,又决定已在东北的四十二军也归十三兵团指挥。

凡事预则立,不预则废。宁肯失之过早,不可失之过迟。

战争也是争夺空间、时间的竞争。谁预测到了可能发生的事件,并提前做了充分准备,防备万一,谁就立于主动,立于不败之地。现在回忆起来,毛泽东和中央军委随即作出重大战略决策,调十三兵团紧急开赴东北,加强东北防务力量,这是非常及时、非常正确的,体现了毛泽东的远见卓识,以变应变,做好充分准备,避免仓促应战的战略思想。

朝鲜战争爆发前,东北是全国范围内驻军最少的一个战略区。整个东北地区,只有已经确定集体转业的第四十二军在黑龙江开荒生产,另外第五十军当时在东北,还有5个独立师、1个公安师担负地方警备任务,全部兵力不足20万人,只占当时全国总兵力的1/27。当时全军部队,由于分布广和缺乏输送工具,加之许多部队还担负剿匪和生产任务,因而可机动的部队并不多。军委及时调整部署,加强战备,抽调战略机动兵团北上,是当时完成保卫东北边防和必要时援助朝鲜人民的第一步重大部署。

22. 邓华率第十三兵团集结中朝边境

根据中央军委"七一三"决定,担任全国战略预备队任务的第四野战军第十三兵团所辖之第三十八、第三十九、第四十军和第四十二军共12个步兵师,和炮兵第一、第二、第八师以及1个高射炮兵团、1个工兵团,共计26万人,组成东北边防军,担任保卫中国东北地区的安全和必要时支援朝鲜人民反侵略战争的任务。中央军委要求这些部队于8月中旬集结于安东(今丹东)、凤城、辑安(今集安)、通化、辽阳、海城、本溪、铁岭、开原等地,开始整训。

第十三兵团的3个军在解放战争期间是东北野战军的主力军,也是人民解放军中有着光荣战斗历史的部队。

第三十八军原来是1946年8月编成的东北民主联军第一纵队,其最早的前身是1928年彭德怀领导平江起义建立的红五军之一部,后编入红三军团。抗日战争期间在山东发展为山东军区第一、第二师,又编入起义的东北军第一一一师。解放战争期间,这些部队进入东北编为第一纵队后,一直作为东北野战军的主力之一,从松花江边打到云南。

第三十九军原来是1946年9月编成的东北民主联军第二纵队,其最早的前身是1930年在鄂豫皖苏区成立的商光独立团,后发展为红二十五军。到达陕北后,又和陕北红军合编为红十五军团。该部在抗日战争初期编为八路军第一一五师第三四四旅,后南下成为新四军第三师。解放战争期间进入东北后,一直作为东北野战军的主力之一,从黑龙江打到广西。

第四十军原来是1946年初在南满成立的东北民主联军第三纵队,其最早的前身是1937年底在鲁中建立的抗日游击队,后发展成山东军区第三师和警三旅。解放战争期间,这些部队进入东北编为第三纵队后,也成为东北野战军的主力之一,以后还创造了以木船渡海解放海南岛的战绩。

7月下旬,第三十八、第三十九和第四十军先后抵达东北。已在东北的第四十二军和炮兵第一、第二、第八师也奉命结束农业生产,同上述3个军一起,编为东北边防军。

第四十二军是东北野战军最年轻的一个军,原来是1948年春由解放战争期间在辽东、辽南组建的3个独立师编成的东北野战军第五纵队。在解放东北和剿匪的作战中,该军也经受了锻炼。炮兵第一、第二师是解放战争期间东北野战军组建的两个炮兵师,也是当时全军成立最早、战斗经验最多的炮兵部队。炮八师则是刚由四野部队的队属炮兵编成的。

中央军委随即确定了东北边防军的指挥机构,任命粟裕为东北边防军司令员兼政委,肖劲光为副司令员,肖华为副政委,李聚奎为边防军后勤司令员。

对第十三兵团的人选,中央军委反复研究决定,为了加强第十三兵团的指挥,将十三兵团的领导班子的主要成员和领导机构与十五兵团对调。将十五兵团司令员邓华调到十三兵团当司令员,十五兵团政委赖传珠任十三兵团政委(因赖政委身体不好,志愿军出国时留在丹东);十五兵团副司令员洪学智任十三兵团副司令员,调韩先楚任十三兵团副司令员,解方任十三兵团参谋长,杜平任十三兵团政治部主任。

新任的第十三兵团司令邓华,是中国革命战争中成长起来的一员名将,人们都称他是"军政双全",富有谋略。

邓华1928年参加湘南起义。土地革命时期,任工农革命军第七师政治部组织干事、中国工农红军第四军十一师连党代表、第三纵队政治部组织科长、第三十六师政治委员,跟随毛泽东参加了长征。当时邓华年仅20岁。在毛泽东亲自指挥的四渡赤水作战中,邓华等率部大踏步进退,忽南忽北,声东击西,有时牵制敌人,有时调动敌人,部队士气高昂。在娄山关、遵义等战斗中,他率部英勇作战,歼灭了大量敌人。

抗日战争爆发后,1937年8月,邓华是一一五师六八五团政委,同杨得志团长一起率部参加平型关战役。在平型关公路南侧李庄,伏击日军板垣师团第二十一旅主力,歼日军精锐1000余人,打破了日本侵略军不可战胜的神话。1940年8月,邓华率晋察冀军区第五军分区部队参加百团大战。他指挥5个团,在彭德怀的统一指挥下,英勇作战。他亲临战场指挥,强攻南坡头战斗,歼灭日军70余人。聂荣臻称赞"这次战斗打得十分干脆漂亮"。

解放战争初期,邓华赶赴东北战场。他指挥保一旅、保二旅、骑兵队,冒零下30多度的严寒,连续歼灭国民党军4000余人。以后他又指挥第七纵队攻克四平,浴血奋战十昼夜,取得重大战果。在沈阳附近,他率第七纵队全歼法库守敌第一七七师,17天内拿下5城1镇,歼敌3个师,充分显示了他积极求战的精神和善于审时度势、大胆果断的指挥才能。参加平津战役后,他又率第十五兵团南下,在叶剑英的领导下,指挥两个军渡海作战,在无空海军支援下,于1950年5月1日前解放海南岛全境,被赞誉为"出色地完成了中央军委和毛主席赋予的光荣作战任务"。

很多老同志都说邓华有谋略,看得准、打得狠,说他能"临阵决断"、"智勇双全"。所以他任第十三兵团司令员,很多人都称赞:一员战将又要出征,对手就是美国人。我们也要选出强手,以强对强。

后来，东北边防军的指挥机构实际上并未成立。因为粟裕身患重病，尚在青岛医治，不能到职；肖劲光任海军司令员，肖华任总政治部主任，主持日常工作，都一时难以离京。所以，周恩来和聂荣臻向毛泽东报告，建议边防军目前先归东北军区统一指挥。毛泽东当即批示同意。

8月上旬，第十三兵团所属部队全部到达东北靠近中朝边境的地区。第三十八军进驻开原、铁岭地区。第三十九军驻辽阳、海城。第四十军进抵中朝边境江边重镇安东(今丹东)。第四十二军进驻辑安(今集安)。另有炮兵第一、第二、第八师及3个高炮团、3个汽车团以及战防炮团、战车团、工兵团等，共26万大军，集结于中朝边境鸭绿江沿岸地区。

部队到达后，立即展开突击整训。

23. 美国空军猖狂轰炸中国边境城镇

美国侵朝战争一开始，就派空军在北朝鲜倾泻了成百吨的钢铁，实施惨无人道的"饱和轰炸"、"地毯轰炸"，此外，还猖狂地连续出动飞机，越过边界对中国进行野蛮空袭，残杀中国人民。

1950年8月27日上午10时零4分，美国第二次世界大战中投入使用的B-29重型轰炸机2架，飞抵鸭绿江中游右岸辑安城及附近地区，盘旋侦察10余分钟；

10时零5分，美国P-51战斗机3架及蚊式侦察机1架，飞抵鸭绿江右岸临江及附近大栗子车站地区上空，先对车站扫射2分钟，继在铁路上扫射2分钟，击坏机车1辆；

11时零4分，在同一地区上空，4架美机对江桥一带扫射11分钟，击毁机车2辆、客车1辆、救护车1辆，伤司机和居民各1人；

14时30分，美国B-29飞机1架，飞抵鸭绿江右岸安东上空，盘旋侦察；

16时40分，又有美国P-51飞机1架，飞抵鸭绿江右岸安东上空，扫射2分钟，伤工人19名、亡3名，击毁卡车2辆……

仅这一天时间，空袭就达5次！

美国空军空袭我国丹东市(原安东)。

事隔一天，8月29日，美国飞机又两次入侵中国宽甸县上空，进行侦察扫射，致使无辜的中国居民4人死亡、7人重伤。

自8月27日到11月19日，两个多月的时间，美国远东空军就出动151次、上千架飞机，侵入中国领空，疯狂进行侦察、扫射、轰炸。

11月7日，华盛顿的一位空军发言人突然宣布："以前做出的距中国东北边境3英里的地区为飞行禁区的决定被取消，美国飞行员正在鸭绿江中国上空执行飞行任务。"

同一天，79架B-29型"超级空中堡垒"和300余架战斗机气势汹汹地盖满了鸭绿江上空，严重侵犯中国神圣领土、领空，也是对中华民族的疯狂挑衅。

令人吃惊的是，麦克阿瑟对美国空军下达的命令中，有一项是轰炸安东和新义州之间横跨鸭绿江的公路和铁路大桥。他授权空军只能炸桥梁的"朝鲜一端"。美国远东空军闻此命令全体哗然，一位飞行员说："我得去问问将军,你怎样轰炸桥梁的一端呢?"

11月8日,美国远东空军的飞机开始执行这个滑稽的命令。横跨中朝边境的鸭绿江大桥陷于火海。

面对美国这种有恃无恐的挑衅,中国外交部部长周恩来分别于1950年8月24日、8月27日、8月30日、9月27日发表了义正辞严的警告,警告电文一次比一次严峻。

1950年10月1日,周恩来总理又发出最后通牒式的警告:"中国人民不能容忍外国的侵略,也不能听任帝国主义对自己的邻国肆行侵略而置之不理!"

苏联向美国发出警告。

南斯拉夫总统铁托提出防止中美关系进一步恶化的建议。

印度总理尼赫鲁也冒着美国取消对其粮食援助的危险,力主和平。

美国的盟国也提出异议。

然而,美国政府认为,中国领导人没有敢同美国进行军事较量的胆量和力量。

24. 陈毅策划防御美蒋窜扰华东

南京、上海解放之时,陈毅作为华东军区暨第三野战军的司令员,指挥着102万军队。入城后,陈毅肩负上海市长重任的同时,仍担负着司令员工作。毛泽东指示他为配合抗美援朝,要严防美蒋在华东沿海登陆。

1950年6月,当上海刚从"二六"轰炸和严重经济困难中恢复过来时,朝鲜半岛局势紧张起来。6月27日杜鲁门宣布美国全面干预朝鲜战争,上海市场立即有波动,3天内黄金便由每两120万元涨至135万元(当时1万元折合人民币1元)。某私人银行经理说:"台湾已在大庆祝了,蒋介石可能反攻大陆,有钱不妨多买房子,台湾人一回来房钱要涨。"7月7日,从北京开完中共七届三中全会回沪的陈毅,在华东局扩大会议传达全会精神时特别强调,和平建设时期军队战斗意志不能松懈。

9月15日,美军在朝鲜仁川登陆。美国侵略者来势汹汹,战火即将烧到鸭绿江边。面对这种局面,中共中央、毛泽东主席开始作组织志愿军参战的考虑,除了和在京领导人研究外,又请有关各大军区负责人去京商议。

陈毅动身赴北京前,中共华东局连续召开了几次会议。关于出兵问题,有的意见是不宜出兵参战,因中国刚解放,东北刚建设,出兵就要惹火烧身。陈毅考虑却不同。到北京向毛泽东汇报各方意见时,他鲜明地表示自己主张出兵,并说:我如今虽担负地方工作,但只要前线需要,一声令下,我马上可以穿上军装去朝鲜作战!

10月8日,毛泽东主席发布了中国人民志愿军入朝作战的动员令。10月19日,志愿军跨过鸭绿江。10月25日,抗美援朝战争开始。

以上海的地位,理所当然地要在经济上、物资上对抗美援朝战争负起重大的支援责任。陈毅及时召集上海各界代表会议,说明中国出兵参战的意义,号召各界各业群众支援前线志愿军将士作战。上海很快掀起声势浩大的支援抗美援朝的群众运动,市民踊跃捐物,青年学生纷纷报名参军,外科专家组成的医疗手术总队奔赴前线……陈毅在华东各省市广播大会上号召:"我们全华东每一个人都要问问自己,为抗美援朝运动做了些什么?"

部队的战争准备更为重要。毛泽东发来电报指示:陈(毅)返宁主持军区工作;华东以美蒋登陆为假想作基础,来部署一切工作;王建安、郭化若负责淞沪警备;福建剿匪限6个月完成。

陈毅坚决而镇定。1950年11月初,在上海召开的华东军区的高干会议上,他说:"情况发展:第一看志愿军出动后的影响,达到'以斗争争取和平'(敌我目前均有不愿立即大打因素);第二可能美军陆续增兵朝鲜,寻求报复或在中国大陆另开一个缺口,但也不是马上大战;还需经相当长期准备。决定于朝鲜战争的胜利迅速发展。"所以,"领导上要全面长远考虑打算,实施上要有步骤,过早过迟都不利;目前最主要还是'加紧剿匪肃特',巩固后方,完成土改。"这样,会议对于政治动员、思想教育、战备练兵(包括陆海空联合训练)、省军区工作、后勤工作、剿匪、肃特、支援土改、建设民兵等一系列工作都作了周密安排。

对于华东军区的这些布置，毛泽东在电报中说："我们认为是正确的，请即照此执行。"

陈毅的积极组织，保证了华东军区和上海市踏实的行动，充分做好了防止美蒋窜扰华东沿海的准备。

第四章　友邻危在旦夕

25. 麦克阿瑟为挽回朝鲜败局的"锦囊妙计"

1950年8月中旬，朝鲜人民军将美国侵略军和南朝鲜军队压缩到洛东江以东1万平方公里的狭小地区。美国担心再次出现二战中的敦刻尔克大撤退，美军将会被赶下海去，因此伙同南朝鲜军队，一面凭借洛东江和庆尚山脉负隅顽抗，一面利用釜山港继续增调兵力，准备进行反扑。战争形成了胶着状态。

与此同时，美国侵略军为了挽回败局，开始策划扩大侵略朝鲜的战争。

麦克阿瑟出任"联合国军"司令的第五天，雄心勃勃地离开日本，视察了朝鲜战场。

当麦克阿瑟乘坐的"巴丹号"座机飞临朝鲜时，无线电报告说，汉城以南发现敌机。随后麦克阿瑟的座机遇到人民军空军飞机，它迅速作了一个躲避动作，才化险为夷，然后在南朝鲜一个机场降落。座机在一架被人民军飞机击毁起火燃烧的C-54运输机旁滑行。跑道上弹坑累累，座机小心地颠簸着停了下来。

丧胆落魄的李承晚总统、南朝鲜军队总参谋长蔡秉德以及其他美军和南朝鲜官员来到机场,迎接麦克阿瑟。

麦克阿瑟走下飞机。他身穿一件褪色的卡其衬衫、皱皱巴巴的皮夹克,戴一顶镶金边的旧沿帽,胸前挂一架望远镜。尽管天气阴暗,他还是戴一副墨镜,遮住眼睛。当他神气活现地下到水原机场的沥青跑道上时,故意装出一副若无其事的模样。

他认出了李承晚,便走到这位步履蹒跚的东方人跟前,双手抱住他的肩膀,语气柔和地问候致意。李承晚感动得如遇救星。

然后,美国驻南朝鲜大使穆乔引导一行人走进机场附近一个校舍。这里是美军驻南朝鲜顾问团驻地。

进入办公室后,李承晚最先讲话:"我们目前处境危险"。

"10万人的韩国陆军,现在仅剩2.5万人了,就是说损失了7万多了。"美军驻南朝鲜顾问团长补充说。

"你们今后准备怎样应付局势?"麦克阿瑟急切地问。

南朝鲜总参谋长蔡秉德说:"我们打算征召200万朝鲜青年入伍,迅速训练,一个月整编10个师,完全有把握击退北朝鲜人民军……"

美国官员听到这些吹牛皮的话,不便开口,看着这位"脑满肠肥、昏昏欲睡的脸庞",一点不像真正军人形象的人。

麦克阿瑟没有直接回答。后来不到48小时,他便告诉李承晚,要立即解除蔡秉德的职务。美军总司令的话就这么管用。这是因为李承晚顺从主子,一切都需要听从主子的安排。

然后,麦克阿瑟带上助手和记者,立即到前线视察。他乘一辆破旧的黑色道奇牌轿车,助手们分乘几辆吉普,在溃逃的军队洪流中穿行。麦克阿瑟坐在车里,嘴里紧紧咬着玉米茎烟斗。他们来到汉江边,走上一座靠近汉江的小山。眼前是一片战火硝烟。

跟随麦克阿瑟的副官惠特尼在事后描述当时的场面:

> 天空中回荡着跳弹的尖啸声,到处散发着恶臭,呈现着劫后战场的一片凄凉。所有的道路上挤满了一群群备受折磨、满身尘土的难民。……这种场面足以使他(麦克阿瑟)确信,南朝

鲜的防卫潜力已经耗尽。没有什么东西能阻挡共产党的坦克纵队从汉城沿少数几条完好的公路直取半岛南端的釜山了。那时，整个朝鲜将是他们的了。

麦克阿瑟在山头逗留约一个小时，眼前的情景和今后的策略在脑海里翻腾。他在以后的回忆录中谈到："被击败的溃散的军队形成一股可怕的逆流。南朝鲜军队完全是在狼狈溃逃。"

他回到驻地，同李承晚说明了他的基本看法：

"韩国陆军危在旦夕。我已考虑成熟扭转战局的基本战略，那就是：一步一步地把预备队投入到缺口中，作为鼓舞南朝鲜人士气的权宜之计。在尽量靠南的防御地区建立环形防御阵地，以稳定战局，使美军能在朝鲜半岛上建立立足点。同时不断增加美军力量，直至达到势均力敌或者超过敌人的水平。最后，实施二次大战时我在太平洋战争中成功的两栖作战，在远离战线的北朝鲜后方发动大胆的进攻。我在汉江山头时，就

美国海军远洋舰炮击朝鲜海岸。

选定了登陆地点仁川港。"

李承晚听得非常兴奋,对麦克阿瑟的"妙计"赞不绝口,连称"上帝保佑成功"。

26. 力排众议,麦克阿瑟把赌注下在仁川登陆

古今中外,将帅用兵,都懂得一条原则,即以己之长,击敌之短。

麦克阿瑟醉心于他的仁川登陆作战设想,正是他在汉江高地上目睹南朝鲜军队越江南逃时引起的想法。即:人民军向朝鲜半岛南部推进,补给线将拉长到危险程度。打击其后方,将使美国以较少的部队包围并消灭对方主力部队,置对方于腹背受敌。

麦克阿瑟是第二次世界大战中的美军名将。他成功地在太平洋对日军占领的岛屿进行越岛进攻战役,以海军陆战队和陆军部队实施突然的两栖作战,绕过较为明显的攻击点,夺取敌人后方岛屿。他也从此以擅长指挥两栖登陆作战而闻名。

麦克阿瑟实施登陆作战的构想,曾考虑过将登陆点选在元山、群山和仁川三个地方,最终确定在仁川。而仁川,却存在着登陆作战最忌讳的许多不利条件。仁川港是朝鲜西海岸距汉城西南40公里的重要港口。西海岸平均水深39.3米,比起3699米水深的东海岸,相差100倍,但潮水的潮差特别大,涨潮时,潮高达11.2米,落潮后,海面至港口出现宽达24公里的淤泥滩,登陆时间的选择受到很大限制。

根据当时美国专家们的计算,当年可供选择登陆的最佳日期是9月15日、10月11日和11月3日。在这三个最佳日期内,各有2—3天的好时机。在海岸可供靠岸利用的时间,每12小时内只有3个小时。如以9月15日为登陆日,那天的涨潮最高时间共两次,一次是上午6时59分,另一次是下午日没35分钟后的19时19分。

正是由于仁川地理位置的特殊,登陆时机的选择困难,麦克阿瑟选在仁川登陆的设想,在美国军界和政府高层决策人士中引起激烈的争论。

7月10日,麦克阿瑟指派参谋人员拟定一项"兰心行动"计划。有人反对说,两栖登陆不同于把一些船只驶进一个港口,然后登上码头。如果缺乏充分准备,美军会踏横滩头。

7月23日,麦克阿瑟的参谋人员又提出了一个称之为"铬铁矿行动"的计划。许多人怀疑它的可行性。

当日,麦克阿瑟给美国参谋长联席会议打电报说:

> 计划于9月中旬进行的作战是要使一个拥有两个师的军团在敌人战线后方实施两栖登陆,目的是在第八集团军由南方发起攻击的协助下,包围并消灭敌军。我坚信,尽早地在敌军战线后面采取强有力的行动,将切断其主要交通线,而且能够使我们给敌以一次决定性的和粉碎性的打击。另一个可供选择的方案是进行正面攻击,其结果只能是一场耗费时间且损失巨大的战役。

至此,麦克阿瑟已经确定了他的战略。

美国陆军参谋长柯林斯和空军的范登堡将军专程到东京,告诫麦克阿瑟说:美国的力量不足,不要过于铺张浪费。

美国国防部长尖刻地说:"那些'爱出风头的家伙'总是爱冒风险。"

这场争论,从7月一直持续到8月。

8月23日下午,美国军界首脑在第一大厦六层会议室开会。这是朝鲜内战爆发以来美国最为壮观的一次高级军官的会议。代表参谋长联席会议的有谢尔曼海军上将、柯林斯将军、空军副参谋长伊德沃尔·爱德华兹将军;代表海军的有阿瑟·雷德福海军上将、特纳·乔伊海军上将和多伊尔海军上将;麦克阿瑟方面的人有阿尔蒙德将军、多伊尔·希基将军、克拉克·拉夫纳将军、埃德温·怀特将军。

海军方面介绍情况后,一个军官说:"很多制订计划的人认为,如果仁川登陆行动成功,我们将不得不改写教科书。"

海军水雷专家说:"仁川港'飞鱼峡'是布雷的天然场所,任何一艘船沉在那里都会阻塞这条航道。船只驶进海峡，犹如驶入'死胡同'，船在那里无法掉头，一艘船出事将阻碍整个船队。"

柯林斯警告说："如果第八集团军不能突围向北进攻，这对仁川登陆的部队是个灾难。"他提出，登陆点选在群山。

麦克阿瑟一言不发、面无表情，一边抽他的烟斗，一边听别人的发言。等发言结束，麦克阿瑟又沉默了片刻，似乎是为了最大限度地获得戏剧性的效果。然后，他进行了长篇发言。他发言不用讲稿，突出重点，阐明他决心孤注一掷在仁川登陆的观点。他说：

"敌人对仁川的防务未曾做到应有的准备，在我看来恰恰是有助于保证这次出奇制胜的因素。敌军司令官将认为，美国人绝不会如此'鲁莽地'来冒险，这恰恰是有利美军突然袭击的条件。历史上，1759年英国一小队人员在突袭魁北克战斗中，攀上了被认为是无法逾越的高岸，使法国人猝不及防。"

"在群山登陆危险少，但价值也小。不要进行流血的但无决定意义的行动。"

麦克阿瑟接着说："战争的历史证明，一支军队的溃败，十有八九是因为它的补给线被切断。夺取仁川、汉城，将切断在釜山周围战斗的北朝鲜人民军的补给，促使他们瓦解。"

麦克阿瑟最后兴奋地说："希望陆战队不要多嘴，执行命令。夺取仁川和汉城，将很快结束战争。我下5个美元的赌注，就有机会赢得5万美元，我决心已定……"

他以动人的语言，结束发言："我几乎能听到命运的秒针在滴答作响。我们现在必须行动起来，否则我们将灭亡。"

麦克阿瑟把仁川当成赌注，和他的命运联系了起来。把战场当成赌场，这是战争狂人的特征。赌徒总是越赌越输，越输越赌。在他取得一点成功后，便又下更大的赌注了。

27. 绝密行动,仁川登陆计划出笼

8月15日,麦克阿瑟召集少数核心参谋人员,拟订具体登陆作战计划,规定9月15日为仁川登陆日。此作战计划包括1个主件和13个附件,定为绝密级军事行动计划。这项工作被限制在少数人知道的范围。

麦克阿瑟说:"这次冒险行动是大赌博,露了底牌一切就输掉了。"

这项被称为《作战计划(50—9.50.108号)》的计划包括美军登陆作战的指导思想、组织实施、指挥关系和各种保障。主要内容为:

1.情况判断:"人民军大部集中于釜山周围地区。到9月1日止,人民军在仁川地区的兵力为:仁川1000人,汉城5000人,金浦机场约500人。人民军炮兵无足轻重。北朝鲜空军只拥有19架陈旧的苏制飞机,美军将保持战区空中和海上优势。南朝鲜部队将增强发动攻势的能力。北朝鲜地面部队得不到来自苏联或共产党中国的重大增援。北朝鲜部队的基本部署没有重大变化。"

2.总任务:"美国海军中将斯特鲁布尔所属部队在朝鲜的仁川地区夺取、占领和守卫一登陆场;运送第十军至仁川登陆,并支援第十军夺取仁川、金浦机场和汉城;将敌军封锁在水原——利川一线以南,并切断汉城地区的敌方交通线。"

3.作战方针:"五星上将麦克阿瑟已被任命为援助大韩民国的全部联合国部队司令。第一阶段是为了阻止北朝鲜人前进。第二阶段在南朝鲜的美军部队正在增强至能对当面之北朝鲜部队发动有效攻击。第三阶段是,在总攻发起日的攻击发起时,美第十军在朝鲜西海岸登陆,夺取并守卫仁川、金浦机场和汉城,美第八集团军及可动用的地面、海、空军部队同时持续地发动攻势,切断上述地区所有的北朝鲜人的交通线,消灭仁川——汉城——蔚珍以南的北朝鲜军队。"

4.指挥关系:"陆军五星上将为援助大韩民国的所有联合国部队的总司令。美第八集团军司令部指挥所有在朝鲜的地面部队。"

5.兵力编成:为实施仁川登陆,临时由美海军陆战第一师、陆军步兵

第七师组成第十军，任命阿尔蒙德为军长。第七舰队与第十军编成联合特遣兵团，负责实施登陆作战，由美军远东海军司令乔埃中将任作战总指挥。第七舰队司令史枢波中将兼任联合特遣兵团司令。登陆兵的突击上陆战斗，由第九十特混舰队(突击舰队)司令杜埃尔少将指挥。上陆后的陆上战斗，由第十军军长阿尔蒙德少将指挥。

麦克阿瑟组织的仁川登陆作战的兵力共计——地面部队：美海军陆战第一师，美陆军步兵第七师、第二工兵旅、空降第一八七团和李承晚军海军陆战队4个营，约计官兵7万人。海军舰艇：战斗

"联合国军"总司令麦克阿瑟。

舰艇86艘，内含中型航空母舰3艘，护航航空母舰3艘，重巡洋舰2艘，轻巡洋舰5艘，驱逐舰32艘，和其他各型舰船232艘。

仁川登陆计划内包括攻击登陆部队，美第十军军长阿尔蒙德和陆战一师师长史密斯。阿尔蒙德58岁，是一位经历过两次大战的沙场老将，从1946年起便供职于麦克阿瑟的麾下，1949年成为美军远东司令部参谋长。麦克阿瑟早就给他打过招呼，他打算建立一支新的入侵朝鲜部队第十军，交阿尔蒙德指挥。美陆军一师师长史密斯，57岁，在两次大战中也有功绩。曾在美国高等军事学院就学两年，领导过海军陆战队学校，兼有学者称号。麦克阿瑟手下这两员战将，是他认为执行他的冒险计划的得意将才。

8月30日，麦克阿瑟将计划报告美国参谋长联席会议后，又急忙在远东司令部分发了仁川登陆作战计划，并告诉华盛顿，他将派特使把计划

和作战命令副本以及有关文件于9月11日送交参谋长联席会议。

9月7日,美国参谋长联席会议给麦克阿瑟发电说,他们支持尽可能早地实施登陆作战。"我们批准你的计划,并如实地向总统汇报了这一情况。"但电文中还提醒麦克阿瑟,"第八十二空降师是目前留在美国的唯一的一个师,而最近动员的国民警备队的部队则需4个月才能完成训练。"这等于明确告诉朝鲜战场的美军总司令:美国国内没有多少兵力可调了,注意节省兵力。

麦克阿瑟看完电报,既兴奋又像感到寒气刺骨。不论怎么说,计划批下来了,怎么打法就由不得你们了。他担心会有什么变化,立即在9月9日深夜,从参谋中挑选了一位年轻的中校史密斯,准备携带详细计划送交华盛顿。他当面向史密斯交待:

"你本人是否相信我们将要实施的计划?"麦克阿瑟问史密斯。

"是的,长官。"史密斯回答说。

麦克阿瑟说:"很好。你明天就动身去华盛顿,把作战计划和其他文件共11卷、重35磅,带到五角大楼,亲自把它交给联席会议的参谋长们,然后要精明地回答他们的问题。"

史密斯不解其意:"他们不会再怀疑这个计划了吧?已经批准了。"

麦克阿瑟说:"很难说。他们忧心忡忡。如果他们说这个赌注太大,你就告诉他们,我说这是小巫见大巫。华盛顿把美军投入亚洲大陆的决定才是最大的赌注。"

侵略者发动的侵略战争行动,好像海盗上了贼船在海上航行,互相之间既担心危险又难于脱身,只能是铤而走险。

按惯例,美军发起进攻前,麦克阿瑟总要发表演讲,进行一番宣传。9月13日,麦克阿瑟对组织制定登陆计划的亲信发表演说,为指挥部的参谋人员壮胆打气。他说:

> 如果说仁川登陆是个大赌注,我认为这是往盒子里投5个
> 美元,然后打开将捞到5万美元。5个美元就是仁川登陆。这个巨
> 大的赌博,就是华盛顿将美军投向亚洲大陆的决策。美国如果

把1000万美国人投入亚洲大陆，敌人可能轻而易举地以4:1的兵力对付我们。因此，我要用自己的办法(两栖登陆)，而不是用敌人的办法(正面攻击)，来同他们战斗。

以两个师在仁川登陆，作战的目的并不只是要进行登陆，而是为了粉碎北朝鲜军队，而只有切断北朝鲜军队的基本运输线才能达此目的。南北朝鲜的主要运输线包括铁路和公路都要经过汉城。因此夺取汉城这个交通枢纽，就为我们提供了一个'铁钻'，以便我们以第八集团军粉碎汉城以南的北朝鲜军队。登陆仁川就是为了夺取汉城。战略目标将要实现。①

这时，麦克阿瑟入侵仁川的舰队已经整装待发了。

28. 毛泽东、周恩来与雷英夫预先判明美军在仁川登陆的企图

1950年8月，中南海之夜。

月亮已偏移西方天际，淡淡的清辉把地上的景物映得模糊不清。粼粼波光的闪动，犹如水中撒了一把碎银。

周恩来与军事顾问雷英夫乘小轿车来到菊香书屋门外停下。雷英夫跟在周恩来的后面，匆匆走进室内。

菊香书屋。办公桌、一把椅子、几个沙发。桌上一些书是打开后反扣着的。

周恩来走进屋内说："主席，我与李克农、雷英夫等人研究了朝鲜局势。现在来向你汇报研究的结果。"

毛泽东说："好嘛，听听你们的意见。"

雷英夫将地图打开，铺在毛泽东的办公桌上，又从文件包里取出红蓝铅笔，对毛泽东说："从当前朝鲜局势看有利于人民军，但是，潜伏着极大的危险。"

---

① 转引自美国《陆军杂志》1970年9月号，《麦克阿瑟言论集》。

毛泽东把双手往敞开扣子的衣服口袋里摸了摸，掏出一盒香烟，点燃一支后深深地吸了一口，眼睛不离地图："讲讲你的根据。"

雷英夫说："主要根据是：第一，美军和南朝鲜军十三个师集结在朝鲜东南部洛东江三角地带一个狭小的滩头阵地上。"他用红铅笔在地图上划了一个椭圆形的圈，又用笔指着圈子说："他们还在这里修筑了工事，配置了密集的火力，但既不撤退也不反击，一副坚持死守的架势，这不合情理。它的企图可能是吸引人民军主力于此，这是诱兵之计。"

"第二，美军在日本集结的两个师，既不向北增援洛东江，也不在日本沿海布防，天天搞突击训练，同时组成了第十军。这个迹象是企图开辟新战场、采取新战略行动的征候。"

"第三，在地中海、太平洋执勤的英美大批舰船，现在向朝鲜海峡集结。这是要搞登陆的征兆。"

毛泽东问："美军总司令麦克阿瑟是个指挥两栖登陆作战的老手，你们调查了吗？"他把雷英夫的红铅笔拿起来，在地图上群山、仁川处划一划，说："朝鲜半岛南北长、东西窄，三面环海，可登陆的地方很多，但西海岸对他们有利，在仁川、群山这里都可以实施登陆。你们看这些地方那里可能性最大？"

雷英夫说："在仁川登陆对美军最有利，它可以一举切断人民军的南北战略联系，切断后方补给线，并在人民军主力背后，与洛东江之敌呼应夹击，从根本上改变目前的战略形势。"

毛泽东说："仁川港的水文条件如何？"

雷英夫说："仁川潮水平均涨落差为20.7英尺，这是世界上最大的涨落差。仁川附近必经之路飞鱼峡更是天险，船只驶进海峡如进死胡同，登陆部队通过海峡航道只有两小时较理想的时间，一般人们都认为仁川是不可能登陆的地区。但是，麦克阿瑟的作战经历说明，他最愿意出敌不意，选择出奇制胜的地点进行突然袭击。"

毛泽东听后说："恩来，麦克阿瑟是美国的名将，他在美国军界很有影响，所以他的主张容易获得批准。看来美军在仁川登陆的可能性很大，这确实是值得注意的大战略问题。我们要赶快给金日成同志打个招呼，让他们有所准备。"

29. 坐镇指挥，麦克阿瑟血洗仁川港

9月15日，美国杜鲁门政府为挽回败局，经过积极策划和准备之后，乘朝鲜人民军主力集中在洛东江战线、后方兵力不足之际，由"联合国军"总司令麦克阿瑟指挥美第十军两个师(美陆战第一师、步兵第七师)及所属炮兵、坦克兵、工兵等部队共7万余人，在飞机近500架、舰艇260余艘配合下，在朝鲜西海岸的仁川港实施登陆，企图攻占汉城，切断朝鲜人民军的后方补给线。

与此同时，"联合国军"和南朝鲜军在洛东江正面战线的主力10个师，即美军骑兵第一师和步兵第二、第二十四、第二十五师，南朝鲜首都师和第一、第二、第六、第七、第八师，在美第八集团军司令沃克指挥下，也于9月16日开始进行反扑，与仁川登陆部队南北呼应，相互配合，夹击朝鲜人民军。

美军认为，扭转败局的关键是仁川登陆作战。麦克阿瑟亲临前线指挥作战。

9月15日凌晨，美军由19艘舰只组成的入侵舰队，以旗舰"麦金利山"号为首，下辖巡洋舰、驱逐舰和3艘火箭发射船，在夜幕的掩护下，偷偷驶入通往飞鱼峡的航道。巡洋舰、驱逐舰和火箭发射船进入发射阵地，瞄准月尾岛及其他目标。

麦克阿瑟穿过一堆头戴钢盔、身着

1950年9月15日，美国第十军在朝鲜仁川登陆，包抄正在洛东江一线作战的朝鲜人民军后方，使朝鲜战局急转直下。

1950年9月15日，一艘美国登陆舰载着海军陆战队官兵，正急速驶向已在美国空军轰炸与海军炮击下化为火海的仁川海岸。

救生衣、配戴着令人眼花缭乱的服饰的将军们，登上"麦金利山"号的舰桥观战。和往常一样，麦克阿瑟戴着那顶汗渍斑斑的旧军帽。海军军官出于对他的高级官阶的尊重，让他坐在舰桥上海军上将的椅子上。

凌晨5时，美军4艘巡洋舰和驱逐舰开始火力准备，将约2800余发炮弹倾泻到月尾岛。接着，火箭发射船又发射1000发火箭弹，美军飞机用机关炮、火箭和炸弹袭击月尾岛。

6时整，美海军陆战队发起进攻。上午8时，美海军陆战队攻占通往仁川的咽喉要地月尾岛。下午5时许，陆战队向仁川港发起主攻，遭到人民军顽强抗击，损失惨重。但因人民军兵力不足，敌人登陆仁川上岸。黑夜来临时，大约1.8万名美军登上仁川港岸边滩头。

这时，仁川港湾，大量美军军舰在游动。一批批海军陆战队和陆军向码头运动、集结。伴随着嘈杂的咒骂声，美军士兵从运输舰上卸下火炮、坦克以及各种装备。

美海军旗舰"麦金利山"号在几艘护卫舰的保护下，驶近仁川港，舱室里，一群头戴钢盔、身着救生衣的美军高级军官站立在一张座椅周围，座椅上坐着侵朝美军司令麦克阿瑟。他身着棕色飞行装，胸前缀着两排显赫的勋表，鼻梁上架着一副大得出奇的墨镜，手里握着那颇大且又考究的烟斗，不时送到嘴边用力地吸着，发出丝丝的声响，缕缕青烟向四外飘散。此时，他脸上浮现着得意的表情，一双隐没在墨镜后面的眼睛注视着仁川港湾。那里的登陆战已经接近尾声……

港湾附近的舰载轰炸机频繁地起落着,一批批向着汉城方向飞去。

舰炮的射击声逐渐稀落,更多的登陆艇运送着陆战队蚂蚁般拥上岸去。

美海军特遣部队司令多伊尔海军上将快步跑上前,向麦克阿瑟送上了一份电报。

电报称:"仁川港已全部占领,主力正在集结。"

美第十军军长阿尔蒙德少将兴奋地说:"打开仁川这扇大门,明天我们就可以在汉城为将军祝酒了。"

麦克阿瑟露出一丝不易察觉的笑容,站起身来说道:"不,将军,到新义州喝也不迟,那不更有味吗!"他伸手接过惠特尼送过来的望远镜,向仁川方向观察。

惠特尼靠近麦克阿瑟,声音不大地说:"危险是很大的,但我们成功了。"

麦克阿瑟点头,表示同意。

阿尔蒙德少将诡媚地说:"祝贺将军的成功!您的勇气为我们带来了好运。"

麦克阿瑟:"有人说这次登陆作战是'冒险行动'。我认为,战争可以说就是赌博。三分可能加上七分冒险,这就是我在战争中创造奇迹的公式。运用这个公式的唯一秘诀,就是冷静的头脑加上百倍的勇气。"

惠特尼:"登陆成功,迅速北进的态势已经形成。不过华盛顿方面疑虑重重,他们担心中共和苏俄会实施武装干涉,局势会复杂起来。"

麦克阿瑟的脸立即阴沉下来,愤愤地说:"如果中国人真的进行干涉,那么我们的空军就会使鸭绿江血流成河。中共不会那么冒险。不要庸人自扰!"他把手中的望远镜递给站在身边的秘书哈特中校,转过身对着大家继续说:"我不相信中共的国际主义。中共虚张声势的宣传,只能使华盛顿那些神经脆弱的先生们睡不着觉。对于我们军人来说,取得这场战争的胜利就是一切。"

惠特尼:"据情报说,中共军队在鸭绿江沿岸调动频繁,仍有干涉的意向。"

麦克阿瑟:"这是起码的军事常识,中共无非是搞点'亡羊补牢',用不着大惊小怪。他们不调动军队守住大门,难道会扫门待客,等我们这些大兵去跳舞不成?"说罢哈哈大笑,慢步走向舱口。大家尾随其后,秘书哈特快步向前打开舱门。麦克阿瑟转身对大家说:"现在我们休息。4个小时以后,请各位到指挥舱来。"说罢,他挥挥手,走进卧舱。

麦克阿瑟赌赢了。他开始考虑不仅要夺取南朝鲜首都汉城,而且要横扫整个朝鲜半岛,把北朝鲜军队困在南方。

第五章　决策出兵救危

30. 放胆施威,麦克阿瑟挥师北犯

1950年9月下旬,"联合国军"在仁川登陆得逞以后,美国侵略者决心进行更大的军事冒险,妄图以战略的速战速决吞并全朝鲜。

这时,朝鲜人民军主力后方被切断,几个师的兵力被阻隔于南方,处于十分困难的境地,被迫转入战略退却。9月27日,在给敌以重大杀伤后,放弃汉城。

麦克阿瑟赌赢了一次大赌注。他认为,这是他战胜美军内部反对者的胜利,和战场上的胜利加在一起,是一次双重胜利。他要"凯旋"入城。

汉城街道,残墙断壁。硝烟滚滚,遍地弹痕。

通往汉城的道路两旁,是未经清理的战场。到处是断瓦秃垣、残破的车辆和武器以及暴露的尸体。

9月29日,一架轻型海军飞机徐徐降落在金浦机场。空旷的机场周围是被炮火摧毁和烧焦了的树林,一些地方还在冒着缕缕青烟。

麦克阿瑟和他的随员们走下飞机,立即登上早已备好的汽车。麦克阿瑟乘坐的五星小轿车跟随在一辆警卫车之后,急速地向汉城方向驰去。

67

机场和通往汉城的路上，有密集的海军陆战队员在警戒。麦克阿瑟一路上阴沉地观察着公路和街道两旁的惨景，一言不发。

轿车及其随行的小小车队，经过弹痕累累的汉城街区，小心地绕过用麻袋垒成的街头工事和一些铁丝网路障，停在伪政府大厦门前。这里是李承晚为欢迎国宾举行仪式的地方。

李承晚军乐队吹奏着欢迎曲。

大厦门前的阶梯上杂乱地站立着美军将领、李承晚军官、伪政府官员、联合国代表团人员以及一些记者。

广场上排列着美军、南朝鲜军和身着讲究的上流社会的男女。他们挥动着步枪、小旗，喧嚣不已。

麦克阿瑟走下汽车，同等候车旁的李承晚和政府高级官员以及美军几名高级军官一一握手、寒暄。李承晚伸手躬身，示意麦克阿瑟前行。麦克阿瑟并不逊让，昂首阔步，走上政府大厦的阶梯。尾随其后的李承晚紧走几步，站在几部高脚话筒前面，高高地举起双手，示意大家安静。

军乐队停止演奏，人群渐渐安静下来。

矮小干瘦、白发苍苍、满脸皱纹的李承晚，身着白色西装，脚下一双擦得雪亮的皮鞋，一尘不染。他希图以庄重的举止来掩饰难以抑制的激动，从上衣内袋里取出的讲稿，被颤抖的双手握得瑟瑟发响，泪水模糊了他的视线。他用手帕擦了擦双眼，索性把讲话稿放回衣袋，两手握拳，高高地举过头顶，大声喊道："千言万语，归结为一句话，让我们感激我们民族的伟大拯救者……"

麦克阿瑟这时轻声风趣地对他的秘书说："胜利者是爷爷，失败者是孙子。我们现在受宠了。"

鼓掌声、呼喊声，一阵噪杂。李承晚转身拥抱麦克阿瑟。

麦克阿瑟跨前两步，傲然地站在话筒跟前，环视着发狂般的人群。李承晚挥动双手，示意安静。

麦克阿瑟对李承晚说："我高兴地把汉城重新交给你，总统先生。我热切地希望，仁慈的上帝将给你和你的韩国政府所有官员们以智慧和力量。我建议，我们大家一起朗诵'上帝的祈祷'。"

一个随军牧师手捧圣经,对着话筒,引领众人高声朗诵起来。

政府大厦内一间大会议厅,陈设十分简单,高大的窗户被绿色的窗帘遮盖得严严实实。室内灯光昏暗,排列整齐的餐桌上已经摆好了美酒佳肴。

麦克阿瑟在李承晚及其要员的陪同下走进大厅。一位浓妆艳抹的女侍接过他的帽子。

麦克阿瑟:"在战地有如此丰盛的晚餐,感谢总统的盛情。"

李承晚:"仓促凑成,不成敬意。"他殷切地礼让麦克阿瑟入席,挥手让大家就座,然后端起酒杯,说:"我代表韩国政府和军队,向盟军最高统帅祝贺成功。"酒杯略一沾唇,他又转向美军其他高级将领一一祝酒。

一名美军军官手持一封电报,急速走进大厅。他走近惠特尼,把电报递上。

惠特尼看了看,非常兴奋,立即送给了麦克阿瑟,并耳语说:"总统贺电,宣读吧。"

麦克阿瑟挥了挥手,说:"好。"

惠特尼:"现在我来宣读总统发来的贺电:在世界军事史上没有任何军事行动可以与你们空间换取时间的延迟行动相比拟。你们切断了北朝鲜军队的退路,敌军正在溃退,你们取得了胜利。我向你们致敬。"一阵乱哄哄的掌声和嗡嗡声,惠特尼和麦克阿瑟对视,会意一笑。

惠特尼高声道:"请诸位安静。"他从衣袋里取出另一份电报,"英国朋友也发来了贺电,他们认为仁川的胜利超越了诺曼底登陆,是个奇迹,指挥果断,战绩辉煌。"他不住的摇着手中的电报。

李承晚走过来请麦克阿瑟讲话。

麦克阿瑟微微点头,从嘴边取下烟斗,站起身来。大厅里立即安静下来,一双双眼睛注视着他。

麦克阿瑟手中的烟斗微微地摇动了几下,矜持的表情中透露出一丝得意的神情。他随即开口说道:"女士们、先生们、朋友们,仁川登陆和收复汉城算不上什么伟大胜利,只是个序幕,更辉煌的胜利还在等待着我们。我们军人的追求,莫过于打败我们的对手,我们的信念是挥动战刀获取荣誉。朝鲜的三八线,对我们不应当有任何约束力。上帝赋予我们的使命就是战斗和胜利。"

李承晚愤怒地说:"我们不承认三八线,也不存在什么边界。任何人也无权阻止我们北进。胜利属于我们。"

这时,麦克阿瑟认为,他在仁川的巧妙一击,似乎是改变了战争的进程。四面八方对他的赞誉不绝,包括美国总统杜鲁门和参谋长联席会议对他的夸奖,都使这位冒险者失去了理智,更加忘乎所以。被称为美国较清醒的将军李奇微看得较远。他说:"仁川登陆的胜利带来的一个更加微妙的后果,是人们对麦克阿瑟将军的一贯正确性几乎发展到了迷信的地步。就连他的上级也好像开始怀疑自己对麦克阿瑟的任何决定提出疑问是否应该了。结果,麦克阿瑟失去了得到坦率而有见识的批评的机会,而每一个指挥官本来是应该获得这种机会的,尤其是当他力图从700英里之外指挥战争时。"

9月26日,杜鲁门致电麦克阿瑟,对他指挥美军在仁川登陆获得成功又进行夸奖:

"我代表全国对于在你领导之下在朝鲜获得的胜利致以最热烈的祝贺。无论是在以空间换取时间,积蓄力量,待机出动,或是在解放汉城战役中用兵如神方面,在军事史上只有少数的战役可以和它相比。我对我们的陆、海、空军出色的合作感到特别的满意。……你们成功地完成了崇高的使命。"①

9月27日,杜鲁门批准美国参谋长联席会议对麦克阿瑟的新指示。这个指示告诉麦克阿瑟,他的军事目的是"摧毁北朝鲜的武装力量"。为达到此目的,授权他在朝鲜的三八线以北进行军事行动。根据这个指示,麦克阿瑟提出了他在三八线以北的作战计划:由美第八军沿西海岸走廊向北挺进,而由美第十军在北朝鲜的东海岸的元山进行两栖登陆。美国参谋长联席会议于9月29日批准了这项计划。

---

① 哈里·杜鲁门著:《杜鲁门回忆录》,生活·读书·新知三联书店1974年出版,第429—430页。

10月1日，美国参谋长联席会议下令麦克阿瑟继续向北朝鲜进攻，但不要使美军已经越过三八线这一事实引起人们的特别注意。

　　10月2日，麦克阿瑟向美国总统报告说，美军和李承晚军队越过三八线，进展很迅速。

　　此时开始，麦克阿瑟挥师北上，推行杜鲁门担心是没有把握的战略。

31. 金日成请求毛泽东出兵支援

　　9月中旬，麦克阿瑟指挥美军登陆仁川成功后，分兵向汉城、水原方向实施进攻。"联合国军"和南朝鲜军在洛东江正面战线的主力10个师，在美第八集团军司令沃克指挥下，也于9月16日开始进行反扑，与仁川登陆部队南北呼应、相互配合，夹击朝鲜人民军。朝鲜人民军为摆脱两面作战、腹背受敌的不利地位，转入战略退却。"联合国军"9月28日攻占汉城，29日进抵三八线。10月1日，麦克阿瑟竟向朝鲜民主主义人民共和国发出"最后通牒"，要求他们无条件投降。

　　面对麦克阿瑟的猖狂挑衅，金日成首相作出坚定的回答。他下定决心，不畏强敌，克服困难，长期抵抗。同时，他在危难时向毛泽东请求支援，他相信毛泽东领导下的中国人民，一定会在朋友危难之时伸出援助之手。

　　10月1日，朝鲜外务相朴宪永携带着金日成首相给毛泽东主席的信飞到了北京。朴宪永当面向毛泽东、周恩来恳请中国人民解放军出兵支援，并将金日成的亲笔信交给了毛泽东。信中说——

　　朝鲜人民解放战争的战况是：在美国侵略军登陆仁川以前，对人民军很有利。敌人在连战连败的情况下，被挤于朝鲜南端狭小的地区内，朝鲜人民有可能争取最后决定性的胜利，美国军事威信极度地降低了。然而，美帝国主义为挽回其威信，为实现其将朝鲜殖民地化与军事基地化之目的，急速调动驻太平洋的陆海空差不多全部兵力，于9月中旬在仁川登陆后，继而占领汉城。人民军对登陆的敌人进行了顽强抵抗，但是敌人登陆部队与南部战线部队已经连接在一起，切断了人民军的南北部队，

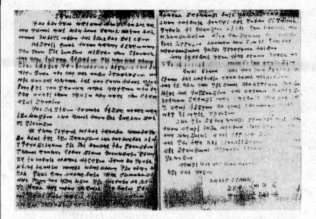

10月1日，金日成代表朝鲜劳动党和朝鲜政府致信毛泽东，请求中国出兵援助（朝文）。

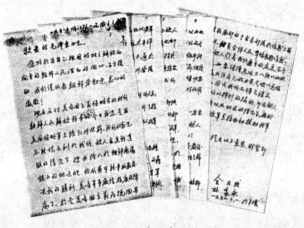

金日成信中的中文稿。

使在南部战线上的人民军处于被敌切断分割的不利情况。估计敌人占领汉城以后，可能继续向三八线以北地区进攻。如果人民军不能改善各种不利条件，则敌人的企图是很可能会实现的。

信中内容表明了朝鲜人民不畏强暴，为抗击美国侵略、争取独立解放而战斗到底的决心，同时请求中国人民给予特别的援助。信中指出，我们一定要决心克服困难，不让敌人把朝鲜殖民化与军事基地化。我们一定要决心不惜流血，流尽最后一滴血，为争取朝鲜人民的独立解放民主而斗争到底！我们正在集中全力，编训新的师团，集结在南部的10余万部队于作战上有利的地区，动员全体人民，准备长期作战。在目前，敌人趁着我们严重的危机，不予我们时间，如果继续进攻三八线以北地区，则只靠我们自己的力量是难以克服此危机的。因此，我们不得不请求您给予我们以特别的援助，即在敌人进攻三八线以北地区的情况下，急盼中国人民解放军直接出动，援助我军作战。

10月1日深夜，金日成又紧急召见中国驻朝鲜大使倪志亮和政务参赞、武官柴成文，提出希望中国尽快派军队支援朝鲜人民军作战，反对美国侵略。他对中国大使爽朗而风趣地说：麦克阿瑟"要我举手，我们从来没有这么个习惯。"说着，他挥了挥拳头。他提出，希望中国尽快派集结在鸭绿江边的第十三兵团过江，支援朝鲜作战。

　　次日，金日成以朝鲜人民军最高司令部的名义宣布，人民军有组织地撤至北方新阵地继续抵抗。此后不久，他发表了《用鲜血保卫祖国的每一寸土地》的广播讲话，号召全体朝鲜人民"用鲜血保卫祖国的每一寸土地，为了给敌人以新的决定性的打击，要准备好一切力量。"

32. 友邻危急，毛泽东决心派兵援助

　　1950年10月1日，新中国迎来了建国后的第一个国庆节。全国一片欢腾气氛。

　　也正是这一天，从朝鲜传来消息，美、李军已经越过三八线。

　　同日，朝鲜劳动党总书记金日成和朝鲜民主主义人民共和国政府向中共中央提出了急盼中国人民解放军出动援助的请求。是出兵参战？还是不参战？这一重大问题已刻不容缓地摆到了新中国的领袖面前。

　　国庆之夜，北京天安门广场。多姿多彩的焰火，把夜空点缀得像是仙境。明亮的探照灯光柱，在空中欢快地跳跃。广场上，欢声笑语汇成了欢乐的海洋。

　　天安门城楼上，红灯高悬。人民共和国的领导人——毛泽东、刘少奇、周恩来、朱德等和人民共度第一个国庆狂欢之夜。他们高兴地交谈着，不时被多姿多彩的焰火所吸引……

　　天安门一角，中央人民广播电台的播音员充满激情地在播音："……同志们、朋友们：今天是我们人民共和国成立一周年之际，我代表中央人民广播电台，向同志们、朋友们祝贺节日愉快！现在我们在天安门城楼上向同志们、朋友们做实况广播……同志们，现在我们伟大领袖毛泽东主席正走向城楼的东角，向广场上的群众挥手致意……啊！广场上的

群众沸腾了，'毛主席万岁'的欢呼声响彻云霄。主席又向城楼的西角走去……"此时，群众的欢呼声淹没了一切。

夜深了。毛泽东和其他中央领导走下天安门城楼，乘车返回住地。毛泽东回到中南海，下了汽车，走进他的办公室。

墙上一幅很大的世界地图。毛泽东站在地图旁，良久地凝视着地图上的朝鲜半岛和我国领土台湾海峡。

多少天来，毛泽东夜不成眠，反复思考出兵援朝问题。这时，他正陷于决策思维的复杂过程中。朝鲜是我国的邻邦，在面临唇亡齿寒的危险时刻，作为新中国的最高领导者，应该采取什么样的决策，是一个十分重大的问题。他在考虑新中国走过的艰难道路和新面临的抉择：

1950年，是新生的中华人民共和国迈着她那蹒跚的步履踏入第二个年头。正当我国人民致力于使疮痍满目的中国经济迅速恢复和发展的时候，朝鲜内战爆发。美国从其称霸世界的全球战略出发，迫不及待地立即进行武装干涉，同时公然以武力霸占我国神圣领土台湾。由此，朝鲜人民为争取独立、统一的国内战争，遂演变成了反对帝国主义侵略的民族解放战争。接着，美、李军又在朝鲜仁川登陆，肆无忌惮地越过三八线，向鸭绿江逼近。这样，美国的侵略扩张不仅将使朝鲜革命力量受到根本性打击，而且危及着我国领土的完整和统一，严重威胁我国和人民的安全。

可是，我国经历的几十年战争刚刚结束，国土还是百孔千疮。1950年工农业总产值仅人民币574亿元，钢产量61万吨。而美国1950年经济力量居世界之首，工农业生产总值达15078亿美元。钢产量达6770多万吨，约是我国的110倍。差距十分悬殊。美

抗美援朝战争初期敌我武器装备对比表		
美陆军师	武器装备名称	志愿军步兵军
72	榴弹炮	0
76	曲射炮	333
39	直射炮	108
543	火箭炮	81
64	高炮	0—24
794	火炮统计	522—546
149	坦克	0
35	装甲车	0
3800	各种汽车	约100

抗美援朝初期敌我武器装备对比表。

国本土有85年没有受过战争的破坏,而且在两次世界大战中发了横财,成为世界上工业最发达的国家。我军的武器装备同美军相比,差距也很大。当时世界上存在一种"恐美病"。国内和党内有的同志也担心同美帝较量会失败,主张等几年再打。

面对这些情况,毛泽东考虑:一是从国际主义的整体利益出发和反对美帝称霸世界的需要,必须出兵支援朝鲜人民;二是美帝扩大侵略战争,不仅是危及朝鲜民主主义共和国的生存,而且也是针对中国的。美帝长期顽固执行支持蒋介石集团与中华人民共和国为敌的政策;三是我们同美帝的一场较量是不可避免的。美帝有经济技术装备优势,但也有弱点,是可以战胜的。毛泽东是一位具有远见卓识的战略家。他高瞻远瞩、胸怀全局,面对强敌,无丝毫怯意。他科学分析形势,以革命领袖的勇往直前的胆略和气魄,战略上的高超决策艺术,决心派兵支援朝鲜。

毛泽东在房间里来回踱步,不停地抽着香烟。那浓重的烟雾告诉人们,他正在为共和国的命运夜以继日地运筹着。

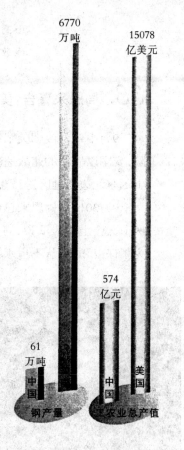

1950年中国与美国钢产量、工农业总产值对比表。

时间又过了半个小时,墙上时钟正指向2时整。毛泽东走到卧室,斜卧在一张单人的大床上,借着床头落地灯的光亮,在阅读《战况报告》。一行醒目的大字又映入他的眼帘:"10月1日,李承晚军首先在襄阳地区越过三八线。"这时毛泽东又坐了起来,拿起电话,告诉周恩来:让彭德怀速来北京商议。

毛泽东总是在遇到战争重大抉择问题时,找彭德怀一起商量。放下电话,他想起红军长征时赞扬彭德怀的一首诗,开始自言自语地吟道:

75

山高路远坑深，大军纵横驰奔。

谁敢横刀立马，惟我彭大将军。

33. 周恩来警告：美军越过三八线，中国将出兵参战

9月中旬，侵朝美军在仁川登陆得逞以后，决心进行更大的军事冒险，妄图以战略的速战速决吞并全朝鲜。同时，美国空军飞机也频繁地对中国东北边境地区进行轰炸、扫射和侦察活动。

9月30日，周恩来总理在中国人民政治协商会议全国委员会庆祝国庆节大会上发表演说，对美国提出严重警告："中国人民热爱和平，但是为了保卫和平，从不也永不害怕反抗侵略战争。中国人民决不能容忍外国的侵略，也不能听任帝国主义者对自己的邻国肆行侵略而置之不理。"

10月2日，毛泽东作出举足轻重的决策：派一部分军队到朝鲜境内同美、李军作战，援助朝鲜人民。但他仍未下达行动命令，也未通知朝鲜政府。当日凌晨，毛泽东通知高岗立即动身来京开会，并让邓华提前结束准备工作，随时待命出动。

在毛泽东发出准备出兵的指示之后，周恩来10月3日凌晨1时接见印度驻华大使潘尼迦，通过正式的外交途径通知美国政府。

周恩来对潘尼迦说："尼赫

1950年9月30日，周恩来在中国人民政治协商会议全国委员会庆祝国庆节大会上，对美国政府提出严重警告。

鲁总理所提问题中,有一个是比较紧急的,那就是朝鲜问题。美国正企图越过三八线,扩大战争。美国军队果真如此做的话,我们不能坐视不顾,我们要管。请将此点报告贵国政府总理。"

"这是美国造成的严重情况。"周恩来继续说:"朝鲜战争应该立刻停止,外国军队应该撤退,这对东方和平是有利的。我们主张和平解决,使朝鲜事件地方化,我们至今仍主张如此。如果美军越过三八线,我们将出兵参战。我们希望大使先生向贵国总理尼赫鲁先生报告,并请转告美国和英国政府。"

潘尼迦:"感谢总理阁下的重托。印度政府愿为和平效劳并希望亚洲安宁,不希望战争扩大。"

周总理:"这只有各国政府的共同努力才能做到。任何独立的主权国家,都决不能容忍外国的侵略,也不能任帝国主义者对自己的友好邻邦肆行侵略而置之不理。我们主张朝鲜事件应该和平解决,朝鲜战争必须立刻停止,侵朝美军必须撤退。"

潘尼迦:"请阁下放心,我将立即转告我国政府。"

当时中国同美国没有建立外交关系,周恩来总理召见印度驻华大使,意在通过印度政府转告给美国当局。

当天,美国外交机构通过外交途径收到了潘尼迦关于这一问题的报告,并立即产生了巨大的反响,使美国当局在英国、印度之间进行了一系列外交活动。

10月4日,美国代理国务卿韦布致电驻印度大使亨德森,转达美国政府的意图,即美国无意与中国冲突,"联合国军"占领北朝鲜不会危及中国安全以及愿意在核实的基础上赔偿9月24日美机"误炸"中国东北而造成的损失。但又说:"不要低估美国人民全力支持太平洋地区国际和平的决心。"对中国采取软硬兼施的政策。

34. 美国无视中国政府的严重警告

就在周恩来总理表明中国政府对朝鲜战争态度的当天,合众国际社发表一条重大新闻说，"一支配备大炮的连绵9英里的中国纵队，正在从满洲越过鸭绿江进入北朝鲜。麦克阿瑟在三八线犹豫不决。与此同时，韩国军队正在试探北朝鲜人民军遗弃的防御阵地。现在，中国总理发出了看来是明确无误的警告，即，美国人不要越过雷池一步。"

美国驻各国的外交使团也提出了各自的预测。

驻莫斯科大使艾伦·柯克对这样一个"性质如此重要的信息没有更为直接地转达到联合国或美国"而表示惊诧。

在美国观察中国的主要据点——香港领事馆，总领事詹姆斯·威尔金森说：这是中国的"战争叫嚣"。

美国驻荷兰大使塞尔登·蔡平报告了从荷兰外交官那里搜集的另外一些令人感兴趣的消息。他说："中国军队的总参谋长在北京与一位荷兰外交官私下谈话时说，如果'联合国军'越过三八线，中国除了参战外没有其他选择。"

英国外交大臣欧内斯特·贝文对此惊恐不安。他当时正在对英联邦国家进行访问。他从"玛丽女王"号的舱室内打电报给英国外交部，令其与美国人合作起草一份联合声明，阻止中国干预，并向中国提供在联合国就朝鲜问题发表意见的机会。

世界许多国家也在纷纷猜测中国出兵朝鲜的可能性。

尽管如此，美国军政界高层领导仍认为中国的警告是"恫吓"而不屑一顾。美国国务卿艾奇逊在一次国会上作证时说，他和其他在华盛顿能够接触所有情报的人"都得出这样的结论，即中国更为可能的是不介入，而不是介入"。

美国国防部长此时也在对军界发表讲话，他同意艾奇逊的判断。

10月4日，美国国务卿艾奇逊在纽约美国驻联合国使团办事机构的一次会议上力图使英国人强硬起来。他对英国人和其他国家的代表说："越过三八线会有危险。但是，目前我相信，犹豫不决和胆小怕事的表现会招致更大的危险。"接着，艾奇逊又对周恩来总理通过潘尼迦转告美国的严重警告一事说："如果中国人打算参加扑克游戏的话，他们就应该比现在亮出更多的牌，我们不应该对大概是中国共产党的一个恫吓过分惊恐。"

美国政府过低地估计了中国人民的力量和决心,无视中国政府的一系列警告,把中国政府的警告看成是"虚声恫吓",把周恩来总理10月3日的讲话看成是"讹诈",而不放弃扩大侵略战争占领北朝鲜的企图。

历史上,侵略者类似强盗。人们警告他们不要杀人放火,他们总是当成"耳旁风",沿着捣乱——失败——再捣乱——再失败的道路走下去。美国派兵入侵北朝鲜,对中国的警告置之不理,结果使他们得出了一个沉痛教训:同中国打交道要注意,中国人说话是算数的。

35. 杨得志向彭德怀请战

1950年10月,古都西安。

10月1日,彭德怀参加了西安的庆祝建国1周年大会。解放军第十九兵团7000多名指战员同22万群众一起,接受了彭德怀等领导同志的检阅。游行队伍载歌载舞、喜气洋洋,呈现一派欣欣向荣的景象。会后,彭德怀还观看了骑兵的马术表演。这次庆祝大会上最响亮的口号就是:"保卫新生的祖国,反对美国侵略朝鲜"。全体指战员坚决要求以实际行动支援站在反侵略战争第一线的亲密邻邦朝鲜人民。

彭德怀肯定了指战员们的爱国主义和国际主义热情,心里非常高兴。西北人民的热情支持和保卫胜利成果的决心,也使他深深感动。

10月2日,刚刚过了国庆节,彭德怀在办公室听完秘书报告的最近消息,自言自语地说:"我总觉得快了,中央不会再让大家等下去的。"

这时,十九兵团杨得志司令员也来到彭德怀住处,在办公室和彭德怀爱人浦安修一起谈论朝鲜局势。

"毛主席早考虑这问题了。朝鲜是我国友好邻国,我们给予支持是履行自己的无产阶级国际主义义务。唇亡而齿寒,户破则堂危。"彭德怀自信地说。

"我们兵团呼吁上朝鲜打击美国侵略者。"杨得志坚决地表示:"只要中央军委一声令下,我们就很快开赴朝鲜前线。"

"哈哈,你着急了。"彭德怀接着说:"目前还是要操心西北的建设。西北已经全部解放了,近一年来军事胜利的发展是超过我们预料的。国民党新疆警备总司令陶峙岳的6万余人已改编为人民解放军第二十二兵团。中华人民共和国的国旗插至祖国最远的边疆帕米尔高原。但是,西北各省人民政府刚刚成立,散在甘、青、新三省的土匪急需肃清。西北是一个土地辽阔的地区,面积占全国的1/3,可是人口只占全国人口5%还弱。地大物博,人烟稀少,蕴藏的石油又占全国第一。有广大的可耕土地,有一望无际的草原,经济建设很有潜力。我们需要干的事很多。"

杨得志深知,彭德怀是位在重大问题上看得深远又异常冷静、十分果断却不轻易外露的领导者。他今天讲的话说明,他正把主要精力放在大西北的和平建设上。

杨得志趁机摸老首长的底。他说:"彭总,你是熟悉我的。我一直在你手下搞军事工作,打仗是我的专长。战争时期,军队工作和政府工作没有什么严格的区分,许多事情都是大家共同商量处理的,任务是集体完成的。我这个人您更了解,从参加红军那天起,一直做军事工作,绝大部分精力是用在战场上,对政府工作、地方工作,特别是和平时期,生疏得很哩!"

彭德怀笑了。他说:"我很熟悉你,红军十八勇士同志。我和你还不是一样吗!我入湘军当兵的时候还不满18岁呢!可现在的形势到底和战争时期大不相同了。主席、恩来同志都向我们要人,要相当数量的干部去做政府工作,去搞建设。我觉得,这些新任务对你、对我、对我们不少同志都很难,相当困难啊!"

彭德怀停了停,望着杨得志又说:"你嘛,主要精力当然还是要放在军队工作上。这不是我一个人的意见,这是主席让我告诉你的。"

说到这里,彭德怀把话题一转:"我们不少同志认为没有什么大仗打了。是的嘛,我们也不愿意再打什么仗了,好端端的一个中国已经打得七零八落了,老百姓吃了多少苦啊!可是我们又不是敌人的参谋长,敌人的事情历来不是我们决定得了的。他们有时找上来挑战,逼你应战。"

"近些日子我也有些预感,好像新的重大使命在等待你。我总觉得带兵打仗、支援朝鲜这样艰苦卓绝的光荣任务，主席是会首先想到你的。"浦安修望着彭德怀，听他对情况的看法。

"邓华已率十三兵团到东北了。十三兵团是第四野战军的主力，三十八军、三十九军、四十军称为东北野战军的三只虎。四十二军也是东北野战军最年轻的一支生力军，也受过战争锻炼。这些都是林彪指挥过的部队，他对东北人情地形熟悉，要是派兵支援朝鲜，他去的可能很大，也比较合适。"彭德怀历来谦虚对待各野司的领导，对自己的地位作用从不过分地估计。所以他一直是专心筹划大西北的经济建设，这是他身为西北人民政府主席的职责。

36. 毛泽东电召彭德怀火速进京

刚刚过了国庆节，10月4日，彭德怀正在西北军政委员会会议室召开厅局长以上干部会议，研究大西北的经济发展问题。

在这之前，中央已经给各大行政区发出通知，国庆节后中央要开会研究三年经济恢复发展的计划。接到中央的通知后，彭德怀让负责经济问题的秘书张养吾告诉工业部、农业部、交通部等部门都准备材料。

此时，彭德怀正在听取各个部门的领导汇报情况。当汇报到进疆部队的干部情况时，他插话说："新疆有十几个少数民族，有维吾尔族、哈萨克族、吉尔吉斯族、锡伯族、索伦族、塔塔尔族等。各民族宗教风俗习惯不同，语言文字不同。一定要执行党的民族政策，与各族人民 起，大力从事生产建设，迅速恢复对苏贸易，在平等互惠的原则下，实行中苏经济合作，克服困难，繁荣经济，使新疆成为重要工业基地之一……"

彭德怀说话提高了嗓门，声音越来越高。正当他在兴头上，杨凤安领着一位中央办公厅的同志走进会场。彭德怀刹住话头，询问地注视着杨凤安。

"这是中央办公厅的李同志。北京正在开会。毛主席派他来接你……"杨凤安介绍说。

彭德怀眉毛一扬，"啊？"

"飞机在午饭后起飞。"杨凤安说。

"这么急呀？"彭德怀不无惊讶地说："我们还没有研究完呢。"

杨凤安看看手表，笑哈哈地说："飞机不等人。散会吃饭罢。"

中央办公厅的那位李同志也说："中央正在开着会，毛主席让立即把你接到北京，他要马上听一听你的意见。"

"好吧。吃过饭立即出发。"杨凤安主动提出建议："西北剿匪的资料和文件是否带上？"

彭德怀说："现在还不清楚中央开会要解决什么问题，西北的建设有几个问题也需请示中央来定。让张养吾把文件装好，先跟我去北京，你先不要去了。"

张养吾毕业于北京民国大学，民国大学的校长是张学良。他原来是西安市教育局局长。西北全境解放后，西北的经济建设摆到首位。彭德怀要找一个熟悉经济问题的人当秘书，就把他要到部队。开始在第一野战军政策研究办公室工作，于8月份来到西安。他对地方工作比较熟悉，对民族工作也有研究。彭德怀认为北京派人接他火速进京，可能是研究经济建设问题，所以他决定带张养吾去。

1950年10月4日下午，一架银灰色的里-2型专机从西安机场呼啸着起飞了。这时，古都西安还沉浸在建国一周年纪念的节日气氛中，没有人注意到这架专机。也不会有更多的人知道，机舱里坐着的是西北军政委员会主席彭德怀。连他的妻子浦安修也没来得及送行。

从此时起，彭德怀告别古都西安，奔赴北京，然后又走上了战火纷飞的朝鲜战场……

彭德怀是我军的创建人和领导人之一。他原名彭得华。1898年出生于湖南省湘潭县彭家围子。幼年读过两年书，因家贫辍学务农，下煤窑做工。15岁参加饥民闹粜，被官府通缉，逃到洞庭湖当堤工。1916年入湘军当兵，痛恨帝国主义侵略和军阀黑暗统治，萌发富国强兵思想。1919年在连队秘密组织"救贫会"，后因派会员杀死一恶霸被捕，在押解途中逃脱。1922年改名彭德怀，考入湖南陆军军官讲武堂，毕业后回湘军任排长、连长、营长。1926年随部队编入国民党革命军，任团长，参加北伐战争，结识共产党人段德昌，开始接受共产主义思想。1928年4月在大革命失败的革命低潮时期加入中国共产党。同年7月22日与滕代远、黄公略等领导平江起义，组建中国工农红军第五军，任军长兼第十三师师长。率部在湘鄂赣边转战数月，建立三省边界革命根据地，后率五军主力到达井冈山，与毛泽东、朱德领导的第四军会师。在中央苏区历次反"围剿"中，他是前线主要指挥员之一，所率三军团屡建战功。1934年10月率部参加长征。在遵义召开的中共政治局扩大会议上，支持毛泽东的主张。会后率三军团积极执行新的作战方针，北渡赤水，回师攻占娄山关，再克遵义城，协同第一军团歼灭大量反扑之敌，取得第一方面军长征后第一个大胜利。1935年10月，彭德怀与政治委员毛泽东率部到达陕北。1940年，他指挥八路军开赴华北抗日前线，发动大规模的交通破袭战(后称百团大战)，沉重地打击了日伪军，使全国军民受到鼓舞。1947年初，国民党军胡宗南所部20多万人重点进攻陕甘宁解放区时，他指挥仅2万余人的陕北部队和后勤机关，同10倍于己的敌军作战。在中共中央和解放军总部主动撤出延安后，根据毛泽东提出的作战方针，他采取拖疲敌人的"蘑菇战术"，伺机集中优势兵力各个歼灭敌人，在1个半月内连续在青化砭、羊马河、蟠龙镇三战三捷，后又在沙家店歼敌2个旅，挫败国民党对陕北的重点进攻，扭转了西北战局，有力地配合了人民解放军在其他战场的作战。1948年二三月间，他率部在宜川、瓦子街一举歼敌5个旅，于4月22日收复延安。他出奇制胜，以劣势兵力战胜优势兵力的指挥艺术，丰富了毛泽东军事思想。1949年在解放军向全国进军的形势卜，他运用军事进攻与和平谈判方式，解放西北五省。1949年5月解放军解放西安，8月攻占兰州，10月进入新疆，随后新疆、宁夏、青海人民政府成立。这时，彭德怀任中共中央西北局第一书记、西北军政委员会主席、西北军区司令员兼政治委员。中华人民共和国成立后，彭德怀任中央人民政府人民革命军事委员会副主席。

37. 雄才大略，毛泽东果断拟订出兵决策

　　1950年10月4日下午，里-2专机从西安机场呼啸而起，穿云破雾，飞

往北京。窗外一碧万顷，秋高气爽，偶尔有几朵白云在慢慢悠悠地飘荡。白云下辽阔的平原，蜿蜒的黄河，渐渐从舷窗下隐去。

彭德怀端坐在舷窗前。岁月的黄沙打破了他的面额。此时，他缓缓地合上那双展示着他战斗历程的干涩的眼睛，让思绪随着云海流滚……

他忽然想起8月底毛泽东曾给他发过一次电报。那封电报告诉他，为了应付时局，现须集中12个军以便机动(已经集中了4个军)，但此事可于9月底再作决定，那时请你来京面商。此次进京，会不会与8月底那封电报有联系？当时他任中国人民革命军事委员会副主席、中国人民解放军第一野战军司令员兼政治委员。他即和十九兵团司令员杨得志打了招呼，有个思想准备，以便到时提出解决战备上需要中央支持的问题。可是他又想，也正是在这一天，他还接到毛泽东给东北局书记高岗、西北局第一书记彭德怀、西南局第一书记邓小平、中南局第三书记邓子恢、华东局第一书记饶漱石同时发出的电报，主要内容是：

> 为了事先商量几个问题，以利应付时局及制定三年计划，准备提交11月或12月开党的四中全会和政协全国委员会讨论，请你们5位同志于9月25日来京开会。

彭德怀考虑，主席让事先商量几个问题，主要是应付局势和制定三年计划，要落实的重点是经济建设三年计划。所以，他感到西北建设上有几个问题得马上办。

不过，彭德怀虽然主要精力被经济建设吸引着，但他毕竟是个具有高度敏感和清醒头脑的军事家，他的思潮又迅速地涌过来，想到了朝鲜半岛。半个月前，美军乘朝鲜人民军后方空虚之际，在仁川登陆。这次登陆成功，更加助长了侵略者的气焰，美军放胆前进。现在，美第八集团军正在从陆地向北推进，第十军从元山登陆，李承晚的第一、二军团也分别沿东海岸和中部战线北进。人民军的退路已完全被切断。朝鲜形势危急，北朝鲜面临着被美、李军占领而不复存在的威胁。现在，朝鲜那边已经是十万火急。古语说,唇亡齿寒么。我们不能坐视不管。

他想到这些,立即考虑如果是研究形势与军事问题,他必须拿出自己的看法。他虽带到北京的是经济建设方面的材料,但也要有两手准备呀!这时,他打开军事秘书杨凤安为他准备的朝鲜地图册,端坐在窗口,翻看三八线附近的地名……

下午4时许,专机飞抵北京西郊机场。

彭德怀从机舱内走下扶梯。飞机旁站着四五个军人举手敬礼,迎接彭德怀进入了小轿车。几辆小汽车飞速地驶出了停机坪。

汽车内,彭德怀声音醇厚深情地说:"让你们久等了。"众人没有吭声,只是谦逊地笑了笑。

迎候的人传达毛泽东的交待,要彭德怀先到北京饭店休息一下。坐在司机旁的张养吾回头也关切地说:"彭总,请先到北京饭店休息一下,然后去中南海。"彭德怀曾任中国人民解放军副总司令、第一野战军司令员,所以人们习惯地称呼他为"彭总"。

彭德怀严肃急切地说:"先去中南海。"

汽车急驶上长安大街,通过具有中国古建筑风格的西四牌楼,很快进入中南海的南门新华门,停在丰泽园门前。

彭德怀急忙下车,跟随到机场迎接他的中央办公厅警卫处李树槐科长快步来到颐年堂前时,周恩来首先迎出来与他握手。

周恩来解释说:"彭总,会议在下午3点就开始了,来不及等你。"

彭德怀随同周恩来一边说话,一边步入会议厅。

毛泽东和政治局委员们见彭德怀赶来参加会议,都站起来和他握手。

毛泽东说:"彭老总,你辛苦了,你来得正好!美帝国主义的军队已开始越过三八线向北进攻了,现在政治局正在讨论我国准备出兵援朝问题。大家正在发表意见,请你也准备谈谈你的看法。"

彭德怀入坐。他立即感到会议的气氛显得很严肃。和他同舟共济、在戎马生涯中度过了几十年的朱德总司令见了他也没说几句话,有的同志更是只握手不说话。

中共中央政治局作出抗美援朝决策。

这是一次不寻常的政治局扩大会议。中南海颐年堂里集中了新中国党政军主要领导人，正在讨论决定是否出兵援朝的重大战略问题。政治局成员毛泽东、朱德、刘少奇、周恩来、任弼时、陈云、康生、高岗、彭真、董必武、林伯渠、邓小平、张闻天、彭德怀、林彪、李富春等出席了会议。中共中央办公厅主任杨尚昆、代总参谋长聂荣臻、中共中央新闻署署长胡乔木列席了会议。

毛泽东眼窝深陷，连日来的思虑使他显得疲惫。毛泽东继续主持会议："恩来，你接着说。"

周恩来："……美军仁川登陆前，我们曾经考虑过，美帝打过三八线后是否会停止，而后转为外交上的谈判。在敌人占领汉城之后，尼赫鲁曾经对我说，三国外长会议已经说好，不过三八线。但我们得到的情报是，他们要稳住中国，过三八线。为此，我曾召见印度驻华大使，表明我们的态度。今天，敌人向北推进的行动并没有停止下来。"

聂荣臻插话:"南朝鲜军已经深入到三八线以北了,矛头直指鸭绿江。美帝的飞机早已飞过鸭绿江,对我边防城市多次进行轰炸。"

周恩来继续说:"朝鲜那里的局势非常严峻,金日成首相已经作好上山打游击的准备。10月1日,他派外务相朴宪永带来一封亲笔信,急盼我们出兵援助!"

会场里出现暂短的沉默。

毛泽东见许多人并不积极发言,知道他们坚持不出兵的意见。为了让大家允分摆一摆利弊条件,他考虑还是充分发扬民主,鼓励热烈发言。

毛泽东继续说:"关于出兵援朝问题,大家还可以摆出不利和有利条件,各抒己见嘛!"

高岗坐在彭德怀旁边,悄声说了一句:"中央已决定出兵朝鲜。"

彭德怀问:"那为什么还讨论这个问题?"

"有不同意见嘛,有人担心。这是个大战略问题,是大事,要慎重。"高岗回答。

此时,林彪慢语发了言:"主席让我们摆摆我国出兵不利条件,我赞成。我认为,我国已经打了20多年仗,国内战争创伤急待医治,部分地区尚未解放,新解放区尚未进行土地改革,元气没有恢复。我们建国不久,百废待兴,国力很弱。特别是我们还没有同美军较量过。我们出兵参战,仗打起来是没有界限的,倘没有把握把美军顶住,反而把战火引到我国东北,那就糟了。我看还是加强东北边防为好。"

周恩来说:"让侵略者得逞,它会得寸进尺。"

高岗插话:"等到苏联红军直接参战或同我们一起打,都比现在我们单独出兵好。"

会议出现了争议。彭德怀静听,没有发言。

林彪站起来说:"现在是征求大家的意见。我军打蒋介石国民党军队是有把握的。美军有庞大的陆海空军,有空海军优势,有原子弹,还有雄厚的工业基础。朝鲜只有几百万人口,而中国近5亿人口。打烂一个5亿人口的国家拯救一个几百万人的朝鲜,是不划算的。"

参加会议的大多数同志认为,目前我国的情况是困难重重,出兵问题应慎重从事。聂荣臻元帅后来回忆这次会议中大家发言的倾向是:"不到万不得已的时候,最好不要打这一仗。"

毛泽东听完与会者的各种意见,感到顾虑太多,我国当时国内的困难也确实很大。他对我国是否应该出兵援朝问题,在会议的最后讲了以下一段话:"你们说的都有理由,但是别人处于国家危急时刻,我们站在旁边看,不论怎么说,心里也难过。"

毛泽东的最后这番话,是动了感情的。毛泽东是一位伟大的战略家,也是一位很重感情的人。10月2日,他在金日成的请求和斯大林的鼓励下,看到朝鲜形势巨变,情况危急,加上美国直接派兵入侵中国领土台湾,担心不对美帝的侵略野心当头一棒,形势发展下去则更为不利,已作出出兵援朝的决定。10月2日凌晨2时,毛泽东以中央军委名义给高岗和邓华发电,要高岗立即来京开会,让邓华下令"边防军提前结束准备工作,随时待命出动,按原定计划与新的敌人作战"。电报还通报了中国初步计划派12个师进入北朝鲜地区,第一时期只打防御战,等苏联武器到达再进行反攻。这是毛泽东第一次下决心出兵援朝。

但是,在中共中央政治局随后讨论这一问题时,多数人有疑虑,主要理由是:我国经过了几十年战争的摧残,国民经济遭受严重破坏,战争创伤急待医治;国内还有部分边远地区和沿海岛屿尚未解放,还有国民党残余部队和土匪特务急待肃清;新解放区尚未进行土地改革;我军的武器装备远远落后于美军;我国国力也与美国相差悬殊。毛泽东听到这些符合实际情况的分析意见,尤其是他当时认为拟派林彪率军入朝而林彪却一直不赞成出兵,并称病推辞。毛泽东为此决定召开政治局扩大会议,再行讨论,吸收更多人参与决策。此时,毛泽东已决定改派彭德怀率军入朝,因此,他让周恩来速派专机去西安接彭德怀来北京参加会议。

毛泽东当时对派兵入朝与美国直接交战,实际上也是有所顾虑的。他在给斯大林的电报中表示了这种担心。毛泽东此时最担心的问题首先是中国军队能否在朝鲜境内歼灭美国军队,有效地解决朝鲜问题。而且,朝鲜战局如此急剧恶化,这时的敌军15个师、42万人在1000多架飞机支援下逼近三八线,我国派兵到三八线已失去有利时机。所以毛泽东也顾虑既然中国军队出国作战,不能胜又何必战?出兵直接同美军较量,美国同我国进入战争状态,美国仅使用空军轰炸中国大城市,使用海军或鼓动台湾国民党军进攻中国沿海地区,也会像与会者说的那样是引火烧身。

但是,毛泽东对受强国欺凌而面临亡国危险的友好邻国以极大的同情心说出了他的心底语言,这显然表明他的倾向。他急召彭德怀进京,也是寻求支持者,希望彭德怀再次在关键时刻挺身而出,发挥重要作用。

彭德怀是在会议开了1个多小时后才赶到会场,还不了解会议进行的全部情况。而且他来京前,满脑子里装的是如何建设开发大西北,正准备再次前往新疆视察。他以为此次来京是参加汇报会,还特意把西北地区各单位的经济规划方案、调查报告统统带来了。跟他随身进京的秘书,也是主营经济建设问题的张养吾。所以他进入会议厅坐定后,只是侧耳静听。从几位发言中,他才知道对支援朝鲜意见有分歧。他很清楚这问题事关国家的命运,所以当场未轻易发言表态。但听到毛泽东最后讲的那段话后,他倾向毛泽东的意见。这一点在他后来追述他当时在会场对这个问题的考虑时写道:"内心想是应该出兵救援朝鲜。"

会议一直开到下午7时左右,毛泽东宣布休会。

散会后,毛泽东向彭德怀走过来说:"德怀同志,你今天赶到北京,也没休息,一定很疲劳吧?今晚好好休息,明天上午请你到我这里来,我们对出兵问题交换一下意见。"

38. 邓小平受托,接彭德怀进中南海

第二天上午,邓小平受毛泽东委托,来到北京饭店,约彭德怀同车去中南海。因昨天下午政治局会议上彭德怀未发言,毛泽东想听听他的意见。

上午9时左右,北京饭店。彭德怀的住房门被轻轻推开,邓小平走了进来。

房间地板上狼藉的铺盖,台灯也被扯到地铺旁边,一本不大的地图册翻开着。邓小平走过去,俯身一看,正是朝鲜半岛那一页。

昨天的政治局扩大会议结束后,彭德怀离开颐年堂,中共中央办公厅招待科把他送到北京饭店309号房间休息。警卫员小郭早已把室内整理好了。彭德怀走进房间内,看见屋顶耀眼的花灯,地上铺着红彤彤的地毯,高大的穿衣镜立在一排金丝绒沙发中间。北京解放前,这里是洋人、贵族、官僚、政客和他们的太太小姐居住的卧室。彭德怀长期住惯了茅屋、草房、土坑、窑洞,感到这里很不习惯。尤其是宽大松软的沙发床,使他感到有点受宠若惊的感觉。他打开窗户,走到阳台上,仰头望望星空又俯看长安大街,繁星和灯火连成一片,十分迷人。他扶栏沉思:战争已逼在眉睫,没有多少回旋余地了。我们打了22年仗,战争创伤还未来得及医治,又要打一场更残酷的战争?

夜深了,彭德怀撑着疲倦的身躯躺在沙发床上,但是难以入睡。他突然起身,去抓写字台上的红色电话,但提起又放了下去。他踱了几步,再回到床边,重重躺倒时,沙发床颤动起来。他烦恼地蹿起,抱起毯子,铺在地板上,把枕头也扔上去,躺好,翻了几下身,裹紧毛毯不动了。此时夜深人静,一切都归于寂静。这本来正是酣睡的美好时刻,而忧国忧民的"彭大将军"却两眼凝视着雪白的天花板,久久不能入眠。"你们说的都有理由,但是别人处于国家危急时刻,我们站在旁边看,不论怎么说,心里也难过。"毛泽东的话在他脑海里反复回荡。

事隔十几年后,1968年9月,彭德怀因反党罪名被关押,交待当时的心情时写道:

> 1950年10月1日国庆节后,4日午,北京突然派来飞机,令我立即上飞机去北京开会,一分钟也不准停留。当日午后4点左右到达北京中南海,中央正在开会,讨论出兵援朝问题。我刚到,未发言,内心想是应该出兵,救援朝鲜。散会后,中央管理科的同志把我送到北京饭店。当晚怎么也睡不着,我以为是沙发床,此福受不了,搬在地毯上,也睡不着。想着美国占领朝鲜与我隔江相望,威胁我东北;又控制我台湾,威胁我上海、华东。它要发动侵华战争,随时都可以找到借口。老虎是要吃人的,什么时候

吃,决定于它的肠胃,向它让步是不行的。它既要来侵略,我就要反侵略。不同美帝国主义见个高低,我们要建设社会主义是困难的。

　　我把主席的四句话,反复念了几十遍,体会到这是一个国际主义和爱国主义相结合的指示。

　　我想到这里,认为出兵援朝是正确的,是必要的,是英明的决策,而且是迫不及待的,我想通了,拥护这一英明决策。

邓小平走进房内,见到地板上狼藉的铺盖,心中也明白彭德怀昨夜难眠的原因。

邓小平首先问:"彭老总,中央接你进京比较匆忙,你一路辛苦了。"

彭德怀:"美国军队远渡重洋,到世界各地当宪兵,比我们更辛苦。"

邓小平指着地铺和床,打趣道:"高级宾馆的地铺与陕北老乡的土炕相比,滋味有何不同?"

彭德怀稍一愣,倒不觉可笑,淡淡说了句:"睡那样的床,我老彭心里没根。"

谈到这里,俩人步上阳台。俯首眼前的长安街,汽车、人员川流不息,一片和平的景象。

彭德怀扶栏对邓小平说:"北京真美。我这次来北京带的是西北经济建设规划,脑子里装的是如何建设大西北,把西北的荒野建成粮田,把西北的城市也建得很美。昨天卜午开会我只好侧耳静听,但已感到现在安下心搞建设已不可能。小平同志上门,是不是主席叫我?"

邓小平笑了:"想到一起了。主席想单独听听你的想法。"

第六章 挂帅出征

39. 彭德怀硬硬铮铮地冒出一个字："打！"

中南海菊香书屋。

毛泽东身穿驼色大衣,吸着烟,边散步边思索。

远远的,彭德怀由一个青年——毛岸英陪同而来。毛泽东见到,微笑相迎。三人坐在沙发上。

毛泽东："昨天会上,你老彭一言未发,这可不大像你哟。"

彭德怀："这次来北京,我虽然猜出可能是什么事,但满脑子里还是西北建设。而且没想到参不参战的分歧会有那么大。想多听一听。"

毛泽东："这个会是我提议开的,专门让党内党外的同志和朋友摆摆参战不利的因素。昨天很晚,林彪、高岗两个同志还在我这里谈了很久,仍劝我不要出兵,说弄不好会引起第三次世界大战。这倒和斯大林同志的担心一样。"

彭德怀深情地注视着毛泽东显得异常疲惫的面孔,猛然站起,硬硬铮铮地冒出一个字："打！"

毛泽东愣了一下。

彭德怀："出兵！"

毛泽东盯住彭德怀。

彭德怀再道："该听的已经听完了，我想了一夜，赞成出兵！"

毛泽东朗言直问："何人挂帅？"

彭德怀："请主席定。"

毛泽东："你老彭如何？"

彭德怀："服从！"

10月8日，毛泽东主席致信金日成首相，告知中国政府决定出兵援朝。

毛泽东夹着烟的两根手指一直停在嘴前，此时微微颤抖，显示出他内心的感激与激动之情。

下午，在中南海颐年堂中共中央政治局继续讨论出兵援朝的会议上，彭德怀发言说："出兵援朝是必要的。打烂了，最多就等于解放战争晚胜利几年就是了。否则，等美国占领了整个朝鲜，将来的问题会更复杂。如让美军摆在鸭绿江岸和台湾，摆在我们家门口，它想发动侵略，随时都可以找到借口。与其晚打，不如早打，打完了再建设。"

话音刚落，毛泽东紧接着发言："这几天，不少同志讲了很多不能出兵的理由，但是不能忘了，朝鲜人民和朝鲜党的同志在我们的抗日战争、解放战争中，是为中国革命的事业流过血的。现在他们的民族处在危急时刻，有一百条理由一千条理由驳不倒一条理由，那就是我们应该有爱国主义与国际主义，友邻有难，就要挺身支援。见义勇为是中华民族的美德！100年来，中国人总是挨打，一些人仗着洋枪洋炮，把中国当肥肉。但是，中国人民已经站起来了！不错，美国的大炮比我们多，但历史不是大炮写的。我们横下一条心，他打他的原子弹，我打我的手榴弹。总之一句话，当今世界，任何人想随意欺压、宰割别人，都是不允许的！到头来都必将是搬起石头砸自己的脚！"

彭德怀的发言和他上午同毛泽东的谈话,坚定了毛泽东出兵援朝的决心。中共中央作出出兵援朝的决策是经过充分讨论的,表明中国人民决心在友邻处于亡国威胁时,不惜一切代价,出兵救危。

40. 出师有名,毛泽东为出国部队定名

在作出出兵援朝的决策后,用什么名义出兵有利,就成为中共中央和毛泽东考虑的一个问题了。

最初,毛泽东与周恩来研究,想用"志愿军"或"支援军"的名义出兵。初步意见定下来,决定征求一下民主人士的意见。在此类问题上,毛泽东历来看重年事较高的民主人士:"多征求征求他们的意见,他们阅历多,有许多经验,此类事情他们办法多。"

民主人士知道要征求意见,黄炎培求见毛泽东。毛泽东和周恩来同听黄炎培的意见。

"有个问题要考虑呀,"黄炎培诚恳而又关切地望望毛泽东,又望望周恩来,继续说:"自古道,出师有名。名不正则言不顺,这个仗就不好打。"

"我们叫志愿军或支援军",周恩来说。

黄炎培摇头:"叫支援军是不是师出无名?需要考虑。"

"怎么是师出无名?"

"支援军那是派遣出去的。谁派出去支援?国家吗?我们是不是要跟美国宣战?"

"噢,有道理!"毛泽东伸手从笔筒里抓起一支笔,写下两个大字"志愿",而后掷笔于桌,欣然道:"我们不是跟美国宣战,不是国与国宣战,我们是人民志愿的么,这是民间的事儿,人民志愿帮助朝鲜人民的,不是国与国的对立。"

周恩来兴奋地作了一个手势:"对!世界上有许多志愿军的先例,马德里保卫战就有各国的志愿兵。"

黄炎培频频点头,笑道:"师出有名则战无不胜!"

于是，毛泽东一道命令，聚集东北的几十万中国人民解放军都换上了那种轧出许多道线的军装，当时人称"国际服"。中国人民志愿军就这么产生了。

毛泽东很高兴地采纳了黄炎培的意见，在10月8日正式提出"决定用志愿军名义派一部分军队至朝鲜境内"。

10月14日，彭德怀在沈阳东北军区司令部内向准备入朝的部队师以上干部讲话时，也说明了出兵的名义及原因。他说："我们并不怕目前打。但我们目前并不希望大打，也不等于向美国宣战，只是以人民志愿军的名义支援朝鲜革命战争。"

在世界历史上，以志愿军的名义派出国家的正规军支援别的国家，是不乏先例的。

18世纪美国进行反抗英国殖民统治的独立战争时，法国和欧洲一些国家曾派出政府军以志愿军的名义赴美国，援助美国人民对英国作战。到了20世纪美国侵略朝鲜时，却又遭到了同样性质的志愿军的痛击，真是一种历史的讽刺。

志愿军出国参战后，美国也公开承认了这个名字，并指出这支部队是中国正宗的正规化，是四个野战军中的精锐部队的一部分。

美国出版的五卷本《朝鲜战争中的美国陆军》中说，"中共政府给这些部队起了一个好名——'志愿军'。""中国人这样做的目的是为了两全其美。"

美国一些人的推测也有根据。当美国军队在朝鲜遭到找军的痛击后，美国军政首脑曾纷纷叫嚷他们遇到的是"中共正规军"，根本不是什么"志愿军"。但是他们害怕把战争扩大，后来也承认了志愿军的名字，以此说明中美之间还未进入战争状态，以安抚国内人民及其盟国。英、法等国更是声称自己没有和新中国开战。这些证明，以志愿军的名义参战，有益于限制战争规模，在外交斗争中也处于十分有利的地位。

由于美国在中国革命战争中帮助蒋介石打内战，美帝国主义的罪行引起中国社会各阶层群众的痛恨，反美情绪本来就很高涨。这时美国又出兵侵略朝鲜，霸占我国领土台湾，派飞机轰炸中国城镇，更加激起中国人民的愤怒。出国抗美援朝代表了广大人民群众的志愿要求。所以，中共中央发出抗美援朝的号召，全军部队几乎人人报名，自愿到朝鲜参战。当时国内也有几千万青年自愿报名当志愿军。从这个意义上讲，入朝部队又确实是名副其实的志愿军。参加抗美援朝的人，以被称为祖国人民"最可爱的人"而感到无限光荣。

41. 毛泽东任命彭德怀为志愿军司令员

10月6日，中共中央政治局继续开会，在出兵援朝问题统一思想后，讨论尽快确定派谁率军入朝作战的问题。

毛泽东事先曾与刘少奇、周恩来、朱德等常委交换过意见，准备派林彪担任出国作战部队的司令员。因为早已集结在鸭绿江北岸的三十八军、三十九军、四十军、四十二军都是过去第四野战军的部队，而且林彪曾在东北工作多年，派林彪率军入朝是比较合适的。但是林彪不肯受命，又反对出兵。

当时任总参谋部代总长的聂荣臻后来回忆说：

> 林彪是反对出兵朝鲜的。毛泽东同志原先决定让林彪去朝鲜指挥志愿军，可他害怕，托词有病，硬是不肯去。奇怪得很，过去我们在一起共事，还没有看到他怕死到这个程度。后来，毛泽东同志决定调彭德怀同志去。他当时在西安，10月4日来到北京，第二天参加了在中南海召开的政治局会议。彭德怀同志历来勇挑重担，坚决果断，中央决定他去指挥志愿军，他表示坚决执行命令。在会上，他坚决支持毛泽东同志出兵朝鲜的主张。他说，我们跟美国打，大不了美国打进中国来，我们回到山沟里去，最多也就是等于中国晚解放几年就是了。彭德怀同志在会上的坚定态度，给我们留下了深刻的印象。

这样，在美军越过三八线北进的第二天，即10月8日，由毛泽东提议

毛泽东与彭德怀在中南海。

并经政治局一致通过,决定派彭德怀立即率志愿军入朝参战。

当天,中国人民革命军事委员会主席毛泽东发布了关于组成中国人民志愿军的命令:

(一)为了援助朝鲜人民解放战争,反对美帝国主义及其走狗的进攻,借以保卫朝鲜人民、中国人民及东方各国人民的利益,命令中国人民志愿军,迅即向朝鲜境内出动,协助朝鲜同志向侵略者作战并争取光荣的胜利。

(二)中国人民志愿军辖十三兵团及所属之三十八军、三十九军、四十军、四十二军,及边防炮兵司令部与所属之炮兵一师、二师、八师。上述各部须立即准备完毕,待命出动。

(三)任命彭德怀同志为中国人民志愿军司令员兼政治委员。

(四)中国人民志愿军以东北行政区为总后方基地,所有一切后方工作供应事宜,以及有关援助朝鲜同志的事务,统由东北军区司令员兼政治委员高岗同志调度指挥并负责保证之。

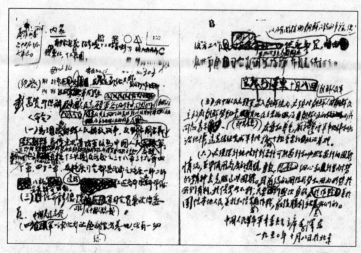

10月8日,中国人民革命军事委员会主席毛泽东颁发命令,组成中国人民志愿军,任命彭德怀为司令员兼政治委员。

(五)我中国人民志愿军进入朝鲜境内,必须对朝鲜人民、朝鲜人民军、朝鲜民主政府、朝鲜劳动党(即共产党)、其他民主党派及朝鲜人民的领袖金日成同志表示友爱和尊重,严格地遵守军事纪律和政治纪律,这是保证完成军事任务的一个极重要的政治基础。

(六)必须深刻地估计到各种可能遇到和必然会遇到的困难情况,并准备用高度的热情、勇气、细心和刻苦耐劳的精神去克服这些困难。目前总的国际形势和国内形势于我们有利,于侵略者不利。只要同志们坚决勇敢,善于团结当地人民,善于和侵略者作战,最后胜利就是我们的。

中国人民革命军事委员会主席　　毛泽东

1950年10月8日于北京

同日,毛泽东向金日成发电报,通知他:中国政府决定派遣志愿军到朝鲜境内帮助反对侵略者;彭德怀为中国人民志愿军的司令员兼政治委员;志愿军的后勤供应由东北军区司令员兼政治委员高岗负责。并请金日成派朝鲜劳动党中央常务委员、朝鲜政府内务相朴一禹到沈阳，与彭德怀、高岗会商入朝作战有关问题。

　　一贯对党忠诚和无私无畏的彭大将军，坚决服从了中央的决定。从此，结束了他建设大西北的宏伟计划，开始了新的战斗生涯。

42. 毛泽东支持儿子上前线

　　10月7日，中共中央已确定出兵援朝，彭德怀亲自挂帅出国作战。毛泽东准备在自己家里设便宴为彭德怀钱行，同时再约他谈一谈具体部署，还要顺便为儿子毛岸英要求上前线向彭老总说情。

　　清晨，宁静的中南海丰泽园。毛泽东穿着驼色毛衣，脚穿布鞋，在庭院散步。他时而止步凝思，时而远眺。他想起毛岸英昨天夜间来请求参军上前线的事。可是岸英和思齐是去年结婚的，还不满1年。

　　去年10月15日，毛岸英和刘思齐的婚礼在中南海菊香书屋西屋里举

1949年，毛泽东与毛岸英、刘思齐在香山双清别墅。

毛岸英与妻子刘思齐的结婚照。

行。蔡畅和康克清都参加了，还带去一对枕头套。大家欢聚在一起，非常高兴，都夸岸英和思齐是一对好夫妻，说毛主席有一个好儿媳妇，并向毛泽东祝贺。

席间，毛泽东一边把湖南风味的腊肉、腊鱼、辣椒往徐特立、谢觉哉等老人的碗里夹，一边说："孩子的婚事没有要我操心，也没买这买那。谢谢老同志光临……"

然后，毛泽东又举杯走到刘思齐的妈妈张文秋的面前，对她说："谢谢你教育了思齐这个好孩子。为岸英和思齐的幸福，为你的健康，干杯！"

婚礼结束后，毛岸英和刘思齐临行时，毛泽东拿出随身带来的一件黑色夹大衣。这是1945年毛泽东去重庆谈判时穿的。他风趣地笑着说："我没有什么贵重礼品送给你们，就这么一件大衣，白天让岸英穿，晚上盖在被子上，你们俩都有份。"在场的人都忍不住大笑起来。

毛岸英8岁就随母亲杨开慧坐过牢，还曾被迫在上海街头流浪。后来他去了苏联学习。在苏联卫国战争最艰苦的时刻，他用流利的俄文给斯大林写了一封信，请求上前线杀敌。他向斯大林说，他在苏联学习了5年，爱苏联就像爱中国一样。因此，他不能眼看德国法西斯的铁蹄蹂躏苏联领土，他要替被杀害的苏联人民报仇，坚决要求上战场。于是，他先后到列宁军政学校和伏龙芝军事学院学习，毕业后获坦克兵中尉军衔，参加了苏军的大反攻。他头戴坦克手的帽子，胸前挂着报话机，半身探出坦克之外，千里长驱，英勇击敌，穿越了东欧几个国家。在毛岸英回国前夕，斯大林接见了他，为了永远纪念，送给他一支手枪，作为他参加苏联卫国战争的最高奖赏。

回国后，毛岸英又被送去当了一段农民，搞过土改。1949年1月30日，北平和平解放。第二天,毛岸英就陪同两个扫雷专家,带领一个工兵排,作为中央机关的先遣队,首批进入北平,任务是排除地雷、炸药、手榴弹,以保证水电畅通和其他重要设施安全。

3月24日,毛泽东和其他中央领导同志要进北平城,进城前先到颐和园休息,并在景福阁宴请各民主党派人士。正准备吃晚饭的毛岸英接到电话,通知要他们火速赶到颐和园,清除各种危险因素。他们忙了一整夜,到第二天早上9点钟,才刚刚把室内检查完毕。室外光顺着围墙走一圈就有18公里,时间却只有大半天了!参加这项工作的一位老刘同志向毛岸英建议:分成5人一组,胳膊挽着胳膊,划分方向,顺着大大小小的道路走一遍,宁可牺牲自己,也要保证毛主席和中央首长的安全。毛岸英毫不犹豫地采纳了这个建议。

毛岸英就是这样一位哪里有困难、哪里有危险就带头往哪里冲锋的战士。

此时,毛岸英正在北京机器总厂任总支副书记。他悉心钻研工厂管理和高等数学中的微积分,想在厂里呆它10年,干出一番事业来。朝鲜战争爆发,他再也静不下心来,立即向毛泽东、党中央递交了要求参加志愿军的申请书。

毛泽东想,儿子岸英申请上朝鲜参战,是第一个志愿报名参加抗美援朝的啊。孩子的积极性很高,还是成全了他为好。

这时,正在庭院散步的毛泽东,看见彭德怀由一年轻人陪同而来,急步迎上:"远途劳累,一路辛苦了!"

"不像他们年轻人精力旺盛。"彭德怀拍着年轻人的肩膀,说:"岸英已经长成大小伙子了,真快啊!"

"彭叔叔来北京必有大事。抗美援朝,上前线打仗,有我一份。"

彭德怀笑答:"好,有勇气!你这位参加过二战、打败过希特勒的坦克中尉,人不大,现代化作战经验还是满丰富的哟!"

说到这里,彭德怀稍停了一下,有些犹豫,说:"可以……"

毛泽东用眼色止住毛岸英,只简单说了一句"有话慢慢谈,先吃饭要紧",随即陪彭德怀走进小餐厅。

彭德怀看了一下桌上的湖南家乡菜:辣椒炒肉、辣子鱼、腊肉,高兴地说:"好菜,一看就是家乡风味菜啊!"说着坐下吃了起来,并对岸英说:"一起吃吧。"

"不,我在后面吃。"毛岸英退了下去。

毛泽东一边用筷子往彭总碗内夹菜,一边说:"现成的饭菜好吃啊。干事、打仗也是这样。同美帝打仗不是容易事,很艰苦、很危险。我们面前的困难很多。但是常言道:无畏的人的面前才有路。"

"主席决心已定,我们抓紧部署,请主席放心好了。"

"事情哪有那么简单。昨天很晚,高岗、林彪两人又来我这里,讲到今年我国钢产量只有61万吨左右,而美国今年钢产量大约为6770万吨,是我国的10倍;美国有85年没有受过战争的破坏。武器装备上也有很大差距,美国一个军有各种炮1500门,我们一个军才36门,差距太悬殊了。他们仍然劝我不要出兵朝鲜和美帝直接对抗,风险太大,会引起第三次世界大战。"

毛泽东沉默了一会儿,又接着说:"他们两人提出的问题也有些道理,但是帝国主义从来就是欺软怕硬,我看捅他一下也没什么了不起!"

"关键是能不能打胜。打胜了,风险小;打不胜,风险就大。我看最多无非是他们进来,我们再回山沟里去,就当我们晚胜利了几年。"彭德怀坚定地说。

"如何战胜敌人,你想过没有?"毛泽东高兴地说。

"麦克阿瑟这个人很骄横,目空一切。我们可以骄而乘之,正如主席说的'你打你的,我打我的,你打你的原子弹,我打我的手榴弹',发挥我军的政治优势,最后打败敌人。还有世界人民,包括美国人民,在道义上物质上会支援我们的。"

毛泽东说:"很好,关键时刻,还是你彭老总有远见。"

毛岸英端上两碗稀饭给毛泽东和彭德怀。毛泽东笑着说:"岸英,你刚才不是对彭叔叔说去朝鲜打仗有你一份吗?"

毛岸英高兴地说:"是啊,我刚才已经和彭叔叔说过了。"他转脸向彭德怀身边跨进两步,乞求似地说:"彭叔叔,现在可以批准了吧。"

彭德怀看了看毛泽东。

毛泽东说："让他到战场上去锻炼自己。我看，你就收留了他吧。"

毛岸英高兴地说："彭叔叔，我要在您的指挥下，做一个好兵。"

彭德怀点点头，笑了。

毛泽东积极为儿子说情，毛岸英要求上前线的愿望终于如愿了。

43. 第一名志愿兵从北京出发

彭德怀同意让毛岸英赴朝参战，毛岸英深感荣幸，自己的愿望实现了。他临行前向刚结婚不到1年的妻子思齐告别。

这时，毛岸英在北京机器总厂任党总支副书记已经有一段时间了。厂里大家只知他姓毛，是陕北来的。他身穿土布旧军装，腰扎皮带，一看就是个"土八路"，但土气里又带有几分书生气。他经常在工人当中，不是帮工浇冷却油，就是帮铸工干活儿，一边干一边讲共产党怎么回事、国民党怎么回事。他的话中充满着生动的比喻，把深刻的道理讲得十分浅显。他还在铸工铜炉上给工人当徒弟，抬砂箱，装砂子，脏活累活都抢着干，很快博得师傅和工人的好感。直到1950年10月毛岸英调离这个厂，谁也不知道他调那儿去了，也更不知这位深受工人喜欢的年轻党务工作者是毛泽东的儿子。

为保密，他向工厂的同志们告别，没有说他去朝鲜跟彭德怀当翻译，也没有在告别妻子思齐时说他要去的地方。

当晚，岸英骑一辆自行车赶往医院，看望因手术住院的爱人刘思齐。出国作战，尤其是跟彭德怀一起行动属军事秘密，毛

跨过鸭绿江前夕的毛岸英。

103

岸英感到不好透露,却又感到不能不告诉她,只得坐在病床前的凳子上,掏出手绢来,不断地擦着脸上的汗水说:"我明天将要到一个很远很远的地方去出差,所以急急忙忙赶来告诉你。我走了,通信不方便,如果你没有接到来信,可别着急呀!"

"那是个什么地方呀?"

"嗯,这你就别问了……"

毛岸英告别思齐,第二天跟彭德怀一行出发了。

1950年10月8日,中国人民志愿军历史上有四件事都在这一天发生:毛泽东发布命令,组建中国人民志愿军抗美援朝;任命彭德怀同志为志愿军司令员兼政治委员;彭德怀离开北京赴东北,率领出国作战部队;志愿军第一个志愿兵被彭德怀批准,离开北京上前线。

这天早晨,云低垂,空气潮湿,预示一场秋雨即将来临。

上午7时,一辆又一辆轿车打破了清晨的宁静,送走一批负有特殊使命的人物:彭德怀及其秘书张养吾、警卫员郭洪光;高岗及其秘书华明;总参谋部作战处副处长成普,参谋徐亩元、龚杰;机要参谋海欧,毛泽东的长子毛岸英和几位苏联同志。

空旷的北京西郊机场,孤零零停着一架里-2型飞机。待一批人员上机后,飞机轰然作响,像一只巨大的铁鸟,射向蓝天。

机舱内,彭德怀向秘书张养吾介绍毛岸英,让他多多关心,还要注意保密。

彭德怀看着毛岸英,深感毛泽东日夜为抗美援朝操劳,现又送子上前线,无限敬重的心情油然而生。他和毛泽东身边的许多人都曾劝说毛泽东,岸英在单位里负担的任务很重,不好离开,还是不要去朝鲜参战了。可是毛泽东的回答是:"谁叫他是毛泽东的儿子!他不去谁还去?"

想到这里,彭德怀脱口说道:"毛岸英是我们志愿军的第一个志愿兵。"

飞机穿过白云,飞往东北。毛岸英望着蓝天和大海,回忆起苏联卫国战争中描写苏联人民在战争中的那种无坚不摧的精神力量的小说《日日夜夜》作者西蒙诺夫的诗《等着我吧》。他小声吟咏:

等着我吧,我会回来的。

但你要耐心地等着……

等着我吧,我会回来的,

我要故意对一切死亡为难。

让不等我的人

去说:"这是幸运。"

那些不等我的人

他们不会了解,在炮火之中,

是你拿自己的等待,

才救活了我的生命。

我是怎样活过来的,

只有我和你两个人才会知道——

这只是因为你,

比任何人都更会等待着我。

机舱内几位苏联朋友听到这段熟悉的著名诗句,引起了共鸣,也用俄语吟咏起来。

到达沈阳后,彭德怀及其随从人员都住在和平街1号东北局交际处,后来彭德怀的军事秘书杨凤安也赶到沈阳。为便于工作,彭德怀提出建立党的组织,大家选举毛岸英为党的小组长。当时彭德怀所率领的十几个人,尚未与十三兵团指挥机关合并为志愿军司令部。毛岸英所在的这个党小组,可以说是志愿军的第一个党小组。

44. 出国部队欢迎司令员

1950年10月8日,中央军委的命令飞向东北边疆。

早晨,十三兵团领导邓华、洪学智、韩先楚等登上安东镇江山,隔江相望,朝鲜边城新义州已被炸成一片废墟。他们满腔义愤,盼望早日得到过江命令,跨过鸭绿江,打击美国侵略者。

早饭后,邓华欣喜地大叫:"老哥,老哥,中央来电报了,任命彭总当我们的司令兼政委啦!"

洪学智抓过电报,一口气读完,兴奋地对邓华说:"彭总来当司令员,这太好了!"

彭德怀到沈阳的当天下午,立刻在沈阳紧急召集十三兵团及东北军区负责人邓华、韩先楚、洪学智、解方、杜平及李富春、贺晋年、张秀山等,商定于次日召开参战部队军以上高级干部会议,部署出国前的准备工作。

辽宁宾馆会议厅,宽敞明亮。20多位军以上干部陆续到达。他们中,有的过去长期并肩战斗在一起,情谊很深;有的还是从长征后久别重逢,感到格外亲热;有的虽是初次见面,但为了一个共同目标来到一起,同样像老朋友一样,话匣子就打开啦。

在会议厅的休息室里,邓华看见彭德怀,高兴地说:"欢迎老总!有你出任司令员,我们的仗就更好打了,我们大家的信心就更足了。"

"那好,那我们一起抗美援朝吧。"彭德怀微笑着说。

然后,彭德怀又开玩笑地说:"不过,我可不算志愿军啊!"

洪学智见彭德怀这样风趣,这样和蔼地同大家开玩笑,他也开起玩笑来了。他说:"彭总,那我也不算志愿军!"

"哦,你怎么也不算志愿军?"彭德怀笑着问。

"我是邓华把我鼓捣来的!连换洗的衣服也没来得及带。"洪学智说。

彭德怀听了大笑,说:"听你这么说,他还挺有办法嘛!"

大家都笑了起来。

彭德怀看到杜平,立即大声喊他:"杜平,你这个江西老,我们又走到一块了。"

杜平高兴地迎上前来,与彭德怀握手。早在红军时期,彭德怀就是他的老首长。1935年冬,红军围攻陕西甘泉城时,彭德怀是一方面军的司令员,杜平是一方面军无线电队的政治委员兼任方面军直属队总支部书记。从1936年红军东征回陕北后至今,已10多年没有见到他,这次见面特别高兴。

会议厅里,高级干部们谈兴正浓,忽听"吱呀"一声,会议厅的大门打开。由东北局负责人高岗陪同,彭德怀走到会议厅门口。

"中央决定彭德怀同志为志愿军司令员兼政治委员,率领大家抗美援朝。我们欢迎!"高岗话音一落,将军们"哗"地一声站了起来,使劲鼓掌。

彭德怀慈祥的脸上带着一丝微笑,招手让大家落座:"同志们好!"

接着,邓华向彭德怀介绍参战部队各军的领导。

"这位是38军梁兴初军长,这位是刘西元政委。"

彭德怀紧握梁兴初的手,端详了一阵说:"比以前瘦了些,要好好注意身体,争取多打几个漂亮仗,才不愧是红军的老家底呐!"

"是!我一定遵照你讲的去做。"梁兴初那瘦削的脸显得精神焕发。

"这位是39军吴信泉军长,这位是徐斌州政委。……这位是炮兵邱创成政委,这位是匡裕民副司令员。"

在与匡裕民握手时,彭德怀说:"我们的炮比美国少得多、差得远,你们得想办法,打得快、打得准、打得狠。这全仰仗你这个司令口!"

"我们一定做到!"匡裕民斩钉截铁地回答。

彭德怀满意地点了点头。

彭德怀先在会上谈了出兵的意义和必要性。然后,着重谈了自己的看法:"我们的敌人不是宋襄公。它不会愚蠢到这种地步,等我们摆好了阵势才来打我们。大家看到现在有这种打法吗?"说着,向在坐的同志们审视了一下。

"没有!"大家齐声回答。

"对,没有嘛!他们是机械化,前进速度是很快的,我们必须抢时间。中央要我到这里来,也是三天前才作出的决定。我彭德怀本事不大,确实是廖化当先锋口!中国生,朝鲜死,朝鲜埋,光荣之至!"

接着,彭德怀提高嗓门,以洪钟般的声音宣布:"我命令,所有参战部队,从现在起,10天内做好一切出国作战准备!"

彭德怀的声音在大厅里回荡,将军们的心都震撼了:"有彭总挂帅,我们一定能打好。"

彭德怀是中央军委副主席,是解放军的副总司令,他在全军有着崇高的威信,有丰富的战争指挥经验。抗日战争时期,他指挥百团大战;解放战争时期,他在西北战场那么艰苦的条件下,以劣势胜优势,打败了胡宗南。现在有他指挥抗美援朝,打败美国侵略者,大家信心更足了。

45. 彭德怀自带干粮,考察沈阳兵工厂和鞍山钢厂

彭德怀在离京赴任之时,也向他的家人告别。

10月6日凌晨1时左右,彭德怀在中南海毛泽东住处研究出兵援朝的问题后返回北京饭店。此时他已完全清楚他新的使命:统帅志愿军出国作战。他打电话告诉了妻子浦安修,又让秘书通知他的在北京上学的侄儿侄女到北京饭店来,他想看看他们。当晚,彭德怀与他的侄儿侄女在北京饭店见面。彭德怀看到这几个不幸而又可爱的烈士子女,高兴地同孩子们一起把被褥铺在309号房间内的地板上,老少6口团坐在一起。彭德怀鼓励他们好好学习,将来为建设新中国服务。

10月8日,彭德怀离开北京赴沈阳。他手拉着最小的侄女彭钢,同前往送行的中央军委代总参谋长聂荣臻和总参谋部作战部部长李涛等告别,抱起彭钢钻进卧车奔向机场。幼小天真的孩子问:"伯伯,你坐飞机去哪里?什么时候回来看我们?"彭德怀安慰说:"很快就回来看你们,你长大了就会知道我这次去的地方……"

当天上午,彭德怀冒雨飞抵沈阳,立即和高岗召见了东北边防军(原十三兵团)司令员邓华,副司令员洪学智、韩先楚,参谋长解方,政治部主任杜平等,向他们传达了中央政治局派兵援朝的决定,并听取了当前部队备战和思想情况的汇报。随后,彭德怀亲自给西安打电话,通知他的军事秘书杨凤安速来沈阳。

杨凤安接到通知,迅速把他手头保存的有关西北军事资料与电文整理好,交给彭德怀夫人浦安修。浦安修则交待杨凤安:一定要照顾好彭老总。彭总已经50多岁了,且患有直肠溃疡病,经常大便出血;几十年南征

北战还从未歇口气休养一下,现又要奔向战场,担心啊!

杨凤安是与甘泗淇、李贞夫妇一起到北京的。中央军委办公厅李科长交给杨凤安一个金属四方盒子,里边放着一个"关防"(即公章),上写"中国人民志愿军司令部"。杨凤安这时才完全知道,彭老总又挂帅征战了。当杨凤安赶到沈阳时,彭德怀正前往安东(今丹东)视察。

彭德怀返回沈阳后,召开了志愿军出国部队师以上干部动员会,第二天,除留张养吾在沈阳整理彭德怀的讲话外,彭德怀带领少数随员,在东北局管工业的同志陪同下,参观了沈阳东部兵工厂。杨凤安此时已跟彭德怀在一起。

刚刚解放了1年的工厂恢复得很有秩序,工人们生产情绪很高。彭总看了很高兴,并不断同工人们交谈,询问他们一天能生产多少发子弹,生产什么类型的子弹(主要生产步枪、机枪子弹)。

参观约1小时,厂长陪同彭德怀到一个广阔的武器试验场。场地上摆好了两门多管火箭炮。这两门火箭炮结构比较简单,两个轮子、两个支架。两个轮子之间固定三排管,每排6管,共计18管,发射时支架放下,发射后两支架又作为挽具,由一个骡子拉着走,很轻便。当时放了一个齐射,按照预定目标打得效果很好。彭德怀看后,笑呵呵地说:"很好!这种火炮轻便,有利于山地机动。望你们继续研究定型生产,装备部队。"

彭德怀参观完兵工厂,已是上午10点多钟。按预先的安排,他又率杨凤安等人驱车到鞍山钢铁厂参观。鞍山钢铁厂在1945年日本投降前夕遭到日军的严重破坏,参观时仅有少数高炉能运转生产,年产几万吨钢,大多数高炉瘫痪在那里,修复起来比较困难。工人们对日本侵略军的破坏非常愤恨。他们向彭德怀表示,已经解放了的工人阶级,有雄心壮志,尽量缩短恢复生产的时间,多产钢,支援抗美援朝、保家卫国战争。彭德怀深受工人阶级的豪情感动,并向工人同志们表示感谢。

时至中午,鞍钢厂长与党委书记请彭德怀到食堂进午餐。彭德怀说:"我们带有干粮,请你准备两壶开水。"说完话,彭德怀一行回到厂长办公室,秘书拿出自带的干粮,几个人喝着开水,吃起了饼干。厂长很感动,直说对不起彭老总,没有好好招待。可是,彭德怀的秘书和工作人员都知道,彭总最讨厌的是走到哪里就吃喝到哪里的。

饭后,彭德怀一行告别了厂长,乘车赶回沈阳。路上,他对杨凤安说:"东北工业基础比西北好,我军武器装备的生产、研制还是有条件的,只是现在刚刚开始建设,百废待兴。这次出国作战,对我军来说则是打一场武器装备相差悬殊的硬仗。"

杨凤安是彭德怀的随身军事秘书,主管由志愿军司令员审批审阅的文电、作战文件,还管彭德怀的衣食住行,所以很受彭总德怀赏识。

46. 周恩来秘密访苏,请求斯大林派空军支援

> 伟哉人民革命,一代英雄出寰中。
> 记谈判桌上,谁是对手?
> 疆场鏖兵,文才武功。
> 肝胆照人,大气磅礴,降龙伏虎仍从容。
> 平生愿,唯人民利益,竭尽忠诚。

这是中国人民赞扬周恩来总理的词。周恩来一生中,在我国遇到重大国际问题需解决时,毛泽东总是派他前往。

1950年10月8日,中国人民革命军事委员会主席毛泽东在为组成中国人民志愿军发布第一个命令的同时,派周恩来秘密访问苏联,向苏联政府通报我国的出兵决策。

新中国成立不久,财力不足,武器弹药、运输工具都有困难,空军也刚刚组建,这些方面需要苏联支援。周恩来访苏,准备请求斯大林和苏联政府提供军事援助和派空军进驻东北以及北京、天津、上海等沿海大城市,掩护志愿军出国。

周恩来偕工作人员师哲(兼翻译)10月8日从北京出发,乘飞机到莫斯科。借故不愿担任志愿军司令员的林彪也前往苏联养病。这时,斯大林正在黑海海滨休假。10月10日,周恩来、林彪乘飞机到了风光秀丽的黑海之滨休养地会见了斯大林。

在中国革命历史上，苏联曾给予我国人民很多国际主义援助。中国革命战争中，斯大林提出过不少正确建议。中国抗日战争中，苏联还派志愿航空人员到中国战场，参加中国抗日战争。苏联志愿航空队在中国抗日战场立下丰功伟绩，打击了日本军国主义的空中强盗；苏联志愿航空队飞行员，热血洒在中国土地上。1949年12月，斯大林70寿辰时，毛泽东曾率中共中央和中华人民共和国政府代表团前往祝寿，并就两党之间所关心的问题交换意见，商谈和签订有关条约、协定等，受到斯大林、莫洛托夫、马林科夫、贝利亚、布尔加宁、卡冈诺维奇、维辛斯基等的热烈欢迎。两国不断加强友好往来。

这次，周恩来再度重访苏联。党中央曾与苏共中央协商，我出兵援朝，苏联即出动空军支援我地面部队作战，并答应给我20个师的装备。①在这种情况下，为了协商落实这些问题，毛泽东特派周恩来访苏。

一见面，周恩来便对斯大林说："毛泽东同志派我来问候您！"接着又同莫洛托夫、维辛斯基等握手。

"谢谢。毛泽东同志身体健康？"斯大林说。

林彪这时也对斯大林说了一些问候的话。然后大家分别坐在一张桌子周围。宾主很快把话题转入正题。首先由苏联有关人员介绍最近的朝鲜形势。周恩来介绍了中国的出兵决策。

斯大林细心听着，然后站起来在室内来回慢慢走动，一会儿又停下来，吸一口他的烟斗。烟从烟斗中冒出，他用嘴慢慢吹散了烟，非常稳重又缓慢地说："美军已越过三八线进入朝鲜北部。朝鲜如果没有支援，最多只能维持一个礼拜的时间。朝鲜已受到重大挫折，形势严重……中国已决定出兵支援朝鲜同志。你们的考虑是正确的。但是，还应该考虑另一方面，美国毕竟是当今世界上的军事强国，美军拥有很大的海空军优势和军事技术装备优势。"

"我们考虑到了这些问题，准备在朝鲜和美国军队打起来，准备美国宣布和中国进入战争状态，准备应付美国对中国的空中轰炸……"周恩

①杨迪：《彭总在抗美援朝战争初期》，《中华英烈》1990年第3期。

来表明中国的态度。

"中国同志考虑问题深远。当然,现在还难以预料以后的一切。如何对付可能出现的这种情况,是必须考虑到的。"斯大林说。

"所以这次毛泽东派我来,为了准备对付可能出现的情况,希望苏联政府提供军事援助和空军支援。"周恩来明确此行目的。

斯大林说:"这个问题我们曾考虑过了。我们也曾考虑过如何直接帮助朝鲜同志。但苏联政府早已声明过,我们的军队已全部撤出朝鲜了。现在我们再出兵到朝鲜去有困难,因为这等于我们同美国直接交战。中国出兵,我们供应武器装备,并出动一定数量的空军作掩护。你们提出改善武器装备,我们在二战后剩余的军火很多,可由布尔加宁同志负责同军方和中国同志共同研究解决。"

斯大林还特别谈到朝鲜人民军的生存问题。他说:"朝鲜同志由于战争开始时顺利,也许产生了轻敌思想。美帝反扑,现在招架不住了。如果碰不到强大阻力的话,敌人不会停止前进。人民军与敌人进行无望的抵抗,最终会被敌人消灭掉,不如马上告诉他们作有组织、有计划的撤退,并答应他们把主要力量撤到中国东北。"

"我们可以转告金日成同志,让他们主动撤退到我国东北。"周恩来说。

斯大林接着说:"你们出兵第一仗的关键是顶着。一旦你们的部队顶不住美军的进攻,苏联出兵支援,这就必然发展为美苏军队直接对抗。到那时将会引起第三次世界大战的爆发,人类又要遇到灾难。"

周恩来自信地说:"我们认为不会出现斯大林同志说到的这种一旦发生的情况。战争的胜负,决定因素是人心向背,5亿中国人民和全世界人民支持我们反对美帝的侵略,我们一定会胜利的。志愿军司令员彭德怀说过一个很生动的道理:老虎总是要吃人的,他什么时候吃,这决定于他的胃口。现在美国侵略者到朝鲜来了,只有打击侵略者,才能保卫和平。"

"战争与和平问题是很复杂的,不一定像中国同志形象说法那样发展。"斯大林说。

周恩来说:"道理是一样的。只有打乱美国扩大侵略战争的时间表,才能阻止他扩大战争。第二次世界大战初期,就是对法西斯采取绥靖政策,坐视希特勒并吞许多弱小国家,才使他的野心越来越大,大战不可避免……"

会谈结束,斯大林答应先装备中国10个师,并同意派空军进驻安东一带沿海大城市驻防。中苏双方在会谈中就抗美援朝问题取得了一致意见。周恩来立即返回莫斯科,向毛泽东汇报了会谈情况。

但是,当晚,莫洛托夫打电话告诉周恩来,苏联不赞成中国立即出兵,也不准备派空军支援。理由是:苏联的空军没准备好,要暂缓出动。斯大林对我国派志愿军入朝作战顾虑重重,他担心中国出兵会引起世界大战,甚至主张如果朝鲜失败了,可以让金日成到中国东北组成"流亡政府"。周恩来立即回答:刚刚决定的事情,你们就推翻了? 不管苏联怎么样,我国已经决定出兵援朝。周恩来又将这一情况,立即向毛泽东报告。

毛泽东接到周恩来的报告以后,决定再次召开紧急会议研究出兵问题,通知高岗、彭德怀迅速返回北京。

47. 毛泽东急召彭德怀回京,重新研究出兵计划

1950年10月12日,朝鲜内务相朴一禹从朝鲜来到安东。彭德怀的秘书将他领进"安东八大景"之一的镇江山下一座日本人建造的洋房里。

他向彭德怀、邓华、洪学智等十三兵团的领导通报了朝鲜战局的最新情况和敌我双方当前的态势。他谈到,美军3个师、英军1个旅及南朝鲜军第一师已集结在汉城以北二八线上的开城、金化地区,作进攻平壤的准备。朝鲜民主主义人民共和国首都正处于敌人的严重威胁之下。东部战线,南朝鲜军主力2个师已到达元山,另有3个师正向元山附近地区集中。美第八集团军3个师在大田、水原地区,正准备北进。金日成首相指挥的朝鲜尚能战斗的部队仍在三八线坚持抗敌,南部人民军撤至三八线以北的有5万人,其余大部分还滞留在南朝鲜。

朴一禹介绍完情况后,再次代表金日成首相和朝鲜党中央请求我党中央尽快出兵支援。

听完朴一禹的情况介绍后,彭德怀当即答应向我党中央和毛泽东报

告,又立即组织兵团的领导结合最近情况,对我军入朝后的部署重新进行了研究。

中共中央和毛泽东主席做出抗美援朝、保家卫国的战略决策以后,中央军委在做好两种准备的思想指导下,对军队的建设和战略部署以及志愿军入朝后的作战方针等方面,都做了重大的调整和规定。

中央军委决定,由业已集结在东北南部地区的东北边防军4个军12个师的兵力做好准备,在必要时先行出动,而后抽调第九兵团、第十九兵团、三兵团以及其他的军等,共11个军的兵力作为第二批和第三批,根据情况需要,分别入朝参战。作为志愿军来说,陆军的火炮数量同美军相比,少于美军42倍,空军、海军还不能立即投入作战,因此没有一次歼灭敌人1个军的把握。鉴于此,中共中央指示志愿军入朝参战后,要能够有4倍于敌人的兵力和1.5—2倍于敌的火力,并根据这一考虑决定向苏联购买武器,改装、加强志愿军的武器装备,请求苏联给予空军支援。

彭德怀根据新的情况,决定我军入朝后,以1个军进至平壤东北约200公里之德川山岳地区,以其余3个军及3个炮兵师位于德川以北之熙川、前川、江界地区。这样,第一可以使美李军有所顾虑而停止前进,保持平壤元山以北地区至少是山岳地区不被敌占领。同时,我军可以尽量争取时间,进行作战准备。第二如元山平壤以西之敌向北进攻德川等地,则我军可以用必要兵力箝制平壤之敌而集中主力歼灭由元山方向来攻之敌,只要歼灭敌人二三个师,局势就可以有较大改变。

中央军委指示很明确,我军也作好了出国作战的准备。就在这关键时刻,出现了意外情况。

当日晚8时许,彭德怀接到了毛泽东的急电。电文内容是:

彭高、邓洪韩解:

(一)10月9日命令暂不执行,十三兵团各部仍就原地进行训练,不要出动。(二)请高岗德怀二同志明日或后日来京一谈。

毛泽东

10月12日廿时

彭德怀看着电报,神情很疑惑。但他什么也没说,只是手中拿着点燃的大中华香烟,不停地猛吸几口,然后站在楼内一边走一边思考着。

十三兵团的领导焦虑地对彭德怀说:"兵贵神速,十万火急,我们再晚几天入朝,人民军更难有组织地撤退,过江后我们的立足点就更少了。此时不知有什么重大情况?"

彭德怀不做任何回答,晚上也没有睡好觉。

第二天早晨,他即乘飞机回北京了。

48. 斯大林出尔反尔,拒绝派空军支援

1950年10月11日深夜,毛泽东接到周恩来报告后,对苏联不为中国入朝部队提供空中掩护,不得不召集会议再度慎重考虑出兵援朝的问题。

本来,在出兵援朝的决策过程中,毛泽东曾多次与斯大林商量。最后中苏两国共产党达成协议,由我国出兵援朝,由苏联派空军支持、掩护我军。

根据这个协议,我党中央于10月初正式决定出兵援朝。毛泽东把我党的决定打电报告诉了斯大林。电报说:

(一) 我们决定用志愿军名义派一部分军队至朝鲜境内和美国及其走狗李承晚的军队作战,援助朝鲜同志。我们认为这样做是必要的。因为如果让整个朝鲜被美国人占去了,朝鲜革命力量受到根本的失败,则美国侵略者将更为猖獗,于整个东方都是不利的。

(二) 我们认为既然决定出动中国军队到朝鲜和美国人作战,第一,就要能解决问题,即要准备在朝鲜境内歼灭和驱逐美国及其他国家侵略军;第二,既然中国军队在朝鲜境内和美国军队打起来(虽然我们用的是志愿军名义),就要准备美国宣布和中国进入战争状态,就要准备美国至少可能使用其空军轰炸中国的许多大城市及工业基地,使用其海军攻击沿海地带……

毛泽东还告诉斯大林：我们认为美国和中国公开作战，这个战争规模也不会很大。准备10月15日开始，出动12个师。第一个时期只打防御战，歼灭小股敌人，等候苏联武器到达，将我军装备起来，然后配合朝鲜同志举行反攻。

现在，苏联不派空军支援，这实际上意味着我国要出兵，就得自己单独干！而且苏联也不打算给军事装备，我们出兵援朝，就得靠我们当年缴获国民党的、日本侵略军的三八大盖枪加炒面袋，去同拥有飞机、大炮、坦克的机械化部队作战。美军占有制空权、制海权，依仗空中优势，对我志愿军会造成多么大的困难啊！

苏联第二次世界大战名将有句军事名言：无论哪级指挥员，在制定战斗计划时，首先要考虑敌人的动向和可能采取的对策。但是，在战争中往往有这种情况，即事先好像把各种情况都预计到了，而在交战过程中却出现了完全意外的新情况，因而就要修正原来的决心。他还说：如果计划同情况不符，又没有必要的保障，那末再完美的计划也注定要失败。

毛泽东不畏强敌，决心出兵。但是他必须就新出现的情况和前线司令员以及政治局同志再次进行商议。为此，10月12日晚，毛泽东向彭德怀发了电报。

10月13日，彭德怀到北京后，立即赶到中南海丰泽园。

困难处境是友谊的试金石。在患难中能结交真挚的朋友，在烈火中能显出金子的本色。毛泽东已连续几天没有睡觉了，他穿着宽大的睡衣，正在丰泽园北房的卧室里来回走动，一支接一支地吸着烟。见到彭德怀，他便把发生的意外情况告诉彭德怀。

彭德怀也向毛泽东汇报了朝鲜最新动态。他说：

"昨天朴一禹同志到安东向我们介绍最新情况。人民军撤至三八线以北的仅有5万余人，美、英及南朝鲜军4个师1个旅正准备进攻平壤，5个师从元山地区准备向鸭绿江推进。我们原来设想在元山至平壤以北地区建立防线已来不及。朝鲜民主主义人民共和国危在旦夕。朴一禹代表金日成首相和朝鲜党中央，再次请求我党中央尽快出兵支援。"

"中朝两国唇齿相依,世世代代友好,怎么能见死不救呢?"毛泽东坚定地回答。

当天,毛泽东同朱德、刘少奇、邓小平、彭德怀、高岗再次进行研究。他们对苏出动空军掩护我军不抱什么希望了。

毛泽东是伟大的政治家、军事家,气魄非凡。经与彭德怀等中央政治局领导同志商量后,他毅然决然地最后作出了历史性的决策:不管有没有苏联空军支援,我们仍按原定计划出兵援朝。

决定刚一作出,毛泽东就给周恩来发去了如下指示:

> (一)与政治局同志商量结果,一致认为我军还是出动到朝鲜为有利。在第一时期,可以专打伪军,我军对付伪军是有把握的,可以在元山、平壤线以北大块山区打开朝鲜的根据地,可以振奋朝鲜人民。在第一时期,只要能歼灭几个伪军的师团,朝鲜局势即可起一个对我们有利的变化。
>
> (二)我们采取上述积极政策,对中国,对朝鲜,对东方,对世界都极为有利;而我们不出兵,让敌人压至鸭绿江边,国内国际反动气焰增高,则对各方都不利,首先是对东北更不利,整个东北边防军将被吸住,南满电力将被控制。
>
> 总之,我们认为应当参战,必须参战,参战利益极大,不参战损害极大。
>
> 毛泽东
> 1950年10月13日

周恩来收到电文,感到振奋和鼓舞。他在向毛泽东报告在莫斯科会谈的结果时也就估计到,毛泽东决不会因为苏联改变主意而随之改变自己的决心。现在情况证实了他的想法。他立即让翻译通知苏联外交部:毛泽东已发来电报,请求就有关朝鲜问题尽快安排与斯大林会见。

当天下午,周恩来再次到斯大林办公室。斯大林有些警疑地注视着周恩来,他猜想周恩来可能是同他就有关请苏联出动空军支援的问题再次讨价还价的。

周恩来没等斯大林说话，就明确坚定地告诉他："中国共产党和中国政府已经作出决策，不管苏联是否出动空军，中国照样出兵援朝。"

斯大林听了这个消息，深感意外，又非常激动，他拿着烟斗猛然深吸了一口，把烟云吐出后又习惯吹了一下，然后说："中国同志决心要这么做，不知要遇到多大的不幸，要付出多大的牺牲啊！"

"毛泽东同志和政治局同志都认真研究、慎重考虑过了这些问题。"周恩来回答说。

"中国同志伟大……"斯大林激动之情，溢于言表。

20多年后，1976年9月9日，朝鲜劳动党中央委员会总书记、朝鲜民主主义人民共和国主席金日成，在对我国政府发来的悼念毛泽东的唁电，表达了朝鲜人民对毛泽东的评价。唁电中说："在朝鲜人民为反对美帝国主义武装侵略者而进行激烈斗争的祖国解放战争时期，毛泽东同志粉碎了国内外敌人的一切阻挠，掀起了抗美援朝运动，用鲜血援助了我国人民的正义斗争"。"毛泽东同志一向把我国人民的革命斗争看作是中国人民自己的斗争，越是困难的时候越是诚心诚意地支援我们，同我们同生死共患难，是朝鲜人民最亲密的战友"。"毛泽东同志为加强朝中两党、两国人民之间的伟大友谊和战斗团结作出了杰出的贡献，他的不可磨灭的业绩将永远铭刻在朝鲜人民的心里。"中国是用生命和鲜血支援了友好邻邦。毛泽东的奉献更是有口皆碑。

英国伦敦大学美籍教授斯图尔特·施拉姆著《毛泽东》一书中说：毛泽东出兵援朝"满可以等到国内局势巩固、清算了蒋介石以后才这样做。"作者引用我国的文章说：苏共领导指责中国要苏美"迎头相撞"，要把苏美推进核战争中去。中国人回答说，不，朋友们。收起你们的耸人听闻的造谣诬蔑手法吧。中国共产党岂但在言论上坚决反对苏美两大国"迎头相撞"，而且在实际行动中，力求避免苏美两大国发生直接的武装冲突。我们同朝鲜同志一道，在朝鲜的抗美战争中……宁愿自己承担必要的牺牲重担，站在守卫社会主义阵营的最前线，而使苏联处于第二线。

第七章　志愿军快速入朝

49. 彭德怀拟将26万大军全部机动鸭绿江南

彭德怀的习惯是,他总是亲自实地视察、调查,听取助手们的意见,取得第一手材料后,独自思考问题,作出决策,并亲自起草电文。

10月11日凌晨,彭德怀抵安东。他顾不上休息,即由四十军军长温玉成陪同,视察部队战备情况。

在路过鸭绿江大桥北侧回驶时,彭德怀忽然说:"停一停!"

他走下车,站在江边,望着江南新义州这座朝鲜北部的工业城市。他看见面前远方黑烟滚滚。空中的美国B-29轰炸机的炸弹和燃烧弹,像下冰雹、火雨似的往城市中倾泻,炸弹轰炸声响彻云霄,顿时一片火海。

彭德怀愤怒地说:"狗娘养的! 美帝国主义这个战争狂人,仰仗空中优势,遍地丢炸弹,甚至还叫嚣丢原子弹,屠杀无辜人民,必将遭到人民的惩罚!"

彭德怀说完后,锐利的目光深情地盯着飞江而过连结中朝两国的大铁桥——鸭绿江大桥。他抬了抬头,"乒"地一声关上车门。"走吧!"便直奔四十军军部。

一下车,彭德怀直奔作战室。

壁上的挂钟，嘀嗒……嘀嗒……响得那么均匀，那么清脆，那么有节奏。美帝仰仗空中优势，疯狂到了极点。"遍地丢炸弹和凝固汽油弹。"毛泽东的话不时地在彭德怀耳边回响。金日成和朴宪永的电报中也提到，敌人利用约千架的各种飞机，不分昼夜地轰炸我们的前方和后方，我们的兵力和物资方面的损失是非常严重的。

彭德怀离京时，军委交待："计划两个军作一梯队过江，顶住敌人后，再出两个军。"

眼前的情况和军委的作战方案，同时在彭德怀的脑海里撞击着。

彭德怀转身站在办公桌前，把墨盒打开。忽而，又踱步窗前，凝视着远方。

"嗯！要是大桥被炸，那后续部队怎么能及时过江呢？集中优势兵力，就会成为一句空话。"

"干脆，背水一战！置之死地而后生，也不无道理。"

"对！必须把参战部队都集结于鸭绿江南，改变原定先出两个军的计划。就这么办！"

彭德怀眼睛一亮，跨前一步，稳稳当当地坐在办公桌前，戴上花镜，挥毫起草向毛泽东请示的电报：

毛主席：

　　原拟先出动两个军，两个炮兵师，恐鸭绿江桥被炸毁，不易集中优势兵力，失去战机，故决定全部集结江南，改变计划，以利歼敌。

彭德怀　10.11.12:30

从10月8日开始准备起，到19日志愿军出国，总共才12天。彭德怀6次奔波于北京、沈阳、安东(丹东)，召开了出国作战部队的军、师级领导会议，了解参观了沈阳兵工厂、鞍山钢铁厂的生产情况，参观了几处野战医院，并与东北局、东北军区的负责同志座谈，了解部队出国作战后的粮、弹及物资供应，以及伤病员的接收治疗情况等。杨凤安跟随彭德怀视察，深深感到,一个战略(战区)指挥员不仅了解所指挥部队的情况,还要了解经济潜力对战争保障的情况。这就是从全局出发。由于彭德怀的忘我工作,在十三兵团邓华司令员、洪学智副司令员、韩先楚副司令员、解方参谋长、杜平主任的积极协助下,在很短的时间内,出动近26万大军,雄赳赳、气昂昂,跨过了鸭绿江。

50. 毛泽东批准彭德怀的作战部署

北京,中南海。

毛泽东办公室,灯火辉煌。

毛泽东由于斯大林突然改变主意,撕毁原来的协议,不派空军支援中国出兵朝鲜,毛泽东对志愿军出国作战可能带来的困难等问题,脑海里总是翻江倒海。

"中朝边界由一条江面约1公里的鸭绿江相隔。来往交通全靠安东至新义州大铁桥和冬季江面上的冻冰层。如果敌人仰仗空中优势,严密封锁江面,敌军的15个现代化步兵师和两个旅,23万重兵快速向鸭绿江推进,我们出国首批参战部队的困难将是很大的,2个军不足以打歼灭战。必须打赢首战,首批参战部队必须全部过江……"

毛泽东看着墙上挂的地图。挂图上标明,此时,朝鲜人民军的主力尚被割断在朝鲜南部,正向三八线以北转移;朝鲜劳动党和政府为了保存力量,进行整顿,准备将来反攻,正组织党政机关和部队向新义州、江界方向实施战略退却,并将临时首都迁至江界。

这时,侵朝敌军总兵力已达42万人,拥有飞机1100余架,各型军舰300余艘。其中美军3个军6个师、李承晚军9个师,共15个师,还有英国、法国、土耳其、澳大利亚、泰国、菲律宾等国军队,共23万余人。敌人气焰异常嚣张,以为已进入军事上的空白之地,而毫无顾忌地以师甚至以团或营为单位,分路向朝中边境高速推进。朝鲜战局呈现异常紧张状态。

"以利歼敌。"当毛泽东念完彭德怀的电报,脸上露出微笑,站起来,伸出有力的大手,像招呼谁似的,边点头边重复一句话:"好主意! 好主意!真是英雄所见略同啊!"毛泽东也想到这个问题了,真是大战略家的心是通着的。他连连赞扬彭德怀把参战的12个师全部集结鸭绿江南的主张。

毛泽东即刻召集朱老总、聂荣臻代总参谋长商议,并将彭德怀的电报交他们传阅。

毛泽东说:"军委原拟先出两个军的意图,主要考虑能否在朝鲜站得稳脚。德怀同志是考虑在运动中以优势兵力歼灭敌人,打击敌人疯狂气焰,掌握战争的主动权。只要能隐蔽得好,先发制人,打他个措手不及,是能保存自己,消灭敌人的。把消灭敌人放在第一位,才是保存自己最好的手段。请你们发表意见。"

朱德完全赞同毛泽东的意见,说:"彭总这着棋高明,高明!"

毛泽东转过身去,提笔在电报上批示:"同意"。签署后交聂荣臻。

前后3个多小时,作出了将12个师、26万多人马全部集结鸭绿江南的果断决定,把战略决策"先站稳脚"改变为在"运动中歼敌",从而奠定了志愿军入朝旗开得胜的基础。

51. 彭德怀鼓励王海敢于同强敌较量

1950年10月中旬,彭德怀视察中国空军驻安东(今丹东)浪头机场的空军部队。这是一支刚刚奉命调到中朝边境,加紧准备参加抗美援朝的新中国空军部队。

浪头空军机场。苏式米格15型战斗机整齐排列在机场上。

机前站着一排飞行员,身着飞行服。

彭德怀、刘震、苏联空军少校克留托夫,走到飞行员面前。

刘震向彭德怀报告:"这是空三师九团一大队长王海。山东大汉,我们东北民主联军航空学校学生。"

彭德怀走到王海身旁说:"过去敌人欺负我们没有空军,现在有了空军,但还很年轻。当务之急,就是加紧训练。历史上山东出了不少英雄。我们面对强敌,有信心吗?"

王海说："有！中国人也是人，美国人驾机侵犯我们，我相信一定会打掉他们的飞机。"

彭德怀转向苏联空军派来担任教练的克留托夫少校，说："你们是中国空军的老师。要严格要求，加紧训练，争取尽早参加抗美援朝战争。斯大林答应派苏联空军支援抗美援朝，掩护我志愿军地面战斗。我们出国作战，是一军对三军啊！没有海军、没有空军，所以要靠你们大力支援。"

克留托夫说："中国同志学航空技术进步很快，我相信中国空军能迅速成长。"

彭德怀问了驾驶员生活情况后说："驾驶员训练在天上飞行，体力消耗太大，需要增加营养。我从西北给你们搞黄油、牛肉、牛奶，保障你们吃得好。"

从1950年10月底，中国人民志愿军入朝作战之初，侵朝美军的空军和海军舰载机总兵力已达14个联（大）队，共有各型作战飞机1100余架，此外还有英国、澳大利亚、南非联邦以及南朝鲜空军的作战飞机100余架。为了协同地面部队作战和掩护北朝鲜交通线，中央军委决定组成中国人民志愿军空军。而当时，中国人民空军仅有新组建的几个师、团，作战飞机不足200架。要组成志愿军空军参战，困难是很大的。中共中央决定组织志愿军空军参战后，空军第三师奉命调中朝边境，抓紧训练与参战准备，力争早日参战。

麦克阿瑟迷信空军制胜论，把朝鲜战场上的美国空军当作他手中的王工牌，依仗空中优势，疯狂地对朝鲜北部实施轰炸，期望配合地面部队快速消灭人民军主力。美国显然也知道，中国军队只是一支小米加步枪的基础上发展起来的地面部队。中国没有空军。似乎天空永远属于他们。他们没有想到，年轻的中国空军将士正在加紧训练，以武松打虎的英雄胆略，正准备迎战世界上第一流的强手。40年后，王海同彭德怀在朝鲜战场的军事秘书杨凤安等共同回忆这段历史时，王海感慨地说：历史证明，中国的农民、土八路，能够掌握现代武器技术，也能够创造现代战争奇迹。

52. 彭德怀部署志愿军隐蔽出击

1950年9月30日,南朝鲜军第三师越过三八线;10月7日,美骑兵第一师越过三八线,侵入朝鲜北方。

10月17日,麦克阿瑟发出"联合国军第四号作战命令",集中4个军之部分兵力共13万人(海、空军未计在内),由平壤、元山两地分西、东两线继续向鸭绿江推进。

当日,彭德怀召集将要赴朝的各军军长、政委会议,决定第一批入朝部队由西向东按第三十九、四十、三十八、四十二军的顺序,部署在平壤、元山以北之龟城、泰川、博川、宁边、德川、宁远、老五里沿线,阻敌北进。19日,第三十九军由我国安东和长甸河口、第四十军由安东、第三十八军和第四十二军由辑安秘密过江。一场交战双方投入几十万兵力的大厮杀已不可避免。

为达成战役的突然性,防止在我发动攻击后敌东、西两部的收缩合拢,彭德怀在这次战役前制定了正面埋伏、两翼穿插、控制中部制高点的计划。为此,以态势突出、战斗力较弱的南朝鲜军之3个师(第六、七、八师)为首要打击目标,志愿军以西线第三十九、四十军主力由云山、温井向东攻击,第三十八军由江界向熙川攻击;以东线第四十二军(欠1个师)由长津于黄草岭地区牵制咸兴之敌西援,另以第五十、六十六军(10月26、27日入朝)置于新义州、辑安地区作为全军预备队,同时以一部兵力控制东、西两线之中部妙香山、杏川洞线。

彭德怀要求所属参战部队,在敌人未发现我之前,应当极力争取与造成运动歼敌之良机,隐蔽出击,以求开战之初即打几个好仗,将敌嚣张气焰打下去。为此,对于志愿军出国前后的宣传报道问题,彭德怀向毛泽东建议:"在战斗打响之前,应绝对保密。打响之后,新华社在报道和广播方面也应注意分寸。要设法转移敌人的视线,使其产生判断上的错觉,以便我军各路部队迅速隐蔽过江,取得战斗的主动权,力争初战的胜利,以提高士气、稳定人心,扭转被动局面。"

10月19日，在志愿军跨过鸭绿江出国作战的当天，毛泽东电示中共中央中南、华东、西南、西北局的领导同志：为了保卫中国支援朝鲜，志愿军决定于本日出动。在目前几个月内，只做不说，不将此事在报纸上做任何公开宣传，仅使党内高级领导干部知道此事，以便在工作布置上有所准备。

彭德怀规定各部队要控制电台，封锁消息，严密伪装，夜行晓宿，避开大路，隐蔽向指定作战地区开进。严格要求各级组织、成员对志愿军的一切行动，包括部队的番号、指挥官姓名、部队部署、序列、机动等一切行动，不对外宣传，都严加保密，连亲人都不准告诉。

正是由于我军的行动非常保密、非常隐蔽，使我26万大军机动过江，进入朝鲜战场。第一次战役打响，出敌意料，好像天降神兵，达到了战役突然性，打得美军晕头转向，歼敌1.5万余人，迫敌退到清江川以南。此时，以美军为首的"联合国军"总司令，还不知道中国出兵参战去了多少人，谁是总司令。

战后，美国一些历史学家与将军称赞我军此举是个奇迹。

53. 日夜兼程，彭德怀乘吉普车第一个进入朝鲜战场

10月19日的黄昏，夕阳已斜挂在鸭绿江面，天边残留一片铅灰色的云层。丹东已笼罩在北国初冬朦胧的黄昏里。江水闪着血红色的鳞光，燃烧的大地黑烟冲天。

彭德怀同他的助手邓华、洪学智等在鸭绿江边视察志愿军出国过江的路线。

彭德怀指着一处江面说："这一带要多架浮桥，集中船只，利用一切工具送部队过江。"

邓华说："器材已准备充分，大桥也可通行，我们要抢时间，大军过江是重要步骤。"

洪学智说："跨过鸭绿江，就进入战场了，好像打乒乓球，进入比赛场，我们就主动了，我们就是参赛者。就战争而言，我们是正义之师，就是

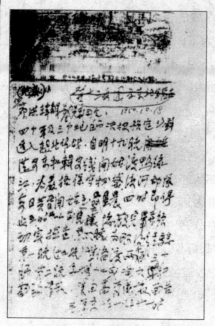

10月18日21时，毛泽东主席签发志愿军于19日晚开始渡江的命令。

一个参战者，可以同敌人展开较量了。"

彭德怀说："说得好！战前的第一步，就是千军万马跨过鸭绿江，进入战场，这是战略机动的胜利。"

彭德怀是当天下午从沈阳乘里-2型飞机，在米格-15战斗机的掩护下，来到丹东的。他下了飞机，到第十三兵团指挥部，与兵团领导研究确定了部队入朝开进的部署，然后又匆匆来到中朝边界鸭绿江视察，亲自部署大军过江事项。

临离开江边，彭德怀交待说："最初的部队开进、过江的作战准备，都要扎扎实实，不动声色，夜间进行，注意保密。部队过江后，要夜行、晓宿，荫蔽行动，注意防空，不让敌人知道我们的真实情况。"

刘伯承曾有句军事名言："如果军事行动不秘密，不诡诈，不能作趋利避害的机动，就不能达到消耗敌人、发展自己的目的。"

志愿军千军万马过大江，战略行动巧伪装，使敌人根本没有察觉。

这时，杨凤安提醒说："朝鲜外相朴宪永在新义州等我们去熙川与金日成首相会面。"

彭德怀说："好，我们上车赶快过江。"

当日17时，丹东乌云密布，细雨绵绵。在灯火管制着的夜晚，江面不时被照明弹照亮，江对岸不时有敌机的隆隆声和炸弹爆炸声，火光映红了大地和江水。广阔的江面上，部队、民工和汽车、炮车不间断地、像洪流一般地往江对岸流动。

彭德怀和杨秘书及两名警卫员乘一辆军绿色苏式吉普车嘎斯-69，通信处长崔伦携带一部电台和几名机要报务员乘台大卡车，越过行军部队的队列，不开灯，不鸣笛，"唔唔"地挤过去。战士们看得出这辆不寻常的车辆，肯定是高级指挥机关的指挥车，纷纷让路。

车中坐着的彭德怀，望一望车旁步行的队伍，感到战士的可爱可亲。他就要率领这些久经国内解放战争考验的精兵强将，到国外去同强敌抗争。身负着祖国人民的期望，责任重大啊！

彭德怀的车通过了丹东至新义州的雄伟的大铁桥，到达新义州。靠近朝鲜一方的桥头处有两名朝鲜人民军军官在等候迎接彭德怀。他们迅速把彭德怀领到新义州李委员长办公处。朝鲜朴宪永外相已经在那里等候。

朴宪永是前几天亲自到沈阳向彭德怀介绍了朝鲜战局，事后约定返回朝鲜，专门负责在新义州等候接待彭德怀到朝鲜的。原先确定彭德怀过江后由朴宪永引路去熙川会见金日成首相，金日成正在熙川附近的隧道内的客车厢里指挥作战。但由于战局急剧变化，他们一时与金日成联系不上，美空军对新义州又经常进行大轰炸，新义州已变成一片火海，黑烟冲天。朴宪永决定引彭德怀先到水丰发电厂，等他们与金日成联系上了，再约定会见。

朴宪永引路，彭德怀乘吉普车与崔伦的卡车沿鸭绿江东进。细雨这时变成小雪，天气也变得寒冷。

车行至次日拂晓，到达水丰发电厂。彭德怀是第一次踏上朝鲜的土地，他很感新鲜地观察这三千里美丽的江山，一片银灰色的世界。当他看见雄伟的水丰发电厂和拦江的大堤时，自言自语地说："朝鲜搞经济建设条件多么好啊！"

彭大将军仍留恋祖国西北的经济建设。这位正在把全部精力投入改变祖国西北贫穷状况的将军，现在又被迫领兵打仗来了。

当日中午，彭德怀参观了水丰发电厂后，朴宪永与金日成也联系上了。金日成请彭德怀立即到平安北道北镇以西会见。

当日黄昏，朴宪永引路，彭德怀乘车跟随上路。前进中遇到朝鲜老百姓纷纷向鸭绿江边逃难，有的赶着牛车，有的头顶包袱，有的身背小孩。这时，漆黑的夜晚，司机打开车灯照路，突然路旁有朝鲜老百姓高喊"边机已哨"，意思是敌人的飞机来了，注意防空。果然听到敌机隆隆声，接着炸弹爆炸声、敌机上的机枪扫射声连成一片。

为彭德怀开车的司机是刘祥,年仅19岁,东北人。小伙子很机灵,是十三兵团最近调到彭德怀身旁工作的。他对朝鲜的地形道路不熟悉,为了彭德怀的安全,车开得稍慢一点。朴宪永带路,乘的是银灰色的华沙轿车,驾驶该车的司机是朝鲜人,对道路地形熟悉,车开得很快,前进一段路,就停下来等彭德怀的车跟上来后再走。

彭德怀心急如火,要尽快和金日成见面,商谈联合作战问题。他想,在朝鲜作战,情况变化了,原来在国内设想的作战方案不一定符合国外的实际情况,还是先听一听金日成介绍战场情况,然后再决定作战方针和战法,这就更有保障打胜第一仗。

想到这里,彭德怀赶快招呼朴宪永,说明意思。两人便都坐进华沙轿车内,急忙赶路。

这时,两台小车速度加快,把跟进的装电台的车抛在后面。尽管这样,崔伦还是让大卡车奋力直追。这时,车上一位战士唱着一首小曲:

> 战场上空有一颗星
>
> 这星以亲切温柔的光线
>
> 接触行军的士兵
>
> 这星以惊恐的光亮
>
> 闪烁在敌人阵中
>
> 这星在黑夜中闪耀
>
> 照耀着胜利的前程
>
> ……

54. 患难识朋友,彭德怀与金日成在战场会晤

10月21日晨,时针指向6时,彭德怀由朝鲜副首相兼外相朴宪永陪同,从水丰发电厂来到大洞附近。

汽车进入山区小道,道路崎岖,不远处有木栏杆拦住通道,华沙小轿

彭德怀（右一）与金日成（右二）在一起。

车靠近后停下。朝鲜民主主义人民共和国领导人在等候彭德怀司令员。

彭德怀下车急步向前走，金日成首相也快步迎上，两人紧紧地、长时间地拥抱在一起，像久别的老朋友重逢一样。在场的同志们也都被深深地感动了。

随后，金日成和彭德怀走进简陋的会议室内，围着一张桌子坐下。墙上挂着一张朝鲜军用地图，上面标着红蓝两色表示战局情况和敌我兵力部署图。

彭德怀首先向金日成谈了中国领导人的战略方针和部署。彭德怀说："志愿军第一批入朝作战的部队为12个步兵师、3个炮兵师，约20多万人。另外24个师正在调集，作为第二批、第三批入朝作战的部队。我们入朝前打算是先在平壤、元山一线以北，德川、宁边一线以南地区构筑防御工事，进行防守。希望人民军继续组织抵抗，尽量阻滞敌人前进，以便我军开进。我们党中央和毛主席下这个决心是很不容易的。现在既然决定出兵,第一要能够在合理解决朝鲜问题上有所帮助,关键是能够歼灭美军有生力量,第二要准备美国宣布同中国进入战争状态,至少要准备它袭击京儿和工业城市,攻击我沿海地带。"

彭德怀接着告诉金日成:"现在问题是能否站得住脚。无非三种可能:第一种是站住了脚,歼灭敌人,争取和平解决朝鲜问题;第二是站住了脚,但双方僵持不下;第三是站不住脚,被打了回去。我们要争取第一种可能。"

金日成对毛泽东、对中共中央做的出兵决策表示非常感谢。他感动地对彭德怀说:"我们处在急难之时,真正理解、同情我们的是中国人民和毛泽东同志,真正敢于支援我们同最凶恶的军事强国战斗、反对侵略的是你们……"

彭德怀附和地说:"患难识朋友。"他解释说:"我这一句话,是列宁在《共产主义运动中的'左派'幼稚病》一文中说的。邻国友好相处,我们应该像好邻居那样,别人遭到欺辱,就应该挺身而出,驱赶豺狼。"

彭德怀司令员与金日成首相在一起商谈作战问题。

金日成对彭德怀说："美国侵略军很猖狂。这个敌人是武装到牙齿的，飞机、大炮比我们多，还有原子弹。这几天敌人进攻的速度很迅猛，恐怕你们很难先期到达你们的防御地区了。"

金日成这里所指的防御地区，是原来中央军委设想的，先占领元山至新安州以北一线进行防御。

彭德怀对金日成说："敌人进展的情况，我们也了解到了一些。我们准备根据现在的实际情况，重新变更一下我们的部署。"彭德怀又问金日成："人民军迟滞敌人的情况怎么样？"

金日成说："敌人的兵力占优势，炮火又强，还有大批的飞机，我们部队迟滞敌人进攻势头是很困难了。"

彭德怀问："人民军现在的兵力还有多少？"

金日成说："这我对别人不说，但不瞒您彭总司令，我现在已仅仅有3个多师在手上。一个师在德川、宁边以北，一个师在肃川，一个坦克师在博川。还有一个工人团和一个坦克团在长津附近。隔在南边的部队正在逐渐地往北撤。"

彭德怀对朝鲜人民军的情况大致了解清楚了。他此时感到，必须依靠他指挥的志愿军首批部队4个军20余万人，来对付美军的最后攻势。

彭德怀与金日成又商量了关于组成朝中部队联合指挥的问题，确定志愿军司令部设在大榆洞。确定朝方派朴一禹为全权代表，住志愿军总部，并任志愿军副司令员兼副政委，同时担任副书记。

10月24日，朴一禹到志愿军总部，开始工作。

第八章 打赢第一仗

55. 麦克阿瑟妄图用成吉思汗兵法征服全朝鲜

以美国为首的"联合国军"及其所指挥的南朝鲜军于1950年10月初越过三八线以后,兵分两路向北推进。西线美第八集团军从陆地进攻,占领平壤;东线美第十军由海上登陆,占领元山。麦克阿瑟更加趾高气扬。10月底,"联合国军"和南朝鲜军总兵力已达42万人,拥有各型飞机1100余架,各型军舰300余艘。其中,地面部队23万余人,包括美军3个军6个师约12万人,英国、土耳其等国军队1.2万人,南朝鲜军两个军团9个师9万余人。这些地面部队,除以部分兵力在其后方对付朝鲜人民军北撤部队和游击队以外,用于三八线以北作战的共有4个军10个师另1个旅1个空降团,共13万余人。

这时,朝鲜人民军主力部队尚被隔断在朝鲜南部,在向三八线以北转移。朝鲜劳动党和政府组织党政机关和部队向新义州、江界方向转移,将临时首都迁到了江界。金日成在大洞会见彭德怀后,经过协商,准备成立联合司令部。

10月24日深夜,彭德怀在大榆洞志愿军总部办公室,拿着手电筒看地图。杨凤安把一杯开水送到他面前,说:"据说侵朝美军总司令麦克阿瑟是位崇拜成吉思汗兵法的将军,他要用蒙古战术征服全朝鲜和亚洲大陆,太疯狂了。"

彭德怀说:"你还很注意研究敌军长官的脾气呢。军事秘书知道得多些好。上知天文地理,下知鸡毛蒜皮。你还知道得不少啊。"

"有这方面的资料和报道。"杨凤安说。

"好,要知己知彼么。"彭德怀说。

这时,"联合国军"总司令麦克阿瑟正在北朝鲜顺川附近。他亲自临空视察美空降第一八七团进行的、企图切断朝鲜人民军退路的空降作战。此后,麦克阿瑟乘飞机返回汉城美军总部,大步走进作战室。室内正面墙上挂着朝鲜地图。参谋人员来来往往,电话、电报声不断。麦克阿瑟和他的秘书惠特尼少将在地图上用小旗标记美、南朝鲜军的进犯位置。

惠特尼问:"将军是否先休息一下,你太累了……"

麦克阿瑟说:"时间就是军队,时间就是胜利。我们已跨进胜利的门坎了,再进一步就是胜利,我没时间休息。"

惠特尼说:"我第八集团军已进抵新义州附近,第九军和南朝鲜第二军团已进抵楚山附近,距鸭绿江只几公里了。"

麦克阿瑟说:"好。我们的箱形攻势快合拢了,全歼北朝鲜军于鸭绿江边成功在望,这将在我们美军战史上又增添了光辉的一页。"

惠特尼说:"有人说你现在用的战法不是美军的历史传统,而是中国兵法家的战法。"

"是这样,我信奉成吉思汗。他能征服亚洲和欧洲一些地区,就是因为他拥有当时世界最先进的战略、战术理论。可惜,没有多少历史记载,流传下来的不多,也不被人注意。我一直在收集和研究他的兵法,而且现在正在实用。我要用他的兵法作为可怕和快速的军刀,在整个朝鲜建立一个统一的政府。现在是横扫北朝鲜。10天前我已向北朝鲜广播,让他们放下武器并停止作战。"

麦克阿瑟确实是一个极端崇拜成吉思汗的军人。他在1930年至1935年美国这段裁军与不安宁期间任美国陆军参谋长。他在1935年6月30日作的《参谋长报告书》中是这样宣传成吉思汗的——

　　如果成吉思汗经历的历次战役均能存真地详载于史册,那么当代军人们师有极其丰富的宝藏,从中挖掘出宝贵的知识,并借以建立一支可供未来运用的陆军。这位旷世领袖的丰功伟业,使大部分历代名将黯然失色,这足以证明他对陆军提出的各种基本条件,确实是经得起检验的。

　　成吉思汗坚持在作战行动中讲求速度,这是同时代的任何其他军队所不能想象的。他的军队装备的是亚洲技术水平能够生产的最锋利的攻防武器,然而又决不使军队负荷过重,以致影响其机动性。他统率的大军实施迅速而秘密的远距离机动,旌旗所指,常使敌人惊慌失措,望风披靡。他挥师涉渡大川,攀越崇山峻岭,屠城、掠地、灭国,摧毁全部文明。他所统辖的部队在战场上迅速而巧妙地机动,曾无数次地击败兵力占绝对优势的敌人。

　　我们可根据这些概念建立一支如同7世纪前震惊世界的蒙古大军一样的军队。

　　麦克阿瑟在他的戎马生涯中,信奉成吉思汗的战法,崇拜成吉思汗的业绩。

56. 美国军政首脑集会威克岛,密谋扩大侵朝战争

　　1950年10月15日,美国总统杜鲁门偕同一批高级军政官员,从华盛顿飞到太平洋中部的威克岛,同"联合国军"总司令麦克阿瑟举行秘密会议,主要议题是两个:一是决定美军在朝鲜作战的"最后阶段"应采取什么战略。二是研究中国出兵参战的可能性。杜鲁门最担心的是中国出兵。这会使美国的战略目标难于达成,甚至出现迫使美国投入更大的力量也难于摆脱的困境。这也是杜鲁门想急于见麦克阿瑟的原因。

　　早在初秋时节,杜鲁门就想亲自会见他的战地指挥官。他对白宫的

人说："我想会见麦克阿瑟将军。应该见见面，让他认识一下他的统帅，而我也应该接触这位远东战区的高级指挥官"。就此，他曾同国务卿艾奇逊交换过意见。

艾奇逊劝阻杜鲁门同麦克阿瑟会谈。他对杜鲁门说："现在去不是时机。"

杜鲁门说："我意识到朝鲜局势可能恶化。我也好像看到了未予重视的危险。我们美国军队面前似乎摆下了'陷阱'，与世界强国打交道，我们不能干蠢事，尽管麦克阿瑟在仁

1950年10月15日，美国总统杜鲁门和侵朝美军司令兼"联合国军"总司令麦克阿瑟在太平洋威克岛举行会晤，确定以武力统一全朝鲜。

川打了胜仗，有人对他产生了迷信。我去同他亲自谈谈，防止脑子过热，忘记了我们自己的致命弱点，朝鲜这场战争下一步就难收场。"

艾奇逊说："麦克阿瑟现在是日本和朝鲜的天皇。他想在哪里怎么干就怎么干。他需要美国政府百分之百支持。现在他实际上就是一位国家元首，不是吗！你不是正在前往和他会谈吗？堂堂美国总统同一位战地指挥官有什么会谈的必要？"

杜鲁门说："多年来，他全神贯注于东方，不能让他失掉同我们的密切联系。我对自己的职责有自知之明，也能改变他的观点的。"

艾奇逊说："马歇尔将军不愿参加，我也不愿去同他商量，留在国内也便于应付紧急情况。我安排一些人随你去吧。"

最后确定，杜鲁门前往威克岛与麦克阿瑟进行几个小时的会面。陪

同杜鲁门前往的随员是：美国参谋长联席会议主席奥马尔·布莱德雷、陆军部长弗兰克·佩斯、太平洋舰队司令阿瑟·雷德福海军上将、无任所大使菲利普·木塞普、助理国务卿迪安·腊斯克、艾夫里尔·哈里曼以及新闻秘书查尔斯·罗斯。麦克阿瑟一方的人只有穆乔、考特尼·惠特尼和他的副官劳伦斯·邦克上校。

10月13日，杜鲁门乘坐"独立号"专机离开华盛顿，先在他的家乡密苏里州的独立城停下过夜，然后飞往夏威夷，转程到威克岛。

这时，美国《时代》周刊记者罗伯特·谢罗德把总统和麦克阿瑟比作"不同国家的最高统治者，带着全副武装的随从前往一块中立地区进行会谈和察颜观色。"杜鲁门的随员和新闻界人士数十人分乘3架飞机前往参加会议和采访。

杜鲁门乘坐的"独立号"在拂晓前飞临威克岛上空，在笼罩着海面的一块巨大的黑色雷云前从容不迫地盘旋了几圈。杜鲁门从机上俯视着机下荒芜的海滩上堆着破烂的坦克和登陆艇，这是1941年12月美军同日军作战时留下的残迹。杜鲁门座机降落在地面。

这时，麦克阿瑟早早起床，冲了淋浴，刮了胡子，用过早餐后，已在机场的简易房屋里等了总统半个小时。他心中也不愿从东京飞到这个小岛来见总统。他也不愿多与杜鲁门打交道。他琢磨着怎样在会谈中对付杜鲁门那易于暴怒的脾气。当他看见杜鲁门座机已到，立即坐着一辆破旧的雪佛莱轿车驶向"独立号"座机。走近飞机时，杜鲁门走下扶梯。杜鲁门穿着得体，衣冠楚楚。麦克阿瑟却敞着衬衣，戴着一顶显然已经用了许多年的油迹斑斑的普通军帽。麦克阿瑟上前同总统握手。

杜鲁门紧握麦克阿瑟的手说："我好久没见到你了。"

麦克阿瑟说："我希望下次见面不要再隔这么久了。"

太平洋的威克岛，海风啸啸。冉冉升起的旭日把天空染得色彩缤纷。两人乘汽车来到办公地点。他们走进一座简便别墅式屋内会议厅。岛上的热风不断吹进会议厅内。

杜鲁门脱去外衣，坐在桌旁。麦克阿瑟坐在杜鲁门的对面。他掏出大雪茄式的烟斗，从容地问："总统先生，我可以抽烟吗？"

杜鲁门："请抽吧,可爱的烟斗会给你智慧的。"

麦克阿瑟："谢谢总统先生。烟斗的烟味帮助我思考,战场上的硝烟味振奋我的战斗意志。"

杜鲁门："你不怕别人称你是战争狂人?"

麦克阿瑟："我只知道如何打赢战争,我不是政治家。"

布莱德雷指着朝鲜地图:"北朝鲜已处于崩溃边缘,他们已经没有力量还手。"

杜鲁门："我不放心的是中国……"

麦克阿瑟："中国出兵的可能性很小。目前也没有任何迹象证明中国在考虑出兵参战。"

杜鲁门："有什么情报可以证明这种判断是可信的呢?"

布莱德雷:"目前美国中央情报局、远东情报局以及香港的情报机关都没有得到中共入朝的情报,没有发现中共在动员军队入朝参战的迹象。"

杜鲁门："怎样看待中共警告要出兵的问题?"

布莱德雷:"中共可能是恫吓我们。"

麦克阿瑟："中共不是傻瓜,如果中共出兵,会引起美国用一切手段报复,这个道理像白天和黑夜一样明白。中共不会甘冒风险,甘冒自己国内工业基地被轰炸的风险去救别人。"

麦克阿瑟继续说:"中共军队大部分在江南,在满洲只有30个师30万人,在鸭绿江边只有6个师,不会超过10万人。只有五八万人可以越过鸭绿江。他们没有空军。现在我们的空军在朝鲜有基地,如果中国人南下到平壤,那一定会遭受极为惨重的伤亡。中国动员江南的部队也来不及。我们可以在一个月内打到鸭绿江,结束朝鲜战争,美军士兵就可以回家过感恩节。"

众人点头表示同意。

杜鲁门："中共政治上是强硬的,不过他们军事上目前还是软弱的。结束朝鲜战争的时间看来已经成熟。下午开会我们研究的主题将是朝鲜战后的建设。"

1950年10月15日，美国总统杜鲁门在太平洋威克岛同"联合国军"总司令麦克阿瑟会晤时，授予他一枚橡叶勋章。

麦克阿瑟："总统先生，下午我就准备返回战场部署进攻。"

杜鲁门："好，我相信你会再次成为在东方结束战争的英雄。上帝保佑你为东方带来和平。"

威克岛机场，海风扑面。人群跟随杜鲁门，送他上飞机返回美国。

新闻记者预先摆好摄影机，等待着杜鲁门走近。杜鲁门走到摄影机旁，拿着旁边高级官员事先预备好的小盒子，从中取出一枚勋章。杜鲁门面向全体，宣读嘉奖令，说："我代表美国政府授麦克阿瑟将军一枚橡叶勋章，表彰你获得仁川登陆的成功，希望你继续努力，完成结束朝鲜战争的最后使命。"

麦克阿瑟："我将全力以赴。"

众人目送杜鲁门走进飞机舱，望着飞机离开海岛……

威克岛会议之后，以美国为首的"联合国军"大大加速了进攻行动。10月19日，在西线，以美国为首的"联合国军"占领平壤；在东线，占领洪源，并继续向北推进。与此同时，美国空军频繁轰炸中国东北边境地区的辑安、安东(现丹东)等地城镇，把战火烧到了中国。

朝鲜民主主义人民共和国处于危急关头,中国的安全受到了严重的威胁。

57. 彭德怀战场巧遇邓岳师长,当面授意打好第一仗

10月23日,侵略军放胆北进,南朝鲜第一师进到宁边、第六师进到熙川以西及温井地区、第八师进到宁远和德川。

由于朝鲜北部山大路小,路面狭窄,加上敌军飞机袭扰,我志愿军前进速度较慢。志愿军除第四十军先头两个师和第四十二军一部进到北镇以东、云山以北即将接近敌人外,其他各军距敌尚有20—50公里。

在志愿军开进过程中,毛泽东于10月23日给彭德怀发了一份电报,大意是:要充分利用敌人完全没有料到的突然性,全歼两至3个甚至4个南朝鲜师。如果我军能利用夜间行军作战,做到很熟练的程度,敌人虽有大量飞机,仍不能给我军太大的杀伤和妨碍,则我军可以继续进行野战及打许多孤立据点。毛泽东的这份电报,为志愿军提出了十分重要的战略和战役指导方针,对于志愿军争取第一次战役及而后作战的胜利,都具有重要的意义。

这时,彭德怀带军事秘书杨凤安和警卫人员,已在大洞同携带电台的崔伦会面了。崔伦等人立即安好电台开始工作。彭德怀异常高兴,发出了自己的第一个电报:

邓华并毛泽东、高岗:

　　本日晨9时,在东仓北镇间之大洞与金日成同志见面。前面情况很混乱。目前应迅速控制妙香山、杏川洞线以南,构筑工事,保证熙川枢纽,隔离东西敌人联络。请设法集中部分汽车,速运一个师,以两个团至熙川以南之妙香山,一个团至杏川洞、五岭线,先构筑工事。另以一个师迅速进至长津及其以南,以德实里、旧津里线,构筑纵深工事,并于该线以东之元丰里、广大里派出一个加强营、扼守构筑纵深工事,保障侧翼安全和江界

后方交通。如能确实控制熙川长津两要点，主力即可自由调动，集中绝对优势兵力打击东西或西面之一路。

彭德怀的控制妙香山的想法与毛泽东的电报指示完全一致。

电报发走后，彭德怀心情才算稍稍安稳下来。可是各军、师现在都在什么位置？如果按照在安东的部署部队继续开进，部队不但不能完成任务，反而还会吃亏。现在应该按照变化了的敌情，重新进行作战部署，抓住战机，打好第一仗！他意识到，十三兵团的领导不能与他分散居住，为便于一起研究情况。他让邓、洪、韩三位兵团领导立即来大洞。毛泽东也曾电令十三兵团领导与彭德怀汇合一起，便于指挥作战。

这时候，杨凤安正站在房子外边，听东南方向"咚咚"的炮声。他看到一辆吉普车开进山沟来，心中很纳闷。远远一望，吉普车被站岗的人民军战士拦住了，车内坐着的是志愿军。

杨凤安跑了过去，问，"你们是哪个部队的？"

"我们是——八师的，我是邓岳师长，他是张玉华政委。"志愿军军官回答。

杨凤安满脸喜气："你就是邓师长呀！"

"是的，是的。"

"你们师部队呢？"

"就在沟口。"

"已经开到沟口了？"

"是的，都开过来了！"

杨凤安非常兴奋，他与彭总单独乘车见金日成后，现在正焦急地想知道部队行动。他激动地与师长、政委紧紧握手，说："太好了！我们的部队终于开过来了！我是彭总的秘书杨凤安，彭总就在这儿。"

"在哪儿？"两位师首长惊讶地睁大了眼睛。

"就在屋内。走，去见见彭总。"

邓岳和张玉华赶紧整整服装和帽子，随后随杨凤安走了几十米，来到彭德怀的屋门前。杨凤安先进屋内，叫了一声："彭总。"

彭德怀正在聚精会神地看地图，听杨凤安一叫，有些受惊，瞪着眼睛瞅着杨凤安。

"四十军——八师已经开到沟口了。师长、政委来见你。"杨凤安说。

"什么？"

杨凤安又重复了一遍。

彭德怀一下跃起身来，"快让他们进来！"

邓岳、张玉华拘拘束束地进屋，向彭德怀敬礼。

彭德怀上上下下端详着他们，问："你们是四十军的？"

"是，彭总。"

杨凤安立即上前介绍说："他是四十军——八师师长邓岳，他是师政委张玉华同志。他们师已经开到沟口了。"

"好！"彭德怀高兴得在邓岳的肩上一拍，"总算把你们盼来了！"

邓、张二人没想到无意间来到彭德怀的驻地，没想到彭德怀会这么高兴。他们哪里知道，彭德怀携秘书杨凤安只身来到朝鲜，尽管当时没有确切的情报，但凭他作为久经战场考验的指挥员的判断，敌人离大洞不远，或者就在大洞周围，只是敌人不知道彭德怀和金日成就在这个不起眼的山沟沟里罢了。彭德怀这时也感到，他单枪匹马、闯进沙场，一时与部队失去联络，消息闭塞，似乎成为光杆司令了。现在看到他所指挥的部队赶上来了，压不住喜悦的心情，高兴地继续说："你们率部队来到这儿，太好了！太好了！"

邓、张二人也立即回答说："我们在这里见到彭总，也非常高兴。请彭总指示。"

"你们师多少人？"彭德怀问。

"13000人。"

"路上看到敌人没有？"

"没有。只听到温井方向炮声不断。温井离这儿大约只有三十几里，彭总在这儿危险哪！"

"你们来了，我还危险什么？"

彭德怀入朝作战初期携带的朝鲜地图（军事秘书杨凤安保存）。

大家高兴得都笑了。这是彭德怀过江以来第一次觉得这样愉快、轻松。

"你们吃饭没有？"彭德怀关切地问。

邓、张二位其实并没有吃饭，但却说："吃过了。"

这时，彭德怀看到屋内的火炉上坐着一个大开水壶。彭德怀走过来，提起水壶，给他们二人斟上水，说："喝点水。一定渴了。"

邓、张二人端起杯子，大口大口喝着。

彭德怀说："现在敌情变化了。敌人分兵冒进，已经超过我志愿军预定的防御线了。我已打电报给军委，准备改变部队的部署。主要就是想在妙香山打好阻击，隔断东西两线敌人的联系，然后在西线的三个军进行包围，歼灭敌人。这是我给邓司令员和军委发出的电报，你们看看。"

邓岳从彭德怀手中接过电报底稿，低下头仔细看着。张玉华搭着师长的肩一块看。电报大意是，目前应迅速控制妙香山、杏川洞线及其以南……集中绝对优势兵力，打击敌人东面或西面一路。

邓、张又看了另一封给邓华、洪学智、韩先楚、解方并报军委的电报，内容大意是：我军为避免被美帝吸引，妨碍机动和隐蔽，为诱敌深入，各个歼灭伪军，拟采取的部署是，四十军应迅速以一个师进至熙川南之石山站、鹤舞峰、芙蓉峰、杏川洞构筑阻击阵地。三十九军集结云山、石仓洞、门岭地区，以一个团在云山、博川道路上及其两侧扼要构筑阻击阵地。三十八军进至熙川东北之京沙站、金坪站、马船洞地区集结……。

"太好了。我们军担任出国打头阵的任务，这是很光荣又重要的任务，我们一定要打好。"邓岳激动又高兴。他没有想到现在能亲自看到彭德怀发给部队并报军委的电报。

邓岳看完电报，把电报稿交还彭德怀，说："明白了。请指示我师到哪个方向去作战?"

彭德怀严肃地说:"现在人民军正在向北撤,敌人在跟踪追击,情况很危急。你师赶快到温井以北占领有利地形,埋伏起来,形成一个口袋,大胆把敌人放进来,然后猛打,狠狠打击一下敌人的气焰,掩护我军主力集结。你们师是打头阵的。出国第一仗,一定要打漂亮!"

邓、张说:"请彭总放心,一定打好!"

20年后,邓岳在沈阳军区任副司令。他在一次司令部拉练途中,对本书作者说:"抗美援朝,我是第一个见到彭老总的。我是第一个直接接受彭总面对面指示的,也是第一个打胜仗的。美军坦克多,装备好,没有什么了不起……"将军把这段历史,牢牢地留在他的记忆里。

58. 用兵在知时,彭德怀派奇兵救险

邓岳师长和张玉华政委晋见彭德怀后,决心打好出国第一仗。正要与彭德怀告别时,温井方向又传来轰轰的炮声。邓、张二人心中一阵紧张,心想,彭老总呀,指挥所设得太靠前了。这里还没有我们志愿军啊,太危险了!

"你们回去代我问部队好。"彭德怀笑眯眯地同邓、张握手,"你们辛苦了。"

邓岳心中总感到还有一件事没落实。他向彭德怀建议说:"彭总,你在这里怎么能行?战场离这里已经很近了。中路敌人和西路敌人甚至已经绕过你这里了。你在这里太危险,身边没有部队。"

"这叫你中有我,我中有你。敌人跑到我的后边了,你们就跑到敌人后边去。打乱仗,我们有优势。我们的战士打蒋介石的机械化部队,同他拼刺刀,他就投降。我们的士气是天下无敌的。"彭德怀自信沉着地说。

邓岳直言说:"我们留下一个团担任彭总的警卫任务,以防万一。"

彭德怀说:"不!前线作战需要部队,我这里安全得很。"邓岳还是不放心,一定坚持要留下部队。彭德怀看到邓岳态度很坚决,就答应说:"那好吧,你们要留部队,不要留那么多,留个连就行。"

彭德怀（左1）司令员与志愿军总部解方（左2）、李志民（左3）等领导人研究作战问题。

邓岳说："把先遣支队留下吧，就是一个连。留下作为警卫连，担任警卫任务。"

邓、张把先遣支队留下，上车回部队去了。

杨凤安对留下的连队作了安排，负责警卫彭德怀住处和电台。白天，他领彭德怀走到附近山坡密林处，一方面防空，另一方面也预防万一敌人穿插进来，警卫连也便于占领有利地形，防敌突然进击。

密林深处，杂木闪着五光十色的叶片。由于天气转冷，山上荆棘杂草都已变黄变枯了，树上偶尔可以看到几片黄叶或红叶。树荫下，彭总和杨凤安在下象棋。

彭德怀双眼盯着棋盘。杨凤安有点心不在焉，说："彭总，据刚才收到的消息，敌人推进得好快，距鸭绿江只几公里了，我们的部队大部分还没有按改变的计划进到作战地区……"

彭德怀眉宇间紧缩了一下，拿起棋子走了一步，随后又用勺子舀了一勺炒面放进口里。杨吃掉彭的棋子，彭"嗯嗯"不让吃掉，双方夺棋子……

警卫连长报告："彭总，有敌情。"

彭德怀急起身，快步走到山边，用望远镜向南望去。只见山下自南向北一条公路上，身着白衣的农民，有的牵着耕牛，有的赶着牛车，都是逃难的人群。老老小小，走得十分艰难。美军的坦克在后面追逐着，隆隆声响越来越近，坦克里的机枪扫射奔跑在河水中的人群里。一位朝鲜大娘扶着一个白发老翁，神态紧张，匆忙向北奔跑。一阵枪声，两位老人倒在河水中……

彭德怀放下望远镜，气愤地："这些畜牲！警卫连赶快上去阻击敌人，救护老百姓。"

杨凤安慎重地说："彭总，我们不能因小失大，暴露了自己。"

彭德怀没有再说话，急切拿起望远镜观察着。望远镜里，4辆美军坦克在河滩地上追逐一群年轻妇女，很快把她们围在中间。坦克停下，美坦克兵爬出坦克，向妇女们扑去……

望远镜又搜索坦克的四周，没有发现任何部队。彭德怀放下望远镜："杨凤安，彻底消灭这4辆坦克。"

高连长率领全连从翼侧树林出击，向河滩地冲去。突然，一美军发现了高连长他们，喊着："游击队……"美坦克兵乱纷纷地爬上坦克。坦克在发动马达，有的坦克在河滩里乱转着。混乱中，年轻妇女逃入森林。

高连长指挥反坦克手发射炮弹，击毁了逃跑的两辆坦克。没来得及跑的坦克兵从坦克里打出了白旗，以示投降。

彭德怀向坦克走去。高连长押着美军少校向彭德怀报告："没有一个漏网的！"

彭德怀满意地笑了。

彭德怀乘吉普车继续向南挺进，警卫连坐汽车跟进。车内，杨凤安再三提醒彭德怀："彭总，这一带太危险，我们穿插得太远，警卫连也跟不上我们了！"

彭德怀没有马上反应，汽车还是向前行驶。良久，彭德怀高兴地说："现在还不危险，敌人还没有想到他们的敌人能往他们后方穿插！还有洪副司令为我们准备的这美式吉普做掩护，我们可以大大方方地与敌人周旋。"

彭德怀与杨凤安高兴地哈哈人笑，汽车司机也笑了。

杨凤安："将在谋而不在勇。彭总是战区司令员，不能总在一线跑，要坐阵司令部，否则对全局不利。"

彭德怀："将的谋略从哪里来？是从对战场情况的了解，对敌情、地形、我情的熟悉，下决心才能正确。"

杨凤安不语。

彭德怀的小汽车来到了朝鲜一个小村庄。志愿军官兵帮助朝鲜老乡收拾破碎的家园，有的为伤员治病、喂药，有的扶老携幼的送回家门。朝鲜老乡十分感激这些军人……

彭德怀下车来到他们中间。一老大娘拉住彭德怀，痛哭地诉说什么，边哭边拉，把彭德怀带到一个弹痕累累的房子边。彭德怀向门里看去，地上躺着死去的几十名男女儿童，惨状目不忍睹。彭德怀十分沉痛。刹那，彭德怀似乎看到了美军的坦克冲向这所房屋，用机枪扫射儿童的情景……彭德怀沉重地转回身，紧紧握住老大娘的手，没有语言。但从彭德怀的脸上可以看出他内心是沉痛的，也是坚定的。老大娘还是拉着彭德怀的手说个不完。彭德怀听不懂。这时一个秀丽的朝鲜姑娘挤进人群，为彭德怀翻译老大娘的诉说。

朝鲜姑娘："老大娘说你们是神兵，是天兵。你们不能走。"

彭德怀："我们不是天兵，也不是神兵，是朋友，是同志。我们不打败美国侵略者，我们是不会走的。"

当晚，第十三兵团领导到达大洞附近，与彭德怀会合了。邓华一见彭德怀就说："彭总呀，我们两天没接到你的电报，电台也联系不上，叫我好着急，好担心呀！"

彭德怀笑了，"出了点小故障。"

杨凤安插话，叙述了崔伦掉队的情况。

邓华说："战争时期，通讯畅通是最重要的。"

彭德怀说："电台车跟不上，掉了队，我也急得够呛，今后可要注意。"

邓华笑着说："几乎误了大事。"

彭德怀叹了一声，说："是呀，恰好金首相也没带电台。好吧，我先给你们说一下同金日成同志会谈的情况，然后我们再研究一下部队下一步的问题。"

洪学智习惯性地摸摸脑门，说："出国前的作战方案不行了。"

彭德怀说："是呀，我们得重新研究。"

他们一同走进一个靠山的小村庄。这时，太阳快要落山了。几位战将边谈边走，来到了山谷中的小村中。一位朝鲜老大娘和一位姑娘走过来。朝鲜姑娘上前说："首长，我是人民军军医，我叫孙惠子。我受伤后，部队转移了。让我参加你的部队吧。"

彭德怀说："你知道我们是什么部队吗？"

孙惠子说:"知道。你们是中国部队,是我们的同志。求求你,首长,让我和你一起打美国鬼子。"

此时,许多朝鲜老乡也为她求情。

杨凤安说:"咱们作战处的赵南起参谋还没有上来,他的中国话说的很好。目前尚缺翻译,先留下,以后送她回人民军去。"

彭德怀说:"好吧。你安排一下这事。"

朝鲜北部的山谷,大地朦胧,群山黛色,只有西方的天际呈现着明亮的玫瑰色。山谷中几间农舍,炊烟缭绕,慢慢地飘荡在山谷中,形成厚厚的白雾。

彭德怀背着双手,站在农舍的门口向远处眺望着,似欣赏景色又似思考,心想:多么美丽的地方!

洪学智说:"彭老总,现在最重要的是吃饭。饭好了。"

彭德怀脸上露出满意的微笑。

"彭总,吃晚饭了!"站在彭德怀身后的杨凤安也呼喊着。

农舍内,彭德怀、邓华席地坐在小方椅边吃饭。彭德怀高兴地说:"这米饭,这拖拉机(朝鲜咸菜)真好吃!"

邓华微笑地说:"这是他们用罐头换来的。"

彭德怀:"可不要让朝鲜老百姓吃亏啊!"

彭、邓、洪三人吃得很香。

彭德怀:"邓副司令,吃完饭马上开个会,有个很重要问题要决定下来。"

洪学智:"什么问题这么紧急?"

彭德怀说:"现在人民军一部分向北撤,敌人正在跟踪追击。今天我从战场看出,敌人占领平壤后,认定朝鲜方面没有主力抵抗了,于是分兵冒进。他们以一个营、甚至以一个连为一路,或是一二辆坦克开道,后边跟着载步兵的七八辆汽车,高速向鸭绿江前进。互不联系,各自分头开进! 今天发现的敌坦克分队追赶老百姓的情况,就证明他们利用小分队孤军深入。情况虽危险,但敌人也暴露了致命的弱点。这样,我们以运动战方式各个歼灭敌人,是完全可能的。我们以运动战,分途歼击,大胆对敌实施穿插渗透,分割包围,打断敌的后路。美军是靠后方供应的。当前的时机很有利于我们给敌以突然性打击。"

邓华:"这个决心下得对!这是彭总深入前线亲自了解到实际情况后下的决心啊,是冒风险的收获啊!"

彭德怀说:"杨凤安担心我到第一线冒风险太大。常言说得好,百闻不如一见,兵难遥度。我这次亲眼看到一线情况,对运动中歼敌的决心更坚定了。正确的决心来源于正确的判断,正确的判断来源于对实际情况的了解。"

拿破仑说过:主将的第一职责是,要预计他必须做些什么。彭德怀深入战场了解实际情况,这是他一贯的指挥作风。

59. 彭德怀主持首次作战会议,确定运动中歼敌方针

10月25日,彭德怀在大榆洞志愿军指挥总部宣布志愿军司令部正式成立,并主持了出国后的第一次作战会议。

作战处副处长成普摊开敌我态势图,向彭德怀报告综合情况。敌军各自分兵,多路向北冒进,具体部署是:打头阵的南朝鲜军第六师,先头部队已占古场洞,直向楚山开进;南朝鲜第八师已到宁远,拟经熙川向江界逼近;第一师到达宁边,指向昌城;英二十七旅已过安州,拟向新义州进攻;美骑一师,步二、二十四、二十五师在平壤集结;美陆战一师及步七师在元山登陆。

彭德怀边听边注视着敌我态势图。成普指着云山至温井地区说:"这一带是敌人进攻的重点,我们要扼住这个咽喉。"

彭德怀以欣赏的目光望着这个年轻人,非常赞同他的见解。刚到而立之年的成普,1943年就在总参谋部工作,1946年当作战科长,转战陕北时一直跟随毛泽东主席和周恩来副主席,是位老练的参谋工作者。

稍停一会,彭德怀缓缓地说:"我的意见,集中主力三十八、三十九、四十军及四十二军的一个师于西线云山、熙川地区,伺机于运动中围歼敌人。我们先吃伪军第六、第八两个师,把敌人引至有利地形上来打。东

线交给四十二军,在长津地区组织防御,钳制东线之敌。"

成普全神贯注地记录着彭德怀的指示。

杨凤安送来电报。彭德怀坐下,仔细地阅读:

> 南朝鲜第六师向楚山(鸭绿江边)进攻,南朝鲜第八师两个团今天可能至熙川,南朝鲜第一师已到宁边,正向泰川龟城进攻。美英部队已过新安州。敌人至今还不知道我情况。注意运动中歼敌。
>
> 毛泽东
>
> **10.25 6:00**

彭德怀将电报交杨凤安,送邓、韩、洪副司令员传阅,请他们发表意见。

"南朝鲜第六师冒进最突出。先吃掉冒进的敌军,歼灭他一部分部队,争取初战胜利。"邓华发表意见。

"我也是这样想,敌人至今仍未发现我军大规模入朝。这时,我们突然行动,打敌措手不及,会收到奇袭效果。"洪学智说。

彭德怀站起身,来回踱着步子,若有所思地说:"当前必须立即改变原来设想的作战方针,把阵地防御战改为在运动中寻机歼敌的方针。各军、师适时捕捉战机,分途歼灭冒进之敌一个团或两个团,求得数个战斗歼灭敌一两个师,停止敌乱窜、稳定人心。"

这一方针报告了毛泽东后,毛泽东当即复电,赞同在运动中分途歼敌的方针,指出:"先歼灭敌人几个团,逐步扩大,歼灭更多的敌人,稳定人心,使我军站稳脚跟,这个方针是正确的。"

作战方针确定后,彭德怀说:"现在,最主要的是先把志愿军领导机构明确一下。毛主席曾多次来电指示:第十三兵团领导机关与'志司'合并,组成志愿军领导机关。这样做的目的是为了健全和加强'志司'的统帅机关,有利于作战指挥,总不能让'志司'就我一个光杆司令吧!在座诸位都各有专长和丰富的作战经验,一个篱笆三个桩,一个好汉三个帮,我还要靠你们八仙过海,各显神通哩!"

彭德怀喝了一口茶,又说:"我老彭的脾气,你们也听说过,不过没有什么了要紧,为了党和人民的事业,只要对工作有利,你们要各抒己见,该争就争,该吵就吵。不过军人还是那句老话,决议一下,坚决执行命令。今后不管谁在工作上出了纰漏,我老彭是不客气的。"

彭德怀又接着说:志愿军领导班子的组成,我是中央军委已定了的志愿军司令员兼政治委员,我提议,邓华任副司令员兼副政委,洪学智、韩先楚任副司令员,解方任参谋长、原政治部(主任杜平)及其他机关的领导人照旧负责。

邓华、洪学智等早就有思想准备。他们在此之前就多次接到毛泽东的电报,要他们与彭德怀在一起,不要分开。开会前一天,毛泽东在给邓、洪、韩的电报里,还又一次提出"你们应迅速乘车至彭处,与彭会合,在彭领导下决定战役计划,并指挥作战"的要求。所以大家都说:"我们服从毛主席和彭德怀的决定。"

"鸟无头不飞,千军万马没头不能打仗,现在志愿军统帅部算确立了。"彭德怀高兴地说。

彭德怀还说:"为了便于工作,便于和朝鲜人民军协调,我们志愿军的领导中要有一位朝鲜同志。我同金日成同志商量,确定为朴一禹同志。他的职务是副司令员兼副政委,同时还担任我们党委的副书记。"

在研究分工时,邓华建议,让洪学智兼管司令部的事。彭德怀说,这个提议很好。接着彭德怀又提议,组成志愿军党委,由彭德怀任志愿军的党委书记,邓华任党委副书记,洪学智、韩先楚、解沛然、杜平任常委。

志愿军领导班子和党委的组成以及机关各部门负责同志研究确定之后,即报请中央军委和毛泽东主席。第二天,毛泽东便以中共中央的名义批复了彭德怀给中央军委的电报。这样,"志司"的首脑机关就正式成立了。从此,志愿军总部即设在大榆洞。

60. 遏敌之锋,邓华主张把敌人拉长拉宽更好打

彭德怀让作战处长丁甘如把作战地图打开,扼要地向参加作战会议

在中朝联合司令部门前,彭德怀司令员与金日成首相交谈。

的同志谈战场形势。

　　彭德怀说:"毛主席电问,我四十军欲先敌赶至熙川,时间上是否来得及?如不可能,则拟在熙川附近地区伏击为宜。现在看,敌人东西两线分兵冒进,对我军毫无防备。这样,有利于我们分割歼敌。俗话说,机不可失,时不再来。敌人前进速度很快,又给我们提供了运动作战、分割歼敌的机会。特别是一线部队都是南朝鲜军,相比美军,他们的武器装备和指挥能力较弱,我们可以先拿南朝鲜军开刀!"

　　彭德怀略一停顿,用手指捏起茶叶,送进嘴里,津津有味地嚼着,继续说:"具体部署是,以部分兵力钳制东线之敌,集中主力于西线,以迅雷不及掩耳之势,先打西线战斗力较弱的南朝鲜3个师。这部分南朝鲜军位于中央。若能将其全歼或歼其大半,东西两线敌人的老虎屁股就露出来了,我们可以腾出手来,继续歼敌。"

　　"但是,我们的兵力尚未集中,一口吞他3个师还无把握。只图嘴巴快活,不管肠胃遭罪的事,我们干不得。所以我们先吃伪军第六、第八两个师,然后再集中兵力吃他一两个师。第一口怎么吃法?毛主席来电明确说,要把敌人引到对我们有利的地形上来打,让我们诱敌深入山地然后围歼之!"彭德怀说到这里,挥手向挂在墙上的军用地图上一拍,击打在地图上朝鲜北部的鸭绿江附近地区。

邓华猛吸了两口香烟，用手指戳着地图，兴奋地说："乘敌人兵力分散，形成不了拳头，把敌人拉长拉宽了更好打。敌人东西两线之间，横着高山峻岭，相互无法联络，中间这个缺口有80多公里呀！这有利于我部队穿插分割包围敌人。我同意彭总的意见，作战不能死守既定计划，要视战场情况，敌变我变，方能争取主动。"

接着，洪学智、韩先楚副司令员和解方参谋长都各抒己见，一致赞同彭德怀的设想。通过充分的讨论，形成具体方案：西线以第三十九军集结云山地区，第四十军集结于温井以北、北镇以东地域，待机歼灭南朝鲜军第六师，调动南朝鲜第一师来援，将其歼灭于云山附近；第三十八军并配属第一二五师迅速集结于熙川及其以北地区。东线以第四十二军的两个师于长津以南的黄草岭、赴战岭地区组织防御，钳制东线之敌，保障西线我军主力侧翼安全。同时，命令第六十六军自丹东过江，向铁山方向前进，准备阻击英军二十七旅。

彭德怀司令员在志愿军司令部山洞前。

"联合国军"战俘向战俘营行进途中。

61. 首次交锋,我三十九军重创美国王牌军

10月25日,战役发起后,志愿军在西线战场处处主动。温玉成、袁升平指挥的第四十军两战两捷,南朝鲜第六师、第八师的两个营在温井、两水洞被找歼灭,南朝鲜第六师大部被歼于古场洞、柳良洞、尤谷洞地区。吴信泉、李雪三指挥的第三十九军已对云山之敌构成三面包围,梁兴初、刘西元指挥的第三十八军已进占熙川,守敌南朝鲜军第八师仓惶南逃。

彭德怀于11月1日9时下达作战命令:第三十八军迅速歼灭球场地区之敌,而后沿清川江左岸向院里、军隅里、新安州方向突击,切断敌人退路;第四十二军第一二五师向德川突击,占领德川后,坚决阻击由东、南两个方向来援之敌;第四十军以主力包围宁边南朝鲜第一师主力并相机歼灭之,得手后继续向南突击,切断龙山洞之敌退路;第三十九军攻歼云山之敌,得手后准备协同第四十军围歼龙山洞之美骑兵第一师;第六十六军以一部于龟城以西牵制美第二十四师，军主力视情况从敌侧后突击，歼灭该敌。

丁卯，中美两国军队开始了现代历史上第一次交锋。

云山位于朝鲜平安北道，周围群山连绵，是个仅有千户人家的小城镇。云山守敌是美军骑兵第一师第八团和南朝鲜军第一师第十二团。

我志愿军第三十九军原定于11月1日19时30分对云山之敌发起攻击，但在当日15时30分发现云山之敌有撤退迹象，实际上是美骑兵第一师第八团与南朝鲜第一师第十二团换防。这时，我前沿观察员也发现，云山外围敌坦克、汽车、步兵开始向后移动，云山街附近敌人运动频繁。吴信泉军长当机立断，命令部队提前于17时发起进攻。下午5时，担任攻城任务的该军第一一六师以两个团发起攻势，与敌争夺制高点。战至黄昏，配属该军的炮一师二十六团及军属火箭营进入阵地，在怒吼的炮声中，我军展开了猛烈的进攻。

夜是漆黑的夜，路是崎岖的路，志愿军战士越过山沟、堑壕，冒着密集的炮火冲击前进。战斗进入短兵相接的巷战阶段，后续部队冲入街内，用爆破筒炸毁敌人当作活动堡垒的重型坦克，用刺刀、手榴弹消灭依托房屋顽抗的敌人。

晚11时，第一一六师突入云山。他们发现打的不是南朝鲜军，而是美军，更加奋勇杀敌。这时，美军一辆重型坦克在街上横冲直撞，盲目射击，企图掩护满载士兵的10余辆汽车撤逃。我预备队团尖刀第四连副班长赵子林在战友们的掩护下，机智地用爆破筒炸毁了这辆坦克，配合主力部队相继攻入街里。美国兵从未遇到过如此神速的猛扑、如此果敢的拼杀，一个个像患了"惊吓症"，争先恐后沿着公路逃跑。尽管这支机械化部队撤退得极其迅速，但是晚了。我一一五师的三四五团抢占了诸仁桥，切断了敌人的退路。2日至3日，该敌在飞机、坦克支援下，拼命突围，均未得逞。

这一仗打得干脆利落。战斗结束后，有个被俘的美国军官伸出拇指对志愿军翻译说："志愿军包围迂回战术运用得好，前头拦住，后尾截住，这样作战，历史上从未见过。"志愿军战士说："我们就是这个打法，叫做你打你的机械化，我打我的巧妙化。"

云山战斗中,歼灭美骑兵第一师八团的大部及南朝鲜军第一师十二团一部,毙伤俘敌共2000多人,其中美军1800多人,缴获飞机4架,击落飞机3架,击毁和缴获坦克28辆、汽车170余辆、各种火炮119门。

彭德怀在战役总结会上说:"我们志愿军入朝第一次战役,胜利了!此役共计歼敌1.58万多人。毛主席很高兴。起初担心在没有制空权的情况下,和美伪军作战,我们要吃亏。现在看来,这个困难是可以克服的。我们有近战、夜战的法宝,没有飞机、缺少大炮坦克,一样可以打仗,打胜仗! 美国军队没有什么了不起,我们不只打了伪军,也打了美国的王牌军,是华盛顿开国时组建的美军骑兵第一师嘛! 这个美国有名、一直没有吃过败仗的军队,这回吃了败仗嘛,败在我们三十九军的手下嘛! "

彭德怀又接着说:"四十军也打得不错,一一八师首战两水洞,吃了敌人一个加强营,打响了志愿军入朝作战的第一枪。毛主席在考虑,要把10月25日一一八师在两水洞打第一仗的日子,定为志愿军出国纪念日。这是一一八师和四十军的光荣。"

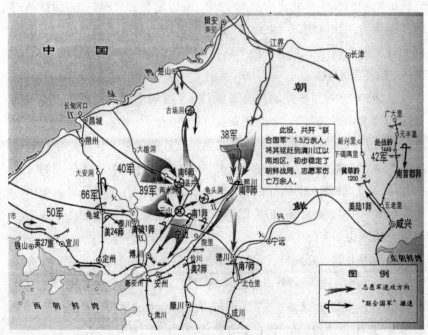

志愿军入朝第一次战役作战经过要图(1950.10.25—11.5)。

第九章 诱歼骄敌

62. 狂人狂言,麦克阿瑟叫嚷赶在鸭绿江冰封之前占领北朝鲜

美军和南朝鲜军北进中遭到中国人民志愿军的突然打击,西线从鸭绿江退到清川江以南,东线受阻于长津湖以南。赶在感恩节前占领全朝鲜的计划彻底破产了。这一出乎意料的情况,使得美军以及派兵参战的英、法等国惴惴不安。

从1950年11月3日开始,美国当局为了弄清中国人民志愿军参战的意图和寻求相应的对策,接连几天进行了磋商。

在11月9日一次美国参谋长联席会议召开的紧急会议上,参谋长联席会议主席布莱德雷首先发言。他说:"目前朝鲜战局发生出乎意料之外的变化,我们原来估计中国不会出兵参战,现在,在北朝鲜发现大量中国军队参战。中国在北朝鲜使用正规军作战的消息在华盛顿比在东京引起了更大的忧虑。"

美国中央情报局局长沃尔特·比德尔·史密斯说:"目前我们正在查明中国有多少部队进入朝鲜,他们还准备再投入多少部队,他们的目的是什么。中国是个东方巨人。他有巨大的人力资源。他的陆军规模也是世界上最庞大的。中央情报局估计,在苏联的物资援助下,中国军队参战,完全能

1950年11月,经过新中国政府的强烈要求、苏联等国的支持和联合国秘书长的邀请,中华人民共和国派出代表团赴纽约参加联合国会议,控诉美国以朝鲜内战为借口占领中国领土台湾的侵略行径。在台湾国民党当局仍窃居中国在联合国合法席位的情况下,中国代表伍修权(左)在大会发言中愤怒谴责了美国侵台的行为。

够在朝鲜同我们较量一番。苏联人很愿意巨人中国同美国打一场全面战争,他们只提供空中掩护和军用物资即可。这样,我们也将被迫把战略重点移到朝鲜,我们在欧洲的承诺将付之东流。"

史密斯停了一下,继续说:"我们面临着苏联空军支援下同中国进行的全面战争,要么前进,要么后退。"

布莱德雷说:"根据各方情况,我认为,中国人出兵朝鲜的动机不外三种:一是力图保护鸭绿江沿岸的电力设施,并在江南岸建立一条警戒线。二是中国人可能进行一场'不宣而战',以把美国的军力牵制在朝鲜,削弱美国军事力量,打一场有限规模的消耗战。三是把'联合国军'赶出朝鲜。但如果没有苏联海空力量的支援,这一努力是无法成功的。苏联的干预会标志着第三次世界大战的开始。"

布莱德雷最后下结论说:"目前看,中国在建国伊始、百业待举的情况下,不会敢于同美国大举较量。当时联合国军退守釜山滩头的有利时机和仁川登陆的关键时刻，中国均未出兵，而迟至我们迫近朝中边境时才出兵，也证明中国无意同美国大举较量。所以，第一种可能最大。中国派少部分部队过江，是想保护鸭绿江沿岸的电厂，建立一个缓冲地带。"

美国国务卿艾奇逊说："我感到十分困惑的严重问题是，中国在北朝鲜实际有多少军事力量？他们的真正企图就那么有限？"

布莱德雷说："根据麦克阿瑟的最近报告说，中国进入北朝鲜的部队是2万多人，最多不超过6万人。最大可能是以'志愿军'名义秘密地援助朝鲜人民军保持一个立足点，不致全军覆没。麦克阿瑟坚信中国人不敢同美国打仗。他的部队已到达胜利的门口，不能停止前进。要赶在鸭绿江冰封之前占领整个朝鲜。"

美国国防部长马歇尔着急了，他担心麦克阿瑟采取更冒险的军事行动，把美国拖进灾难。他说："朝鲜的军事形势不容我们太乐观了。你们看……"他走到挂在墙上的朝鲜全境地图，指着地图说："由于我们在朝鲜东面的防线拉得太宽，易受攻击。第十军和陆一师正在向满洲推进，他们与西线的第八集团军有很大间隙。如果中国部队是大部队作战，他们是世界上作战时间很长、地面作战经验非常丰富的军队，万万不可掉以轻心。"

布莱德雷说："中国不敢宣布用正规军参战，用了'志愿军'这一名词，说明不是中国的主力，可能是临时纠集的公安部队。"

马歇尔说："二战中和战后，我到过中国。你们不要轻信中国人。世界古代大兵法家孙子是中国人。他们的战略技术很高明。中共军队打败了日本，又打败了蒋介石的几百万大军。什么'志愿军'，是在骗我们。很可能是他们的精华。毛泽东一贯主张初战必须打胜，同我们美军交兵，他一定要选择良将精兵来的。据说苏联已向中国运送200架飞机。苏联人不会冒险直接出兵。中国人在历史上是讲义气的民族，他们不会袖手旁观的。我们应慎重。"

布莱德雷说："到了这个时候，面临成功就得在所不惜。只要对获取胜利有必要，冒点险，轰炸中国满洲都可以。"

美国国务卿艾奇逊很少发言，只是在那里静听，偶尔说些不痛不痒的话。他说："如果除了进攻之外，还能找到更合适的办法解决朝鲜问题，那最好。我们没有作出要征服整个朝鲜的承诺。"

最后，布莱德雷说："好了，会开到此。我们的方针应该是：重振攻势，以强力取胜。目前决定，不改变给麦克阿瑟的训令。让麦克阿瑟在战场上可以相机行事，让他赶在鸭绿江冰封之前，占领全部朝鲜。但不得轰炸满洲。"

散会后，不少人对麦克阿瑟的"结束战争的攻势"感到担忧。当时美国最高当局批准了这个计划，更是无可奈何。马歇尔对众人说："这是给总统出的馊主意。"

此后，美国国家安全委员会批准了麦克阿瑟在军事方面可以相机行事的方针。这符合麦克阿瑟的想法，他再度乐观。11月14日，他对他的顾问威廉·西博尔德说："我的近期目标是摧毁鸭绿江上的桥梁。切断中共军队与后方的联系。"

西博尔德说："中共军队的力量不可低估，他们有实施大战役的最新经验。在中国的三大战役中，他们消灭了蒋介石百万大军。"

麦克阿瑟自信地说："渗透到北朝鲜的中国人不可能超过3万人。冰天雪地上，有10万人就肯定能被美国空军发现。"

西博尔德问："中国人如果只派像你说的那样少数兵力，又有何用途？"

麦克阿瑟答："中国出兵是象征性的，既证明他们有帮助共产党邻国的意思，又可在无损他们的面子的情况下撤出朝鲜。我肯定，战争即将结束。"

麦克阿瑟为了实行他的继续进攻计划，将担任警卫汉城的美第九军第二十五师、新到朝鲜的土耳其旅、英第二十九旅调到西线；将从美国本土调来的美第三师调到东线。这样，"联合国军"和南朝鲜军在前线的地面部队已有5个军13个师又3个旅1个空降团，共22万余人，比志愿军进行第一次战役时增加了9万余人，而且主要是美军。空军也增加了两个新式喷气战斗机联队，各型飞机增加到1200余架。

这时，麦克阿瑟更为猖狂，到处演讲吹嘘："我保证圣诞节结束朝鲜战争,让所有美国人回家过节。"他下令美军赶在鸭绿江冰封之前抢占全朝鲜。

63. "姜太公钓鱼",彭德怀在清川江一带设下罗网

列宁有句名言:"没有不用军事计谋的战争。"

11月4日,彭德怀在第一次战役接近结束时,提出了对战局的发展及志愿军下一步作战方针的见解。他说:"第一次战役的胜利,对稳定朝鲜北部人心,我志愿军初步站住脚跟,是有意义的。但消灭敌人不多。现在,敌人的气焰还没有完全打掉,头脑还没有冷静下来,敌人很可能重新组织进攻。我们要将计就计,引诱敌骄兵冒进,待其深入我预设战场后歼灭之。"

的确,第一次战役后,麦克阿瑟傲气不减,求胜心切,盲目自信。他哪里知道,彭德怀正在殚精竭虑,周密为侵略军安排天罗地网。

夜,彭德怀的卧室。

彭德怀躺在床上,两手垫在头下,眼睛直看着屋顶,一动不动。他在思考:这个麦克阿瑟,想用狂轰乱炸摧毁我们的运输线,地面上又按兵不动,这是什么意思?

稍后,彭德怀忽然坐了起来,走向桌旁。在蜡烛光下,彭德怀在看地图。一会又踱步沉思,随后走进洞中的作战室。

山洞内,邓华、洪学智和杨秘书、李参谋等人,各自在忙碌着。

彭德怀果断下令:"各部队停止追击!"

作战室内的其他人员都静了下来,为之一怔。为什么不乘胜追击就停下来? 不乘胜追击,下一步怎么打法。人们都关切地注视着彭德怀。

彭德怀在沉思:敌人没有料到我军会出兵朝鲜,也没料到会大规模参战。这是一种对我极为有利的因素。他常同其他人说,敌我斗争,不仅是军事力量的比赛,而且是政治、经济、文化全部力量的决斗。不仅斗力,更主要的是斗智。对,要利用目前形势,利用敌人发动最后攻势的冒险企图,诱惑敌人,以达到歼灭敌人的目的。

这时，杨秘书又递给彭德怀一份电报。彭德怀看完后，高兴地说："告诉大家一个好消息，党中央和毛主席表扬我们第一仗打得主动；各民主党派同时发表宣言，拥护志愿军抗美援朝。"

彭德怀放下电报说："现在我们要学会在两条战线上作战的本领。军事战线，我们是内行；政治与外交战线，我们也得是内行。要学，要赶紧地学。"

李参谋调皮地说："政治上有党中央毛主席掌舵，外交上有外交部，咱们打仗还忙不过来呢，哪有时间学那么多东西。"

彭德怀说："小鬼，我们革命队伍中，可以有不懂军事的政治家，但是不能有不懂政治的军事家呀！"李参谋不好意思地笑了笑。

邓华说："据各部队侦察报告看，敌人退守清川江南岸以后，不断地在调整部署，又有几支新的部队到达。估计敌人很快就会组织反扑。"

彭德怀说："会的。麦克阿瑟的傲气还没有被打掉。他认为我们过江

彭德怀接受朝鲜国家慰问团授予的锦旗。

部队人数不多,只不过是一支'象征性的部队'。所以他一定要再次进攻的。"

邓华说:"我们来个姜太公钓鱼,愿者上钩。然后来个攻其不备,出其不意。"

彭德怀说:"对。麦克阿瑟错误地过低地估计我军出国的兵力,他求胜心切,会卷土重来。所以我考虑,我们第一步是诱敌深入,第二步是用两个军实施穿插,把落入我军陷阱之敌与企图解救被围之敌隔开,各个歼灭。用两个军隐蔽地摆在左翼,准备随时向敌人后方猛插迂回;而正面可以稍加抵抗,适时地放弃阵地,诱敌进入预定战场,再合围歼灭。"

邓华说:"将敌诱进层层包围圈内,务必不要使敌人漏网,要打歼灭战!"

彭德怀说:"孙子说,善战者'致人而不致于人'。这叫关门打狗。放他们进来,先把飞虎山送给他们,给他们点甜头尝尝。然后,我们在安心洞一线布下罗网,让他们至安心洞养养神,再收拾它。老洪,现在敌人对我们的后方供应线很感兴趣,你那里准备得怎么样了?"

洪学智说:"这我已经注意到了,现在多少也有一些经验,各分部都制造了一些打破敌人封锁的好办法。"

邓华说:"我们这一次的目标是打击美第八集团军的主力。这是一块硬骨头,能不能啃得动,在很大程度上是看后勤的了。"

洪学智说:"目前战线不算太长,保证供应,没有什么问题。"

彭德怀说:"老洪说得对,目前我们的战线不算太长,能保证供应。这就是我们目前的有利条件。我们同敌人比较,在后勤上说,我们是陆地相连、国土接壤,跨出国门一步就进入战场了。而敌人则是远涉重洋,隔着太平洋,运兵比我们困难得多啊。麦克阿瑟是根据美国的经验推断的,即在这么短的时间内,我们不可能过来太多的军队。他想不到我国与朝鲜陆地相连,我们从陆地上走,几条路线,一声令下,几个军齐头并进,20多万人很快就到朝鲜北部山区来了。他们运一个师到日本,再转程到朝鲜,要远涉重洋,费大劲儿呀!所以,他认为我们不可能一下子开到朝鲜境内十几个师。就是说,我们隐蔽了自己的企图,现在敌人仍没有察觉。后勤供应暂时靠轻装携带的东西。把敌人再诱进我们的圈子里打,更为有利。"

邓华说:"毛主席在入朝前命令我军部队走小路,夜行军,只做不说,不宣传我军已大规模入朝,这实在是高明。"

韩先楚这时也高兴地插话说:"这叫战略伪装或者是战略掩护。我国古代军事家说,凡战,权

彭德怀在朝鲜战场视察阵地(后排左二为本书作者杨凤安)。

也;斗,勇也;阵,巧也。这次乘敌人还要做最后进攻,就顺其而制,给敌人摆上迷魂阵,诱敌深入,让他的最后攻势来个最后完蛋。"

洪学智也激动起来,提出主意说:"让一一二师,还有西线的一些先遣支队,作出溃退的假样子,丢些衣物、破武器,迷惑敌人,让敌人以为我们撤退了,他们的傲气就会大增。"

"说得对!"彭德怀说:"我们要作样子,发请帖,'请君入瓮'。通知一一二师,让他们这样做。我军是习惯于在运动中歼敌,布置口袋,拦头、截尾、斩腰。这是我们的长处。"

彭德怀继续说:"敌人到清川江南稍稍休整,马上又进攻了。东线的美陆战一师、美第七师、伪首都师也在继续进攻。邓华,你是怎么考虑的?在哪里搞预设战场?把敌人放进来,放到哪来打?"

邓华稍稍沉吟一下,说:"我同洪学智商量了,清川江北部山区是一个好战场。而且朝鲜这地方,愈往南愈狭窄,愈往北就愈宽。敌人东西两线,越往北犯,它们之间的缺口就愈大。我们前次战役利用了这一点,下

第九章 诱歼骄敌

次战役仍然可以利用这一点。美伪军的西线集团与东线部队之间有80到90公里的缺口。东线我们仍然阻击。在西线,我军可以分割包围,聚而歼之。因此,我军可以采取诱敌深入的方针,相机歼灭敌人。"

洪学智说:"东西线布置口袋,打击敌人。关键是不能让敌人看出我们在为他们设置口袋,不能打草惊蛇。所以要教育部队,仍以进攻姿态作好部署,不让敌人看出破绽。"

"我也同意这个意见。"韩先楚回答说,"各部队必须有严明的纪律,规定什么时间到什么位置,要不顾一切到位,让后退就后退,让前进就前进,不能破坏整个战役计划。"

彭德怀看到大家意见一致,最后总结说:"好,大家同意诱敌深入的方针,我给毛主席写报告请示。"

与此同时,毛泽东、党中央也在研究着朝鲜的战局,认为第一次战役歼敌1.5万人,虽然歼敌不算多,但初战获胜,振奋人心,振奋军心。毛泽东还在11月4日这天,向彭、邓电报指示,大意是:敌人在收集各部,略加整理后,有向我军举行反攻之可能。我军各部注意在敌反攻时各个歼灭敌人,尤其注意德川方向。毛泽东考虑,第二次战役最理想的战场,当然仍是在朝鲜半岛的蜂腰部铁路线以北地区。如果战场南移到蜂腰部则对我不利。为什么在铁路线以北?主要是铁路线以北地区是崇山峻岭,有利于我军夜战、近战和实施战役迂回,切断敌人后路,可以趋利避害,对付美军的现代化装备。美军现代化装备在山区对道路和后方补给依赖性极大,因而对其侧后要采取穿插分割、迂回包围战术。

这时,毛泽东收到了前线战场总指挥、志愿军司令员彭德怀的请示。毛泽东随即向彭、邓发电,赞扬他们并提醒说,下一步作战,德川方面甚为重要。争取在元山顺川铁路线以北区域创造一个战场,以诱敌深入、寻机各个歼敌为方针。毛泽东还告诉彭德怀,已命令宋时轮同志率九兵团立即进入朝鲜,全力在江界、长津一带作战,以求转变东线战局。毛泽东风趣地说,我们对九兵团不遥控,完全交你处直接指挥。

彭德怀及在大榆洞的邓、洪等前线指挥员看到毛泽东的电报,都很高兴。毛泽东理解前线部队的困难,熟知战场敌我态势,称赞他们的想法和部署,让他们巩固第一次战役的胜利,部队立即休整,以逸待劳,准备再战。彭、邓、洪及其他志愿军首长,根据毛泽东的指示作了兵力部署:令西线各军以第五十、六十六、三十九、四十、三十八、四十二军的编组次序,第一线排在西起新义州、龟城、泰川、云山到熙川以南的新兴洞、苏民洞地区。全军各派一个师到宣川、南市、博川、宁边、院里、球场地区,采取运动防御与游击战相结合的方针,如遇小股敌人进攻则边打边退,诱敌深入,向敌侧后转移,把敌人引入口袋,以便配合主力消灭敌人。各军在后撤时,要有意识地丢弃一些东西,给敌人造成错觉,以为我军是败北而逃。这叫故意示弱,引敌上钩。东线第四十二军主力西移至宁远地区,加强西线的歼敌力量,并以该师位于德川向阳德方向游击活动。东线完全交给九兵团。志愿军几位首长又将兵力部署具体情况上报中央军委。毛泽东回电:你们部署很好。

此时的朝鲜战场,阵阵寒气袭人。室外传来美机在远处轰炸的隆隆声。彭德怀看了毛泽东的回电,心中有一种强烈的使命感和责任感。毛泽东信任前线指挥员,战略指导又那么和前线指挥员思路一致,自己应该如何担起这副千斤重担,把第二次战役打好呢?彭德怀在思索着,思索着……这时,志愿军司令部的副司令们满怀信心,个个摩拳擦掌,按捺不住内心的冲动,热烈地议论着,走出作战室,调兵遣将去了。

拿破仑曾说过一句话:"在一个会战中,有时只要一个最小的行动,即足以具有决定性,而获得胜利。一滴水即足以使水瓶中的水溢了出来。"

彭德怀站在地图前沉思。地图上整个朝鲜,我军师、团插上红旗,敌军师、团插上蓝旗。表示军的旗是方形的,师、团是三角形的,师的大一些,团的小一些,营的更小。彭德怀看着地图,考虑这次大会战,是十几个国家的军队展开的决战,将会影响双方的前途,决定性的成败,打不赢,就可能使敌人逼近鸭绿江。所以也可以说是背水一战。有一点失误,就会全盘皆输呀。敌人能不能上钩,被诱入我们理想的战场?这是不是一厢情愿?敌人不进来,口袋再大也抓不着敌人,怎么办……

世界著名军事理论家普鲁士的克劳塞维茨在他的《战争论》一书中

说："一切行动都是或多或少地以出敌不意为基础的。"

他还说："在战争中一切都很简单，但是连最简单的事情也是困难的。"

是啊! 诱敌深入，敌人是否信以为真? 我军丢一些器械装备，装出溃逃样子，故意示弱，做到让敌人相信是不容易的。

64. 毛泽东电示三十八军穿插敌后，梁兴初贻误战机遭彭德怀批评

第一次战役结束后，我军适时召开了中共志愿军委员会第一次全体会议，对第一次战役进行总结，并对下一步的作战方针、任务作进一步的研究和部署。

11月13日，志愿军党委成立后的第一次党委会议在大榆洞召开。这天下午，一辆辆小吉普车开到大榆洞来。各军的军长或政委来到这里，志愿军总部比往日突然热闹起来了。自从跨过鸭绿江后，20多天来，在枪林弹雨、硝烟弥漫中，不分昼夜，连续苦战，难得聚到一起啊。

吃过晚饭，大家都严肃地来到彭德怀的作战室。作战室就设在大榆洞矿山的一个小山沟里。这里原是栋看守变压器的木板构造的小平房。

彭德怀已坐在里边等候。军长们一个个向彭德怀敬过礼，坐到长方桌的周围。邓华、洪学智、韩先楚、解方、杜平等这些志愿军首长都到了。三十八军军长梁兴初、三十九军军长吴信泉、四十军军长温玉成、四十二军军长吴瑞林、六十六军政委王紫峰等都入座。大家有说有笑，气氛很活跃。

作战室门窗紧闭，点着油灯。会议之所以选在晚上开，是为了防空。因为所有的军事目标一旦被敌人发觉，都要遭到敌机的轰炸。志愿军总部有几十部电台，每天都要发出各种信号，敌人利用先进的侦察技术，对电台能很快地测向、定位，判断出大榆洞这个地方是一个大的指挥机关。大榆洞每天都要与北京、沈阳以及各军、师联系，要保守秘密，不让敌人知道是不可能的。这样，志愿军总部挨炸的机会比任何其他指挥机关都

多,危险也就多。志愿军总部进驻大榆洞短短的一个月中,曾多次遭到美机空袭。就在总部第二批同志到达大榆洞的当天上午,总部驻地附近就遭到了美机袭击,炸毁了停在山脚下的汽车。以后又炸了几次。"志司"首长都担心防空问题。这不仅是因为志愿军没有制空权,总部的防空设备很差,更因为彭德怀对革命战争极端负责,常常把自己的安危置之度外。党中央、中央军委、毛泽东主席、周恩来总理都极为重视"志司"的防空和安全问题,几次发电作具体指示,要保证彭德怀和总部的安全。所以,总部开会,一般都在晚上。

彭德怀主持了这次会议。他把各军的头儿们扫视了一下,对邓华说:"你先讲吧。"邓华任志愿军第一副司令,协助彭德怀进行战场指挥,所以彭德怀首先让邓华讲一下入朝作战第一次战役的总情况、战场形势和下一部行动方针和作战计划。

邓华手中拿着几张纸,那是第一次战役时各军的战斗资料,是备用的。他走到地图前,指着挂在墙上的地图,先把总形势和第一次战役的大致轮廓介绍了一下。

他说:"美国侵朝地面部队,为第八集团军共7个师另1个空降团,12.5万人。该集团军是美国精锐部队,经过第二次世界大战的考验,其中陆一师和骑一师是美国南北战争时代的部队,历史悠久,战斗力最强。南朝鲜李承晚集团军有10个师,12.5万人。此外加上英军两个旅,土耳其旅、加拿大旅,各有五六千人;还有法国、泰国、菲律宾等也有少数部队。总计约27万人。敌人占领平壤后气焰嚣张,分兵冒进。南朝鲜二军团沿平壤至熙川公路向楚山、江界进击。美一军第二十四师及英二十七旅向定州、新义州进击,骑一师、南朝鲜一师向碧潼进击。岂料刚进到温井、云山以北地区,即遭我迎头痛击。我军第一次战役共歼灭南朝鲜六师的2个团,八师的2个营,美骑一师八团的2个营、五团的1个营,共计11个营,另有14个营被击溃。四十军——八师和一二〇师首先揭开抗美援朝的序幕。四十军打得漂亮,受到毛主席和彭总的表扬。三十九军在云山一仗,一下子打掉美军1800人,功绩很大,说明志愿军是完全可以打败美国侵略者的。我军打出了威风。"

邓华讲到这里，把话题转向总结第一次战役的经验教训方面。

世界军界名人说过："明天的战略必须建立在昨天的教训上。"

我军的军事家朱德总司令说过："战术对你们万分需要，是你们的'补药'。你们的作战经验很多，但就像一大篓子钱，是散的，战术就是钱串子，可以把那些钱串起来，用的时候，要用哪个，就拿哪个。不要把经验老是散着装在篓子里背着，成了包袱，用不上。"

邓华继续发言："究竟侵朝美军是什么样的敌人？战斗力如何？我们以劣势装备采取什么方法战胜了它？我们还有些什么缺点和教训？这些经验是需要研究的。美军有强大的海、空军，地面部队有高度现代化的装备。敌人有制空权，火力强，运动快。一个师有70多辆坦克、500多门火炮，空中还有1000多架飞机支援。但是，敌人攻击力弱，怕近战夜战，怕断后路。在第一次战役中，志愿军的重要教训是，战役开始时敌人分散冒进，我军又占突然袭击之利，可是歼敌数量不多，远未达到消灭敌3个师的目的。总的来说，这次击溃敌人多，歼灭敌人少。客观原因是由于时间仓促，准备不充分，山大林密、道路不熟，语言不通等。除客观原因外，还有一些主观方面的原因。有的部队在敌我力量相等的情况下，不是首先断敌退路，突然出击。有些同志还不懂得把自己主力插到敌人侧背攻击，包围、歼灭敌人。特别是熙川战斗，南朝鲜军2个团本来已被我截断了退路，但一一三师则迟迟不发起攻击，结果让敌人跑掉了。"

邓华讲到这里略作停顿，彭德怀的脸上早已充满了怒气，眼睛瞪着三十八军军长梁兴初。梁兴初不敢正视彭德怀。作战室内气氛开始紧张起来。

志愿军几位首长都知道，早在10月30日晨，正当彭德怀不断接到各军的胜利消息时，收到了三十八军的电报，电文大意是：该军一一三师于28日进至熙川后，迟至29日黄昏才开始攻击，当他们占领熙川时，那里的南朝鲜第八师早已南逃，致使歼敌良机丧失。当时彭德怀听到这个消息后，就非常生气地说："梁兴初、梁兴初，你误了军机，我饶不了你！"

现在，大家都在注视彭德怀将如何同梁兴初算帐。

邓华接着说："有些军动作太慢，白天不敢行动，主要是怕飞机，夜间本来是歼敌的好机会,结果由于对敌人估计过高,又不敢大胆地截断敌人退路,使已进入我军口袋之敌又全部逃跑。对分散冒进、立足未稳的小股之敌的攻击,采取了对强大敌军固守阵地的攻击部署,行动迟缓延误了战机。三十八军未能按时到位……"

这时,邓华正讲到各军位置,彭德怀让作战处副处长杨迪给他在地图上指出位置。当邓华讲到三十八军所处位置时,杨迪见彭德怀绷着脸,非常严肃,他有点紧张,指得稍微偏了一点点,没有一下到位,又重新指了一下。彭德怀立即大声责问:"怎么连地图也不会指了?"

作战室的气氛有些像风雨欲来之势,大家紧张地注视着彭德怀的表情。

彭德怀盯着梁兴初。

"啪!"突然一声响,彭德怀将宽厚的大手向桌上猛地一击,震得桌上的东西都跳了起来,满屋内为之一惊!大家抬眼看着彭德怀发了紫的脸色,静静无声。

"梁兴初!"彭德怀吼了一声。

梁兴初胆怯地站了起来。

彭德怀的手指都颤抖了,"我问你,你三十八军为什么那样慢慢腾腾、拖拖拉拉前进?我让你往熙川插,你为什么不插下去?你是怎么搞的?"

梁兴初看着彭德怀说:"彭总,我,我……"

"你什么?你讲讲是什么原因,你为什么不插下去?"

梁兴初含糊其词、吞吞吐吐地说:"我以为……"

彭德怀说:"你以为什么?我告诉你只有一个营,你们硬说有一个美国黑人团。黑人团有什么了不起?娘妈的,三十九军在云山打的是白人团,是美国的王牌,被他们打掉1000多人,黑人团为什么不能打?什么鸟黑人团,你们是自己吓自己!"

梁兴初觉得脑袋炸开了,嗡的一下,热血涌上脖颈,涨得通红。

"我们对敌情判断有误……"

"你……"彭总气得直喘粗气。

按说三十八军是能够胜利完成断敌退路的任务的。而一旦此举成功，我军就有可能各个歼灭清川江以北的敌人。

此举关系重大。毛泽东曾两次申示彭德怀等同志："请注意使用三十八军全军控制安州、军隅里、球场区域、构筑强固工事，置重点于军隅里，确实切断清川江南北敌之联系。"此役"全局关键，在于我三十八军全军以猛速动作攻占军隅里、价川、安州、新安州一带，割断南北敌人联系，并坚决歼灭北进的美军第二师。此是第一紧要事，其余都是第二位。"

但是，三十八军接到总部10月30日晚的命令后，第二天才开始出动，晚了一步，后于11月2日赶到院里地区时，敌已闻风而逃。

彭德怀继续说："毛主席三令五申，打好出国第一仗。这是出国第一仗，令你三十八军断敌退路。三十九、四十、四十二军，打得都很好。你三十八军是一再推延攻击时间，不仅没有歼灭熙川的敌人，还延误了向军隅里、新安州猛插的时间，这是什么行为？娘妈的！"

"我彭德怀别的本事没有，斩马谡的本事还是有的！"彭德怀怒气未消。

"请老总杀我的头吧，我贻误了战机……"梁兴初低下头，再不吭气了，只是口中嘟嘟囔囔地在小声承认过失。

彭德怀坐下来，发出很大的喘气声，仍继续愤怒地说："……养兵千日，用兵一时，兵如此，将也如此。都知道你是打铁的出身，是个硬汉子，说你是硬打上来的将军能打硬仗，是一员虎将，我彭德怀算看见了，什么虎将，一个黑人团就把你给吓住了！你这是临战怯阵……"

邓华解围说："三十八军还是主力嘛，来日方长，这一仗没打好，下一仗打出个样子来，还是会挽回影响的么……"

梁兴初也坐下来，他感到太憋气。

杜平主任说："梁兴初是个好同志，在东北作战勇敢，身上多次挂彩，第四野战军的首长表扬过他。这次可能是对新的敌人不摸底，指挥上有些犹豫。"

"我看是右倾。"彭德怀说。

说实在的，第三十八军是红军第三军团一个师的老底子发展起来的，一直打得很好。梁兴初也是历来以打恶战而闻名，当过红军第一任骑兵侦察连连长，从红军时期到解放战争，他9次负伤。从平型关战斗中的六八五团营长，到黑山阻击战的十纵司令，他战功赫赫。在他的指挥下，十纵打法库，攻开原，在黑山阻击战中孤军作战，抗击5倍于我的敌精锐部队，为四野全歼廖耀湘兵团立下战功。在长期的革命战争中，梁兴初以一员虎将著称。解放战争时期，他是四野的"常胜将军"，经常受到总部首长的表扬，不料抗美援朝第一仗，却因指挥失误被彭德怀点名批评，自尊心受到了极大挫伤。

这时，彭德怀眼睛又盯住了六十六军政委王紫峰，也当场点了他的名。

王紫峰站了起来。

彭德怀尖锐地批评了六十六军没有抓住敌人：敌人在你们军眼皮子底下怎么进来的、怎么退回去的都不知道，打了一个糊涂仗。

最后，彭德怀也为第一次战役打得不理想承担了责任。他说："你们三十八军、六十六军，由于没有抓住战机，致使整个战役断敌退路的包围计划未达目的，使歼灭敌人两三个整师的战役计划未能完成。当然，这次战役打得不理想，我彭德怀也有责任，不能把责任完全推给你们。"

邓华立即插话说："我们也有责任，没有当好助手。好在以后还有仗打，这次大家认真总结经验，接受教训，下一次战役打好就行了！"

彭德怀点头表示同意，说："第一次战役，有的军打得好，有的军打得不好。我向来功过分明，不讲情面。下次战役，谁打得好，我按功嘉奖。你三十八军再是这样，到时我撤你梁兴初的职，换掉你们军的番号。"

洪学智说："老总功过非分明，大家都很清楚。"

接着，彭德怀强调，第二次战役的作战是个大决战，打好了，就可扭转战局，关系十分重大。他要求各军，按计划先诱敌深入温井、妙香山一线歼灭之，并大胆穿插，对敌实施大包围。三十八军将担负把敌人牵进口袋，又要深入敌后，断敌退路，扎紧口袋的袋口之重任。

会议一直开到天亮。散会时，彭德怀仍交待各军要精心策划，周密部署。

天已大亮。除山影朦胧、布满晨岚外，山沟里能看见人了。散会后，杨凤安从作战室里走出来，看见了梁兴初。

"梁军长，走呀，吃饭去。"

梁兴初气呼呼地说："还吃饭？你是彭老总的军事秘书，老总要杀我的头呢！我还有心吃饭……"

杨凤安笑了，说："那是彭总的气话，还真杀你的头呀？走吧。"

梁兴初知道杨凤安是彭德怀很信任的军事秘书，也有首长称他是彭德怀的随从秘书，彭德怀出发一般都由他陪同。所以，梁兴初乘此机会，让杨凤安传个话。

他对杨凤安说："彭总批评人很严厉，我当时有点不服气，现在还是觉得批评得对。三十八军没打好，主要责任在我梁兴初，我对不起全军广大干部战士。错就错了，你告诉彭总，请他不要再生我的气，我梁兴初还是有骨气的。我回去和江拥辉研究一下，召开军党委会总结教训，拼出老命打好下一仗。"

杨凤安拉着梁兴初到饭堂去了。

吃饭时，梁兴初和洪学智一个桌。洪学智安慰他说："老梁，这次没打好，下次好好打么！"

梁兴初提高声音，说："请洪副司令看吧，下次我们三十八军一定打出威风来！"

65. 求胜心切，麦克阿瑟发动"最后攻势"

1950年11月末，麦克阿瑟准备在朝鲜发动"最后攻势"。由于他充满自信，竟然把自己的作战计划毫无保留地公布于世。这在历史上也是少有的。

11月24日，麦克阿瑟发表第12号新闻公报，介绍朝鲜战争形势和他准备在年底结束朝鲜战争的企图，公布了他的"圣诞节攻势计划"。他说："联合国军在北朝鲜对新投入战斗的赤色军队实施的大规模包围，目前正接近决定性的阶段。我们的各种空军部队在钳形突击中担负着封锁敌人的任务，最近成功地切断了来自北方的敌补给线。东路部队正向前推进，目前已抵达北朝鲜中部对敌进行包围的位置。西路部队准备向前推进并完成合围。此举如果成功，将达到结束朝鲜战争的目的。"

伦敦《泰晤士报》11月24日发自华盛顿的消息说："美国报刊报道，7个师及英联邦旅已准备就绪，将进行最后的攻势，以扫荡鸭绿江下游地区的共军部队。"

美军在发动最后攻势之前，正适11月23日感恩节。前线部队特准备了一顿丰盛的餐饭，包括美国人爱吃的鸡尾酒、夹馅橄榄、烤小公火鸡加酸果酱、红薯、水果沙拉、水果蛋糕、肉馅饼和咖啡。

这时，麦克阿瑟也来到美第八集团军设在清川江沿岸新安州的指挥部。跟随麦克阿瑟前往的还有他的军事秘书惠特尼。这天，寒气逼人。麦克阿瑟乘专机降落在坑坑洼洼的跑道上。他看见欢迎他的第八集团军司令沃克和米尔本将军。他用派克大衣遮住头部，然后蹲下来，笑嘻嘻地拍了一下米尔本带着的一只德国种小犬，然后说："这里是冰封天地，我们很快会离开这里。小狗也会高兴呀。"

沃克向麦克阿瑟报告说："美军第七师已进抵鸭绿江边的惠山镇。第十军军长阿尔蒙德也已飞到了惠山镇。他与一群高级军官以满洲为背景照相留念。他来电说，他隔江看见了中国。"

麦克阿瑟高兴地赞扬说："打电报告诉他，我向他祝贺。第七师劳苦功高。"

沃克说："前线来电，中共军队同美第八集团军脱离接触，仓促后撤了。中共军队的电台也销声匿迹了。一线部队前进中，除发现一些丢失的军用物资外，未发现什么可疑迹象。"

沃克中将陪同麦克阿瑟进入机场附近的办公楼。这是美军第八集团军司令部。一间房内，电台在发报。另一间房内，参谋人员在标图、打电话。

麦克阿瑟手指地图，问沃克："你想过没有，中共匆匆撤退，他们想干什么？"

沃克说："据司令部情报分析：第一，退守鸭绿江，建立缓冲据点；第二,怯战败退,等候支援。目前,中共过江部队只有六七万人,是象征性的部队,兵力不足于再发动进攻。"

麦克阿瑟说:"中共军队并非不妄想乘胜追击,把我们赶出北韩。只是他们力不从心,或者是另有企图。"

沃克说:"这很清楚。世界上任何军队在取得胜利时,力量强大决不会后撤,而是乘胜前进。目前只是后勤补给跟不上,暂时后退,等待后续部队投入战斗。"

麦克阿瑟说:"哪里有那么便宜事。我们要用空军封锁鸭绿江,阻止中共军队支援。同时,集中兵力把这六七万人消灭在鸭绿江附近。"

惠特尼补充说:"这个战争本来可在感恩节前结束,由于中共军队的出现,现在看大致可在圣诞节前结束"。

麦克阿瑟对沃克说:"第八集团军肩负光荣的使命。沃克将军,这是你一生最具有决定意义的时机。胜利等待着你,战功等待着你。你的命运就是战争的命运。好样的,干吧!"

这天中午,麦克阿瑟在沃克办公室享用了一顿丰盛的午餐。酒足饭饱后,麦克阿瑟并没有去休息。他忽然想到,中共部队是他的新对手。中共军队的将领是有丰富的指挥经验的。他们的企图是什么? 他仍有点放心不下。于是,他像从睡梦中惊醒,站起来对沃克说:"我要亲自飞到鸭绿江上空看一看。"

沃克急忙说:"这种临时安排太冒险了。总司令也无需亲自到前线上空侦察。万一被对方高炮击落,后果不堪设想。"

麦克阿瑟说:"我决定要这么干。"

于是,麦克阿瑟再次登上盟军最高司令号———一架大型斯卡帕式喷气客机,向鸭绿江口飞去。他登上飞机后,对驾驶员托尼·斯托里说:"朝西海岸飞,然后沿鸭绿江向东飞。"机舱内的参谋军官们面面相觑,不甚惊恐。即使盟军最高司令号座机有武器并有大量战斗机护航,这种飞行也是极其危险的。一些参谋军官担心他是喝酒喝过头了。但多数军官们知道,一旦麦克阿瑟决定的事,要与他争辩是徒劳无益的。

这时,他的随从秘书惠特尼走过来交给他一件降落伞,以防不测事件发生。麦克阿瑟笑道："你这个绅士如果愿意就戴上它，我可不用它，敢于进行这次飞行的胆略是最好的保护。"

飞机升空后向北飞行，在鸭绿江口开始调头向东，在大约5000英尺的高空沿江飞行，机上人员能够清楚地看到白雪皑皑的中国东北。公路和小道都历历在目，但没有车辆经过的迹象，没有任何部队行动的痕迹。惠特尼看到这番景象，自言自语说："穷乡僻壤，崇山峻岭，裂谷深峡，冰雪世界，哪里还会有大军行动。"

惠特尼对麦克阿瑟说："中国人在哪里？看不见任何军事目标。"

麦克阿瑟说："中国人的脚印可能被雪覆盖了。严寒妨碍我们机动，更干扰我们的敌人。他们没有多少现代运兵车辆，单靠步行军一天能走多远？我看，过鸭绿江的中共军队完全可以在我们的强大兵力攻势下陷入困境。"

惠特尼说："不乘虚而入，就会失掉最后赢得战争的机会。"

麦克阿瑟说："对。明天下命令，联合国军最后进攻的老虎钳从北朝鲜东、西部两翼开始合拢，总攻势明天开始。"

惠特尼说："明天是感恩节的第二天。今天美军过了一个节，明天开始总攻，历史会记下这难忘的一天。任何不实施进攻的计划都将彻底瓦解我们部队的士气。"

麦克阿瑟说："胜利在望，不能犹豫。坐失良机，后果不堪设想。命令明天出动全部空军掩护美军进攻，消灭中共军队于鸭绿江边，于中朝边境。"

按照麦克阿瑟的命令，"联合国军"和南朝鲜军于11月24日上午8时在全线发起总攻势。

第一次战役后，这位很愿意自作主张、骄傲自信的麦克阿瑟仍然傲气不减。我千军万马在他的思维盲区里，也是在美军现代侦察系统的盲区里隐蔽运动，没有暴露给对手任何足以引起警惕的破绽，而进入了朝鲜北部山区，并隐蔽地诱敌进入我预设战场。

66. 彭德怀作战办公室被炸，毛岸英牺牲

第二次战役之前，敌机在大榆洞志愿军指挥部上空侦察盘旋活动频繁。在"志司"住地的山坡上，白天、黑夜有时出现伪装朝鲜老百姓的中年人，敌机来了则用发报机或信号弹指示目标。

几天来，不论敌机在彭德怀作战办公室上空飞得多么近、多么低，不时投弹扫射，但彭德怀仍安然自若地坐在他的办公桌旁，忘我工作，专心致志地阅电文、察看地图，把个人安危置之度外。敌机来了，参谋们叫彭德怀到山沟隐蔽防空，彭德怀不理，好似没有听到似的。当办公室值班人员焦急地多次催促他外出防空时，彭德怀则说："你们走吧！"他却坐着不动，谁还敢离开呢？

这时，防空号又响起来了，接着传来敌机沉重的隆隆声，"志司"山那边轰轰几声巨响，接着有几架"油挑子"F-86战斗轰炸机一架跟一架窜过山来，飞得很低。

洪学智副司令说："看起来，敌人是盯上我们了。"话落，拉着彭德怀出了办公室。

敌第一架飞机开始俯冲扫射。彭德怀等刚走到山沟松树林边，第二架飞机又俯冲下来，洪学智连忙把彭德怀按在地上。"咕咕咕"一阵机关炮，打得前后左右都是烟尘，松枝纷纷落下。洪学智看看彭德怀没事，就喊了声：赶快离开这里！

此后，志愿军的其他几位首长越来越感到彭德怀的安全问题十分重要，于是以邓、洪、韩、解、杜的名义发电报告了中央军委毛泽东主席。中央军委当即回电指示："志愿军总部要注意防空，进入隐蔽部，对彭德怀的安全问题，责成志愿军党委负责。"

11月24日夜，志愿军党委几个常委开会，根据军委的指示精神，研究彭德怀的安全和"志司"总部防空的问题。会议决定，"志司"机关全体人员于25日拂晓前疏散到各自的工作岗位，并注意防空。彭德怀的安全由洪学智负责。

25日早7时，洪学智急忙来到彭德怀作战办公室，说："彭总，为了你的安全，我们几个商量定了，请你到山沟里的一个自然洞内去办公。邓华同志已到那里去了，有情况也便于研究。"

彭德怀倔强地说："我不走"。

洪学智耐心地劝说："这里有危险，快走吧！你的安全问题，也不是你个人的事"。

彭德怀说："你怕危险，你走，我不怕。我看这里就安全，我就在这里。"

洪学智一看劝说不行，也不顾彭德怀发脾气，拉着彭德怀就出了房门。接着，洪学智喊："杨凤安，把彭总的办公用品拿来。警卫员，把彭总的铺盖卷起来，和行军床一起拿到洞里去。"

彭德怀说："用不着。没有事"。

洪学智说："没事以后再拿回来嘛。"

这样，才勉勉强强地把彭德怀拉到了山沟里的自然洞。邓华早已等候在那里。

三人进洞后，就研究起第二次战役打响的时间，打响后如何向敌后纵深穿插和实施包围迂回等问题来。

过了两个多小时，彭德怀急着要了解前线的情况，叫杨凤安去办公室，问问值班参谋前线情况有什么变化。

杨凤安应声到办公室去了。刚一进门，敌两架B-26轰炸机由西南向东北稍偏办公室上空飞过。杨凤安随即问成普副处长、徐亩元参谋，前线情况怎样。成、徐说，没有变化。

这时，毛岸英和高瑞欣参谋因昨晚睡觉晚了，早饭未来得及吃，他俩正在围着火炉热饭吃。

杨凤安正准备回去向彭德怀报告，一开房门，又看到有几架B-26敌机由东北向西南朝着办公室的上空飞来。杨凤安喊了声："不好，快跑！"

这时，敌机凝固汽油弹已离机舱，大约有百八十枚，投在彭德怀办公室及其周围，顿时一片火海，乌烟冲天。成普和徐亩元以及彭德怀的两个警卫员从火海中跑了出来，成普面部受了轻伤。毛岸英、高瑞欣未来得及跑出,不幸牺牲了。

杨凤安急速跑到彭德怀身边说:"办公室的人员,除了岸英和高瑞欣同志没跑出外,其他同志都已安全脱离,看来岸英和瑞欣同志牺牲了。"

彭德怀听后顿时站立不稳,久久一言不发。良久,喃喃地说:"岸英和瑞欣同志牺牲了,牺牲了……"

他走出山洞,缓慢地来到出事现场。

看着烧焦的尸体,他心情十分沉重。

彭德怀坐卧不安,中午饭也没有吃。他沉痛地说着,"这事要报告毛主席他老人家。"

于是,他亲自起草电报。电义是:

军委、高贺:

    我们今日7时已进入防空洞,毛岸英同3个参谋在房子内,11时敌机4架经过时,他们4人已出来,敌机过后他们4人又返回房子内,忽然又来敌机4架,投下近百枚燃烧弹命中房子,当时有两名参谋跑出,毛岸英、高瑞欣未及跑出被烧死,其他无损失。

志司25.16

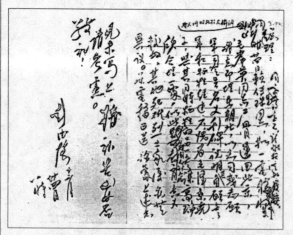

彭德怀关于毛岸英烈士尸骨安放问题给周恩来总理的信。

据后来听说,周恩来总理接到电报后,没有马上把毛岸英牺牲的消息告诉毛泽东主席,过了好长一段时间才告诉他的。以后,彭德怀于1951年2月下旬回京向毛泽东汇报朝鲜局势及请示今后作战方针时,最后曾提到:岸英同志于去年11月25日第二次战役开始的当天,遭敌机轰炸不幸牺牲了。岸英的遗体……没等彭总说完,毛泽东说:"青山处处埋忠骨,何必马革裹尸还",又说:"志愿军的英雄儿女与敌人浴血奋战,牺牲了成千上万的优秀战士,岸英也是牺牲的千百万烈士中的一员。不要因为他是我的儿子就特殊,哪里黄土都埋人。岸英应一同与牺牲的优秀战士,葬在朝鲜的国土上。"

傍晚,彭德怀仍旧一个人站在防空洞口发呆。洪学智走到彭德怀的身边说:"彭总,该吃晚饭了。"

彭德怀看了看洪学智说:"今日不是你,老夫休矣!老夫今天算是拣了一条命。"

洪学智说:"马克思在天有灵。"说着,两个人走进防空洞内。

67. 多国军队大决战拉开序幕

从1950年11月25日至12月24日,志愿军进行了第二次战役。这次战役的特点在于它是一次极其成功的迂回穿插和正面进攻相结合的运动进攻战。我方充分利用了敌人的判断错误,在战略和战役指导上采取诱敌深入的方针,然后又以大胆迂回包抄,"关门打狗",对敌实施多层包围,在战术上最好地发挥了我军传统战法的优点,以敌人从未见过的打法,拉开了二战后规模最大的一场多国军队大决战序幕。

11月下旬开始,志愿军各军的主力在向后转移,只以部分兵力节节阻击。整个战场上,志愿军呈现后缩态势。三十八军一一二师在飞虎山打退敌57次冲锋。遵照彭德怀指示,一一二师主动放弃飞虎山阵地后撤,三十九军一一五师也放弃了博川。在东线,我军又放弃了在第一次战役中鲜血洗过的黄草岭。这样,就给敌人让开道路,"请君入瓮"了。可是,东、西两线敌人向北发起进攻后,行动十分缓慢,有些地区是走走停停,或原地观察。

志愿军总部的将军们十分关切地注视着战场的动向。

彭德怀在卧室,已经整夜没有合眼了。他躺在床上,两手垫在头下,眼睛直看着屋顶,一动不动,自言自语地说:"这个麦克阿瑟,占领了飞虎山、博川,怎么不乘胜前进了。一天过去了,仍然按兵不动,这是什么意思?……"

稍后,彭德怀忽然坐了起来,走向桌前,在蜡烛光下,一边看地图,一边看电报。一会又踱步沉思,随后走进洞中的作战室。

邓华、洪学智、解方、杜平、杨凤安等人都在各自忙碌着。

邓华说:"据侦察报告,敌军前进缓慢,似乎是在搞试探性的进攻。"

洪学智问:"是不是一一二师顶的太硬了,把敌人吓住,对我们是不是小股部队产生了怀疑?"

邓华有些着急:布置好的口袋,敌人不往里钻,怎么办?

洪学智说:"敌人是边走边看,不放心,看一看我们是否有埋伏,正在察看我们的虚实。我们应继续大踏步后退,连小规模的阻击也放弃,让他们知道我们是在溃逃,是打不赢了才后撤的,让我们的对手放心大胆地往前走……"

彭德怀点头,说:"同意这个意见。舍不得孩子,打不着狼。电令各军,再大步后撤十几公里。各部队在撤退的时机和方式上,一定要掌握好。要表现出我们是打不赢他们而撤退的,他们才放心往我们的预定区域推进。"

杨凤安拿着一份手写记录稿走到彭德怀身边,说:"据情报,麦克阿瑟已回东京,不知他又想搞什么名堂。"

彭德怀站了起来,双手反背着,踱起步来。他考虑:"怪事,就要发动总攻势了,作为统帅,不在战场,离开朝鲜,跑到日本东京去干什么?"

邓华说:"是不是在东京寻找什么对策?"

洪学智说:"可能对我们的撤退捉摸不透。各国通讯社都说:共军的撤退使联合国的统帅莫测高深。一家通讯社说:第一,估计我们可能在等待政治解决;第二,估计我们正在聚集供应物资,准备再战;第三,估计我们可能转移到另一条战线,建立缓冲区;第四,或许由于寒冬的将临,我军企图借严冬的帮助,使'联合国军'遭到拿破仑式的大溃败。"

彭德怀听到最后一句,感到惊奇。他摸了一下自己的嘴角,微微一笑,说:"最后一种估计好准确呀!"

邓华说："也许敌人有一半猜中了我们的意图。"

洪学智说："也许这个鱼钓不成了！"

彭德怀没有立即回话，来回走了几步，声调缓缓地说："杨凤安，麦克阿瑟在东京的事还有什么情况？"

杨凤安说："据说，麦克阿瑟在美国驻东京大使馆同他的夫人一起举行宴会。记者报道说他还是吹嘘，上帝能保佑圣诞节前美军回家。记者们祝他早日凯旋而归。"

邓华说："据侦察发现，冰雪覆盖的美军阵地上，还有美国好莱坞女明星的演唱，歌声缠绵，美军如醉如痴。有的阵地上有牧师为士兵祝福……"

彭德怀很感兴趣地听到这里，似乎明确了一个信念，笑着说："很明显，我们的对手麦克阿瑟被仁川的胜利冲昏头脑，喝的庆功酒醉意未醒。麦克阿瑟获得那么大的荣誉，他仍在向美军许愿，向世界吹牛。他这个人很自负，遭到我们打击，还没有打痛他，这点小小失利决不会使他这个战争狂人立刻立地成佛的。为了显出他大将风度，要和当年隆美尔一样回家过感恩节了。他在战场一切都亲自安排就绪，跑到东京去遥控了。只要我们再耐心等一等，他会来上钩的。"

说到这里，他注视着大家："现在我们需要的是耐心等待！要耐心等，前线部队要忍耐地撤……"

解方到作战处布置任务：我军继续北撤，西线五十军、六十六军、三十九军、四十军、三十八军、四十二军分别转移至定州、龟城、泰川、云山、球场以北，东线第九兵团也在柳潭里以西和西北地区集结。四十二军主力向宁边东北地区转移……

志愿军总部作战室里。

彭德怀、邓华、洪学智、解方等围坐在桌旁，仔细地看着地图，作战参谋不停地把图上的小蓝旗拔掉又移向新的位置。作战室电报、电话紧张繁忙。

彭德怀微笑着对邓、洪副司令说："你们看，麦克阿瑟到底没有让我们白等，终于送上门来。"

解方指着地图上的小蓝旗,说:"敌人进来了。西线美第二十四师进至嘉山,南朝鲜第一师进至长兴洞,英第二十七旅进至龙山洞,美骑兵第一师进至长兴洞,美第二师进至球场以南的江亨,南朝鲜第七师由军隅里地区东移德川,南朝鲜第八师进至宁远。东线美陆战第一师越过下碣隅里,进至长津湖东侧的新兴里。南朝鲜首都师进至咸兴。美第七师主力进至丰山。"

邓华兴奋地说:"好呀,敌人倾巢出动,把主力全拿上来了。"

洪学智说:"这叫穷形尽相,麦克阿瑟将军要作最后疯狂,全力同我们决战了。"

解方拿出一份参谋交给他的最新情况,说:"英第二十七旅正向新义州,美第二十四师正向朔州,美骑兵第一师正向碧潼,美第三师正向楚山,南朝鲜第二军团所属3个师正向熙川方向进攻。"

彭德怀说:"按既定计划,待南朝鲜第二军团3个师进至妙香山,下杏洞以南一线后,首先以第三十八、第四十二军和第四十军主力从该敌之东西两翼实施侧后攻击,歼灭该敌,并在占领德川、宁远后,分向军隅里、三所里、肃川方向插进,断敌退路,以打开战役缺口,造成整个战役扩张战果之战机,得手后,即集中主力攻歼清川江西岸之敌。"

"东线九兵团的主力,在长津地区也同时歼敌。"

彭德怀在潮湿滴水的涵洞里坐镇指挥。这是一座长约百米、厚约1米的钢骨水泥建筑,顶部有很厚的积土,杂草丛生,两端都有洞口可以出入。彭德怀和邓华、洪学智、韩先楚、解方、杜平等,在这个阴凉、黑暗、潮湿、嘈杂的涵洞内用布帘子隔成一间一间的办公和睡觉的地方,完全靠用烛光照明,指挥第二次战役的反击。

彭德怀手拿放大镜,在地图上看第三十八军和第四十二军的进展位置。现在,这两个军担负着打开战役缺口、迂回敌后的艰巨任务。

这时候,彭德怀提出靠前指挥,要亲自到第一线去。邓华、洪学智、解方都不同意。他又考虑派一位副司令员到前线去,组成一个临时指挥所,以保障第三十八军和四十二军能不折不扣地实施志愿军司令部确定的作战方案。这次战役是关键一役,可以说是在朝鲜半岛上进行的志愿军和人民军同以美国为首的16个国家的军队组成的"联合国军"的大决战，关系到战局发展决定性阶段的结局。如果能歼灭美军和南朝鲜几个师的兵力，战局就会发生根本变化，麦克阿瑟就神气不起来了，我军就将展开大反击，战场上的战略主动权将转向我军手中。那么让谁去好呢？彭德怀和大家都在考虑。

彭德怀把自己的想法说了，邓华、洪学智、韩先楚都争着上前线去。邓华不能去，洪学智也离不开，他负责司令部的工作和后勤工作，韩先楚去比较合适。

"彭总，我去吧。你在总部指挥全局，我到前边去合适。"韩先楚一再请求。

彭德怀与韩先楚四目相视，说："好，那就你去。"

韩先楚是我军一位很能打仗的将领。他个头不高，黑瘦的脸显得很结实，湖北省黄安县人。16岁参军，从班长一直到军长，是身经百战的老将，是一位敢打硬仗恶仗的指挥员。他指挥作战的经验丰富，机敏果断。他在解放战争时期任三纵司令，指挥纵队主力长途奔袭，直插敌纵深威远堡，乘敌不备，歼灭敌一一六师师部和1个团，打乱了敌指挥。奇袭威远堡，被称为我军远程奔袭的成功战例之一，韩先楚也被称为"旋风部队"司令。这次是在国外战场，面对美国强敌，能否长途奔袭成功，全看他的了。

韩先楚离座站起，满有把握地说："彭总，我一定完成任务！"

彭德怀说："三十八军和四十二军，这次是执行关门按闸的任务，非常重要。要从沃克的第八集团军东面侧翼，实施战役迂回，切断敌人的后路。你随三十八军行动，指挥这两个军作战。上次战役，三十八军没按时完成阻敌任务，让敌人跑了。没打好。三十八军在解放战争中是很能打的部队。这次我要再考验他们一下。"

邓华说："这是一次立功补过的机会。彭总相信三十八军能打好，所以又把这个重任交给三十八军。"

洪学智说："第二次战役是有关朝鲜战局的最关键的一役，各个军都不能有大的失误，特别是三十八军关系到'关门打狗'能否把门关上的问题。关不上门，不能断掉敌人退路，就等于又放走了敌人。"

彭德怀说："这个问题，我反复考虑，仍让三十八军担任西线迂回阻击任务。毛主席也多次电示明确三十八军任务。这次阻击关系到整个战役的成败，是与多国部队大决战的关键行动啊！"

彭德怀走到韩先楚面前，说："这次就看三十八军的行动了。派你去指挥也好，去督战也好，总之就是要保证这次打好。你赶快到三十八军，把任务交待清楚后再严格要求他们，具体周密部署，开好党委会，作好临战动员。告诉梁兴初和刘西元、江拥辉，毛主席和'志司'首长如此重视使用三十八军，要有骨气，要争口气，要为祖国人民打好这一仗，为中国人争光。你们沿途遇到敌人，千万不可恋战，要不顾一切，直插交通要道三所里，这是我军截断敌军南逃北援的大门。一定要按要求按时间，插到底，像扎口袋口子一样要扎死，封锁敌退路，一定要卡死。这次看你这位虎将了，如插不到指定位置，别回来见我！"

邓华、洪学智、解方等人都关切地看着韩先楚。

韩先楚身感责任重大。但是，不管怎么样，不管遇到多大阻力和困难，既然我韩先楚敢挑起这副重担，就敢于下破釜沉舟的决心，不指挥部队完成迂回阻击任务，不再回来见彭总。他理解彭德怀的心情。克劳塞维茨说过，主力会战是为了争取一个真正的胜利而进行的全力以赴的斗争。这次会战，毛主席、彭总和志愿军首长都找出了影响战局发展的主要环节，是军事将领的一项最重要的才能。现在，关键的一步棋是三十八军断敌退路。一步失误，全盘皆输啊。韩先楚想到这一切，坚定地说："我敢立军令状，不插到位，不回来见彭总！请彭总放心！"

韩先楚去收拾行装去了。

这时，三十八军已进至德川，四十二军已由东向西移动到了宁边一线。

68. 奔袭三所里，"关起门打狗"

韩先楚离开志愿军总部，来到三十八军军部，正赶上军部在召开军

党委会,各师长师政委多数参加了。梁兴初原原本本地传达了彭德怀对三十八军的批评,并认真地做了自我批评。他说:

"彭总批评我们军没有按时插到指定位置,让敌人逃跑了,动作迟缓,影响了整个战局。彭总说如果这次再打不好,要撤我的职,部队要取消番号! 彭总的批评虽很尖锐,但确实如此。第一次战役三十八军没打好,主要责任在我梁兴初。主力部队是党培养教育的,是经得起摔打的。经不起批评算什么主力?第一仗没打好,不等于第二仗也熊蛋。这次一定打出我军的威风来。"

江拥辉说:"我也有责任。毛主席、彭老总都如此重视使用三十八军,我们应研究打好下一仗的问题。"

韩先楚在会上也毫不客气地批评三十八军第一仗没打好。梁兴初站起来激动地说:"我已经想通了,三十八军没打好,主要责任在我梁兴初。彭总的严格批评,我当时不服气,事后觉得还是批评得好。我对不起全军广大干部战士。"韩先楚听到这些话,也感到他们已经认识到错误了,就把话题引向研究下一步的打法上。各师纷纷求战,争取担任主攻任务。会开的很热烈。大家决心打个翻身仗。会上详细部署了进攻力量。

一场震惊世界的多国军队激战开始了。

这正是:

> 寒流急,
>
> 北风烈,
>
> 清川江旁决胜负,
>
> 十八国军队大集结。
>
> 美军发动总攻势,
>
> 麦克急于回家过圣诞节。
>
> 诱骄兵,
>
> 设口袋,
>
> 远程奔袭插敌后,
>
> 出奇不意制麦克。

功夫深，

计策绝，

奇占咽喉三所里

美军成为瓮中鳖。

——三师创奇迹，

"万岁军"威名载史册。

11月底的一天黄昏，我西线三十八军、四十二军和四十军主力在正面各军的配合下，乘敌军立足未稳，出其不意地对德川、宁远的南朝鲜军第七、八两个师发起攻击。

我三十八军一一二师翻越妙香山兄弟峰，迅速插到德川西侧，切断了德川与军隅里之敌的联系。一一三师从德川东侧渡过大同江，击破南

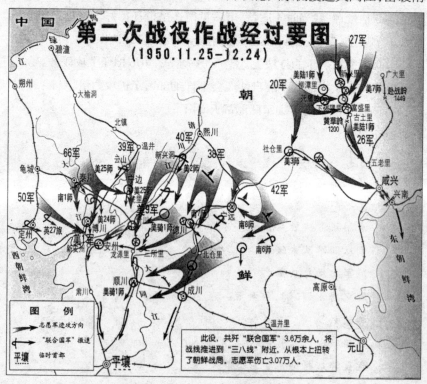

志愿军入朝第二次战役作战经过要图。

朝鲜第六师一个团的阻击,占领了德川南侧的遮日峰、济南里,切断了德川守敌南逃退路。梁兴初亲自派军侦察科副科长张魁印指挥军侦察连和一一三师侦察科长周文礼带领的侦察连组成先遣支队,化装成南朝鲜伪军,巧妙地通过敌军的层层关卡,冒风雪严寒,偷涉大同江,插到武陵里,炸毁了德川通往平壤的公路大桥,截断敌南北通路。一一四师从正面逼近德川。这时,伪七师立足未稳,便陷入我3个师的包围圈内。经7个小时激战,伪七师被歼大部,美军顾问7人被生俘。

我四十二军向伪八师发动进攻。伪八师本该被三十八军在第一次战役中干掉,但因三十八军当时行动迟缓,误了战机,侥幸保存下来。这次遭到我四十二军一二四、一二五、一二六师的穿插迂回包围,早被吓得向南逃窜,但仍未逃脱全师覆灭的结局。

第二次战役刚开战,志愿军一下子就歼敌2个师。敌人吓坏了,除美二十四师外,其他敌人都在原地不敢动了。

此时,彭德怀考虑,把敌人右翼的2个师打掉了,敌人马上会醒悟过来,会采取新措施。娘妈的!要抓住敌人,不能让他们脱逃!

27日凌晨战场战况是:四十二军占领孟山;三十九军歼灭美二十五师一部,在云山柴山洞利用俘虏喊话,争取到美军一个士兵连115人投降;六十六军向泰川之敌攻击;五十军向定州攻击。东线九兵团开始反击……

战役发展顺利。

与此同时,美第八集团军司令沃克似乎睡梦惊醒,急调第八集团军预备队土耳其旅到德川方向、美骑兵第一师由顺川向新仓里方向机动,以堵住战役缺口、阻止我军乘虚而入、插入敌后,从背后攻击。

27日夜,彭德怀在作战室与邓华、洪学智、解方紧急研究战场新动向。彭德怀考虑,九兵团在东线进攻开始后,沃克很可能让东、西两线敌军全部退向清川江南岸,在朝鲜半岛蜂腰部这个最狭窄的地方组成防线。这样,就会逼我军打阵地战。我军要防止出现这种态势,发展战役胜利,应该从敌人侧面迂回,但若迂回不到位,仍会再失战机。干脆让三十八和四十二两个军都实行战役迂回,来一个双层战役迂回。第一层三十八军,继续以主力向院里、军隅里方向进攻。以一个师插向三所里,堵住敌人南逃之路。第二层四十二军,向顺川、肃川突进。这样,就可完全断敌退路。用2个军6个师进行如此大规模的战役迂回,充分利用突然性,打敌意外,出奇制胜,这在世界战争史上是空前的,是战略上的一个创举。

邓华、洪学智、解方都赞赏彭德怀的双层战役迂回的想法。

彭德怀完全理解毛泽东主席的关于集中力量打歼灭战的原则。彭德怀想,沃克与麦克阿瑟相比还是有些头脑。他猜到我军可能有强大部队不知在何处设伏,所以第一次战役他进攻时小心谨慎。第二次战役他又稳步推进。现在正在调兵遣将想堵住西线第八集团军与东线第十军约100公里的缺口。没那么便宜的事,老大不能让你那么干!

彭德怀周密考虑了这一切:对!不能让敌人脱逃,要抄底,插乱,消灭敌军主力!

"主将之心应澄清似镜,不可涂抹画图"。彭德怀除了向助手讲述自己的想法外,立刻又及时向毛泽东报告战场情况和他的想法。彭德怀向毛泽东主席发了电报。电文大意是:我志愿军根据毛主席电令,截断敌退路,分割包围,各个歼灭西线美4个师及英二十七旅的任务,决心以四十二、三十八军进行迂回进攻,以四十、三十九、五十、六十六军在西线实施正面进攻,围歼清川江北岸之敌,不使其退逃。

毛泽东当即回电,除了祝贺志愿军歼灭伪军2个师的大胜利外,指示以四十二、三十八、四十、三十九军集中力量歼灭美骑一师、第二师、第二十五师等3个师主力。并指出,只要这3个师的主力歼灭了,整个局势就对我很有利。这是很重要的一仗,希望各军努力打好。

收到毛泽东的电文,彭德怀立刻下达任务,并命令各军开始进攻。

彭德怀坐镇作战室指挥。各军战况不断报到此处:

执行正面攻击任务的第四十军逼近球场。

第三十九军逼近宁边。

第六十六军进至古城洞。

第五十军逼近定州。

担任侧翼迂回任务的第四十二军沿途受到敌人多次阻击。他们以交替掩护的战法,攻占北仓里后,向假仓里攻进。

第三十八军主力在东嘎日岭击破美军王牌骑兵第一师和土耳其旅的阻击,占领瓦院。"志司"前方指挥所决定插向三所里的任务,由一一三师担任。这时一直在前方指挥所指挥和督战的韩先楚副司令员明白,如果我军不能抢占三所里,我军的一切努力都成泡影。

毛泽东有一句军事战略名言:在有强大敌军存在的条件下,无论自己有多少军队,在一个时间内,主要的使用方向只应有一个,不应有两个。我不反对作战方向有两个或两个以上,但主要方向,在同一个时间内,只应有一个。

是呀,当前最关键的是长途奔袭,抢先占领三所里。这是第二次战役关键中的关键。

彭德怀与邓华、洪学智、解方在作战室,对三十八军的行动仍很担心,怕他们又运动不到位,再次出现第一次战役的那种情况。

"韩先楚吗?"邓华按照彭德怀命令,与前线通话。

"我是韩先楚。"

邓华严肃地说:"彭总命令,三十八军一定要插到三所里,切断价川与平壤的联系。插到了,切断了,就是胜利!"

韩先楚说:"我明白。三十八军第一梯队的2个师——三师和一一四师由副军长江拥辉带领。他在前方指挥所指挥,指挥所跟着一一四师。插向三所里的任务已明确,由一一三师担任。他们已作好出发准备。"

彭德怀立即接过电话说:"时间就是力量,就是胜利,就是军队的生命!要向一一三师交待清楚。"

三十八军一一三师出发前,韩先楚副司令员把该师的师长、政委和副师长叫到跟前,当面严厉交代:

第一,必须保证27日下午6时以前从德川出发。

第二,不论遇到多大困难和伤亡,路上任何人无权让部队停下来。

第三,到达三所里后,不论代价多大,必须把敌人截住。

这时的三十八军军长梁兴初,心里最明白。德川之战是大战开始的一场小小的序幕,激战就在眼前啊。第一次战役就是他指挥失误,贻误战机,让敌人逃跑了,影响了整个战局。这次彭总并没有丧失对他的信任,仍委托重任,让三十八军再有个机会一显身手。他如负千斤重担。他面临的新任务仍然是复杂艰险的呀。

三所里是美军第八集团军腹地的一个小村,南临大同江,北依山峦。村西有一条平壤通价川的公路,是西线美伪军主力北进的必经之路,也是美军主力南逃的一道"闸门"。一一三师要到达三所里和龙源里,行程72.5公里,沿途山路崎岖,又多是敌占区,可说是险关重重。而要经过这里北进或南逃的美军3个师又都是美军主力,其中美骑兵第一师是美国陆军历史最悠久的王牌师,是美国开国时创立的番号,最早实现机械化的部队,号称美国"开国元勋师";美第二师是第二次世界大战征战欧洲的主力。敌3个师有300多辆坦克,400余门火炮。我一一三师只有十几门迫击炮和一些反坦克手雷。穿插三所里困难重重,稍有疏失,后果不堪设想。

梁兴初想到这些,深感一一三师任务艰巨、插到位艰巨、插到位后要挡住这样高度机械化的坦克集群的进攻,截断穷凶极恶的敌军的退路更艰巨呀!但是,这一步险棋要坚决走。他立即命令一一三师出发,由德川西南插到价川以南的三所里;一一二师沿德川至价川的公路走乡间小道,向价川攻进;一一四师向嘎日岭攻进。

27日黄昏,三十八军主力沿公路向价川疾进,于28日拂晓抢占了嘎日岭及其以西地区。38军主力前进中,以猛虎下山之势,迅速粉碎了土耳其旅1个加强营的阻击,歼其大部,击溃了美骑兵第一师的2个营。

于27日黄昏出发的三十八军一一三师,沿着德川以南的小路攀藤附葛前进。山路崎岖,沟壑纵横。他们趁着微明的月色,冒着严寒,不顾两天两夜行军作战的极度疲劳,急速行军。天大亮时,离三所里还远呢。当部队到达距三所里30多华里的松洞时,突然,天空出现几十架美机沿大同江飞来,在我数里之长的行军纵队上空不停地盘旋和低空侦察。

情况万分紧急。这么多部队在公路上行军,目标太大,极容易被敌机发觉。如果遭敌轰炸、扫射,会遭受很大伤亡;如果部队躲躲藏藏,就很难迅速抢占三所里。怎么办?

诸葛亮曾说过："事机作而不能应，非智也……情机发而不能行，非勇也，善将者，必因机而立胜。"这就是说，要随机应变，当机立断。我国古语也说：兵不厌诈。在这危急情况下，一一三师副师长刘海清大胆提出，让部队干脆去掉伪装，在公路上大摇大摆行军，迷惑敌机的侦察和阻挠。因为一一三师已穿插到敌人后方，一些公路上大批溃逃的美军和南朝鲜伪军正涌向三所里，公路上塞满了坦克、汽车、大炮和人流。我军大白天在公路上行军，敌机有可能误认为这是他们后方的友军南朝鲜部队，要不怎么会大摇大摆地在公路上，看见美军飞机不隐蔽呢？一一三师首长急中生智，命令：全师去掉伪装，公开继续前进。这真可称是：勇敢能闯险关，智谋能胜强敌。

果然不出一一三师首长所料。一一三师在白天照样行军，大摇大摆地走。飞机来了，他们也不躲。美机受骗了，一次也没有轰炸，放心地返航了。战士们情绪大为高涨，不顾极度的饥饿、疲劳，向三所里疾速前进。

美军的无线电侦听和测向技术是很先进的。只要我军电台一出现通联信号，便极容易被敌侦听台抓到并以无线电测向查明我军位置。一一三师为了不让美军侦听出部队的动向，关闭了电台，这在军事上叫无线电静默，是一种战略掩护行动。但这也使一一三师与志愿军司令部的直接联系暂时中断了。

正向三所里迂回穿插的一一三师，是志愿军总部作战室作战地图上标示的红箭头中最突出的一个，是彭德怀和总部关心的焦点。这时联络中断，这可急坏了在洞内作战室的彭德怀、邓华、洪学智和解方。

彭德怀在室内转圈儿。他的心仿佛悬到了空中，脸色发黑。他和邓、洪、解一会儿跑到电台看看，一会儿派人去问情况。

"杨凤安，去问一问，这个一一三师怎么搞的，跑到哪儿去了？"彭德怀着急了。

这时，彭德怀和他的助手们已经三天三夜未睡觉了。

杨凤安是他的军事秘书，是他点名从西安召到身边。"志司"很多首长都熟悉他。"志司"首长邓华、洪学智、杨得志、王平等有时亲切地称他是彭老总的随从秘书。从入朝作战，他一直跟着彭德怀，在彭德怀身边办公。他很理解彭德怀的心情,知道彭德怀的性格和特点。

杨凤安查问后向彭德怀报告:"与一一三师没有联系上,只呼叫,没有回声……"

彭德怀生气了,说:"命令'志司'所有的电台都听一一三师的、听三十八军'前指'的,暂不要与三十八军联系。"

解方带着作战处长和通讯处长守电台去了。邓华、洪学智也跑去了。通讯处长、电台队长都亲自上机收听。大家都明白,一一三师能否插到位,是决定此次战役的关键中的关键。

一一三师没有辜负众望,在向三所里穿插中,无一人掉队,没一个连排走错路,终于比撤退的敌人早5分钟插到三所里,关死了美军南逃的一道重要闸门。

28日早晨8时,喜讯传到"志司"。刘海清副师长打开报话机,用无线电话报告在志愿军总部日夜守候在电台旁的将军。

通讯处长立即核对发来的联络坐标暗语,大叫一声:"啊,到三所里了!"

电台旁一片欢笑声。

解方把暗语送给彭德怀,彭德怀长出了一口气说:"唉呀,这下子可放心了,总算到了!"

"洪大个子呀,下盘棋吧,轻松轻松?"

彭德怀高兴了,两天来的郁闷和焦灼一扫而光。

战争的里程是漫长的,但关键的一步要走好。一一三师完成了关键的动作,彭德怀认为战役成功有把握了。他放心了。

69. 坚守松骨峰,断敌退路

1950年11月底,志愿军各部各自抓住当面之敌加紧攻击,战况异常紧张。以第三十八军在军隅里通往龙源里、三所里的公路上堵击美第二师的战斗最为激烈。尤其是松骨峰痛击美国侵略军的战斗,打出了志愿军的军威。40多年过去,本书作者与当时指挥松骨峰战斗的我三十八军第一一二师第三三五团团长范天恩在北京重见了。都是60岁以上的人了,像许多老志愿军一样,一谈起抗美援朝战场的情况,似乎记忆犹新,激动之情难以言表。

范天恩指挥第三三五团,在第二次战役中,突破敌人防线后继续向敌人纵深发展进攻。30日拂晓,志愿军第三十八军第一一二师由德川——价川公路西进,在凤鸣里歼灭美骑兵第一师一部之后,在越过凤鸣里向仁川站追歼逃敌时,进至价川公路军隅里以南的松骨峰一带。第一一二师杨大易师长命令第三三五团直插松骨峰,截住南逃的美军。范天恩团长立即指挥全团疾进。他亲自率团部机关在先头快步奔驶。他说:战斗中部队要看我团长的指挥位置,如遇强敌或紧急情况,我在先头冲击,部队会紧跟向前猛冲;我在后面,部队可能向后靠。指挥员必须身先士卒,一马当先,才能率部队勇往直前。

凌晨5点,天色依然黑咕隆咚。第一一二师在三三五团在团长范天恩指挥下在急促行进中。第一营突然发现从北面的公路上驶来一队载人的卡车,这是美二师一部的车队正向南逃窜。雪白的车灯刺透了夜色,使北面的天空也为之发亮。显然,敌人不顾一切,争分夺秒地想尽快离开险境。

该营营长对第三连连长戴如玉下令:"你们连抢占仁川站西北松骨峰东南侧高地,阻截敌人。记住:你们的任务是拖住美军,争取时间,以等待我军主力赶到,全歼敌人!"

戴如玉回答:"保证完成任务。"

于是,三连连长戴如玉带领全连快速向东南方一个山头开进,迅速占领了这个山头。刚刚占领阵地,敌人的车队已驶到了阵地面前。好险,部队只比美军的尖兵小分队先到一步。

松骨峰位于球场通往三所里公路的中间段,主峰高288.7公尺。山腿往东延伸120公尺顶到公路,坡度小,无树木,雨裂较多。公路东侧有南北铁路一条,紧贴铁路是一条河,河谷不宽,水浅易涉,但岸高且陡。这里,是美二师九团南逃的必经之路。三连像颗钉子钉在这里,卡死美军南逃的关口要道。

战士们看到一眼望不到头的敌人汽车、坦克、大炮,一夜的疲劳刹时飞到九霄云外了,高兴地传告:"抓住了,准备打!"

马克思、恩格斯说:"如果说在贸易上时间是金钱,那么在战争中时间就是胜利。"

战场上常常是:1分钟可决定战斗的结局,1小时可决定战局的胜负。

三连抢先占领了要害地区,占领高地,卡住了敌军的咽喉。

美军第二师第九团只顾夺路南逃,陷入危境。

莫利斯·萨克斯《论战争艺术》中说:未占高地,而轻入隘路者,为山地作战之大忌也。这句军事名言在战后美国出版《朝鲜战争中的美国陆军》一书中引用,作者用于总结1950年10月至11月美军遭到惨重打击的沉痛教训。

美军进入三连阵地前沿。戴如玉立即指挥两挺机枪对准领头的第一辆卡车扫射,同时命令一排排长带领两个班冲上公路,用手榴弹炸毁敌人的卡车。

两道机枪火舌吐出长长的火焰。第一辆卡车的挡风玻璃被击得粉碎。驾车的美国士兵脖子一歪,卡车便横在了公路中间。第二辆刹车不及,撞上了第一辆车。车队戛然停下。

还未等车上的美国兵跳下来,一排排长率领的两个班已在公路两侧把手榴弹扔向卡车。一时之间,火光冲天而起,10余辆卡车起火燃烧,堵住了后面长长的车队。整个公路立即被阻塞了。

志愿军战士的冲锋枪和步枪一起响起来,美军乱做一团,不知道黑暗中有多少中国军队。后面的敌人纷纷跳下卡车,向志愿军战士还击。

被阻击的是美第二师的1个团。他们想趁天色未亮之机,迅速赶到龙源里,从那里往南突围。没料到出发不久,刚前行了十来里,便遇到了志愿军的伏击。

这时候,戴如玉、杨文海、杨少成等人已发现,他们占据的阵地不过是一个光秃秃的小山包。要以一个连的战士去抗击十多倍的敌人,没有良好的地形利用,后果是不堪设想的。

但形势又不容退缩。戴如玉、杨文海、杨少成简短地计议了一下,决定把全连战士分为4批，每批由一名连干部带领，分批分次地阻击敌人。

"我们无论付出多大的牺牲，也要把美军挡在这里！"戴如玉斩钉截铁地对排长们说："不战斗到胜利，决不后退一步！我带领第一批战士先上；如果我们不行了，杨少成同志接上；第三批战士由杨文海同志带领，第四批就由副指导员带领。"

戴如玉作好了布置，随即命令战士们把战壕加深，把工事加固。

后几批战士已撤下阵地，隐蔽待命。很快，遭到伏击的敌人向这个山头发起了进攻。

美军并不清楚有多少中国军队拦住了他们的去路。第一次进攻是试探性的，先是用榴弹炮、迫击炮向阵地进行了持续的炮击，随后，约有一个连的敌人开始向前冲击。

此时天已微亮。晨风吹拂着山头。伴随着敌人炮弹的爆炸，硝烟四处飘散。

在他们身后，已有十数名战士在敌人的炮火下牺牲、受伤。这个山头太狭窄了，敌人密集的炮火很容易造成战士们的伤亡。

几挺机枪突然响起。前面的美军倒下了，后面的美军立即卧倒射击，美制M–1机枪像成百条毒蛇，一齐向志愿军战士扫射。

子弹在战士们战壕前面钻入土中，发出嗖嗖的声响。战士们一边隐蔽，一边向敌人还击。

敌人似乎觉察到我军阵地上的火力不甚猛烈，于是在几挺重机枪的掩护下，几十名敌人爬上了山坡。

当敌人快到阵地前时，30多名战士停止射击，操起早已成排放在身旁的手榴弹，用嘴咬掉导火索，雨点般地向敌人扔去，迸飞的泥土、石块、弹片使美军死的死、伤的伤。一些手榴弹在空中就爆炸了，其威力不下一颗小型炮弹。一些美军吓得一动不动地伏在山坡上。

敌人不可能长久地伏着不动。果然，当战士们射击停歇之后，他们又一窝蜂地冲上来。

阵地中央的机枪再度响起。戴如玉亲自指挥着机枪向多个要点扫射。同时他指挥战士们在战壕上不停移动，以有限的兵力与进攻之敌周旋。

敌人见无法攻下这个山头，便暂时退下来，准备发动新的攻击。

戴如玉沿着战壕查看战士们的情况。形势更严峻了，他手下的战士已有15人阵亡、7人受重伤，其他很多战士也负了伤。

几十分钟后，敌人再次发起了攻击。

一阵炮轰之后，4辆坦克开道，几百名美军跟在后面，向志愿军阵地恶狠狠地扑来。

当一排长等人冒着枪林弹雨靠近敌坦克时，只剩下了6个人。他们一边向敌群投掷手榴弹，一边冲向坦克，把炸药包塞进坦克的履带。几声巨响之后，敌人的两辆坦克被炸毁了。另外两辆没有见过这种自杀性的攻击方式，慌忙掉转炮塔逃遁。

一排长和10名战士无一生还。在阵地上，看着这一幕的战士们流下了悲愤的泪水。

这时，3架B-26轰炸机从南面飞来，开始向志愿军阵地实施轰炸。一时间，炸弹从天空倾泻而下，这座小小的山头被炸得尘土飞扬。随后，B-26轰炸机又投下凝固汽油弹，阵地上一片火海、烟雾弥漫，令人感到仿佛置身噩梦之中。

短短的几分钟过后，戴如玉从尘土中爬起。他的右腿已被炸断，血水和尘土流在一起，带来阵阵钻心的疼痛，几乎让他失去知觉。他咬紧牙关，向阵地上张望。阵地上到处都是被炸断的枪支。几个志愿军战士被敌人的燃烧弹击中，蜷缩着。一些战士一动不动地伏在松软的泥土上，鲜血从他们的躯体上流出，渗入身下的泥土。

连他在内，阵地上仅剩下9名战士，个个伤痕累累。3个机枪手也阵亡了。戴如玉让战士们向他靠拢，收拾好仅剩下的弹药、枪支。

"通知杨指导员他们上来。"戴如玉向一名被炸断了胳膊的战士示意。

敌人又向山头发起了冲锋。戴如玉爬到那挺还能使用的机枪前面，叫一位浑身血肉模糊的战士摸索着为他装子弹，机枪又一次轰响起来。

等杨少成带领第二批战士赶上来，他看到的是一幅不忍目睹的场景。阵地上仅仅剩下了3个战士,靠在战壕边上,保持着射击姿势。阵地前面的山坡上,躺了几十具敌人的尸体。

"连长……牺牲了。"一个战士艰难地说道。

杨少成强忍悲痛,带领第二批战士进入战斗。杨少成牺牲了。

空前酷烈的战斗一直进行了5个多小时。到上午10时,美军仍被阻止于这个被他们的枪弹炮火反复蹂躏的山头以北。这时全连四批战士中仅存20多人。

为了夺路南逃,美军第二师集中2个营约1200人,一次又一次发起疯狂的冲击。飞机、坦克、大炮都用上了,公路上有大批机械化美军源源不断地潮水般涌来。

战斗已到最后关头。狂怒之极的美军第二师部队的第5次冲击,出动了32架飞机、18辆坦克、几十门榴弹炮,向这个不屈的山头三连阵地倾泻他们的炮弹。这个小小的山头立时陷入火光烟海的狂涛巨浪之中。灼热的燃烧弹令人呼吸为之窒息。

阵地轰成一片火海后,美军以上千人的步兵冲击。当美国兵最终冲上山头时,阵地上只剩下6名受了重伤的志愿军战士。他们一起冲入敌群:有的拉响手榴弹与敌人同归于尽;有的用手抓住敌人滚烫的枪管;有的死死抱住敌人滚入烈火;有的用口撕咬敌人,用盔甲深深地揣入敌人的身体……

这是极为惨烈的一仗!志愿军一一二师第三连战士视死如归的精神,连美国人也为之动容。

后来,志愿军领导机关授予第三连"攻守兼备"的锦旗一面,记集体特等功;第三十八军授予该连英雄部队称号。随该军进行战地采访的著名作家魏巍主要以第三连的事迹写成通讯《谁是最可爱的人》,于1951年4月11日刊登在《人民日报》上。这篇激动人心的通讯,很快地传遍了长城内外、大江南北。

第三三五团的英雄们,在这场惊天地、泣鬼神的阻击战中,一直坚持到黄昏,坚持到大反攻开始。阵地前留下敌人至少300具尸体,公路上各种美式车辆望不到尽头。

范团长应召紧急到师部开会。他急忙乘着缴获的一辆美式吉普车赴师部。新捕俘的美军一名战俘，是一名黑人司机，暂时当上了范团长的司机。这位美军战俘对范团长说："我保障了你的安全，我也有了安全，上车吧！"

范天恩团长回忆此战后，对本书作者说："抗美援朝已过去快50年了，这次战斗我终生难忘。我还想见见那位给我开车的美国司机。现在见面会更亲切，老对手成了朋友，谁也没有想到以后的变化……我还要感谢，有100多名美国兵(战俘)帮助我们，冒着美军飞机的轰炸，抢出一批被我军缴获的大小汽车。"

70. 双层围堵追歼美国王牌军;"万岁军"威震天下

我一一三师远程奔袭抢占三所里。一一三师和志愿军总部作战处直接开机联通后，美军马上知道了。美军总司令麦克阿瑟明白，三所里被我军抢占，这实际上是卡着了第八集团军的咽喉，抄了他们的后路，要彻底围歼美军主力。中共军队来者不善，企图很大呀。他立即命令美骑兵第一师第五团从北面价川方向南下，企图夺回一一三师占领的阵地，打通美第八集团军的南北联系。我一一三师当然不能让敌得逞，双方展开了激战。沃克又命令三所里以南的敌人北援，也被一一三师击退了。

美第八集团军司令沃克一看三所里被堵死，美军由军隅里经过三所里撤退的道路截断了，还有三所里往西北十华里的龙源里，是第二条南逃之路，必须迅速占领。这时，我三十八军前线指挥立即电告一一三师：你师立即抢占龙源里。但是，前线指挥把"源"字误写成了"泉"字。一一三师几个领导在地图上找不到"龙泉里"这个地方，但发现三所里西边有一条通往南边的道路(这实际上就是龙源里)。他们未及请示，当机立断，命令三三七团往西急进，于29日凌晨占领了龙源里，堵死了敌人第二条南逃之路。

彭德怀在大榆洞的作战室对一一三师能否确实卡住敌人，仍不放心。他让杨凤安把无线电报话机拿来，要直接和一一三师通话。

"我是彭德怀!"

"啊!"——一一三师政委于敬山听到彭德怀声音,吃了一惊,"彭总,我是——一一三师政委于敬山。"

"我问你,你们那里的情况怎么样?"

"我们已占领三所里、龙源里。敌人正在猛烈冲击……"

"你们要卡着敌人的退路,像钢钉一样扎在那里。现在南逃的敌人正在涌向你们,我军主力正向你们靠拢。围歼敌人,关键是看你们能不能堵住敌人退路。你们让敌人跑掉,我决不饶你们!"

于敬山立即回答:"我们明白,我师坚决把敌人卡在这里!"

彭德怀说:"好!你们打得蛮好,加把劲儿,打好这一仗。"

彭德怀的指示立即传达到全师各单位,直到守卫每条战壕的全体官兵……

这时,我军全线展开攻势。我新入朝的第九兵团于东线长津湖地区正在运动中歼敌。我军集中主力于西线博川、价川、德川、宁远地区,向敌发起正面进攻。以三十八、四十二2个军从敌侧翼薄弱部、伪军防御的德川地区突破,迂回猛插敌纵深,断敌退路,采取双层迂回包围。主力4个军由正面配合,实施战术上的分割合围,围堵追歼,各个歼灭敌人。

29日白天,西线美军开始全线撤退。美第一军迅速由清川江北岸撤至安州,美第九军向价川及其以南地区收缩。同时急调位于顺川的美骑兵第一师主力及位于平壤地区的英第二十九旅北上增援,企图与价川南逃之敌夹击我一一三师,打开南逃之路。

这样,西线战场敌我双方斗争的焦点仍然集中在我一一三师防守的三所里和龙源里两个关口上。

我三十八军面临着严峻的考验!

从清川江败退下来的美第二、第二十五师及南朝鲜第一师一部和土耳其旅残部,被阻拦在军隅里至龙源里的狭长地带。在南北仅20多公里的公路上,塞满了美军的伤兵、汽车、大炮、坦克。我三十八军乘敌混乱之机,于29日夜集中兵力向价川至龙源里公路附近之敌猛攻。30日白天,我三十八军一一二师在杨大易师长、李忠信副师长率领下,插入双龙里,围追截堵美二师和美第八集团军的炮兵部队。三十八军副军长江拥辉率领一一四师攻占凤章洞等地，分割包围了美第二十五、第二师及南朝鲜一师各　部，打乱了敌军部署。我正面4个军奋起追歼，包围圈在缩小。各军都在收紧口袋。

麦克阿瑟穷凶极恶，在30日集中数百架飞机和各种火炮，掩护美骑一师、英二十九旅由南向北增援，以解救被围困之敌。南逃之敌则以坦克为先导，连续猛烈冲击，企图突围。

彭德怀命令西线各军发起进攻。

三十八军主力在凤鸣里歼灭向军隅里方向撤逃的美第二十五师1个团大部，在军隅里通往龙源里、三所里的公路上堵住南逃的美第二师。敌人企图夺路逃生，真是狗急跳墙，孤注一掷，与我三十八军展开一场血战。一一三师在三所里、龙源里顽强阻击南逃的美一师和北援的美骑兵第一师、英第二十九旅的两面夹攻，使南逃北援之敌相距不到1公里而可望不可及，遥相哀叹，眼望着被截之敌就歼。被包围的美军绝望了，遗弃大量辎重，转向安州突围逃命。这次八昼夜围歼战，给美二师、二十五师以歼灭性打击，再次重创美骑一师，歼灭伪军第七、第八2个师和土耳其旅大部，毙、伤、俘敌2万多人，使敌人胆颤心惊。李奇微在他的回忆录中承认："第八集团军已遭到一次沉重的打击。美第二师在清川江一带损失严重，11月底已宣布失去战斗力。"

12月1日凌晨，彭德怀在办公室看着前方报来的战报，满脸笑容，高兴地把战报往桌上一拍，对邓华和洪学智说："三十八军的确是一支好部队，打得太好了！"

邓、洪拿起韩先楚从"前指"报来的三十八军的战况看着，脸上也露出了笑容。

三十八军两次成功地深入敌后，圆满完成志愿军总部赋予的作战任务，围歼了德川地区伪七师大部，在敌战役布势上打开缺口，大胆穿插，远程奔袭三所里、龙源里，切断敌南逃必经之路，狠狠打击美二师和美骑一师，歼敌8000余人，俘敌3616人，缴获各种火炮300余门、汽车1500余辆、坦克14辆。

洪学智说:"三十八军毕竟是主力军,立了大功了。"

邓华说:"他们是主力嘛! 是很有战斗力的部队嘛! 这次西线大量歼敌取得重大胜利,三十八军可是起关键作用了。"

洪学智又说:"上次他们没打好,受到了老总的批评,这次憋足了劲儿,要打出个样子来。这支部队是老部队,有一种不服输的战斗劲头!"

彭德怀兴奋地说:"确实是一支过得硬的部队,我们要通令嘉奖他们!"

邓、洪走后,彭德怀就喊杨凤安:"杨参谋,你再给我拿来韩先楚的报告看看。"杨凤安跟随彭德怀多年,从西北到东北又到朝鲜,主要是作军事秘书工作,但彭德怀爱叫他参谋。

杨凤安立即又把报告放在彭德怀桌子上。

彭德怀又看了一遍报告,让杨凤安把笔和纸准备好,他拿起笔亲自起草了给三十八军的嘉奖令:

梁、刘(西元)并转三十八军全体同志:此战役克服了上次战役中个别同志的某些顾虑,发挥了三十八军优良的战斗作风,尤以一一三师行动迅速,先敌占领三所里、龙源里,阻敌南逃北援。敌机、坦克各百余,终日轰炸,反复突围,终未得逞。至昨(30日)战果辉煌,计缴仅坦克、汽车即近千辆。被围之敌尚多。望克服困难,鼓起勇气,继续全歼被围之敌,并注意阻敌北援。特通令嘉奖并祝你们继续胜利!

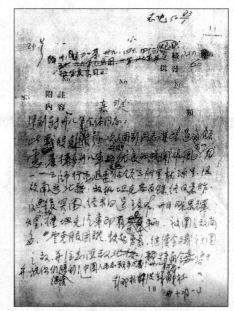

彭德怀亲自为三十八军起草的嘉奖令。

彭德怀写完后,对杨凤安说:"给邓、

朴、洪看看。"

邓、朴、洪看了嘉奖令，杨凤安准备发出。彭德怀又让杨凤安把电报文稿拿回来，说："你把稿子拿过来。"杨凤安把中文稿递给彭德怀，彭德怀接过电报底稿，似乎不假思索，又写了一行字："中国人民志愿军万岁！三十八军万岁！"，并批了邓、朴、洪、解、杜阅。

"行不行？"彭德怀兴奋地问杨凤安。

杨凤安高兴地说："太好了！古语说，军以赏为表，以罚为里。彭总真是赏罚分明。对三十八军上次战役贻误战机你严厉批评，对他们这次战场发挥关键作用你通令嘉奖。这对部队将产生重大影响啊。"

领导人的威信在军事部门比在其他任何部门都更重要。这种威信从实战中来。领导人具有优良品质、丰富经验、指挥才能与果断，在指挥部队作战的实践中就能树立起威信。彭德怀就是在关键的问题上，综合表现出他卓越的指挥艺术。他敢于批评人，也敢于大胆表彰有功人员或单位，彰善瘅恶，正大光明。我国明代戚继光说："正直无私，扬眉吐气，我不怕人，人皆敬我，就是天堂快乐之境，此为将之根本。"彭德怀这种公正无

朝鲜人民用耕牛将志愿军伤员转移到后方治疗。

私,具有金子的品质,铁的纪律,所以大家都很敬佩他。

彭德怀一扬手,说"拿去给邓、朴、洪看看。"

杨凤安去找三位领导时,只找着了邓、朴。

邓和朴看完了电报稿,因没有找到洪学智,杨凤安就把电报底稿送电台了。

过了一会儿,彭德怀心里还不踏实,又问杨凤安:"他们都看过了?"

杨凤安说:"洪副司令有事出去了,没找到。"

老总问:"电报呢?"

"送电台了。"杨凤安回答。

彭德怀不高兴了,说:"赶紧去电台把电报稿拿回来,给洪副司令看后再发。"

杨凤安说:"时间急,没找到,电台已发出了。"然后把电文稿拿回让彭德怀再次过了目。看到其他副司令都看了,彭德怀也就没有再提此事,但是他很严肃地对杨凤安说,"应该让洪副司令看过后再发。以后再起草电报,让他们都看了再发。要注意此事。"

杨凤安郑重地回答:"我明白了。"

据杨凤安回忆:彭德怀在朝鲜战争中,在关键的时刻,总是全局在胸,运筹帷幄,胜敌一筹。彭德怀在定下决心前,总是虚心听取各方面的意见。每一个大的战役行动,常常是召开会议,集思广益,集中正确的意见。对于各副司令员和下级指挥员的意见,他总是认真考虑。每次重大战役的部署和重要情况的处置,都是彭德怀亲自起草电报,再请各位副司令员传阅后发出。从上述这件事可以看出,彭德怀对几位副司令非常尊重。彭德怀在考虑决心、起草命令的过程中,全神贯注,吃饭不香,睡觉不甜,像千斤重担压在身上,在作战室里时而踱来踱去,时而坐下面对地图查看敌我情况,分析敌我装备、实力、素质,敌指挥官才能、脾气、禀性,战区的地形、气象、物资保障等,对战役发展的每个阶段的有利条件和不利条件,是否达到战役的预期目的,考虑得十分周密。作为高级指挥员,在指挥作战中,不仅斗勇,而且斗智,在某种意义来说斗智更重要,能够以智克智,左右形势,牵着敌人鼻子走。彭德怀在组织战役中,深刻理解毛泽东的战略思想,充分发挥他的聪明才智,不愧为能驾驭战争的智勇双全的将军。彭德怀每次战役的命令起草后,总要再找"志司"几位首长商量,听取他们的意见和参谋们的意见,进一步完善自己的决心。当他的决心下达到部队后,这时彭德怀才显得轻松了些,总是高兴地喊:"老洪来杀盘棋。"仗打胜了,他更是加倍高兴,把过失的责任揽到自己头上,把功劳推给有贡献的部属。人们称彭德怀是:

> 决策时：殚精竭虑
>
> 作战时：坚决刚毅
>
> 受挫时：顽强不屈
>
> 出错时：赏罚严明
>
> 胜利时：宽容敦厚

"三十八军万岁"的嘉奖电发出后,彭德怀又立即研究在三十八军召开现场会,总结打胜仗的经验了。

邓华亲自去三十八军召开现场会,西线各军的军长都去了。去三十八军的沿途,各军军长和邓华都到三十八军战场察看了布满山岗和河谷的敌人扔下的汽车、大炮、坦克以及堆积的军需品。邓华主持了会议。梁兴初介绍了经验以后,大家纷纷向他祝贺。他乐得嘴都合不上了,哈哈笑着,用缴获的好吃的东西招待大家。

"三十八军万岁"这个口号,对当时入朝的6个军震动很大。大家感到:彭德怀治军赏罚严明,在他手下作战,不能马虎。"万岁军"的威名也从此传遍了冰天雪地的朝鲜战场,名扬天下。

在瓦洞里附近对美军战俘军官进行审讯时,他虽对我们的攻势不服气,但还是十分佩服我军的英勇和善战。这个军官是美军第二师的。他说,我军打仗"不正规","偷偷摸摸"插到他们背后,不在白天进攻,没有飞机、坦克,用的还是美国制汤普森冲锋枪和1903式斯普林菲尔德步枪或者是苏式转盘冲锋枪,不像正规军。败在这样装备落后的对手下,感到遗憾。但他仍承认:美国有好武器,没有像中国这样的步兵部队,如果能有几个像中国这样的步兵军,加上美国的装备,他们会战胜任何敌手。这说明敌人承认了我军是以劣胜优。这就是我军的特征。

71. 风雪东线,宋时轮率第九兵团激战

志愿军第一次战役接近结束时,毛泽东为加强志愿军左翼进攻力量,通知彭德怀说,他已命令集结在济南以南地区的第九兵团立即入朝,全力担任江界、长津方面的作战,以求转变东线战局。

在此以前,10月29日,中央军委副主席朱德到山东第九兵团驻地,对该兵团干部作了抗美援朝形势与任务的报告。他指出:美国侵略者不顾我国警告,越过三八线,直趋朝中边境。我们决不能置之不理。为加强入朝参战的兵力,中央军委决定第九兵团立即入朝。他要求第九兵团部队以旺盛的战斗意志,肩负起打败美国侵略者的光荣任务。

11月7日、12日、19日,第九兵团3个军12个师在司令员兼政治委员宋时轮率领下,按第二十、第二十七、第二十六军次序由集安、临江入朝,担任东线作战任务。这样,志愿军前线作战兵力达到9个军30个师38万余人,在地面部队的兵力上与敌军相比已居于明显优势。

11月17日,彭德怀为了诱敌尽快进入预定战场,命令各军停止反击。在西线志愿军主力转移到了云山、球场以北和宁远东北;第九兵团进入东线的第二十军在柳潭里以西及西北完成集结,并接替了第四十二军主力的任务。第四十二军主力向宁远东北转移。

志愿军在西线发起进攻以后,东线美第十军和南朝鲜第一军团仍在积极地执行麦克阿瑟的圣诞节结束朝鲜战争的总攻势计划,继续北进。到11月27日,美陆战第一师2个团已进到长津湖南侧的柳潭里、新兴里、下碣隅里。美第七师主力和美第三师一部向美陆战第一师靠拢。沿海岸铁路进攻的南朝鲜第一军团首都师已越过清津向大津逼近。向惠山攻进的南朝鲜第三师主力已进到端川以北的白岩。占领了惠山的美第七师1个团已掉头沿鸭绿江向西接近新坡。

志愿军第九兵团领导人决定抓住敌人兵力分散和敌人尚未发现本

兵团集结的有利时机,命令第二十、第二十七军对长津湖地区之敌发起反击。

27日黄昏,志愿军第九兵团第二十、第二十七军同时对敌发起进攻。经过一夜的激烈战斗,第二十军主力完成了对下碣隅里之敌的包围,并攻占了柳潭里、下碣隅里之间的死鹰岭和下碣隅里、古土里之间的富盛里,切断了柳潭里、下碣隅里被围之敌的退路;其一个师迫近社仓里。第二十七军在歼敌一部后,完成了对柳潭里、新兴里之敌的包围。这样,第九兵团就把敌人分别包围在下碣隅里、柳潭里、新兴里地区,为下一步各个歼灭被围之敌创造了条件。

当时,东线战场普降大雪,最低气温为零下30摄氏度左右。这种恶劣的气候,给原来长期活动在华东地区、缺乏在天寒地冻和山高雪深条件下作战经验的第九兵团部队带来很大困难。但是,第九兵团指战员们发扬英勇顽强、吃苦耐劳的传统作风,前仆后继,不怕牺牲,完成了预定的任务。

11月28日,志愿军第二十、第二十七军继续攻击被围之敌,但因兵力不足,冻伤较多,仅在下碣隅里、新兴里外围歼敌1100余人。

29日,美陆战第一师为打开通路,分别向志愿军阵地进行连续猛攻。志愿军第二十军第五十八师第一七二团第三连连长杨根思,带领本连第三排守卫在紧靠下碣隅里东南的1071.1高地。这是下碣隅里被围之敌逃跑的必经之地。敌人先在飞机、大炮掩护下数次抢夺小高岭,又以重型轰炸机和远程火炮向三排阵地倾泻了大量的炸弹、炮弹、燃烧弹。阵地上硝烟弥漫,烈火熊熊。

杨根思在弹药告罄的情况下,带领战士们用刺刀、枪托、铁锹、石块与敌拼杀,最后全排仅剩2名伤员仍坚守着阵地。

敌人发起第9次攻击,有40多个敌人爬进山顶,而我支援分队尚未赶到。在这危急关头,已负伤的杨根思抱起仅有的一个5公斤的炸药包,拉燃导火索,纵身向敌群冲去,炸死了爬上来的敌人,自己壮烈牺牲。

30日晚,志愿军第九兵团第二十七军、第八十一师主力对新兴里之敌发起进攻。激战至12月1日拂晓,将敌压缩到一个狭小地域内围歼。美军第十军军长阿尔蒙德看到新兴里的部队遭到全歼，又得知西线"联合国军"已开始全线后撤，便对圣诞节结束朝鲜战争的总攻势丧失了信心，立即命令其东线所有部队向咸兴、元山撤退。美陆战第一师在柳潭里、下碣隅里被围的部队即拼死夺路南逃，被志愿军分别歼灭约800余人，遗弃了大量辎重车辆，溃不成军。

志愿军全歼美军第七师第三十一团时缴获的该团团旗。

中国人民志愿军第九兵团入朝作战比较仓促，加之东线战场山高路险，人烟稀少，气候严寒，部队冻饿减员严重。但他们取得了给美陆战第一师、美第七师以歼灭性打击，共毙伤俘敌1.3万余人，迫使东线敌军由进攻转入败退的重大胜利，为转变东线战局做出了重大贡献。

志愿军领导机关嘉奖了第九兵团。毛泽东致电彭德怀，指出：第九兵团此次在东线作战，在极困难条件之下，完成了巨大的战略任务。

72. 第一次转移志愿军总部，彭德怀巡视战略要地妙香山

1950年12月5日。大榆洞，志愿军司令部彭德怀办公室。

彭德怀面对志愿军参谋长解方、军事秘书杨凤安等，急切催促要尽快安排"志司"向前转移。

彭德怀问："'志司'向前转移准备得怎么样了？"

解方："我也派丁甘如前往新成川地区选择指挥所的新位置，司令部已作好准备。"

彭德怀："部队已向前推进到'三八线'，我们仍在原地未动，'志司'距一线距离越来越远，这怎么行？要尽快向前转移。"

彭德怀在战场上，一贯是身先士卒，靠前指挥。进攻时，他率先行动。

抗美援朝,他第一个进入朝鲜战场。现代战争的统帅一般都是远距离遥控指挥,靠现代通讯工具传递信息与命令指示。但彭德怀习惯靠前指挥,他的指挥位置绝不允许离第一线太远。

此时,志愿军自在西线发起反击,经激战,歼灭南朝鲜军第七、第八2个师和土耳其旅大部,并给美二师歼灭性打击,重创美第二十五师和美国王牌部队骑兵第一师。美军承认美国主力军第八集团军已遭沉重打击,已失去作战能力。以美军为首的"联合国军"和南朝鲜军溃不成军,丢弃大量装备,在数百架飞机掩护下,向三八线实施总撤退,主力由三所里以西沿安州方向突围逃窜。12月5日,"联合国军"退出平壤,向南溃退260公里。

12月6日,志愿军收复平壤,乘胜进抵三八线附近。与此同时,人民军占领了三八线以南的延安半岛和瓮津半岛。金日成于5日自北京返回朝鲜,6日前往大榆洞志愿军司令部,与彭德怀会谈组成中朝联军司令部问题。当日夜,彭德怀致电毛泽东主席,建议为了便于今后指挥,"志司"须南移至价川或德川以南。

彭德怀再也坐不住了,着急让"志司"往前转移。"志司"作战处处长丁甘如率先遣人员带电台出发,到朝鲜蜂腰部的中央新成川地区选择指挥位置,还没有回音。而且,邓华副司令带"志司"作战处副处长杨迪于12月3日离开大榆洞到三十八军军部,主持召开西线各军作战总结会议去了,人约最迟也要3天后赶回来。本来是彭德怀坚持他自己要亲自去主持这次会议,但邓华认为,从志愿军总部大榆洞到第三十八军军部有200多公里,乘吉普车大约要走1天,路上随时能遇到敌机轰炸扫射,还有敌人撤退时埋下的大量地雷,彭总亲自去太危险。邓华和洪学智等人坚决不让,彭德怀只得同意派邓华代表他去主持这次军事会议。这时,邓华还未返回,新总部指挥所位置未定,只好原地不动。

此时,我军虽在乘胜向前推进,但彭德怀在审时度势,思考下一部战法。他在12月4日给毛泽东主席的电报说:

东西两战场,敌受严重打击,有退平壤、元山线构筑防线可能,亦有退守三八线筑防线可能。……如敌放弃平壤、元山线时,我即追越三八线,相机进攻汉城。

彭德怀致电毛泽东,汇报了此次歼敌作战经验:

一、在敌我技术装备极端悬殊的情况下,力避在固定阵地作战。要使用长期手段调动敌人,乘其立足未稳,火力未展开时,予以猛攻。二、充分利用夜间战斗。战斗发起,力争黄昏开始,拂晓解决。三、要渗入敌后方,首先打掉其火力阵地与指挥所,威胁敌战役供应线。

毛泽东12月5日电示彭德怀,同意彭关于东西两线作战部署,称彭德怀12月4日电所述战役部署甚好,望即照此执行。12月4日电所述经验总结,亦是很好的。下一步与人民军联合作战有关问题,可直接与金日成联系。

彭德怀急于同金日成商量建立中朝联合司令部,以统筹安排追越三八线的作战行动,所以他几次催解方转移"志司",向前机动。

12月9日,邓华、韩先楚副司令从三十八军军部返回大榆洞,向彭德怀汇报在第三十八军军部召开西线6个军的军长政委参加的作战经验总结会的情况,以及向各军长政委传达追越三八线、相机进攻汉城的命令等情况。得知部队士气高涨,纷纷请战,战场形势如此迅猛发展,彭德怀非常高兴。邓华在乘吉普车途中遇敌机轰炸扫射,司机紧急处置时使邓华头部碰伤。在大榆洞就医后,彭德怀指示他速回国在沈阳治疗。

12月9日黄昏,彭德怀与志愿军总部开始由大榆洞向君子里转移。

我军第三十八军军长梁兴初第一次战役受彭德怀严厉批评,第二次战役受表扬,他指挥的三十八军被赞誉为"万岁军",这是他从来没想到的荣誉,他深为彭德怀公道正派、尝罚严明所感动,亲自派人开一辆缴获的美军新吉普车送到"志司",交给彭德怀乘坐。彭德怀乘坐这辆美式吉普,兴致很高,夜空星光下开始了行程。

第二天早晨,总部车队到达妙香山。

妙香山是战略家毛泽东与志愿军总司令彭德怀十分注目的战略要地,北面是熙川,南面是德川,彭德怀的军事秘书杨凤安追忆道:"妙香山山脉由东北向西南走向,在战略上有很重要的价值。早在第一次战役之前,彭总就在朝鲜战地对照着朝鲜全图,缜密查看并研究了妙香山地形,决定派一个部队迅速抢占妙香山,割裂向朝鲜北部进犯之敌东西两部之联系,以便集中主力歼击西线进犯之敌。实际上,东、西两线之敌向鸭绿江推进,东线美国第十军和南朝鲜军第一军团与西线美第八集团军所属美一军和南朝鲜第二军团之间,敞开了80多公里的缺口。妙香山地形起到了阻割的作用。"

第一次战役结束后,美军和"联合国军"统帅麦克阿瑟坚持认为中国军队的主力没有过鸭绿江,仍集中兵力放胆北进。这一形势,便于我军利用敌人战略上的判断错误和分兵冒进的弱点,从运动中对敌实施突然攻击,是我各个歼灭敌人的极好战机。彭德怀抓住麦克阿瑟这个错误判断,争取了"故意示弱,怂敌、诱敌深入"的作战方针,巧妙利用敌人东、西线结合部出现的这一宽大空隙,将敌诱到我预定战场,然后以重兵从敌侧翼发起进攻,迂回包围歼灭敌人。在毛泽东和彭德怀部署同敌军首次较量的文电中,数次提到妙香山。

毛泽东1950年10月22日7时给彭德怀、邓华的电报称:……但彭电派一个师占领长津,及派必要兵力控制妙香山、杏川洞,仍甚必要,请速实行。

仅过了2小时,毛泽东1950年10月22日9时发给邓华、洪学智、韩先楚、解方并告彭德怀、高岗的关于立即占领妙香山、杏川洞给邓华等的电报称:……(二)敌进甚速,请照彭电立即用汽车运一部兵力去占领妙香山、杏川洞,先运几个营去也好。

第二天,10月23日7时,毛泽东发出给彭德怀、邓华并告高岗的电报,内称:……我速运控制杏川洞、妙香山一带之部队,务须争取于24日拂晓,至迟于25日拂晓以前,到达上述地点,否则将失去战机。

彭德怀1950年11月8日15时给军委的电报,称:西线部署:以三十八军1个师沿清川江东岸节节抗击,引敌至妙香山地区,坚决扼守之;主力隐蔽集结于下杏洞、球场以东,德川以北之山地。……

根据毛泽东与彭德怀的战略部署与战役指挥,西线四十二军一二五师配合三十八军,以每夜180多里的强行军,抢占妙香山。部队没有汽车,全部跑步前进。指战员们饿了就吃些自带的饼干和炒面,边走路边吃,先敌占领了熙川、妙香山、杏川洞一线战略要地,居高临下,牢牢控制了平壤到熙川、元山到熙川的铁路、公路,掩护西线主力展开获胜。一二五师与三十八军配合,在阻击战斗中歼灭大量敌军。新华社11月7日播发了胜利消息,"战报"说10月25日至11月4日共11天的战果:毙伤美军460余人,南朝鲜军2180人,俘虏美军270人,南朝鲜军3770余人,共歼灭敌6000余人。

毛泽东1950年11月阅该战报,挥豪写下《浣溪沙·和柳亚子先生》:

> 颜斶齐王各命前,
>
> 多年矛盾廓无边,
>
> 而今一扫纪新元。
>
> 最喜诗人高唱至,
>
> 正和前线捷音联,
>
> 妙香山上战旗妍。

军事家、诗人毛泽东以诗表达了对抗美援朝前线捷音频传的喜悦心情。

彭德怀乘吉普车到达妙香山脚下,同志愿军总部人员一起登山巡视。事隔48年,彭德怀的军事秘书兼"志司"办公室副主任杨凤安回忆并笔述:妙香山是战略要地,在抗美援朝战争史上留下烙印,知名度很高,毛泽东主席和彭老总都在作战文电中多次提到它的名字,在地图上找到并研究它的地形地貌。而且它还是朝鲜著名的旅游区。我随彭总及"志司"其他领导,一起登上了妙香山。此时正是1950年12月11日晨。彭总在拂晓前吃过早饭,没有休息,就漫步游览了妙香山。妙香山风景秀丽,松柏矗立,古松成林,当时正是冬季,地面上有没膝的白雪覆盖,景色十分迷人。彭总游览了山上的庙宇。庙宇内塑造了各种神像,庙宇门前两侧雕刻着石马、石狮、石勇士等。彭总走了一段路,见到韩先楚副司令正坐在一座小亭里休息,彭总快步走了过去,走上亭内与韩副司令坐在一起,畅谈起第2次战役打得痛快利索,这下子打痛了麦克阿瑟。彭总还谈到了韩副司令在前指的指挥是坚定灵活。两人还谈到我军经过两次战役,部队相当疲劳,急需休整补充,养精蓄锐,待明年春天向三八线发起进攻。如果我军在三八线以南、汉城以北创造歼敌良机,再歼敌美军二三个师,那时敌人有可能知难而退。彭老总与韩先楚副司令员谈话正浓,突然来了两架美空军F-86战斗轰炸机。警卫员高喊:注意防空! 话音刚落,敌机无目标地扫射和投弹,未盘旋即飞走了,幸好没有伤到人。但石马、石勇士被炸,松林起火。跟随总部的分队战士迅速扑灭了林火。彭总见到此景惋惜珍贵的文物古迹、文化遗产遭到破坏,对敌机的野蛮轰炸非常愤怒。此后,彭总又乘吉普车继续向前开进,正是:

> 赤心豪胆,身先士卒闯烽火
>
> 铤而走险,奔驰战场查军情
>
> 不畏强敌,敢打一流王牌军
>
> 妙计奇谋,巧设伏兵歼骄兵

73. 彭德怀在新成川以西隧道中遇险

12月11日黄昏,彭德怀和"志司"其他首长从妙香山继续向前转移。彭德怀乘坐吉普车,内坐军事秘书杨凤安和警卫员。当行进至德川时,"志司"首长的车队遇到了我志愿军炮兵部队。炮兵部队8个骡马拉1门火炮,把整个公路的路面都占满了,小汽车无法通过。杨凤安要下车前往炮兵部队找领导商量把公路让开,先让彭德怀与"志司"车队通过。彭德怀拦阻说:"不要影响炮兵部队的行动,我们在后面跟进。"这样,"志司"的车队1个小时才走几公里,而德川附近又是敌飞机的封锁区,"志司"的车队如果天亮前不能通过德川地区,就有可能被空中不断实施封锁的敌机发现,就会对"志司"的安全构成危险。

解方参谋长很着急,找到炮兵团长说明了情况。炮兵团长立即下令,炮车靠路边停止前进,让小车先通过。

彭德怀乘小车见到炮兵团长问:"你们为什么停止前进?"

团长说:"我们走得慢。先让小车通过,我们再走。"

彭德怀此时才意识到为了给他让路,立即问:"你们到什么地方宿营?"

团长回答:"北仓里以南10公里。"

彭德怀说:"你们拂晓前可能赶不到了。在拂晓前你们可以就地疏散、荫蔽,不要赶路,以免暴露目标遭敌机轰炸受损失。"

由于我军在抗美援朝战争初期没有空军掩护,敌人掌握着制空权,我军向前机动,无论在什么地方,都采取昼宿夜行。部队行军机动要在天亮前到达宿营地荫蔽好,作好防空准备。彭德怀对炮兵部队的指示,体现了志愿军统帅对官兵的爱护和关怀。

12月12日拂晓,彭德怀与"志司"其他首长到达新成川北仓里附近一个火车隧道。这里是解方参谋长派丁甘如处长率领先遣人员并带电台,在新成川地区选择的临时指挥所。由于彭德怀催得很急,要立即离开大榆洞,丁处长选择在新成川以西、顺川至新成川的铁路一条隧道洞作为指挥所,先进驻,再继续选择更合适的位置。

该火车隧道洞长约150多米,两头隧道口暴露。该地区是丘陵地带,没有高山深沟。如果被敌机发现隧道内住有指挥机关,敌机可从隧道两口投送火箭弹,从两边洞口打到洞内。这是很不安全的。

杨凤安等把彭德怀作战办公室安排在隧道中间,挂上地图,支上行军床,又在附近村庄找了些破桌子、凳子。在长长隧道内,为便于把彭德怀办公室与其他办公室分开,就用雨衣雨布挂起,形成几间小屋。

杨凤安回忆:彭总在隧道洞内吃过午饭,刚刚睡在行军床上休息。这时,工兵排准备推一节火车货车厢堵塞隧道洞口,作为挡护墙,以防敌机火箭弹射击打到洞内。工兵排刚开始推这节货车厢时，因车轮和铁轨锈蚀在一起，推不动，于是增加了一些战士用力推，终于把火车车厢推动了。但由于铁轨北高南低，地势不平，车厢一起动便由高处向低处滑了下来，越滑越快，无法拦阻，车厢从北口滑进洞内，把桌凳都轧碎了，轰轰嘎嘎直响。杨凤安一看太危险了，急忙把彭老总拉起靠边。彭总睡觉突然被叫醒拉起，以为是来了敌机轰炸，一看是车厢冲了过来，忙闪身躲开。车厢在离彭总行军床只有2米处停了下来。大家看见此事的发生都啼笑皆非，又对彭老总安然无恙感到欣慰与放心。

第二天黄昏，"志司"与彭德怀即向君子里转移了。当夜，在君子里设立了志愿军指挥部。

第十章　战局大转折

74. 麦克阿瑟惊呼难以驾驭新局势

11月底,我志愿军一一三师突然出现在三所里、龙源里,切断了美第九军由军隅里向顺川南逃的退路,震撼了敌人整个阵势。麦克阿瑟如梦初醒,迅速向美国政府首脑杜鲁门和参谋长联席会议主席报告这种新出现的局势。

在东京美军司令部作战室内,麦克阿瑟站在挂图前看朝鲜战场的形势。他的秘书惠特尼向他报告说:"第八集团军陷入中共军埋伏,步兵第二师,第二十五师几乎全部被歼,伤亡很大,现在被堵于龙源里、三所里地区,正向南突围。"

"骑一师、英二十九旅向北迅速支援他们突围。"麦克阿瑟着急地说。

惠特尼说:"他们被阻于大同江附近,仅仅前进了数公里,距北面美二师部队相距不到1公里,被中共军割开,不能靠拢。"

麦克阿瑟问:"什么,相距仅1公里?"

惠特尼说:"是,仅1公里。"

麦克阿瑟气愤地说:"笨蛋!什么'开国元勋师',为美国丢脸!"

惠特尼说:"他们打得很英勇,只是……"

麦克阿瑟又问："美二师向南突围成功了没有？"

惠特尼说："他们更惨。据前线报告，他们遇到强大敌人，死伤惨重，战斗力已丧失了……"

麦克阿瑟问："目前判断中共军队进入朝鲜战场的有多少部队？"

惠特尼说："至少20万，甚至可能有50万……"

麦克阿瑟在室内来回走了几圈，立即决定向美国参谋长联席会议发电报告形势。他在电文中说：美军"面对的是一场崭新的战争"，估计中国部队"接近20万人"；"本司令部尽其所能，采取了所有部队能够实施的措施，但是面临的局面是难以驾驭的和力所不及的……""我的近期计划是由进攻转入防御，根据形势不断变化的需要，做一些局部调整。"他甚至提出调国民党军队到朝鲜去解围。

美国人迪安·艾奇逊在他著的《创世亲历记：我在国务院的岁月》一书中，描述麦克阿瑟这时的情况是："一下子从乐观的顶点堕入了沮丧的深渊。"

李奇微在后来的回忆中也说：有情报说中共三十九军、四十军已到朝鲜，华盛顿仍不相信。于是，"迅猛而突然的打击接踵而来，以至很多美军还未弄清究竟发生了什么事情就被打垮了。"1985年5月3日美国《基督教科学箴言报》介绍美国新书《麦克阿瑟军事生涯》时说，"中共军使美军遭到灾难性惨败，使美国威信扫地，也使麦克阿瑟从此一蹶不振。他是美军中任指挥职务最长的名将，但在朝鲜战争中，由于他骄傲放纵、恃强凌弱、轻敌自负、极度虚荣，造成指挥上严重失误，使美军遭到惨败。"

30多年后，美国国防大学校长劳伦斯和维西上将到国防大学作军事学术交流报告。他们在谈到美军现代作战理论大纵深作战时说，中国军队在清川江对美军实施是大穿插、迂回、包围，从远程插入美军大后方，拦腰切断美军退路，这就是美军现代作战理论中强调的大纵深作战。你们大量歼灭了美、李军队。这种理论在贵军历史上也运用过，而且运用得很好，是世界战争史的奇迹。听到这里，大家都鼓掌，高兴得眉开眼笑。

美国研究朝鲜战争的历史学家也有很注意依据事实的，有的还正视美军的失败。如美《有限战争》一书中谈到朝鲜战场我志愿军进行第二次战役获胜的影响时说:"朝鲜灾难引起的影响远远超过麦克阿瑟在朝鲜战场上的失败。不仅联合国军统一朝鲜的希望破灭了,而且当中华人民共和国变成第一个在重要战役中取得打败西方军队的国家时,似乎一夜功夫,中国便跃进为世界强国之列。"

75. 毛泽东赞扬三十八军,电令彭德怀乘胜攻占平壤

敌人在东西线遭我沉重打击后,于12月3日,向三八线实行总退却。

在11月底,毛泽东主席就不断收到彭德怀的报告,为志愿军获得的重大胜利感到高兴。12月4日,彭德怀向毛泽东报告西战场情况时说:西战场,此役美、伪亡伤俘共约2.4万余人,计南朝鲜二军团8000,美九军团第二师7000,二十五师5500,土耳其旅2200,美骑一师、二十四师、英二十七旅、南朝鲜一师数千。伪军易打难捉,美军死多活少。俘美军3000,南朝鲜军4000,缴获汽车1500余辆,坦克、物资甚多。彭德怀还说,敌有退守三八线迹象。准备以5个军追歼溃逃之敌。

毛泽东在中南海颐年堂同周恩来总理谈朝鲜的战局。

毛泽东说:"彭老总的报告说,美国侵略军被我们打得狼狈逃窜。这说明,我军是能够同美军较量的,也是能打败依靠优势装备的所谓现代化一流军队的。"

周恩来说:"他们打得好。战场的临战指挥也很么⋯⋯"

毛泽东说:"彭德怀同志很能打恶战、打硬仗,同美军第一次较量就打败了美国主力军。"

周恩来说:"彭老总还是运用他在陕北吴起镇打马步芳的那套办法,迂回到敌人背后,堵住了敌人的退路,然后围歼敌人。当年,他率领只有4000人的红军,同凶悍的1万敌人骑兵作战,取得了胜利,这是中外战史上少见的奇迹。"

毛泽东说:"他这次运用得更大胆,是用2个军迂回,4个军突击,双层包围,围追堵歼,打败了美国所谓王牌骑兵师,又创造了世界战争史上的奇迹。"说到这里,毛泽东又吟起当年他赞扬彭德怀的诗:

山高路远坑深，

大军纵横驰奔，

谁敢横刀立马，

惟我彭大将军。

1950年12月初，刘西元随邓华副司令一起回北京向军委汇报朝鲜战场情况。毛泽东久久握着他的手说：你们三十八军在朝鲜打了胜仗，把美国佬给打痛了，名气可大哪！美军装备好，仗着它的飞机、大炮来欺负我们。我们就是要利用敌人的弱点，发挥我们的长处，同美国人打运动战，打近战夜战，把敌人调动开、分散开，然后集中优势兵力，一口一口地吃掉它。

1950年12月4日，毛泽东致电彭德怀、洪学智、韩先楚，指示相机占领平壤。电文大意是：平壤之敌似正准备撤退，敌主力已撤到平壤至三八线之间地区。应派1个师于5日向平壤前进，占领平壤。

彭德怀看完电报当即决定：先以3个师分三路向南推进，威胁平壤，试探敌之企图。并指定三十九军——六师向平壤前进。

12月6日，我军迎着寒风，冒着美机的轰炸和骚扰，尾追溃逃之敌，乘胜收复了平壤。平壤是朝鲜民主主义人民共和国临时首都，是金日成将军的故乡，是朝鲜政治、经济、交通、文化的中心。

志愿军收复平壤后，西线各军开始向三八线攻进，12月底逼近三八线。与此同时，朝鲜人民军收复了三八线以南延安半岛和瓮津半岛。在东线，我军收复元山，占领咸兴。至此，敌人东、西两线从陆路(除襄阳外)和海路全部撤退到三八线以南。

76. 麦克阿瑟乞求蒋介石派军赴朝鲜为美军解围

美国第八集团军遭到没有料到的突袭，使侵朝美军总司令部惊慌失措。为了挽救美军在朝鲜北部遭到的灭顶之灾，寻求救命稻草，麦克阿瑟这位曾赫赫一世的美军老将,于11月28日急忙向他的老朋友蒋介石伸出求救之手。

其实,早在朝鲜内战爆发时,麦克阿瑟就曾建议并邀请国民党军参加侵朝战争。1950年6月25日凌晨,朝鲜内战全面爆发。面对朝鲜人民军强大迅猛的军事

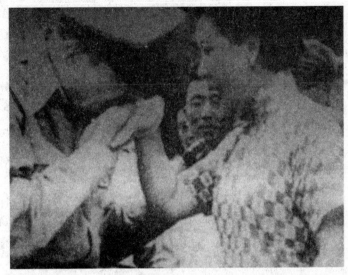

1950年7月31日,麦克阿瑟率一个由16人组成的"联合国军"总部代表团前往台湾,同蒋介石进行了两天的会谈,讨论了美军与国民党军的合作安排,在设立美"驻台军事联络组"及台湾军队划归他统一指挥等问题上取得了一致意见。图为麦克阿瑟向蒋介石的夫人宋美龄行吻手礼。

攻势,李承晚慌忙向美国乞援的同时,也向台湾当局乞援。26日晨,蒋介石收到电报后,立即召开高级会议研究。军方持反对态度,认为国民党装备很少,须首先考虑台湾防务;文官则持赞成态度,叶公超、王世杰等人力主出兵。会议经过4个多小时争论后,通过了出兵朝鲜的决议。下午,蒋介石复电麦克阿瑟表示,愿派遣国民党最精锐的第五十二军3.3万余人驰援南朝鲜,一经美国最后决定,该军即可从空中和海上运往朝鲜投入战斗。

29日上午,台湾驻美国大使顾维钧接到"国民政府外交部"关于派遣国民党出兵朝鲜的备忘录草案后,下午即前往国务院递交给麦钱特。30日上午8点半钟,杜鲁门在布莱尔大厦召集国务卿、国防部长、三军部长、参谋长联席会议主席和三军参谋长等高级军政官员开会。杜鲁门曾提出这一问题并经过慎重研究,决定立即向麦克阿瑟下达命令,授权他动用所掌握的全部陆军。参谋长联席会议对麦克阿瑟的电报说:"国务卿奉命

通知,目前对蒋介石委员长提供部队的建议应予谢绝。"如果蒋介石再提此事,要他和国务院打交道。麦克阿瑟是积极主张让国民党军队参战的,得知此消息甚为愤怒。

在此期间,蒋介石还专门派国民党高级将领、战略顾问委员会主任何应钦到东京,协商落实国民党派兵入朝参战的问题。

在东京麦克阿瑟的住所会客室内,何应钦急切地问麦克阿瑟:"台湾派兵去朝鲜,比你们本国派兵到朝鲜,距离要近得多,投入地面作战要快得多。"

麦克阿瑟说:"这个问题我很清楚……"

何应钦说:"那为什么杜鲁门总统不同意我们联合行动?"

麦克阿瑟说:"杜鲁门原来是主张接受蒋介石的建议的。他认为美国地面部队很少,能否抗御北朝鲜进攻是有疑问的。"

何应钦说:"我们派3万多人,5天之内即可出动,再有10天时间即可参战。这一迅速行动所争取的时间是非常重要的。兵贵神速。"

麦克阿瑟说:"艾奇逊持反对意见,他担心这一行动可能招来中国共产党在朝鲜或福摩萨的干预,会惹出麻烦,杜鲁门决定不接受你们的援助。"

何应钦说:"世界没有麻烦还要军队干什么!"

麦克阿瑟说:"我赞赏您的幽默,我们军人有共同语言。政治家的头脑,十有八九不正常,他们对战争的判断能力总是落后于军事家,有多少有才干的军人被他们埋没,这真是一种历史的错误!如果现在就发生第三次世界大战,我认为那是上帝的恩赐,你我有生之年还可以一显身手。"

何应钦说:"英雄所见略同。将军不愧为当代美国最了不起的战略家。你的见解和我完全一致。"

麦克阿瑟说:"何将军,你刚才介绍的对付共产军的作战方法,我很感兴趣,还可以再谈吗?"

何应钦答:"愿意效劳!"相视一笑。

以后,蒋介石听说麦克阿瑟当上侵朝"联合国军"总司令。8月18日又命顾维钧返美时取道东京,根据蒋介石的授意会见麦克阿瑟,表示愿派遣1.5万余人的部队作为志愿军而不是政府的援助。由于麦克阿瑟这时又从华盛顿获得近4个师的美军增援部队,用于正在准备的仁川登陆,所以他骄狂地说,联合国许多会员国都曾经要求派遣军队,但训练这些军队要花很长时间,也许等这些军队送到朝鲜,战争已经结束。因此,台湾当局对出兵朝鲜一事只好暂时作罢。

11月28日上午,麦克阿瑟根据朝鲜战局急转直下、美第八集团军陷入困境的新局势,急电蒋介石,要求仍派第五十二军前往朝鲜为美军第八集团军解围,并告知已分别从冲绳和菲律宾派出飞机为舰船装载武器驰往台湾补充第五十二军,然后接运该军从空中和海上至平壤地区。麦克阿瑟急切希望第五十二军迅速完成作战准备,一俟杜鲁门批准,立即启航赴朝。

28日下午,蒋介石在阳明山召集紧急军事会议,命令第五十二军在24小时内完成作战准备。翌日凌晨,国民党军先遣代表团侯腾、陈麓华、郭永、王楚英一行先期飞抵汉城,与美方洽商第五十二军去朝鲜后的指挥、作战、补给等问题。至30日,美军飞机和舰船运来足可装备2个军的各种先进装备。蒋介石决定第二师空运,第十三、第二十五师海运至朝鲜。12月1日,第五十二军装备全部美械化,整装待发。

但是,杜鲁门政府认为,如果允许国民党军入朝,很可能引发美国与中国的全面战争,减少美可调往欧洲的军事力量,甚至造成美苏在亚洲直接对抗。美国没有足够力量进行一场世界大战,因此杜鲁门政府从一开始侵朝即力避由此引发全面战争。而且,蒋介石逃往台湾后既无力重返大陆,又不甘心盘踞孤岛,认为朝鲜战争爆发,国民党军可借助美军从朝鲜进入东北。杜鲁门虽然开始曾力主动用国民党军应急,但对蒋介石的动机有进一步了解后,曾专门派哈里曼前往东京告诫麦克阿瑟:美蒋之间的战略目标有冲突。美国西方和东方的盟国虽然一致同意武装干涉朝鲜,但大都不愿与中国的台湾问题扯在一起。他们普遍认为引蒋入朝,必然招致中共的介入和爆发全面战争。

1950年11月30日,侵朝美军开始全线溃退,美国决策者对麦克阿瑟能否顶住中朝部队进攻毫无把握,已经有了撤出朝鲜的最坏打算。

12月1日,美国国务院和国防部在五角大楼再次召开联席会议。会议仍然一致认为,起用国民党军,无论从战术和战略的角度都是无法接受的,充其量只不过有一点表面价值。

12月6日,台湾当局再次接到通知,被迫第二次取消第五十二军驰援南朝鲜的行动计划。

77. 美军全线大崩溃震惊世界

1950年的11月,侵朝美军和南朝鲜军遭到了大失败。美国政府和美军总部的文书记载着美军由进攻转入大溃退的记录——

11月24日,美"第八集团军按预定计划开始向前推进。他们所遭到的抵抗是中等程度的,在36小时内,就前进12英里,麦克阿瑟的情报部长威洛比将军自信地预测,'敌人仍然这样没有攻势行动,并实施撤退,也许要到鸭绿江对岸去避难了。'然而,他又补充说,假如敌人选定到内地的谷地进行作战,'联合国军'的进攻速度就会放慢。"这位美国情报部长敏感地估计志愿军实施撤退会是引到内地再打,但他没有预料到的是:志愿军的诱敌深入,早为侵略军布下口袋。

11月25日,"夜幕刚刚降临,强大的中国军队突然在沃克将军的中部和东部战线发起了猛烈的攻击,位于沃克右翼的大韩民国第二军未遭猛烈进攻即溃散四逃,中部的第九军也岌岌可危,在进行了短时间的坚守之后,他们随即把部队向后撤退。"

11月27日,"沃克通报东京方面说,中国人正在大举进攻。"

事实确是如此。1950年,侵朝美军声称要跨入"胜利的门坎"了。但是,麦克阿瑟高兴得太早了。侵略者遭到了没有料到的突击。

麦克阿瑟发动的"圣诞节结束朝鲜战争的总攻势",在中国人民志愿军和朝鲜人民军的沉重打击下,损兵折将,丢盔卸甲,仓皇从陆地和海上向三八线以南全线崩溃。

不可一世的侵朝美军竟遭到如此惨重的失败,无论在美国舆论界、美国决策当局,或者是美国的侵略盟友以至南朝鲜当局,都是万万没有想到的。这使美国舆论界和美国政府惊慌失措,陷于一片混乱状态。他们惊呼:这是一次"美国历史上最惨重的失败","是美国陆军史上最大的败绩"。美国政府内部的互相埋怨和攻讦更加激烈,矛盾尖锐。麦克阿瑟、艾奇逊,甚至杜鲁门成了众矢之的。有人说麦克阿瑟被仁川登陆的胜利冲昏了头脑,错误地越过三八线,错误地估计中共的兵力和意图,发动总攻势过于轻率,指挥笨拙,"一个由于事实与情报的混乱而造成这样严重错误的总司令部的军事能力","愈来愈难于信任",要求撤掉麦克阿瑟的职务。有人直接抨击美国当局的政策,说美国的政策是干"有勇无谋的事,然而这正是我国政策一直趋向的方向,这种政策是自杀政策","今天我们所陷入的一场战争,正是我们永远不能打胜的战争"。美国参众两院还以举手投票的方式,以绝对多数通过决议,要求"彻底打扫国务院",要求撤换艾奇逊。当杜鲁门不得不亲自出马用艾奇逊彻底反共的历史为其辩护时,又有人建议干脆连杜鲁门一齐撤。美国的主要盟国英、法等国的忧虑加深。他们深怕把力量陷在朝鲜战争的泥潭里,使美国在欧洲的力量受到削弱,要求美国政府作出"朝鲜事件不至于把世界搅进一场大战"的保证。南朝鲜对美军能否守住朝鲜也失掉信心,惶惶不可终日。

怎样才能摆脱由于侵朝美军这次惨败所带来的被动局面呢?是撤出朝鲜还是下决心在朝鲜坚守? 杜鲁门面临抉择。

78. 秘闻曝光:美军预谋用26颗原子弹实施核袭击

1950年11月30日,即中国代表伍修权在联合国发表演说的第二天,麦克阿瑟命令第八集团军后退到平壤地区。这天,美国首都华盛顿沉浸在激动的气氛里。美国陆军遭到有史以来的惨败的消息,使人们感到不安和震惊。在这种异常的气氛中,杜鲁门总统会见记者,进行了如下回答:

记者:"总统,您对朝鲜的事态打算如何应付?"

杜鲁门:"同以往一样,我们将采取任何必要的步骤,以应付军事局势。"

记者:"那是否包括使用原子弹?"

杜鲁门:"包括我们所有的各种武器。"

记者:"总统,你说的'包括所有的武器'是否意味着正积极考虑使用原子弹?"

杜鲁门:"我们一直在积极地考虑使用原子弹,可是我不希望看到使用原子弹,它是一种可怕的武器,不应用来对付无辜的男人、妇女和儿童……可是原子弹一经使用,这种情况就无法避免了。"

这次谈话,以"美国考虑使用原子弹"为题,传遍了世界各个角落。事后,杜鲁门总统本想再发表一个声明准确地说明真意,然而为时已晚。

这次谈话在担心欧洲重燃战火和因美国军事力量在远东的消耗而减弱西欧防卫力量的西方盟国中,震动极大。美国新闻记者R·M·波特就此评论说:"随着中共介入的被证实,第三次世界大战的亡灵再度复苏了。苏联为了阻碍西欧的重新武装,已把美国引进了同中国进行的可怕的消耗战。强大而缺乏准备的美国,为了集中打败北朝鲜军队所必需的兵力,广泛搜罗,刚把部队送进朝鲜,却又出现了新的敌人。美国必须同拥有几百万大军的中国进行战争是陷入已设好的圈套了吧?美国惊慌失败,并且发怒了。所以,并不是不存在这样的看法,即认为原子弹虽然不能使用,但却是必要的。然而西欧国家认为莫斯科一定会劝解中国,一边抱有不切实的幻想,一边开始担心,美国会不会挑动中国把世界卷入原子战争?"

人们为就要遭受原子弹袭击而感到惶惶不安,谴责的矛头集中指向华盛顿。因此,杜鲁门总统正式声明"不使用原子弹",舆论才大体上平静下来。

麦克阿瑟扩大朝鲜战争的主张,是代表美国一些人的战略主张。他们都认为只有坚决行动才能改善战局。美国政府内一些人,例如国家安全资源委员会首脑赛明顿和驻联合国原子能委员会代表巴鲁奇以及全国四大退伍军人组织的领导等各种右派势力,几乎都站在麦克阿瑟一边,也积极鼓吹使用原子弹,对中、朝军队实施核袭击。有一条美国从未公开承认过的秘闻，但战后解密的美国陆军档案资料证明了此事：1950年，麦克阿瑟曾提交一份"迟滞目标"清单，他估计需要26颗原子弹；同时要求用4枚原子弹轰炸"进攻部队"，另4枚原子弹袭击"敌人空军的重要集结地"。

还有一条消息说，1950年12月，未装配好的原子弹悄悄地运到了一艘停泊在朝鲜半岛附近的美国航空母舰上。美国飞机还对北朝鲜首都平壤进行了模拟核袭击，作为打原子战争的应急计划的一部分。但当时美国的盟国担心引起第三次世界大战。当时已能生产原子弹的社会主义苏联舆论界强烈抗议，"炸弹也可用炸弹回敬"，以及全世界人民的声援抗议，对美国起到了威慑作用，杜鲁门还是阻止了麦克阿瑟妄想使战争升级的冒险行径。

79. 杜鲁门下令美军退守三八线稳住阵脚

1950年11月的严寒冬天。美国华盛顿总统办公室。

杜鲁门在看当天的报纸。布莱德雷细心地阅读完电报后，翻开当天的英文报纸《纽约时报》。醒目的大字标题报导朝鲜战局："美军在朝鲜的失败，是珍珠港事件后美国最惨的军事败绩……""美国全国像患了癌症的病人陷入绝望的气氛中……"

杜鲁门生气地站起来："噩梦！噩梦！这是一场真正的噩梦！"他挥舞着双拳，急速地踱步。

布莱德雷："麦克阿瑟的骄横是酿成战场上失败的主要原因，他过分低估了共军的作战能力。"

杜鲁门："这位鲁莽英雄弄得我们十分被动，共和党要求撤换国务卿，'彻底打扫国务院'，'罢免总统'。"

布莱德雷："我们的欧洲盟国也很不满意，要求我们放弃朝鲜。英国首相艾德礼说：英国100多名议员联名来信表示抗议，反对英国再派兵去朝鲜。也有人建议轰炸中国本土，以挽回败局。"

杜鲁门："不！不能！扩大事态是危险的。我们不能忽视中苏条约的作用,那也不是我们的战略目的。请通知麦克阿瑟,要全力守住防线。"

布莱德雷对麦克阿瑟在战场上的指挥失误非常气愤,他认为美军的溃败是难于避免的。他最后说:"目前美军听到中共军队进攻的号声就吓跑了,恐怕麦克阿瑟也毫无办法。"

11月28日晚上,麦克阿瑟在东京召开紧急作战会议。沃克和阿尔蒙德被仓促从朝鲜召回东京。会议的其他参加者有:希基、赖特、威洛比和惠特尼。会议在美国大使馆内麦克阿瑟的官邸举行。会议一直持续到29日1时29分。会上,研究了可能采取的措施。麦克阿瑟这时明确感到,最先要做的事是必须挽救美军正在大溃退的部队。会后,麦克阿瑟向美国参谋长联席会议发了电报,电文说:

> 由我们的进攻行动导致的形势发展已展示无疑。现在,把朝鲜冲突局限于针对由北朝鲜部队和象征性的外来因素组成的敌军的所有希望都应彻底排除。我们面临着一场全新的战争。
>
> 目前,由于鸭绿江封冻,中国人开辟了越来越多的增援和补给通道,这使我们的空中力量无法实施封锁。显然,我们目前的军力不足以应付中国人的这一场不宣而战的战争,天时地利对他们更为有利。

麦克阿瑟最后说:他打算"从进攻转为防守"。

布莱德雷收到这份电报后,立即向杜鲁门报告。杜鲁门得知麦克阿瑟改变了决心,心中也总算松了口气,但对麦克阿瑟的军事冒险仍发泄了不满。他说:"这位只会进攻的将军今天终于明白了点。他的敌手比他能干!"

就在这一天,美国最高军事决策机构,美参谋长联席会议紧急开会,分析了朝鲜战场形势,立即复电麦克阿瑟,批准他的由进攻转入防御的作战计划。并告诉麦克阿瑟,要美第八集团军与美第十军迅速靠拢,取消相互之间的间隙地,防止敌手渗透、分割与各个击破。

11月30日,杜鲁门发表声明说,朝鲜局势的发展使美国"面临一次严重的危机","我们可能要节节败退,就像我们前次所遭受的失败一样"。但他仍然决意坚持其侵朝政策和全球战略,声称"联合国的部队不打算放弃他们在朝鲜的使命","我们将从三个方面来应付新的局势",即坚持侵朝战争,加强西欧防务,加强美国的军事力量。

　　随后,美国立即在政治上、军事上采取了一系列措施。12月14日,美国操纵联合国大会通过了成立所谓"朝鲜停战三人委员会"的决议,打出"先停火,后谈判"的幌子,企图争取喘息时间,准备再战。16日,杜鲁门宣布"全国进入紧急状态",要求美国人民为侵朝战争做出"任何必要的牺牲"。同时宣布设立国防动员局,扩大征兵计划,要把美国军队由250万人增加到350万人,要在一年之内把飞机、坦克的生产能力分别提高5倍和4倍以上。为了加强西欧的军事力量,美国经与英、法等国协商,决定加速筹建北大西洋公约组织统一指挥的军队,并于18日任命德怀特·艾森豪威尔为北大西洋公约组织军队最高司令官。

　　在朝鲜战场上,"联合国军"和南朝鲜军退到三八线以后,积极加筑三八线原有阵地,建立纵深防线和整顿军队,准备抗击志愿军和人民军新的进攻。12月23日,美国总统杜鲁门即命令美国陆军副参谋长马修·李奇微接任第八集团军司令。李奇微一上任即表示"一旦实力允许便立即恢复攻势"。当他上任以后看到他接管的"是一支张皇失措的军队"时,他"放弃了立即转入进攻的打算"。31日,李奇微部署了"一条从临津江至三八线的总战线"。在这条横贯朝鲜半岛250公里正面、60公里纵深的总战线上设置了两道基本防线。第一道基本防线西起临津江口,东经汶山沿三八线到东海岸的襄阳,由南朝鲜军防守;第二道基本防线西起高阳,东经议政府、加平、自隐里到东海岸的冬德里,由美、英等军防守。此外,在第二道基本防线至北纬三十七度线之间还准备三道机动防线。同时命令部队,对付志愿军的进攻,采取"夜间收缩部队,让部队与部队之间紧紧衔接在一起,到昼间则以步兵和坦克分队协同发起强有力的反冲击"的办法,如果一旦被迫放弃阵地时,则"有秩序地按照调整线实施后撤"。

第十一章　攻占汉城

80. 毛泽东电令彭德怀乘胜打过三八线

当中国人民志愿军发动的第二次战役还在激烈进行的时候,毛泽东主席、彭德怀司令员就开始为下一部的作战以至整个战争的发展前途进行了深入的分析,并对应当采取的方针进行了充分的考虑。

1950年12月4日,中共中央向志愿军首长转达了毛泽东主席关于朝鲜战争的看法:"战争有可能迅速解决,但也可能拖长,我们准备至少打一年。""敌人有可能要求停战,我们认为美帝国主义必须承认撤出朝鲜,而首先撤到三八线以南,才能谈到停战。最好我们不仅拿下平壤,而且拿下汉城。主要的(要)消灭敌人,首先是全歼伪军,对促进美帝撤兵会更有力量。美帝如承认撤兵,联合国有可能在同意中、苏参加的条件下,主张全朝鲜人民在联合国监督下,选举自己的政府。"毛泽东已经预见到志愿军将取得第二次战役的胜利,朝鲜战局也将因此得到扭转。但敌军的有生力量还没有被大量消灭,要赢得战争的胜利,斗争将是持久的,任务仍然很艰巨。下一步还要为巩固和发展胜利而继续发动攻势,不能让敌人得到喘息整顿的时间。

然而,这时要继续发动攻势,困难很多:由于两次战役的作战伤亡和冻伤,各军普遍需要补充5000至1万兵员,而后方报名参军的新兵集中之后也至少要有1个月的训练,才能开到前线。而且,后勤供应不畅,没有空军掩护而又不断加长的后方运输线,在美国空军的袭击下,运输时时受阻,粮弹被服油盐都不能按时接济,部队的枪弹装备待补,健康状况日差,很多人患了夜盲症。彭德怀司令员根据毛泽东主席的指示,结合部队的情况,提出:准备先由朝鲜人民军第二、第五军团南进,造成带战略性的断敌退路,志愿军则暂不超过三八线,即使在向南推进中能歼灭逃敌或给敌以歼灭性打击,能超越三八线或相机取得汉城,亦不宜作过远南进。拟在三八线以北数十里停止,进行修整补充,待新入朝的部队到达后,于来年三月初再举行求得歼灭敌人主力的新的攻势作战。

战场形势的发展,果如毛泽东所料。美国政府不甘失败,在"联合国军"退守三八线后,即以"先停火,后谈判"为幌子,力图使"联合国军"得到整顿,好卷土重来。

12月初,美国政府在其不利的情况下,伙同其盟国提出了所谓先停火、后谈判的建议。

12月7日,印度驻华大使潘尼迦在会见我外交部副部长章汉夫时说:"印度等13国将在数日内向联合国安理会提出'先在三八线停战,以便能进行协商'的建议"。还说:"如果中国宣布不越过三八线的话,则将得到这些国家的欢迎和道义上的支持。"

中国政府对此进行了揭露和批驳。

12月11日,周恩来总理针对13国提案提出:"美军既已越过了三八线,因此三八线已被麦克阿瑟破坏而不复存在。"言外之意是很清楚的,那就是我们不能宣布不越过三八线。

12月13日,毛泽东在给彭德怀的电报中要求,志愿军必须克服和忍受一切困难,打过三八线。他指出:(一)目前美英各国正要求我军停止于三八线以北,以利其整军再战。因此我军必须越过三八线。如到三八线以北即停止,将给政治上带来很大的不利。(二)此次南进,希望在开城南北地区,即离汉城不远的地区,寻歼几部敌人。然后看情况,如果敌人以很大力量固守汉城,则我军主力可以退至开城一线及其以北地区休整,准

1950年12月13日，毛泽东指示志愿军"必须越过三八线"给彭德怀等的电报。

备攻击汉城的条件，而以几个师迫近汉江中游北岸活动，支援人民军越过汉江歼击南朝鲜军。如果敌人放弃汉城，则我西线6个军在平壤汉城间休整一时期，再继续战斗。

彭德怀接到毛泽东的电报后，立即和几位助手一起研究这一指示，都表示完全同意。大家认为，我军虽然取得第二次战役的胜利，扭转了朝鲜战局，但敌人主力并未被我歼灭，要最后打败敌人，还须作艰苦的努力。

81. 彭德怀确定稳打稳进战略

为贯彻执行毛泽东主席的电报指示，彭德怀同邓华、洪学智、韩先楚等几位志愿军领导人一起，认真进行了研究。

下一步怎么打？何时发动第三次战役？根据战争是长期的，敌人在三八线预有准备，我军连续作战，急需休整补充等实际情况，大家的想法是第三次战役可考虑放在1951年春季。

在研究作战问题时,彭德怀仔细听着每个人的发言,有时站起来走几步,但很少插话。最后他表示,根据敌情我情,第三次战役可考虑放在1951年二三月间。他说:敌人部署在第一线的兵力有13个师(旅),共20多万人。我第一线兵力加上人民军,也只不过30万人,又连续作战,相当疲劳,急需休整和补充。他谈到后勤问题时讲得也很具体。他说,西线兵站掌握之能用汽车不过300辆,运输线较第一、第二两次战役时延长将近两倍。各军大衣多数未运来,四十二军棉鞋亦未运到,甚至有部分同志打赤脚,棉衣、棉被被敌机投燃烧物烧掉不少,油、盐、粮、菜运不到或供应不及时,部队病员增加。若无速效解决办法,势必延长战争。

彭德怀深知我军在战场的最新状况。西线6个军已很疲劳,需要休整补充。东线的九兵团困难更大,人员、弹药、粮食得不到及时补充。志愿军领导人要求国内赶快给补充老兵(老兵上战场一来就可以参战,新兵还要有个训练熟悉过程),要求后续梯队赶快来。但是后续梯队还没有到。在这种情况下,接着打下去行不行,这一直是彭德怀近期考虑的问题。尤其是敌人虽然溃退逃跑,但敌人主力被歼灭不多。彭德怀与他的助手们分析,敌人撤退那样快,除保存实力外,还有两个原因:第一,他们在三八线以北没有防线。三八线以北、平壤以南是平原,无险可守。冬天天寒地冻,临时构筑防线也很困难。三八线以南,以前南朝鲜军有防线,可以利用它来守。第二,美军经过两次失败,很被动,也需要补充整顿。他们希望同我们脱离接触,依托其三八线以南阵地整顿队伍。也就是说,敌人撤退那样快,有抢占既设阵地的意图。在这种情况下,我们不宜再去进攻敌人。

出乎志愿军领导人的意料,中央和毛泽东主席要求志愿军总部把第三次战役提前到1951年1月上半月。毛泽东给彭德怀的电报中说:从12月初起,整个冬季我军都在休整,没有动作,必然引起资本主义各国过多揣测,民主战线各国亦必有些人不以为然,发生许多议论。如我军于1月上半月打一个胜仗,争取歼灭南朝鲜军几个师及美军一部,然后休整两个月,准备春季攻势,则对民主阵线及资本主义各国人民大众影响甚好,对帝国主义则给以新的一击,加重其悲观失败情绪。

这时,根据毛泽东主席指示,彭德怀和金日成首相会谈,确定成立中国人民志愿军和朝鲜人民军联合司令部。彭德怀为联合司令部司令员兼政治委员,金雄为副司令员,朴一禹为副政治委员。

12月中旬,志愿军6个军和朝鲜人民军3个军团,按照预定路线向南疾进,步兵、炮兵、运输队、担架队……滚滚人流,挤满了大路小道,拥向无数个江河的渡口。南下路上,得到了朝鲜人民的大力支援。

随着部队向南开进到三八线附近,志愿军总部于12月中旬迁往君子里。它位于平壤东北的江东与成川之间,是一座四通八达的矿山洞。这个矿洞就像个深宅大院,比较隐蔽,也比较安全,再也不要整天为彭德怀的防空问题而提心吊胆了。

到君子里后,彭德怀继续与总部的同志一起,分析敌情我情,具体部署第三次战役。

彭德怀首先明确表示:"主席指示我军打过三八线,我同意。你们有什么意见?"

"过就过吧!"彭德怀的几位助手都异口同声地说。

彭德怀随即表示:"你们没意见,就谈谈怎么过法吧!"

接着,洪学智谈了大家最关心的后勤供应问题。他说:南下进军要稳,关键是要扩大我军实力,解决大规模进攻部队的弹药和粮食供应。现在要立即进军,国内运输不能解决当务之急,要就地取得朝鲜政府的支援,并把后勤兵站扩充。兵马未动,粮草先行。我准备搞个具体措施……

彭德怀立即回答:"好,这就靠你安排了。部队吃不上打不响,我就找你算账……"

接着,韩先楚和解方就军事工作提出一些设想,杜平说了政治工作的意见。彭德怀没有表态。看来还没有找到问题的答案。但是,彭德怀对大家的倡议非常欢迎,使他脑海里充满了群体智慧,充满了信心。他对战场的后勤保障工作也给予充分注意。

杨凤安深知每次战役决策之前,在集思广益之后,剩下的时间就是保障彭总独立思考,集中大家的意见,考虑具体的作战决策和兵力部署了。他把火盆送到彭德怀身边,把金日成送来的苹果放在桌上,自己退到室外静静地等待着。

彭德怀吃完苹果后,把皮扔进火盆,一股苹果香味扑鼻而来。彭德怀是最喜欢闻这种清香味的。他一会儿站起来走几步,一会儿停在墙边,眼睛紧盯着墙上的军用地图和各军的部署位置。

孙子曾说:故善战者,求之于势,不责于人,故能择人而任势。孙子还说过:是故军无辎重则亡,无粮食则亡,无委积则亡。

彭德怀深深感到大家的意见提得贴题。要坚决进攻,就要把军队部署调整好。最关键的问题是后勤保障。

接连几天,彭德怀独自思考,又抽起烟来,饭后下盘象棋的唯一嗜好也取消了。大家都尽可能不去干扰他。

到第四天,彭德怀饭碗一放,就提出要"杀"一盘。大家都很高兴,围上来观战。

韩先楚是个急性子,看彭德怀走棋不慌不忙,就要他快一点。

彭德怀笑笑说:"这叫稳进方针。"说完把棋盘一掀,谈起了第三次战役的"稳进"方针——专打南朝鲜军,目标缩小,能吃就吃,适时收兵。

12月19日深夜,彭德怀亲自起草了给毛泽东主席的电报,陈述他对第三次战役的意见。他建议第十九兵团向安东、长甸、本溪地区集中的同时,就部队中轻敌速胜的盲目乐观情绪在生长等情况,提出想法和意见。他指出:"据我看,朝鲜战争仍是相当长期的、艰苦的。敌人由进攻转入防御,战线缩短,兵力集中,正面狭小,自然加强了纵深,对联合兵种作战有利。美军和南朝鲜军士气虽较前低落,现还有26万左右兵力。政治上,敌马上放弃朝鲜,对于帝国主义阵营说来是很不利的,英、法也不要求美国这样做。如再吃一两个败仗,再被消灭两三个师,可能退守几个桥头阵地(釜山、仁川、群山),也不会马上全部撤出朝鲜。我军目前应采取稳进方针。对现在第十三兵团使用上,不要太伤元气,目前虽未到顶点,但从疲劳上(两个月不能完全休息),物资不能及时补给,气候寒冷,是值得严重注意的。"他报告了自己的打算:先歼灭南朝鲜第一师,后相机打南朝鲜第六师。

毛泽东对彭德怀具有远见卓识的想法和意见极为赞赏。21日,回电说:"你对敌情的估计是正确的,必须作长期打算,……速胜的观点是有害的。""打法完全同意你的意见,即目前美、英军集中汉城地区不利攻击,我应专找南朝鲜军打。就总的方面说,只要能歼灭南朝鲜军全部或大部,美军即陷于孤立,不可能长期留在朝鲜。如能再歼美军几个师,朝鲜问题更好解决。""总之,主动权在我手里,可以从容不迫地作战,不使部队过于疲劳。""如不顺利则适时收兵,到适当地点休整再战,这个意见也是对的。"

根据毛泽东的指示,志愿军首长最后定下决心:集中9个军(军团)约14个师实施进攻,粉碎敌人在三八线既设阵地的防御,歼灭临津江东岸迄北汉江西岸地区第一线布防之南朝鲜军队一部,如发展顺利,即相机占汉城和春川、襄阳、江陵一线。同时命令各军,为了保证这一次进攻战役的顺利进行,在战役发起前的一段时间内,要抓紧时间完成各项准备工作。

82. 周恩来亲自动手为志愿军炒面

1950年12月中旬,为了紧急解决志愿军的干粮,支援几十万大军打过三八线,在中国国内,周恩来总理向东北、华北、中南各省市布置,发动群众,家家户户炒炒面。周恩来到北京市的一些机关视察炒炒面的情况,亲自与机关的同志一起动手炒炒面。周恩来右臂曾负过伤,炒面时单靠左臂用力,面部汗珠往下流。

一位女同志上前抢他手中的铲子,说:"总理,不要累坏了身体。"

周恩来说:"不要紧。我们在国内受点累,这算不了什么。志愿军在前线很艰苦,要把炒面作好送给他们当干粮,支援他们打胜仗啊。"

在朝鲜战争时期,炒面是志愿军的主要野战干粮。每人身上背着一个炒面袋,肩上扛着一支冲锋枪,这是志愿军战士的两件主要装备。

炒面,是用70%的小麦,30%的大豆、高粱米或玉米等原料,经炒熟、磨碎,加0.5%的食盐,混合制成的一种易于运输、储存和食用的方便食品。打仗时，大家随身背着一条炒面口袋。饥饿时，用开水冲或用纸兜着往口中送。一把炒面一把雪，是当时野战生活的真实写照。虽然艰苦，但使人感到光荣和有意义。

在前两次战役中，由于敌机疯狂轰炸，昼夜封锁破坏我军后方供应线，使我军口粮和副食供应难以及时得到保证。而且即使有了保证，白天也不能生火做饭，因为敌机随时都可能来搜寻目标，哪怕发现哪里有一缕炊烟也不肯放过。加之战事紧张，战士们日夜追击敌人，常常也来不及做饭。所以，炒面一时便成了志愿军的主要野战口粮。

在第一次战役刚刚结束时，东北军区后勤部向总后勤部提出了"以炒面为主"，"制备熟食，酌量提高供给标准"的建议，并将干粮样品送到志愿军来征求意见。

彭德怀和"志司"几位副司令得知这个建议，看了干粮的样品，很高兴。第二次战役前夕，彭德怀让洪学智给东北军区后勤部发了电报，告诉他们："送来干粮样子，磨成面放盐好，炒时要先洗一下，要大量前送。"

提起将炒面作干粮，这还是李聚奎的首倡。李聚奎参加过平江起义。土地革命时期，他任红一军团第一师师长，红四方面军第三十一军参谋长，参加了长征。他在西路军时，队伍被打散，不得已只身东返，千里乞讨，寻找党中央。途中，他曾吃过老百姓给的一种炒面，食用方便，也易保管。在朝鲜战争时，已任东北军区后勤部部长兼政治委员的李聚奎，根据炒面的上述特点，决定将其作为志愿军的干粮。他让东北军区后勤部先加工出一批样品，送往前线试用。因其可避免做饭的炊烟暴露目标，且食用方便，因而很受欢迎。

李聚奎将试用结果报告了彭德怀司令员，彭德怀听了很高兴。彭德怀同"志司"几位副司令员都同意，当即批准组织生产供应部队。李聚奎赶紧电告北京总后勤部，要求在每月为志愿军准备的粮食总量中，1/3供应炒面。

由于需要量大，东北生产能力又有限，因而造成很大缺口。周恩来总理得知此事后，立即指示政务院向东北、华北、中南各省布置任务。他还亲自与机关的同志一起动手炒炒面。后方很快出现了"男女老少齐动员，家家户户炒炒面"的动人场面。仅20多天时间,第一批200多万公斤炒面就送到了志愿军战士的手中。

根据志愿军领导们的意见,第二次战役发起前后,开始向前线大量供应炒面。由于需要量大,每人每月按1/3供应,即需1482万斤。为了满足前方这一紧急需要,东北人民政府专门发出《关于执行炒面任务的几项规定》。以后,东北局又专门召开"炒面煮肉会议"。参加会议的有东北地区党、政、军机关的负责人,各市市长和一部分省政府负责人。会议又研究部署了在一个月内制作650万斤炒面和52万斤熟肉的任务。

周恩来总理指示全国重视此事后,中央党、政、军领导人除关心这件事外,也在繁忙的工作中抽出时间,亲自同北京市一些单位的机关干部和人民群众一起炒炒面。消息传到朝鲜前线,给广大指战员以极大的鼓舞。炒面伴随着战士们浴血奋战,打了许多胜仗。战士们感激炒面解决了大困难,喊出"为祖国人民立功"的口号,报答祖国人民的关心。尤其是在炒面前送过程中,我志愿军后方人员冒着敌机轰炸、封锁交通线的危险,拼命保护志愿军的口粮,留下了许多可歌可泣的动人事迹。

为了继续准备打第三次战役,彭德怀又让洪学智起草了一份给中央军委和东北军区的报告。报告中指出:"因敌机破坏,昼夜均不易生火做饭,夜间行军作战,所有部队对于东北送来前方之炒面颇为感谢。请今后再送以黄豆、大米加盐制的炒面。"

83. 美国第八集团军司令沃克战场身亡

"联合国军"发动的"圣诞节结束朝鲜战争的总攻势",在中国人民志愿军和朝鲜人民军的沉重打击下,变成了全线崩溃,向三八线实施总退却。美军主力第八集团军在沃克指挥下,匆忙向南撤退,到达开城以南地区。

1950年12月22日,美军第八集团军司令沃克急急忙忙来到司令部的普通军官食堂,匆忙要来一盘三明治和一瓶威士忌,和司机痛饮。然后让司机开吉普车,来到美军第二步兵师一个连队的驻地,见他的儿子萨姆·

沃克上尉。

沃克兴奋地对儿子说："我是来给你嘉奖的,祝贺你带领全连在撤退时安全到达目的地。"然后,沃克把一枚银星勋章授予他的儿子。

"谈不上安全到达,我保全性命是上帝恩赐。我们连被中国人凶猛的进攻打得蒙头转向。他们一次接一次地顽强进攻,用步枪和机关枪猛烈射击,扔出了看来是永不告罄的手榴弹。他们冲上阵地,用刺刀将我们的士兵刺死在散兵坑里。20分钟我们连就有70多人被打死。"萨姆·沃克颓丧地说。

"你是被中国人吓破了胆。美国军人应该在战场上视死如归……"沃克气愤地说。

"你为什么提出要撤退到汉城地区进行防御,为什么要撤退?"萨姆·沃克回敬说。

"混蛋,你懂什么?"沃克愤怒起来。

沃克还要到英联邦第二十七旅去嘉奖这个部队。他急忙叫上他的吉普车司机,乘车迅速离开萨姆·沃克连的驻地,急不可待地赶路了。

沃克的吉普车在公路上高速行驶。他习惯在心情不愉快时乘快车奔驰。美军第八集团军在他指挥下,被中国军队打得狼狈逃窜,这可算是他戎马生涯中最惨淡的一页。他越想这些越恼火,大声命令司机:"快开车"。

公路上,一长串美军坦克和坐满士兵的卡车以及南朝鲜军的卡车,塞满了道路,向南急速开进。沃克乘坐的吉普车穿行在行军纵队中。他两眼瞪着前方,表情严肃,不停地按着司机的喇叭。但行军队伍无动于衷,沃克急躁地催促着。

司机看到前方有较宽敞的一拐弯处,又听到沃克厉声大喊"绕过它,快点前进!"他猛然加大油门,急速地冲了过去。

谁知,正在这时,一辆满载南朝鲜军的卡车抢道开出了车队。沃克的司机急忙刹车,但为时已晚。吉普车突然拐下公路,掉进路边山沟里,起火爆炸。沃克死于车内。

公路上,美军和南朝鲜军起哄着。有喊:"OK",有喊"上帝在召唤他",有喊"他是沃克将军,他急着逃跑抢路,该死!"也有一些美国士兵惊讶地看着山沟,画着十字,以示哀悼。

美国第八集团军是第二次世界大战中的美军主力部队,大战结束后一直是美军驻日本的主要力量。1948年以来,沃尔顿·沃克中将一直担任该集团军的指挥官。他素有美国陆军最优秀将军之一的盛名。他体态壮实,面部线条分明,谈吐夹有浓重的得克萨斯乡音,打扮像个便衣侦探。第二次世界大战他担任坦克军官,以凶猛强悍出名,乔治·巴顿将军常称他为"我那个最棒的杂种小子。"平时沃克爱戴一副眼镜,他在陆军中的老同伴都知道他嗜酒成癖,称他约翰尼·沃克。这是他最喜爱的一种苏格兰威士忌的名字。他也非常崇敬巴顿,称巴顿是美国军人的楷模。他在朝鲜战地身亡,不能不引起美国各界的震惊和议论。

麦克阿瑟此时正在东京。他对死去的沃克赞誉备至。他对记者说:"沃克英勇善战,是当代巴顿式的将军。不久前我曾提出把沃克提升为四星上将。可惜他离开了人世。"

"据说你以前还准备解除沃克的职务,是这样吗?"记者问。

"没有此事。"麦克阿瑟否定说。

"关于要提升沃克的事,你向国防部谈过吗?"记者问。

"没来得及……"麦克阿瑟答。

众记者大笑。

实际上,在沃克活着的时候,麦克阿瑟为了开脱战场失败的责任,常常说沃克不照他的办法去干,指挥笨拙,应该撤掉他的职务。这是近几个月来,麦克阿瑟和其他美国军界高层人士一直谈论的事,他准备寻找机会解除沃克的职务。所以杜鲁门就公开说过,麦克阿瑟总是抢功推过,在失败时怨上怨下。他是一个不肯负责任的将军。

84. 胸前常挂两颗手榴弹的"猛将"李奇微接替沃克职务

1950年12月22日晚,美国名将李奇微正在美国国内迈尔堡,同陆军的老友们共进晚餐。餐后的一杯鸡尾酒喝到一半时,柯林斯打电话告诉他，沃克在朝鲜丧生，命令李奇微要"毫不拖延地前去朝鲜接替沃克的职务"。

柯林斯和麦克阿瑟早在几个月前就已选定李奇微作为沃克的继任者，一直在找机会解除沃克的职务。当时他们议定，应当有一位新的将军来作为美国部队的统帅，使美军在朝鲜战场有新的起色。沃克身亡，这正是机会。他们立即将更选战地指挥官的计划付诸实施。

李奇微在五角大楼匆匆忙忙地听取了一系列情况介绍之后，被通知当晚就要动身去亚洲。他原希望在家中过圣诞节，但是要拖延两天是不行的。他不忍心把这消息告诉妻子。他让海斯利普将军替他打了电话，然后便匆匆奔赴朝鲜战地。

1950年，李奇微55岁。他严峻简朴，外貌堂堂，在美国陆军中已度过了大半辈子。他出生于弗吉尼亚州的门罗堡，是美国正规陆军一位炮兵上校之子。在西点军校1917级中，他当过橄榄球领队，并在冰球队里打球。柯林斯是他的同班同学，现在是派他奔赴朝鲜的上司。另一位同班同学是克拉克，后来在朝鲜接替了他的职务。

李奇微在两次世界大战之间的年代里，在中国、菲律宾和尼加拉瓜服过役。1942年，他担任第八十二师师长。当年，美国五角大楼的首脑把第八十二师改编为空降师，成为美国陆军的精锐部队。他曾率第八十二空降师投入诺曼底之战，然后又指挥过一个军。李奇微爱训斥人，他的部属称他是"一个爱踢人屁股的人"。1949年，他被任命为五角大楼陆军副参谋长。以后，他在美陆军系统中被公认为未来的参谋长。

美国派李奇微到朝鲜，相信他有比前任更多的"坚强意志和指挥才能"，还特别考虑到，20年代他曾在西点军校组织过体育项目，当时麦克阿瑟正在那里当校长。柯林斯认为李奇微能做到对麦克阿瑟既怀敬意又持保留，牵制这位莽撞将军的轻举妄动。李奇微比别人更深知麦克阿瑟的弱点。他说：麦克阿瑟有"略为夸大其词和自吹自擂的恶习，常常把子虚乌有之事归功于己。他的癖好是好出风头。当部队发起进攻时，他愿意在大庭广众之前摆出一副真正的现场指挥官的架势。他有意培养清高孤傲之情，仿佛这是天才的特征。他刚愎自用的性格，有时使他不顾浅显的逻辑而坚持一意孤行。他对自己的判断坚信不疑,使他产生一种一贯正确的预感。"

85. 新官上任三把火,李奇微扬言血洗中国人

12月下旬,李奇微接替沃克任第八集团军司令。他迅速赶到美军陆军参谋长那里接受任命,又乘专机赶到日本东京,见麦克阿瑟。

12月26日晚上,麦克阿瑟在东京会晤李奇微。他表示非常高兴地欢迎李奇微到来。他说:"欢迎新官上任。你在战场上将会得到比沃克将军更多的战术主动权。"

李奇微说:"你是我的老校长,我佩服你的勇气和精神。"

麦克阿瑟对李奇微说:"我特别要告诫你,不要小看了中国人,他们是很危险的敌人。中国军队常常避开大路,利用山岭、丘陵,抄近路插入我们纵深发起攻击。他们步兵手中的武器运用得比我们好。他们惯于在夜间运动和作战。"

李奇微问:"将军对朝鲜战场目前的形势是什么看法?"

麦克阿瑟说:"你作为美国陆军副参谋长,大概已知道情况。在此之前,我曾数次致电华盛顿,坚持我的新看法。"

李奇微问:"什么新看法?"

"美军实际上已经战败,除撤退之外别无他法。"麦克阿瑟坚定又激动地说。

李奇微说:"要挽救败局还

侵朝美军第二任第八集团军司令李奇微。

有没有新途径？"

麦克阿瑟回答："有，我已向政府提出挽救败局的方案和意见，可是外交官们强行施加的'人为限制'，妨碍我拯救朝鲜。"

说到此处，麦克阿瑟站起来踱了几步，像一个出色的演员一样，从他的仪表、风度、语气和姿态上都表现出是一种非常骄傲自负的人。

他非常坚定，像一个凶神，咬紧牙齿，把手一扬，说："排除掉'人为限制'，我可以拯救朝鲜，而且还会给赤色中国以毁灭性打击，为今后几代人拔除威胁。"

麦克阿瑟在此之前向美国政府提出的战争行动是：封锁中国海岸；轰炸中国本土内的军工企业及其设施；派蒋军入朝作战；要蒋军对中国大陆进行牵制性进攻。

但是，杜鲁门的方针是，既要在朝鲜打下去，又要慎重行事；既要"稳住"盟国，又要"稳住"他的将军，尽可能把战线稳定在三八线地区，稳定战局是当务之急。杜鲁门和美国参谋长联席会议认为，中国军队显然有能力迫使"联合国军"撤出朝鲜。而美国争取联合国其他成员国对朝鲜大量增兵支援美军是不可能的。他认为美国战略重点在欧洲，朝鲜不是一场大规模战争之地。美国不该甘冒全面战争的风险而将美军现存部队投入朝鲜同中国对抗。总之，他不同意麦克阿瑟扩大战争的步骤。他的战略和政策大致如下：把战争限制在朝鲜；保持对空海力量的限制；不再向朝鲜派任何增援部队，尽可能稳住三八线附近的战线，使朝鲜恢复到1950年6月25日前的状况。

杜鲁门为此亲笔给麦克阿瑟写信，中心意思是告诫他把朝鲜战争限制在朝鲜境内，不要扩大，要稳着阵脚。

李奇微就是在这种局势下来到朝鲜指挥第八集团军打仗的。麦克阿瑟对曾是他的学生的李奇微特别信赖，告诉他："你认为怎么好就怎么干。一切由你决断，我对你完全放心，一定支持你。"而李奇微心中也有数，他要按杜鲁门总统的意图，扭转败局，有所作为。

李奇微乘专机离开东京到朝鲜，他决定亲自视察部队。但是，在此之前他感到最先要办的事是拜访南朝鲜李承晚总统，设法使美国的盟友相信,美军不会撤离而让他单独作战。

他见到李承晚,伸出手向李承晚说:"见到你很高兴,总统先生,我很高兴到朝鲜这个地方来,我是要长期留下来的。"

李承晚的脸上顿时露出温暖的笑容。他最害怕美军完全撤走,丢掉他们。他的眼睛湿润了,他用双手握住了李奇微伸出的手,领着他见他的妻子。然后,他们亲热地喝着茶。

李承晚说:"我们的利益一致,相信你们不会背信弃义,扔掉朋友不管……"

李奇微说:"不会的。"

李承晚说:"你们撤走我们也要单独干。"

李奇微说:"你这位老先生不愧为我们所称呼的那样,是一位坚定的斗士。我会同你协力,我们决不撤离朝鲜半岛,而且,一旦集结好部队,我要转入反攻,重新杀过去。"

新官上任三把火。李奇微安抚了李承晚,立即视察作战部队,决心发动新攻势。

美国下定了"绝不自动放弃朝鲜"的决心,对强化侵朝战争,采取了一系列措施,这对于濒于穷途末路的侵朝美军起到了一定的兴奋作用。这种兴奋作用在新上任的李奇微身上表现尤为突出。他先入为主,在进入朝鲜战场还不大了解情况就吹牛说:"一旦实力允许,便立即恢复攻势"。他用了两天时间,乘直升机和吉普车到各军、师视察,先会见了美一军、美二十五师、英二十九旅的指挥官,又会见了南朝鲜军的各军军长和各师师长,面对面地征求他们对能否重新发动一次大规模进攻的意见。但是,他得到的回答是:美、李军发动何种进攻都会归于失败,而且,可能要付出重大的代价。李奇微又乘吉普车巡视前线,想看一看美国士兵,听听他们的反映。

李奇微乘吉普车来到朝鲜战场中部地区前线。他身穿海军陆战队服装,胸前挂着两枚手榴弹,看样子完全不像高级指挥官,更不像文官,而像一个冲锋陷阵的海军陆战队士兵。李奇微的特点就在于此。在他上任为战场指挥官,总要显示一下他是一位"猛将"。但是,这位美国"猛将"在初到朝鲜战场实地巡视看见的,却使他大失所望。

他在他的回忆录《朝鲜战争》中描述说:我"在乘坐吉普车巡视前方地域时遇到的第一名宪兵的那副样子,使我深感这支部队与我以往所了解的在欧洲作战的部队大相径庭。""我沿途遇到了一些士兵,与他们进行了交谈,听取了他们的不满意见。从他们的身上我也深深感到,这是一支张皇失措的军队,对自己、对上级都丧失了信心,不清楚自己究竟在那里干什么,老是盼望着能早日乘船回国。"他说,他视察过的每一个指挥所都给他以同样的感觉,即丧失了信心和斗志。

的确,美军指挥机构失去信心的现象很突出。他到朝鲜第一次在美第八集团军指挥所吃饭,许多军官陪同这位新到任的司令走进饭厅,桌上的台布和餐具都使他大吃一惊。他发现餐桌上的台布是一条床单,盛饭和餐具也是简陋的朝鲜瓦罐。

李奇微吃惊又愤怒地说:"我们美军高级司令部成了狗窝,我们像丧家犬,连吃饭用的和睡觉床上用的都分不清了。前线的士兵丧失了信心和斗志,指挥所内丧失了军人的自尊和荣誉。这怎样继续打仗!换掉台布,把这些东西换成新的。"

美第八集团军副司令约翰·库尔特中将说:"要更换餐具,更重要的是要更换美军的情绪。"

李奇微说:"对,要使美国部队在身体和精神上达到坚韧不拔的程度,我们尚差很远。要在所有部队中激发进攻精神,阻止中共军队前进,血洗中国人……"

李奇微实地调查后,发现当务之急不是进攻,而是做好防御准备,阻止我军的强大攻势。为此,他迅速改变决心,于12月31日命令美、李军守住从临津江到三八线一线。

李奇微还特别交待,退却不能乱,有秩序地按照调整线实施后撤。各部队之间衔接在一起,防止穿插迂回。

这时,李奇微准备在指挥美、李军阻止志愿军突破三八线的作战中,大显身手了。

86. 彭德怀决定,志愿军除夕夜发动攻势

　　第三次战役方针既定,志愿军司令部立即部署各项作战事项。大家分头行动,开始了临战前的各种准备。后勤工作更紧张,在当地政府协助下,于战役发起前已就地借粮3万吨。担心部队到新区后没饭吃的问题初步得到解决,部队可以放心前进了。

　　这时,中国人民志愿军和朝鲜人民军联合司令部(简称联司),已于12月上旬成立,并搬到君子里。这是中朝两党协商,为了中朝军队能更有效地相互配合作战而采取的措施。当时决定"凡属作战范围及前线的一切活动",统由"联司"指挥。中国人民志愿军方面由司令员彭德怀任"联司"司令员兼政治委员,朝鲜人民军方面由金雄任"联司"副司令员,朴一禹任"联司"副政治委员。这样,中朝人民军队并肩作战,在指挥上更加集中

1951年元旦,中朝军队发起第三次战役。这是部队通过标有三八线的界牌南进。

统一,在作战行动上更加协调一致了。

遵照党中央和毛泽东主席的指示,彭德怀与金日成首相商定,集中9个军(军团),即志愿军的6个军和朝鲜人民军的3个军团的兵力,实施第三次战役。战役的目的是突破三八线,重点消灭南朝鲜军。所以不采取侧翼迂回方法,而采取正面突破,在战术上穿插分割的办法,重点突破临津江。正对着敌人的三八线防线,从中央突破,把美军和南朝鲜军分裂开,然后消灭东面之南朝鲜军。

在作战指导上,志愿军和人民军各部都进行了认真细致的研究,特别强调对既设阵地的进攻,必须集中绝对优势兵力、火力打开突破口,必须大胆分割包围,并保持向纵深连续突击的优势力量,以达成各个歼敌的目的。

12月22日,定下最后作战部署——

在开城附近从西往东排列第五十、第三十九、第四十、第三十八军和6个炮兵团为志愿军右翼突击集团,在朝鲜人民军第一军团协同配合下,在高浪浦里至永平的30余公里的正面上突破,向东豆川里、汉城方向实施主要突击。首先以第三十八、第三十九、第四十这3个主力军为主,以第三十九军从中央突破、撕开口子、割裂美军和南朝鲜军联系。第四十军从中间,第三十八军从东面往下插,包围歼灭南朝鲜军六师,再歼灭南朝鲜军第一师,得手后再向议政府方向发展胜利,并相机夺取汉城。第五十军自茅石洞至高浪浦里一线突破后随第三十九军跟进,配合第三十九军歼敌。人民军第一军团位于东场里以东地区向汉山方向实施进攻,配合我右翼集团歼敌,保障我右翼安全。

在春川、加平以北,从西往东排列第四十二军、第六十六军和1个炮兵团为志愿军左翼纵队,由第四十二军首长指挥。突破后,首先集中主力歼灭南朝鲜第二师1至2个团,得手后向加平方向突击;另以1个师由华川渡北汉江向春川以北之敌实施佯攻,抓住南朝鲜第五师,配合主力作战和策应人民军第二、第五军团南进。

人民军第二、第五军团于战役发起前,以一部兵力于杨口、麟蹄地区从南朝鲜第一军和第二军的接合部突破,突破后向洪川方向突击,以吸引敌人注意力,调动敌人,配合志愿军主力作战。

为了充分发挥战役进攻的突然性,"联司"首长决定把战役发起的时间定在1950年除夕——12月31日17时。

敌机白天轰炸很厉害,我军没有制空权,只能靠晚上打仗。根据前两次战役的经验,在有月亮照耀的晚上,更能发挥我军夜战优势。所以打仗最好要在月圆期。但发起攻击时间,不能选在月亮正圆时。选在月圆时攻击,越打月亮越小、越暗。最好选在月亮圆的前几天。这样,打到战役高潮(我们的战役一般是7天),月亮正好最圆、最亮。

历史有时竟有惊人的巧合和相似之处。麦克阿瑟为了突然袭击朝鲜人民军,就是根据月亮决定了一次大规模登陆作战的地点和时间。他选择在1950年9月15日。根据月亮对潮水的影响,选在高潮时登陆,即15日下午17时左右。月亮对于人类爱情成败的影响在文学作品中是常见的,是人所公认的。但它被运用到军事上来,人们不易注意。美军仁川登陆成功后,美国舆论界称这是麦克阿瑟"月亮计划"的成功。可见敌方也是注意天气对作战的影响。这就是发挥军事上的"气象战"或"气象武器"的作用。

彭德怀和"志司"首长看了一下日历表。阳历12月底,1月初,正好是阴历11月中旬,是月圆期。12月31日,正好是月圆的前几天。错过这个时间,一直到1月上、中旬就都是月亏期,天黑不易看见。要过一个月,月亮才能再圆。12月31日又是阳历年除夕,西方国家的军队对阳历新年比较重视,美军和南朝鲜军对过新年感兴趣,过了圣诞节,就要过新年。新年夜易放松警惕。选择这个日子,更能出其不意,保持突然性。这样,彭德怀同大家研究后,便把战役发起时间选在除夕夜晚。

克劳塞维茨在《战争论》中说:一切行动都是或多或少以出敌不意为基础的,因为没有它,要在决定的地点上取得优势简直是不可想象的。秘密和迅速是出敌不意的两个因素,而两者是以政府和统帅具有巨大的魄力和军队能严肃地执行任务为前提的。

志愿军首长指示各军严密伪装,秘密作好进攻准备。

志愿军和人民军各部向战役进攻准备位置秘密开进。12月18日,志愿军各部从平壤、阳德、谷山之间地区出发。27日以前进到下述地区：第五十军到达开城以东地区；第三十九军到达九化里地区；第四十军到达朔宁地区；第三十八军到达涟川地区；第四十二军到达铁原东南地区；第六十六军到达金化以南及华川以北地区。人民军第一军团到达沙里院及其以南地区；第二、第五军团的5个师接近洪川地区，其余各师到达麟蹄地区。各部到达指定位置后即展开战前侦察、强渡江河和突破作战等准备工作，或进行必要的临战训练。

12月28日，战役准备就绪后，当晚彭德怀将"志司"的作战计划电报报告毛泽东。毛泽东于12月29日给彭德怀来电报，再次强调了打过三八线的重要性。他说："12月28日20时电悉，同意你的计划。如我军能照你们目前部署，于1月上半月打一个胜仗，争取歼灭南朝鲜军几个师及美军一部，然后休整两个月，准备春季攻势，则对民主阵营及资本主义各国人民大众影响甚好，对帝国主义则给以新的一击，加重其悲观失败情绪。"

87. 出敌不意，志愿军和人民军突破敌三八线防御

1950年12月30日晚。志愿军和人民军发起大规模进攻的第三次战役就要开始了。彭德怀和他的助手们再次上前线视察。

朝鲜三八线地区一个山头。

彭德怀和韩先楚等在阵地上。彭德怀拿望远镜观看了一下前方，对韩说："按主席的意见，目前我们集中6个军和朝鲜人民军3个军团实施进攻，有把握粉碎敌人在三八线的防御，争取歼灭南朝鲜军第一、二、五、六师一部，相机占领汉城……"

洪学智说："如果不出现特殊情况，我们的决心完全可以实现。"

韩先楚说："部队的战役准备已基本完成，没有什么大的问题了。"

彭德怀挥手说："走，到三十八军的阵地上去看看他们的准备情况。"

吉普车从树林中穿过……

1950年除夕——12月31日17时，我志愿军和人民军按照原定计划，以锐不可挡之势，向侵略军三八线防御阵地全线发起猛烈进攻。

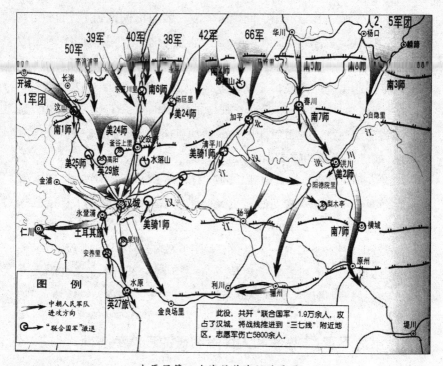

志愿军第三次战役作战经过要图。

志愿军先以7个炮兵团加上各部队的随伴炮兵的火力，在预先试定了射击诸元的条件下实施突然猛烈的袭击。这是志愿军入朝参战后第一次集中使用众多的炮兵部队。敌军被打得狼奔豕突、叫苦连天。

随后，提前潜伏在攻击出发地位的我各步兵部队很快越过了临津江、汉滩川等障碍，攻占了敌军的第一线阵地，并接着向纵深发展。

侵朝美军对志愿军将发动攻势是想到了的，但没有料到竟会遭到如此猛烈的突击，也没有想到我军这么快就又发起进攻。因而守第一道防线的李承晚军土崩瓦解后，整个防御阵势也就乱了。

李奇微在他的回忆录中是这样描述当时的情景的："元旦上午，我驱车由北面出了汉城，结果见到了一幅令人沮丧的景象。朝鲜士兵乘坐一辆辆卡车，正川流不息地向南涌去。他们没有秩序，没有武器，没有上级，完全是在全面败退。有些士兵是依靠步行或者乘着各种征用的车辆逃到这里来的。他们只有一个念头——逃得离中国军队愈远愈好。他们扔掉了自己的步枪和手枪,丢弃了所有的火炮、迫击炮、机枪以及数人操作的武器。"

到1951年1月2日,中朝人民军队已突入敌军阵地纵深平均达40公里以上,进到了坡州里、议政府东北地区、洪川西南新岱里一线。

李奇微看到他的部队在西线已经节节败退,在东线则已完全溃乱,如果中国军队一面加紧正面进攻,一面从敞开的东线实施深远迂回,其十多万大军连同大量辎重被挤压在汉江北岸一个狭小的桥头堡里背水作战,后果将不堪设想。于是,他立即下令,除留下少部分兵力在汉城以北的高阳、道峰山、水落山一线进行掩护,其余部队以及南朝鲜当局机构迅速全部南撤。

88. 乘胜追击,志愿军和人民军攻占汉城

1950年1月3日,鉴于"联合国军"和南朝鲜军已无意组织抵抗,逃跑甚快,有可能放弃汉城,退守汉江南岸滩头阵地,彭德怀随即决定乘胜展开追击,扩大战果,命令志愿军一部协同人民军第一军团相机占领汉城、仁川、水原、杨平;志愿军另一部同人民军第二、第五军团乘势占领洪川、横城、江陵。在占领上述各地之后,即停止前进,准备休整补充,允许敌人退守平泽、忠州、堤川一线,以利于将来的南进作战。

1月3日晚,中朝人民军队各军(军团)按照"联司"首长的命令转入追击作战。志愿军右纵队第五十军一部在高阳以北碧蹄里地区击退美第二十五师约1个营兵力的抵抗之后,进至高阳以南佛弥地区,截断了英第二十九旅的退路。经一夜激战,全歼了这个旅的皇家奥斯特来复枪团第一营及第八骑兵(坦克)团直属中队,缴获坦克31辆、装甲车和汽车24辆。这是志愿军第一次成营建制地歼灭英军。第三十九军先头部队于回龙寺与美第二十四师第二十一团遭遇,歼其一部,之后又歼灭英第二十九旅两个连。第三十八、第四十军击溃美第二十四师第十七团。志愿军左纵队第四十二军和第六十六军一部由加平、春川渡过北汉江。人民军第二、第

五军团也继续向洪川、横城方向攻进,截歼南逃之敌。

1月3日这一天,汉城已陷入极度慌乱中。头一天还在用汉城城防"固若金汤"、"万无一失"来安抚民心的李承晚,已于清晨逃往釜山。因为李奇微已经下令,限南朝鲜当局机构和平民于下午3时前撤离完毕;下午3时以后所有公路、桥梁都要保障他的军队通过。当美第八集团军逃经汉城时,李奇微亲临汉江大桥桥头指挥,甚至下令可以向不愿意离开公路和争过汉江大桥的朝鲜难民开枪射击。最后,李奇微跟他的前任沃克从平壤、阿尔蒙德从元山撤退一样,布置了用来不及运走的汽油、炸药对汉城、仁川、金浦机场等地进行罪恶的大破坏。

1月4日12时,志愿军第五十军、第三十九军一部及人民军第一军团进入了被敌军破坏仍在一片烟火和爆炸声中的汉城。

此后,为了不使侵朝美军据守汉江南岸、控制金浦机场和仁川港口,以威胁汉城和妨碍下一步南进作战,"联司"决定一鼓作气逼退汉江南岸之敌。

1月5日,志愿军第五十军、人民军第一军团主力渡过汉江,侵朝美军

中朝战友在汉城国会大厦前欢庆胜利。

已南逃。志愿军右纵队首长遂决定除以第五十军继续追击外,其余各军在汉城东北和议政府东西地区待命。第五十军在追击中,于果川、军浦场歼敌一部,7日占领水原、金良场里(龙仁)。人民军第一军团5日占领金浦,8日占领仁川港口。

到1月8日,中朝人民军队已把侵略军赶到了三十七度线附近的平泽、安城、堤川、三陟一线。"联司"首长发现美军组织按计划的撤退,有诱使中朝人民军队深入后实施登陆进行南北夹击的企图。为了避免前进过远陷入不利地位和及时开始下一步作战准备工作,当即决定停止追击,结束这次战役。

这次战役是中国人民志愿军和朝鲜人民军组成联合司令部之后,在统一的指挥下进行的第一次大规模攻势作战。对志愿军来说,则是入朝参战以来的第三次大的军事行动。在这次战役中,中朝人民军队齐心协力,并肩攻进,经过连续7个昼夜的奋战,前进了80至110公里,毙伤、俘敌1.9万余人,粉碎了侵朝美军据守三八线既设阵地、整顿败局、准备再犯的企图,进一步加深了美国统治集团及其与盟国之间的内部矛盾和失败情绪。而对于志愿军来说,人们所关心的能不能打、能不能胜的问题得到了基本的肯定,其在国际上的政治影响日益扩大,也推动了中国人民抗美援朝、保家卫国运动的持续发展。

89. 定谋贵决,彭德怀果断下令停止追击

志愿军出国作战,在短短的80天的时间里,连续取得了三次大规模反击作战的胜利,共毙、伤、俘敌7万余人,把敌人从鸭绿江边驱逐到三十七度线附近。这时国内也发表新闻消息:志愿军与朝鲜人民军解放汉城把全世界都震动了,全国人民高兴极了,纷纷集会庆祝。一些友好国家的大使说,自从收复汉城之后,美国人正准备全面撤退。

在这种形势下,某些同志则产生了轻敌速胜的思想,认为决战时机成熟,主张乘胜进攻,一鼓作气把美国侵略军赶出朝鲜。

中央军委、毛泽东和彭德怀则认为,应该看到尽管侵朝美军遭到了

惨重的失败，美国统治集团内部也在议论由于失败要从朝鲜撤退的问题，但是美国侵略者为要维持在远东和世界的政治地位，为要保护他们在朝鲜所掠夺的财富，他们是不会自动退出朝鲜的。我们还必须在各方面充分准备，进行几次激烈的大规模作战，才能达到完全解放朝鲜的目的。

1951年1月8日，彭德怀与志愿军的几位领导在一起进一步分析朝鲜的形势。

彭德怀面对地图，反复查看敌我情况，深思熟虑后说："乘胜追击容易，但我们要十分慎重。第一，敌人虽遭我三次沉痛打击，但主力没有被削弱，后备力量很强，技术装备仍占极大优势，为什么没有在汉城作拼死抵抗而大踏步后撤？第二，敌人在三八线上及其以南地区有既设的坚固工事，为什么未作顽强防守，有的部队还未与我接触即后撤？第三，我军相当疲劳，特别是减员很大，第一线的6个军已减到21万余人，各军虽然都采取了缩减非战斗人员充实战斗连队的措施，但绝大多数战斗连队的员额多者为参战初期的2/3，少者已不足参战初期的半数。同时由于部队营养不良，经常吃不上饭，在十天半月不见油盐的艰苦条件下连续行军作战，各种疾病增多。第四，随着战线的逐次南移，后勤运输线已延长到550公里到700公里，在敌机封锁袭扰之下，我后方弱点暴露更多，前运后送更加困难。在敌我力量未发生根本变化的条件下，显然决战时机不成熟。可见敌人放弃汉城后，而且还继续后撤，这是醉翁之意不在酒。"

洪学智说："这说明敌人是有计划地撤退，这里有诈。"

邓华说："李奇微刚刚上任，这个人很狡猾，目前的撤退是另有企图。一旦我补给线延长，供应更加困难，李奇微会依仗他们的海、空军优势，切断我们的后方供应线，甚至可能实施第二次仁川登陆。"

彭德怀说：我们必须保持冷静、头脑清醒，主观判断必须与客观情况相一致，求胜心切是要付出代价的。我们决不能上敌人的圈套。如果我们一直追下去，敌人乘我后方空虚，在我两侧实施登陆，可能比第一次仁川登陆的形势更为严重。战争不是赌博，决不能拿国家和人民的财产当儿戏。"

他说着，手向桌上一拍："就这样定了，错了我负责。杨参谋告诉解参谋长，命令部队停止追击，留一部分部队就地占领有利地形，构筑工事，准备敌人来攻。"

彭德怀最后决定：人民军第一军团2个师、志愿军第五十军和第三十八军1个师于汉江以南，志愿军第四十二军1个师、人民军第二、第五军团各一部于汉江以东，警戒当面之敌和监视东西海防。其他各军主力分别集中于高阳、议政府、东豆川、金化、金城、横城等地区休整。

中朝人民军队转入休整之后，毛泽东于1月14日指示志愿军："在目前开始的2个月至3个月内，中国志愿军和朝鲜人民军均有很多严重的工作要做。这主要是补充新兵到军队里去，使新兵向老兵学会作战方法。加强军队的装备，修理铁路，储备粮弹，改善运输系统和后方勤务工作。只有完成了这些工作，才能保障最后胜利。"

此后，中国人民志愿军根据"联司"制定的用两个月时间休整的计划，着手进行3月份发动春季攻势的准备工作。

第十二章　破缓兵计

90. 彭德怀下令部队驻地不准饿死一个朝鲜老百姓

这时,"联合国军"败退到北纬三十七度线以后,依靠其优越的运输条件,仅以半个多月的时间便完成了部署调整和后勤补给,于1951年1月25日开始,由西到东逐步在全线向我军发动了大规模的进攻。敌军的这次进攻,集中了5个军16个师及全部炮兵、坦克兵、航空兵,仅地面部队即达23万余人。敌军针对志愿军和人民军装备居于劣势和供应补给困难的情况,在保持同志愿军和人民军接触情况下,依仗其优势的炮兵、空军及坦克,组织高度炽烈的火力突击,以弹杀伤志愿军和人民军。

志愿军和人民军这时正转入休整,补充粮、弹等其他用品。彭德怀与"志司"对敌军的行动一直保持警惕,估计敌军可能在春季会实施较大的反扑,但没料到敌军大规模进攻来得这样快,所以主要精力放在准备春季对敌发动攻势上。当彭德怀判明敌人企图是要重占汉城,压迫志愿军和人民军回到三八线以北的企图后,立即决定于1月27日停止休整,准备作战。正在进行中的志愿军和人民军高级干部会议也改为准备进行第四次战役的动员会。

这时,当中国各地城乡人民喜气洋洋,正准备欢庆一年一度的新春佳节之时,在朝鲜战场上,中国人民志愿军战士们在冰天雪地的战壕里,听到的却是敌军的飞机、坦克和大炮的爆炸声。而在前线的后方地区,在志愿军总部,志愿军干部和战士除了经常遭到敌机的轰炸、扫射的袭击,常常看到被敌军破坏的村庄,看见被烧毁被炸毁的房屋,被破坏的稻田、松林,尤其是目击朝鲜老百姓缺粮少衣,老人与小孩憔悴的面容、面黄肌瘦的身体,十分痛心。

彭德怀见到这些情况,总是告诉一直跟在身旁的杨凤安秘书说:

"朝鲜人民太苦了,遭受侵略,遭敌机轰炸,生命受到威胁,还缺粮饿饭。杨参谋,你告诉作战处,下令我军部队驻地不准饿死一个朝鲜老百姓。志愿军要对饿饭的饥民进行救济,力所能及地帮助他们修建房屋。"

若干年后,杨凤安追忆道:彭总每到一地,就派朝鲜语翻译赵南起和李裕善两同志在驻地附近作调查,重点是了解朝鲜人民衣、食、住的情况,调查后向彭总报告并写出书面材料。赵南起同志深刻理解我党的光荣传统,所以他调查老百姓有什么困难就如实向彭总汇报,如老百姓吃粮困难,房子被敌机炸了,搭简易棚子又没有材料。彭总耐心地听他汇报,一边听一边记在笔记本上,一边点头说:"群众的困难应该及时发现,及时解决,帮助朝鲜老百姓,是我军责无旁贷的责任。"李裕善同志是朝鲜人,他对朝鲜老百姓的实际情况不好意思向彭总如实讲,在向彭总汇报时总是说,朝鲜老百姓没有什么困难,即便是有点困难也是暂时的,他们完全可以渡过难关。彭总听了只是哼了一声,"把材料放下我看吧。"彭总把朝鲜人民的疾苦挂在心上,总是要了解当地的民情,然后根据了解到的实际情况,向部队下达命令布置任务。他下令志愿军各部队,每人每天节约一两粮食,救济朝鲜群众;下令工程兵准备木料、油毡纸和席子等,为朝鲜老百姓搭些简易棚子,便于他们防寒过冬。

91. 驳斥速胜论,斯大林称赞彭德怀是当代天才军事家

为了总结经验,统一思想,争取在春季攻势作战中赢得更大的胜利,中国人民志愿军与朝鲜人民军决定于1951年1月25日至29日在君子里联

合召开高级干部会议。会议前夕，也就是1月10日晚上，金日成首相想亲自了解一下彭德怀下一步的打算。他在柴成文武官陪同下，来到君子里中朝联军司令部会见彭德怀。朝鲜副首相兼外务相朴宪永、苏联驻朝鲜大使兼军事顾问拉佐瓦耶夫也同行前往。

会晤围绕关乎抗美援朝战争的前途、进程和结局的大战略问题的争论，十分激烈。

拉佐瓦耶夫的基本观点是朝鲜战争可以速胜。拉佐瓦耶夫原是第二次世界大战后期，苏军向日本关东军进攻时，进入朝鲜的苏军集团军司令员。苏军撤回国后，他即改任为苏联驻朝鲜大使，实际上是朝鲜人民军的总顾问。他与其他一些同志看到中国人民志愿军入朝后连续取得了3次战役的伟大胜利，将敌人打退到三八线以南，收复了北朝鲜国土，还收复了三八线以南的开城及延安半岛和瓮津半岛地区时，被胜利冲昏了头脑。他以第二次世界大战后期苏军向德国法西斯军队由战略反攻到战略进攻的情况为依据，来对待朝鲜战场的情况，错误地认为敌人被打败，我军连续反攻，实施苏军的那套"大纵深作战"理论，不停地高速地向敌深远纵深进攻，使敌军无喘息机会，就可以用"闪电"攻势，把敌军赶下海，占领全朝鲜。他说，在苏军的战斗条令中，没有进攻胜利后停止进攻的。

彭德怀首先客观地、明确地向金日成、拉佐瓦耶夫等人介绍情况说："志愿军入朝两个多月，经过3次大战役，已将敌军从鸭绿江边驱退到三十七度线以南，但志愿军作战伤亡已达5万余人，另因病和冻伤约4万人，各战斗单位人员体力大为削弱，且很不充实。尤其战线拉长，运输困难，未来得及补充，粮食、弹药和被服均供应不上，多被敌机炸毁。目前正值严冬，因此，急需休整补充，交通运输需要修复改善。敌虽遭我3次战役严重打击，但主力损失不大，且保持着海、空优势。这次敌人有组织地节节败退，显然是别有用心。美军和南朝鲜军第一线兵力还有20多万，已在平泽、安城、堤川、三陟一线布防就绪。我们在这一线歼灭敌人，比把敌人逼到釜山狭小地区有利。因此，我军停止追击，当前进行休整和充分准备，求得下一次战役在这一线更多地歼灭敌人有生力量，这一点甚为重要。"

朝方与苏驻朝大使拉佐瓦耶夫等人提出："志愿军是要休整的,但时间要尽量缩短。可先出动3个军南进,其余休整1个月再南进。"

　　在继续对南进问题会谈中,拉佐瓦耶夫等人说:"歼灭不了敌人,我们多占领一些地方也是好的。""只要志愿军继续向南进攻,美军一定要退出朝鲜。""美军要找个借口退出朝鲜。如我军不去追,美军不会退。"他们甚至提出:"最好半个月内,志愿军有3个军向南进攻。

　　彭德怀说:"既然你们认为只要我军向南进攻,美军就一定会退,我提议由仁川至襄阳以北的全部海岸线警戒和后方维护交通线,归中国志愿军担任。人民军第一、二、三、四、五等军团共约12万人已休整两个月,归你们自己指挥,照你们的愿望可继续向南前进。"

　　拉佐瓦耶夫等人说:"人民军尚未恢复元气,不能单独南进。"

　　彭德怀说:"你们去试验试验,经验教训也是宝贵的嘛!"

　　拉佐瓦耶夫等立即表示:"这不是好玩的,一试验就要付出好多万人的代价。"

　　会谈到此时,彭德怀压不住心头怒火。他的性格是爽直刚烈,诚实直言。他的军事秘书杨凤安此时在会谈的会议室看到,彭德怀大声说:"战争不是儿戏,不能拿几十万战士的生命去赌博! 就这样定了,不南进追击。错了我负责,杀我的头……"

　　会谈是一次关系到朝鲜战局安危的激烈战略争论。战争力量是实现战略目标的手段,战略目标与战争力量是辩证的关系,战略目标必须虑及力量的可能。当时乘胜南进,我军力量不足于达到把美军全部赶下海。作出盲目的脱离实际的决策,会招致惨痛失败。

　　彭德怀是有非常丰富实战经验的军事家、战略家。他在我军连续取得了三次进攻战役的伟大胜利后,头脑十分清醒。我军并没有大量歼灭美国军队的有生力量。美军正在制定新的战略计划,并增兵2个师到朝鲜。美国显然不会轻易放弃朝鲜。

　　我军连续作战,部队疲劳,人员伤亡、弹药消耗未能补充。此时,我军运输线已向南延长550公里至700公里,后方供应不上,我军已无力再向前进攻。朝鲜半岛三面环海,南部靠近日本,便于美军再次实施侧后登陆。所以,朝鲜战场与第二次世界大战苏军在欧洲战场广阔陆地上不停地向柏林发起进攻的情况完全不一样。苏军在1944至1945年的几次战局中,在平均为方面军进攻地带10%—15%的突破地段上,往往集中约50%或更多的步兵兵团、50%—80%的炮兵、80%以上的坦克和几乎全部航空兵。苏军在1945年的许多进攻战役中,兵力兵器密度达到每公里进攻地段上约300门火炮、30余辆坦克或自行火炮。1个方面军进攻,编成内还有3个坦克集团军和2个机械化集群为快速突击集群。此外,苏军地面作战还有大量空军掩护。苏军总结第二次世界大战经验指出:"没有空军参加,任何一个大战役都无法进行。"所以,苏军在二战中的地面进攻战役,是在大量航空兵、坦克、炮兵配合下实施的。苏军的战斗条令是根据苏德战争实际情况编写的。我志愿军没有制空权,没有地面火力优势,白天不属于我军,只能利用黑夜,靠战士背的够7天用的粮食和弹药。在这种情况下,以苏军作战理论要求我军继续进攻,这显然是冒险。

彭德怀以战略家的气魄和胆识,以爽直刚烈、大胆真言的品格,断然拒绝了苏联大使的指责与要求,并说:"错了杀我的头,我负完全责任。"

会谈后,苏联驻朝大使拉佐瓦耶夫不但不接受正确意见,反而恼羞成怒,立刻给莫斯科发电报,向斯大林告状,指控彭德怀"右倾保守,按兵不动,不乘胜追击"。与此同时,彭德怀也把会谈的结果报告给毛泽东主席。毛泽东同意彭德怀的意见,并将朝鲜战场的实际情况电告了斯大林。斯大林以实事求是的态度,正确处理了这个战场上的战略问题。他立即回电拉佐瓦耶夫说:彭德怀是久经考验的统帅,东方战场今后一切听彭德怀的指挥,不准他再乱指手画脚。斯大林并称赞彭德怀是当代天才的军事家。以后把拉佐瓦耶夫调回国了。

杨凤安回忆,政治性的并涉及国际间的大问题的电报,一般是由他送交彭德怀看完烧毁。彭德怀直接发给毛泽东主席的这种绝密示电,也是只有少数领导人阅后发出。杨凤安把彭德怀亲自写给毛泽东主席的加急绝密电报,按彭德怀指示交给杜平阅。杜平当时是志愿军政治部主任。他阅电文最后一段文字,明确写着:目前朝鲜战场形势,志愿军不能乘胜南进追击,错了我负责!杜平把电报稿交给杨凤安,惊讶地说:"彭老总真发火了,快点发出! ”

朝鲜战场,敌人的行动果然不出彭德怀所料。麦克阿瑟为挽回败局,命令美国第八集团军司令李奇微积极调整部署,并从国内抽调了大批老兵补充部队,又将美国第十军调至三十七度线附近地区,加入了第一线的作战部队。李奇微是个十分精明的指挥官,他在美第八集团军指挥所,在一盏瓦斯灯下,聚精会神地查看地图和历次作战记录。他从中发现志愿军每次进攻都在7—8天后自行停止,结合情报分析,志愿军靠战士身上背的粮食与弹药打仗,到7天吃完用完即停止进行战斗。他为此将志愿军的进攻为“礼拜攻势”。他认为:“中共部队前进到三十七度线后,由于运输线延长,物资粮食补给困难,短时间内不可能发动进攻。”于是,他指挥美军加紧准备实施进攻,企图重新夺回汉城,向三八线以北进攻。

敌人的行动证明彭德怀的判断和决心是非常正确的。

许多志愿军老将军、老战士回忆这段历史,深感彭德怀指挥稳健、果断。如果冒险南进,志愿军将遭很大的损失。

92. 中朝高干君子里联席会议

1951年1月25日,中朝两军高干在君子里召开联席会议。

参加会议的有金日成首相和朝鲜劳动党中央政治局主要负责人,有志愿军司令员彭德怀和志愿军的其他领导人,有东北人民政府主席高岗,有志愿军直属各部、各军的主要负责人,十九兵团来朝参观的领导干部,朝鲜人民军总部和各军团的主要负责人,共122人。

为了便于总结经验,互相学习,志愿军和朝鲜人民军与会人员混编为六个组。

上午,大会首先由金抖奉致开幕词,彭德怀司令员作《三个战役的总结与今后任务》的报告。金日成首相也作了重要讲话。以后几天,朴宪永报告人民军的政治工作,邓华报告对美军、南朝鲜军作战的初步经验,杜平报告志愿军三个战役的政治工作, 解方报告练兵计划及司令部工作,韩先楚报告战术问题,洪学智报告后勤工作问题。分组讨论后,金日成首

中国人民志愿军司令员彭德怀同朝鲜人民军最高司令官金日成在一起。

相报告朝鲜劳动党今后工作方针。宋时轮、方虎山(人民军第五军团长)、刘海清(三十八军一一三师副师长)、张峰(三十九军一一六师副师长)介绍了作战经验。

29日上午,彭德怀司令员作了大会总结。

彭德怀在大会总结中指出前三次战役胜利的重大意义,总结了我军以劣势装备战胜优势装备敌人的基本经验,分析第一次战役我们不进行追击而采取诱敌深入,第二次战役进行相机追击,第三次战役虽然大胜但不进行猛烈追击反而停止进攻的原因。他指出,三次战役的经验证明:敌军的装备虽然占优势,我军依靠灵活的战役指挥和勇敢顽强的步兵作战相结合,是可以战胜敌人的。

洪学智在关于后勤工作的发言中,回顾了三个月来的后勤工作情况,指出:志愿军后勤工作有很大成绩,存在主要问题是物资供应不上,伤员抢救不及时,部队是在挨饿受冻的情况下打败敌人的。部队普遍反映有"三怕":一怕没饭吃,二怕无子弹打,三怕负伤抬不下来。主要是我们没有制空权,敌机轰炸破坏使后勤遭到严重损失。前三次战役共损失了1200多台汽车,平均每天损失30台。此外后勤力量不足,机构不健全也是一个重要原因。美军13个后勤人员供应一个兵。志愿军则是一个后勤人员大体要供应6—10个兵。没有充分的物资,没有足够的道路和交通工具,没有健全的组织机构,就谈不上后勤保障。因此,洪学智强调,要搞好后勤工作,必须有强有力的后勤机构。必须组织多线运输。他还说:下次战役需要3400辆车搞运输,现在仅有1000多辆,要加速火车运输。

高岗也讲了话。他说:我是一个志愿军的后勤工作人员。因为住在后方,对前方的情况不了解。关于战争准备问题,中心是把前方需要的物资运上来。历史上有好多部队由于供应不上而遭受挫败。为此,东北局已拿出6个委员,东北人民政府已拿出4个部长专门做后勤工作,以保证供应。为了解决这一问题,必须加紧抢修铁路,赶修机场,从各方面以各种办法与敌人的空军作斗争。

这次会议开得生动活泼,团结气氛很浓,对于准备力量以消灭敌人,取得战争的胜利,充满了信心。会议即将结束,果不出彭德怀所料,敌稍加整顿后,就开始向我全面发起进攻。所以,这次会议也是为粉碎敌人进攻的动员大会。会后,中朝高级指挥员立即返回前线,积极部署部队在运动防御中大量消耗杀伤敌人,以空间换取时间,为争取我主力部队到达,向敌人发起新的全面反击的战役创造条件。

在前方开中朝两军高干会议的同时,东北军区在沈阳召开了志愿军第一届后勤会议。中央军委副主席周恩来率代总参谋长聂荣臻、总后勤部部长杨立三、空军司令员刘亚楼、炮兵司令员陈锡联、军委运输司令部司令员吕正操等,专程来沈阳参加会议。正在沈阳养伤的邓华也参加了会议。这次会议在总结前三次战役后勤工作经验教训基础上,着重指明,抗美援朝战争把我军后勤工作推上新的阶段,后勤工作发生了深刻的变化。后勤必须以新的指导思想、新的供应方法、新的工作制度和工作作风,适应这一新的重大变化和现代化战争的要求。

93. 彭德怀确定"西顶东放"积极防御战略

1951年1月下旬,敌开始向我军转入进攻。当时彭德怀和志愿军其他领导人都料到李奇微会有这一手,但估计他不会来得这样快。

自1月25日起,以美军为主的西线敌军向汉城方向发起大规模进攻。这时,中朝两军领导正在君子里开高级干部会议,研究部队休整和春季攻势问题。发现敌人大举进攻后,立即决定停止休整转入防御。

当时"志司"得知,中共中央军委已决定实行轮番作战的方针,以便坚持长期作战和使更多的部队得到锻炼,命令第三兵团(司令员兼政治委员陈赓)辖第十二军(军长曾绍山)、第十五军(军长秦基伟、政治委员谷景生)、第六十军(军长韦杰、政治委员袁子钦)、第二十兵团(司令员杨成武)辖第六十七军(代军长李湘、政治委员旷伏兆)、第六十八军(军长陈坊仁、代政治委员李呈瑞)和第四十七军(军长曹里怀、政治委员李人林)加入中国人民志愿军序列,自3月起陆续入朝。加上已准备就绪、即将入朝的志愿军第十九兵团(司令员杨得志,政治委员李志民)的3个军,共有9个军27个师作为志愿军第二番部队。

27日,中朝两军高级干部会议也改成了以研究防御作战为主要内容的作战会议,下达了"确保汉江南岸桥头阵地,以利我春季大攻势南进歼敌及粉碎敌之阴谋,必须集中足够兵力,对进犯之敌予以重创,要求各军立即进行作战准备"的预先命令。随后,考虑到志愿军转入休整不久,还处在兵待补、装待发、粮弹俱缺、各方面情况尚未得到改善等情况,征得金日成同意,定下了"力争停止敌人前进,稳步打开战局,并从各方面加紧准备,仍作长期艰苦打算"的方针。同时确定,在这个方针指导下,"西顶东放",即以一部兵力在西线组织防御,争取歼敌一两个师,进而向敌纵深发展突击,从翼侧威胁西线敌人主要进攻集团,动摇其进攻部署,制止其进攻。

具体部署是——

西线,由韩先楚副司令员指挥朝鲜人民军第一军团、志愿军第五十、第三十八军展开于金浦、仁川、野牧里至骊州以北组织防御,抗击侵略军向汉城方向的进攻。人民军第一军团位于金浦、仁川、永登浦、汉城地区,担任海岸防御及汉城守备任务。

东线,由邓华副司令员指挥志愿军第三十九、第四十、第四十二、第六十六军于龙头里、阳德院里、洪川及横城以北地区集结,准备向原州、横城方向反击。由朝鲜人民军前线司令官金雄指挥人民军第二、第三、第五军团展开于三巨里、大美洞、宝来洞以北地区,掩护邓华集团集结,并准备以其第三、第五军团在邓集团左翼向横城东南实施反击。

志愿军第十九兵团迅速开赴安东、凤城地区集结,准备随时入朝参加西线作战;第九兵团第二十六军立即开赴铁原地区,作为战役预备队。同时,为了保证侧后安全,"联司"除命令朝鲜人民军部队继续担任东西海防任务外,也赋予了位于元山地区的志愿军第九兵团主力担负东海岸防御任务。

第四次战役,我方是被迫打的。彭德怀对这次战役的后果是很担心的。他在1月31日给毛泽东主席的电报中曾明确指出:"第三次战役即带若干勉强性(疲劳),此次战役则带有更大的勉强性,如主力出击受阻,朝鲜战局有暂时转入被动的可能。"

当时,我军在前线能投入作战的部队,仅有刚刚参加过三次战役的6个军和人民军的3个军团。这样不仅在技术装备上敌优我劣,而且在兵力数量上我也失去了优势。在这种情况下,如果我军立即向北转移,必将过早放弃汉城,这在政治上对我十分不利;但是,如立即反击,制止敌人进攻,也比较困难。敌人进攻的重点主要在西面,在汉江和汉城这边,以美军为主,进攻比较快。李奇微先让美军进攻,然后把南朝鲜军带起来。东面以南朝鲜军为主,进得比较慢。在这种情况下,我们为稳住阵脚,采取在东线诱敌深入,而后集中主力实施反击,争取歼敌一至两个师,进而向敌人纵深发展突击,从翼侧威胁西线敌人主要进攻集团,动摇其布势,制止其进攻。对于战局的发展,彭德怀和其他志愿军领导人估计:如果志愿军反击得手,可能使敌人停止前进或退回原阵地,但也有可能在敌人发现我西线兵力薄弱后继续在西线进攻,以迫使我在东线后退;如果我反击受阻,敌人将推进至三八线,如出现后一种情况,我军则准备在三八线以北坚决给予还击。

彭德怀要韩先楚在西线尽量多争取一些时间,不要很快收缩。争取时间,以利我军补充给养弹药。要坚决顶住敌人主要力量在西线的进攻,汉江南岸的阻击是关键。

这时邓华在沈阳养伤也返回"志司"了。彭德怀让他立即到东线去组织三十九、四十二、四十、六十六军准备反击。人民军前线指挥官金雄先指挥第二、第五军团在邓指挥的几个军没开到时组织防御,掩护邓集团开进,而后在邓集团左翼同时实施反击。

部署好了以后,邓华和韩先楚便分别带领着他们的指挥所前往东西前线。这两个指挥所(简称"邓指"和"韩指")即主要任务是代表彭德怀,协调前方各军的作战行动。所谓"邓指"就是邓华和作战处副处长杨迪,外加两个警卫员,两个译电员,两个报务员和一部电台。"韩指"是韩先楚和124师的参谋长肖剑飞,外有两个警卫员,两个译电员。

这时,彭德怀还要靠前指挥,告诉解方参谋长,志愿军司令部向金化附近地区转移,那里既靠前又适中,便于指挥。

94. 杨得志率第十九兵团出国参战,朱德总司令为部队送行

1951年2月16日傍晚,杨得志率第十九兵团离开祖国,奔赴抗美援朝战场。

平津战役结束,十九兵团参加解放太原城后即划归第一野战军,作战在祖国的西北地区。当时杨得志任兵团司令员,李志民任政治委员,耿飚同志任参谋长,潘自力同志任政治部主任。兵团辖六十三军、六十四军、六十五军3个野战军和一些直属单位。兵团在彭德怀司令员的直接指挥下,同兄弟部队密切配合,于1949年8月26日解放西北重镇兰州后,就单独向宁夏进军了。战斗虽然依旧频繁艰苦,情况仍复杂多变,但胜券在握,对敌进攻完全是秋风扫落叶了。

十九兵团所辖的第六十三军是抗日战争期间八路军在冀中建立的

军区部队，曾经历过残酷的反"扫荡"斗争。该纵队成立后，一直是华北解放军的主力之一，曾转战华北，后又参加了解放大西北的战斗。所辖第六十四军原系1945年编成的冀晋纵队，后改称晋察冀野战军第四纵队。该军第一九一师最早的前身是1929年在广西百色起义建立的红七军，后缩编为红三军团的第十三团，抗日战争期间编为八路军一一五师之一部。该纵队成立后，一直作为华北解放军主力之一，转战华北和西北。第六十五军原系1948年成立的华北野战军第八纵队，是由华北野战军第二纵队调出的第四旅和晋察冀、冀察热辽军区的地方武装升级的2个旅合编而成的。原第二纵队的第四旅(后来的一九三师)是一支有着光荣历史的红军部队，其最早的前身是1930年在江西组建的红军第三军，后编为红一军团第一师，抗日战争初期编为八路军第一一五师独立团。

新中国成立不久，十九兵团兵团部受命由宁夏首府银川南迁古都西安。所属部队重新调整了部署。肖应棠军长和王道邦政委等率领的六十五军，仍留宁夏继续肃清残敌；傅崇碧军长和龙道权政委等率领六十三军，驻陕西三原；曾思玉军长和王昭政委等率领的六十四军，驻陕西宝鸡。兵团一边整训一边生产。兵团部进驻西安后，环境安定下来了。直到1950年6月，朝鲜战争爆发，兵团也做了准备。10月1日是中华人民共和国成立1周年。在西安的庆祝大会后，杨得志向彭德怀汇报了部队的情况，坚决要求以实际行动支援反侵略战争第一线的亲密邻邦朝鲜人民。杨得志也预感到新使命来临，认真做了准备。

10月5日，十九兵团收到了毛泽东主席签发的绝密电报："杨李郑陈：限你部12月5日前赶到津浦铁路山东兖州、泰安、滕县一线集结待命。"十九兵团根据中央的要求，进行了准备。11月22日，杨得志和其他兵团领导人率兵团机关离开西安，向山东兖州开进，部队随后也分批到达山东泰安等地。杨得志此时还约李志民，一同看望了山东军区司令员许世友。杨得志见到许世友，受到热烈欢迎。许世友说："在延安的老战友现在在山东见面了，欢迎二位、欢迎二位! 我在军区、在省委、省政府都是夸了海口的。我说，十九兵团到山东，我们要全力以赴，要人有人，要物有物。要钱嘛，我许世友的津贴费也是可以拿出来的。我这不是夸海口，不是吹牛皮!老杨,你在山东搞过一段时间嘛,山东没有什么特别好的东西,但是山东有一样是可以在全国拍胸脯的,那就是老百姓——山东的老百姓实在是太好了。"

此后,杨得志被通知到北京。朱德总司令要亲自接见十九兵团领导。

1950年11月下旬,朱德在中南海接见杨得志,亲切听取了他们汇报准备工作。然后,他在办公室,对着朝鲜地图,向杨得志说:

"朝鲜战场目前形势很好,彭老总到前面已经两个多月了。仗打得不错,但相当艰苦。目前正和麦克阿瑟进行第二次交锋,打得很激烈。他发回一些电报汇报情况,主席是满意的。朝鲜的金日成同志也是满意的。你们可以看一看,了解情况,进入情况。"

"我们准备开个团以上干部会,专门研究现代联合兵种作战的指挥问题,针对美国侵略军的特点,确定我们所运用的战术。"

"很好。彭老总这个人你们了解,从不向中央提什么样的困难和要求,但他提到了你们十九兵团。彭老总指名点将要你们十九兵团。所以主席、恩来同志要我找你们谈一谈。'兵者百岁不一用,然不可一日忘也'。中国这句老话你们也是知道的。请你们来,无非是了解些情况,督促一下。看你们还有什么问题需要中央帮助解决的。"

"我们什么问题都基本解决了,就有一个问题是,请朱老总到我们部队作指示。"

朱德答应了他们的要求。

1950年12月中下旬,正是冬季严寒季节。朱德从北京出发,来到山东,亲临出国作战的部队,给指战员们的鼓舞和力量是难以言喻的。大家都想见到自己敬爱的总司令,亲耳聆听他的教导。战士们哪里知道,这时,64岁的朱德是发着烧、带着病到他们中间去的啊!

12月19日,朱德带病在十九兵团团以上干部大会上作报告。报告的会场设在兖州天主教堂内。由于很多干部没有见到过敬爱的总司令。杨得志陪朱德总司令入场时,坐在后边的一些干部禁不住站在小凳子上。朱德见此情景,笑着对杨得志说:"不少同志大概不晓得朱德是啥子模样,那好,我们下台走一圈,大家认识认识嘛!"说着他走下台去,从前到后走了个来回,边走边和两边的同志打招呼。碰见他前几天视察过的部队的负责同志,便说:"我们见过面了,我们见过面了!"

朱德从台下走了个来回,然后上台。他到山东来后患了感冒,而且发烧、咳嗽,但是他为了鼓励部队,还是坚持挺起精神,走上讲台。他作报告时没有讲稿,只在几张纸头上写一个提纲。他说:

"毛主席派我到十九兵团来,有两项任务。一、向同志们表示慰问,给同志们送行;二、要给同志们加点子油鼓点子劲。第一项任务,我向你们的杨司令、李政委,向我这几天所到的部队的同志们传达了。为什么要慰问你们?因为你们要执行一项很光荣、很艰巨的任务。同志们,朝鲜人民在等着你们,等着和你们一起消灭美国侵略者;祖国人民也在等着你们,等着你们和朝鲜人民并肩作战胜利的消息!我的这个慰问,代表毛主席,也代表全国人民!第二项任务是加油、鼓劲。我到你们兵团几天了,同你们兵团首长、同有些部队的同志谈了不少话。毛主席给我的两项任务,这一项我觉得比第一项完成得好!为什么?因为你们的油本来就很足嘛!你们的劲头本来就大得很嘛!这一点,我回到北京是要向毛主席报告的!"

朱德简短的讲话,常常被热烈的长时间的掌声所打断。教堂外虽然是寒风凛冽,但在毫无取暖设备的教堂里边,却已是热浪滚滚,心潮澎湃。

"同美军作战,我们的优势是勇敢和智慧。我们的武器装备不如敌人,我们要以劣胜优,要发挥我们的长处,依靠人民的支援,用毛泽东的人民战争战略战术打败具有现代武器装备优势的美国侵略军。"朱德继续讲了抗美援朝的意义、兵团的任务、可能遇到的问题,告诫干部一定不要满足于现有的准备,一定不要满足于部队非常旺盛的求战情绪。

朱德亲临指导,更加坚定了十九兵团的全体指战员抗美援朝、保家卫国的爱国热情,更加坚定了部队的必胜信念。

1951年2月2日,十九兵团告别了兖州,登上北去列车。杨得志在途经天津时,还被周恩来总理召见,听取了指示。然后乘火车离开祖国,奔赴朝鲜战场。

95. 邓华在前线指挥横城反击

1951年1月25日，麦克阿瑟和李奇微纠集重兵，向我军发动新的全线进攻，扬言"5天打过汉江"，重返三八线。1月31日，美军第七师和南朝鲜第七、第九、第三师和首都师分别由堤川、宁越、春阳等地向北推进。

邓华命令位于南汉江以东的第四十二军第一二五师在砥平里东南进行阻击，命令第四十二军主力从加平地区南下，控制砥平里附近。第六十六军一个师进至洪川以南五音山，阻击美第二师、南朝鲜第八师的进攻。朝鲜人民军金雄集团（简称"金集团"）以第五、第二军团就地于横城至芳林里地区展开防御，第三军团由金城地区前调。邓华指挥的主力经过紧张的准备之后，于2月5、6日相继出动，第三十九、第四十军和第六十六军主力分别由高阳、东豆川、金化地区向阳德院里及洪川以南指定地区迅速开进，准备进行反击。

2月5日子夜，正是中国人民除旧迎新的时刻。阴历除夕将尽。在祖国大地上，千家万户正燃放起无数的烟花爆竹，辞旧迎新，欢庆一年一度的春节。而这时的朝鲜北部，从鸭绿江一线由北向南延伸的公路上，匆匆开进着各式汽车，载着部队和指挥员，奔向三八线以南。面对敌人的突然反攻，我西线汉江南岸防御部队第五十军和第三十八军——二师以及汉城至仁川一线的人民军一军团，正浴血奋战，坚守防御阵地。而担负东部反击作战的第三十九、第四十、第四十二、第六十六军和人民军三军团正从距一线约百十公里地区，赶赴预定出击地。

2月9日，美第二师一部及法国营进至砥平里；南朝鲜第八、第五师进至横城以北；南朝鲜第七、第九师和首都师在大美洞、江陵一线。在整个战线上，横城、砥平里两地区的敌人已处于突出的位置。彭德怀和几位副司令研究，认为砥平里和横城两地区之敌都已突出，都利于歼击，但以现有的兵力还不能同时攻歼。至于先打砥平里还是先打横城，则各有利弊。如先打砥平里之敌，可直接震撼西线敌人主要进攻集团，志愿军东西两线部队也能紧相连接，直接配合。但该敌兵力集中，战力较强，且已构筑了工事,不易被迅速歼灭。如一昼夜不能解决战斗,利川、原州、堤川之敌均可增援,横城地区之敌亦可策应西进或北进。如两昼夜不能解决战斗,水原方向的美军可能抽两三个师东援。这样,志愿军将处于不利地位。横城地区之敌虽多,但战力较弱,又处于运动中,态势更加突出,更利于围歼,志愿军初战就把敌人的布势打乱的把握较大。因此,彭德怀确定于2月11日晚首先对横城地区之敌发起进攻。计划先歼其3个团,得手后再歼其2—3个团。

2月11日,邓、金两集团各部已先后按计划进至进攻出发地域,并按照预定计划准时打响。邓集团担任主要突击任务的第四十二军迅速由西向东猛突,一夜间长驱30公里,截断了南朝鲜第8师的退路;第一二五师主力前进中歼灭横城外逃之敌一部。担任正面攻击的第四十军第一一八师突破敌前沿后,轻装疾进,插到横城以北;第一二〇师攻占梨木亭,支援了第一一八师的穿插行动。第六十六军第一九八师由五音山突破,也歼敌一部。这样,邓集团各部就在一夜之间把南朝鲜第八师的战斗队形全部打乱,并将其下属3个团和美第二师一部大部包围在加云北山及鹤谷里地区。美军、南朝鲜军与志愿军混战在一起,其炮兵、航空兵失去了作用,眼看着南朝鲜第八师3个团被志愿军全部歼灭。可是,邓集团未察觉南朝鲜第三师两个团已进至横城东北地区,致使第六十六军未能及时插到德高山、曲桥里地区,而已进到回岩峰的第四十二军一二五师也没有主动渡过蟾江加以堵击,让美第二师一部、南朝鲜第八师师部、第三师大部跑掉了。

中朝人民军队在横城地区的反击作战到13日晨结束。邓、金两集团共歼灭南朝鲜第八师3个团、美第二师1个营、南朝鲜第三、第五师各一部,还有4个炮兵营,共计1.2万余人,其中俘虏7800余人。横城地区之南朝鲜第三、第五师主力、美第二师大部、空降第一八七团被迫退回原州;南朝鲜第七、第九师也被迫向平昌撤退。李奇微埋怨南朝鲜军顶不住我军的进攻而仓皇撤退。他说:"在中共军队的进攻面前,美第二师又一次首当其冲,遭受重大损失。南朝鲜军队在中国军队打击下损失惨重,往往对中共士兵怀有非常畏惧的心理,几乎把这些人看成了天兵天将。……

脚踏胶底鞋的中共士兵如果突然出现在南朝鲜军队阵地上，总是把许多南朝鲜士兵吓得头也不回地飞快逃命"。

96. 汉江南岸的日日夜夜

从1月25日至2月16日，志愿军第五十军和第三十八军一部在汉江以南进行了20余天的阵地防御战，阻击向汉城进攻的美军第一军。这次防御战是抗美援朝战争中第一次大规模的防御作战，其激烈程度和全新的特点，都在我军战史上写下了新的一页。

韩先楚指挥的志愿军第五十军和第三十八军第一一二师，在侵朝美军发起进攻的时候，已经进入指定防御地区。他们在天寒地冻、粮弹供应仍很困难、工程器材严重缺乏的情况下，依托一般野战工事，进行坚守防御。

在国内革命战争中，我军也经常进行防御作战，然而进攻之敌基本上是以步兵进行突击，较少使用飞机和坦克，炮火也有限。可是在朝鲜战场上的情况却完全不同。美军实行的是空地配合的立体进攻。

汉江南岸的防御战一开始，美军对我军一个团的防御阵地每天就发射炮弹数万发，而且是由炮兵校正机指挥发射，射击比较准确，同时以数十架次飞机支援，空投炸弹上百枚，从空中封锁我军纵深对前沿的支援。当时天寒地冻，构筑工事极其困难，部队的防御纵深只有20公里，防御正面宽约40公里，地形为平原与丘陵交错，因河流封冻，敌坦克可以横冲直撞。攻防双方的兵力虽然大体相当，可是我方火力强度只及敌几十分之一，这种防御战的难度确实是我军过去所未见的。

防御作战一开始，敌人就把志愿军的各个阵地打成了一片焦土。然而每当敌人接近志愿军阵地时，指战员们总是从坍塌的工事里或从刚刚炸出的弹坑里奇迹般地跃出，一次又一次地把敌人打退。志愿军第五十军第四四四团第八连守卫的达1里阵地，一天遭到美军1个营的兵力在5辆坦克、10余架飞机、10余门火炮配合下的连续四次进攻。这个连队在弹药耗尽时同敌人白刃格斗，毙伤其60余人，守住了阵地。第四四七团防御

1951年1月28日,麦克阿瑟(右)与他的军事秘书惠特尼少将(右2)、第八集团司令李奇微上将(右3)、美军第二十五步兵师师长基恩少将(右4)在朝鲜战场

东远里阵地。该团指战员沉着应战,轮番进入阵地,打垮敌人3000人在80辆坦克和20余架飞机支援下的猛攻。

彭德怀特通令表扬志愿军第五十军:"你们数日鏖战,坚守阵地,反复争夺,表现了高度的国际主义与爱国主义精神。你们的英勇鼓舞了全军。"同时,志愿军司令部向全军下发了指示,强调在阵地防御中必须筑好工事,疏散地、纵深地配备兵力,每一阵地只以少数兵力进行防守,以减少伤亡,保持防御的稳定性;必须以短促、突然猛烈的火力,配合阵前反冲击,才能有效地阻止敌人的进攻;必须作好对敌实施反击的充分准备,较大的反击必须于夜间进行,才能收到大的效果;不能死守一地,在争取到一定时间或无力防守时,主动地转至第二阵地,并尽量坚持夜间转移,以减少伤亡。"志司"的这一指示,及时地指导了汉江南岸的防御作战。

美军占领志愿军汉江南岸第一线阵地后,每天都分成多路,在数十辆坦克、数十架飞机和大量火炮支援下,继续进行轮番攻击。战况更加激烈。但这时志愿军已经摸到了美军攻击前,先以炮兵和航空兵向我阵地狂轰滥炸一阵,炮火停了也迟迟不敢冲击的规律。所以当美军袭击时,志愿军阵地上只留一两个人监视,主力都躲到阵地背面,避开其狂轰滥炸。等到美军炮火停止时,主力才从容进入阵地,向慢慢靠近的美军步兵猛烈射击。由于志愿军掌握了这个规律,不仅减少了伤亡,守住了阵地,而且有了更多的战斗间隙可以用来修整工事,或者开展战评以至讲故事、下象棋等各种活动。美军为了逼近汉江、夺取汉城,以3个师同时发动攻击。志愿军各个阵地都采用这种打法,越战越勇,没有让美军得到一寸土地。

1951年2月8日,美第一军向汉江逼近,美第九军则集中美骑兵第一师、第二十四师、英第二十七旅、希腊营、南朝鲜第六师等部,在大量炮兵、坦克、飞机的支援下,继续向志愿军第三十八军坚守的阵地猛攻。这

1951年2月20日,"联合国军"总司令、美国五星上将麦克阿瑟(左三)与美国第八集团军司令李奇微上将(左二)、美第一军军长米尔本在原州。

时，志愿军已完全靠从很远的地方弄到阵地来的"一把炒面一把雪"生活，更严重的是由于敌人的炮火猛烈，头天晚上赶修了一夜的工事，一小时内即被敌摧毁，战斗时得不到工事依托。第三十八军指战员就在这种缺少工事依托又缺水缺粮的条件下，以"人在阵地在，誓与阵地共存亡"的决心，前仆后继，英勇战斗。经过了十多天的战斗，部队伤亡很大，有的阵地只剩下三五人、十余人了，仍与敌人拼杀到底。

2月10日，彭德怀提出通报表扬该军："我三十八军坚守汉江南岸阵地，已历时17昼夜。美军虽在大量飞机、坦克和大炮配合下，昼夜轮番攻击，均被该军英勇顽强守备和不断反击予敌沉重打击。迄今我汉江南岸基本阵地，仍屹然未动，分割隔离东西线敌军，有利我军主力向敌反击，特予通报表扬。"

作家魏巍在一篇著名的战地通讯：《汉江南岸的日日夜夜》中写道："这儿的每一寸土地，都在反复地争夺。这儿的战士，嘴唇焦干了，耳朵震聋了，眼睛熬红了，他们用焦干的嘴唇吞一口干炒面、一口雪……。"他还引用一位志愿军副师长的话写道："这儿的每一个人都在经历着'日日夜夜'式的考验。不过，我们的沙勃罗夫是不少的！"

第十三章　轮番较量

97. 阻滞敌人,掩护二线轮番部队开进

志愿军面临敌人磁性战术的挑战。李奇微企图诱我南下,然后再以优势空、海军在海岸两侧夹击我军主力。朝鲜战场的形势发展,需要战场指挥员们拿出新的决策。

1951年2月17日,彭德怀、邓华、洪学智等坐在桌旁谈论战场形势。

彭德怀说:"从此次敌人进攻中可以看出,不消灭美军主力,敌人是不会退出朝鲜的。这就决定了战争的长期性。这次敌人的进攻,兵力多,东西两线兵力靠拢;纵深大,齐头并进,相互呼应。经我邓、金集团顽强积极防御,23天毙伤敌两万余,使敌未能占汉城,吸引敌主力于南汉江以西,并赢得时间,使我邓、金集团歼灭横城地区伪八师、美二师1个营及伪三师、五师各一部,共毙伤俘敌约1.2万人,取得反击战的第一个胜利。但胜利极不完满,未能适时切断敌之退路,使被围之敌大部逃脱。"

秘书杨凤安插话:"苏联大使拉佐瓦耶夫在第三次战役结束时,曾建议我们继续进攻,解放釜山,把敌人赶下海。我们停止了追击,没有听他们的意见。现在还要退。要同各方协调、商量。"

彭德怀说:"现在我还要说,要后撤。打仗从古至今没听说过只能进

不能退。我国古代伟大兵书《三十六计》，就有一条'走为上'。兵书讲：敌势全胜，我不能胜，则必降、必和、必走。降则全败，和则半败，走则未败。未败者，胜之转机也。我们的转移、后撤，不是失败，而是为后胜的关键。"

邓华说："战略预备队除十九兵团及其他部队要到4月初才能到达三八线及其以北地区。我同意，节节抗击，消耗敌人，以空间换取时间，逐渐向北转移。怎样转移应慎重。"

洪学智说："要稳步撤退，边打边退。我军成梯次交替后撤，大量杀伤消耗敌人。"

彭德怀说："好！我们的方针就是运动防御。退是要退的，但我们不能退得太远了，只能退到三八线。退得太远了，第一不利于我们后面几个兵团向朝鲜开进，第二也影响我们士气，第三是最重要的，政治上对我们不利，不好向民主阵营、向朝鲜同志交待。人家会责问：你们是怎么回事？上一仗打得那么好，一下子打到三十七度线，怎么这一仗又一下子撤得这么远，撤到了三八线以北了呢？所以，我们的机动防御也是受限制的，受三八线这条政治线的约束。我们不能像在国内打仗那样，大踏步地后撤。"

随后，彭德怀拿起白色搪瓷茶缸。他喝了一口湖南绿茶水，嘴里嚼着茶叶，最后总结地说："我们要向祖国人民负责，打好这一仗。今天我们要撤退，还要主动放弃汉城，是为了明天的胜利。全线立即转入机动防御，准备争取两个月的时间，掩护第二批部队开进、展开及改善交通运输，囤积物资，诱敌深入，再发起新的反击。但是，坚决不能退过三八线。要给各军规定一天只能退多少。敌人不进，我们不退。敌人退了，我们还可进一点。慢慢向后收缩，把敌拖住，牵着敌人的鼻子走。"

"联司"首长于2月17日定下决心：动员原在第一线的各军(军团)加上新近开到议政府以北地区的第九兵团第二十六军继续战斗，全线实行运动防御，迟滞侵朝美军的进攻，采取纵深梯次的配备；第一梯队由西向东依次为人民军第一军团主力、志愿军第五十、第三十八军，邓集团的第四十二、第六十六军，金集团的第五、第三、第二军团共8个军(军团)，沿汉江北岸展开，要求各军和军团在这一防御地区抗击1个月时间；第二梯队为人民军第一军团1个师,志愿军第二十六、第四十、第三十九军,共3个军1个师,准备在第一梯队完成任务后,继续组织防御。

中朝人民军队北撤之后,侵朝美军害怕贸然行动会遭到包围,没敢继续追击。2月19日美骑兵第一师、美陆战第一师、英第二十七旅、南朝鲜第六、第三师再次对邓集团第四十二、第六十六军阵地发起进攻;美第二、第七师、南朝鲜第七、第九师向金集团各军团阵地发起进攻。侵朝美军的进攻,虽然有大量的飞机、坦克和炮兵的支援,但中朝人民军队各防御部队以无比坚韧的战斗精神同他们展开逐山逐水的争夺,迫使敌只能昼攻夜宿,缓缓前进。

敌人用了半个月的时间,才推进到杨平、横城。

98. 彭德怀与金日成商谈阻止"联合国军"进出三八线

1951年2月18日下午,金日成在平壤他的住所请彭德怀吃饭。彭德怀准备回国向毛泽东主席汇报前,相约在平壤与金日成对朝鲜战局发展及应采取的对策进行会谈。金日成完全同意,在必要时主动撤离汉城,再创造更多歼敌机会的战略构想。特别是对毛泽东决定采取轮番作战方针,大批新的后续兵团正从中国国内向朝鲜战场开进感到鼓舞。

金日成高兴地对彭德怀说:"感谢毛泽东主席,感谢中国人民的鼎力相助,把解放军的许多主力、精华都调来朝鲜支援我们的反侵略战争。朝鲜人民永远感谢你们! 请你回国亲自转告朝鲜政府的谢意。"

彭德怀说:"中朝两国是友好邻邦,唇齿与共,生死相依,我们一定能坚持打到胜利时为止。"

跟随彭德怀一起到平壤会见金日成的,还有彭德怀的军事秘书杨凤安。他也应邀一起参加了这次战时很简朴的小宴。吃的是朝鲜风味:冷面、狗肉、酸菜等。杨凤安看着金日成与彭德怀一边吃一边谈的热切气氛,也感到兴奋,一边细耳静听。

金日成拿起筷子给杨凤安夹肉,一边说:"小杨,你吃菜呀,不要只听不动手,别客气……"

彭德怀说："他肯定会吃饱肚子的,都是无产阶级,有饭哪有不吃饱的……"

三人一齐笑了起来。

金日成说："吃饭和打仗、下棋似乎一样,饭要一口一口地吃,仗要不打无把握之仗,下棋先看敌方的车、马、炮的走向,看三步,看准再走。"

彭德怀说："我们这次全线转入机动防御,准备争取两个月的时间,掩护第二批部队开进,前面诱敌深入,待机发起反击,这也是三步棋呀!"

金日成说："完全正确。"

第二天黄昏,彭德怀乘吉普车从平壤返回志愿军司令部。沿途的山川森林还是冰雪覆盖。吉普车上坐着彭德怀、杨凤安与警卫员。彭德怀催促司机加油,吉普车快速奔驰在朝鲜北部公路上……

99. 彭德怀奔驰战场,乘浮冰险渡大同江

1951年2月19日黄昏,夕阳落在山后,在大同江边的农舍上升起片片薄雾炊烟。忙了一天的农民正在茅舍中烧火做饭。一条公路上奔驰着一辆小吉普车,车中坐着彭德怀和他的军事秘书。他们来到大同江边。

彭德怀从车中走出,望着冰雪覆盖的江面。一排一排的大块浮冰顺江水流动。来时,彭德怀是乘吉普车从冰封的江面驶过江的。只隔了一个晚上,敌机投炸弹把冰层炸开,断裂的冰排浮在水面上。军事秘书杨凤安望江兴叹,发愁如何跨过大同江。

彭德怀是前天黄昏来到平壤附近一个山沟里,在朝鲜人民军总部会晤金日成,向他介绍近几天战况。彭德怀谈他将回北京向毛泽东主席面陈朝鲜局势和今后的作战方针。两人交谈了整整一个上午,完全取得一致意见。会谈后,彭德怀再次征求金日成对毛泽东主席还有什么要求,以便转达。下午彭德怀离别金日成。当日黄昏坐车来到大同江边。

面对浮冰,彭德怀非常着急,看着杨凤安,问他:"杨参谋,你有什么高招?"

杨凤安说:"有道是车到山前必有路,可现在是车到江边没有桥……"

彭德怀说:"桥不是被敌机炸坏了嘛。你看那边远处的大同江大铁桥,只剩骨头架了。别扯太远了,现在是怎么过江赶回总部去。"

杨凤安说:"过河没有桥,又没有船,我还没想出办法。"

彭德怀突然用手一指,说:"那边不是有人过江吗?"

于是,他们走近准备过江的一群战士。黄昏时,还能看见大体情况:一些志愿军战士正在把粮袋扛在肩上,送到大块浮冰上,然后顺流而下,以浮冰排代替轮渡。

彭德怀走到战士身边,看见战士满头大汗,汗珠流到江边冰块上,真是冷热相交,多大的反差。

彭德怀拍一拍战士的肩,问:"累不累?"

战士说:"累一点没关系,活动一下就不冷了。"

彭德怀说:"你们这是用冰排当船用啊!"

战士说:"全自动的,顺江流动一会就到对岸了。到达对岸,再把物资搬上岸,那边有人接。"

彭德怀说:"好! 我们也来轮渡。"

杨凤安立即拦阻,说:"这样太危险。"他看着一望无际的雪原和冰川,如果彭德怀乘冰排顺江奔流,如果到达不了对岸,如果发生意外,如果……杨凤安越想越觉得无把握的事,他坚决拦阻。

彭德怀知道他为自己的安全担心,解释说:"军人是勇敢者的职业。革命军人就更要有胆识,敢战胜危险。只要我们找好大排浮冰,一定能漂渡过江。"

杨凤安知道彭德怀果断决定的事不易改变, 就仍不完全满意地说:"你是司令员,你的安全关系大局啊!"

彭德怀说:"司令员和战士是平等的,都需要有不怕苦不怕死的革命精神,把生死置之度外,才能战胜敌人,战胜困难。"

彭德怀让司机把吉普车开到一个大块浮冰排上, 然后冰排顺江漂流。当流到对岸附近接触一块浮冰时,司机开车跨越冰排上了岸。彭德怀和杨凤安也跟着走上江岸。然后,他们乘车直奔志愿军总部去了。

杨凤安和司机都为彭德怀的安全提心吊胆。坐上车，彭德怀高兴地说："杨参谋，人家过江乘轮船，咱们坐冰块，这种娱乐真好玩。"

杨凤安说："我们很紧张，出了一身冷汗。"

彭德怀风趣地说："有什么危险，我们是义军，替天行道，诸神退位，老龙王也要保驾，保我们顺利过大江呢……"

三人笑起来了。

车沿平壤至阳德的公路飞驶，于天亮前回到总部。杨凤安将过江事告诉邓华和洪学智，他们像听惊险故事一样惊叹。

2月19日，彭德怀返回君子里志愿军司令部。他立即致电中央军委，汇报与金首相商谈后，我军在"三八线"以南作战方案：在汉城方面，力争沿汉江北岸抗击，时间越久越好；在横城方面，集中第三十九军、第四十军，力争再打两个胜仗，推迟敌人进出"三八线"。

然后，彭德怀整理了与金日成会谈后准备提请中央解决的志愿军存在的困难、问题，特别是有关空军入朝作战和修建机场问题、铁路维修问题、战略方针问题、后方供应问题。他和洪学智、解方共同研究了当前工作安排和志愿军司令部南移到朝鲜中部金化附近的问题。

20日晚上，彭德怀离开君子里，乘车北上，直奔安东。

100. 彭德怀当面向杨得志交待，准备恶战

1951年2月20日，第十九兵团入朝的第七天。彭德怀前往看望新入朝的第十九兵团领导。

杨得志等兵团领导接到"志司"这突然的通知，出乎意外。大家感到，在兵团刚刚入朝，一次仗还没有打过，彭德怀就来看望部队，简直可以说是一个绝大的喜讯。

杨得志突然想起，十九兵团路过天津时，天津市委书记黄敬给彭德怀带的慰问品。他立刻对兵团作战科副科长余震说："天津黄敬同志给彭总带的什么宝贝？你们保存好了吗？"

"是些大虾。亏得东北和朝鲜都冷，要不黄敬同志这个任务我们还完

不成呢！"余震说。

"拿出来做了，我们招待彭总，共他的产嘛！"十九兵团副司令郑维山是个坦率的人，他大手一摆说。

兵团政委李志民说："你呀！彭总的脾气，你还不知道呀？部队安排不好，他不吃饭，你也不要想清闲了。赶快找老康(副参谋长康博缨)和作战科的同志，准备一下汇报材料。"

当天晚上，薄薄的夜幕已经遮住了殷山，遮住了树林，两辆吉普车飞驰而来。杨得志、李志民、郑维山和政治部主任陈先瑞、副参谋长康博缨等，真的连饭都没有吃就在路旁等候了。他们看见吉普车，赶忙迎上前。

车停。第一个走下车的是彭德怀的参谋杨凤安。接着，彭德怀也下了车。

"让你们久等了，久等了！"彭德怀说着，和兵团领导一一握手。

杨得志等陪同彭德怀走进了兵团的掩蔽部。

掩蔽部里，大家围坐在一张用炮弹箱垒起的长方桌，桌上点起几支蜡烛。杨得志让彭德怀坐在一个垫有军毛毯的炮弹箱上。

杨得志说："我们刚入朝住下，彭总就来了。是有什么重要任务给我们吧？"

彭德怀摆了摆手，笑着说："我可不是专门来看你们的。想来，但情况不允许。这次是毛主席要我回国汇报，我拐了个弯，来看看你们，代表志愿军党委来欢迎你们。"

"你就坐吉普车回国吗？"杨得志问。

"那有什么办法，我们又没有飞机。不过也好，要有飞机我这次就见不到你们了。"彭德怀说。

彭德怀的话把大家说笑了。

接着，杨得志司令员向彭德怀简要地汇报了部队的情况。十九兵团从西北到东北，从西安到朝鲜，沿途受到祖国人民的积极支援。

李志民政委向彭德怀汇报，兵团在山东、天津，周恩来总理和朱德总司令的亲临指导和天津市委书记黄敬的热情送行。

"周总理特意指示我们，到了朝鲜，要认真执行三大纪律八项注意，爱护朝鲜的一山一水一草一木，要尊重朝鲜同志，尊重朝鲜人民。周总理还给我们讲了朝鲜人民的伟大领袖金日成同志和朝鲜人民军的光荣业绩，也讲了你指挥的三次战役的巨大胜利。我们受到很大的鼓舞。周总理说，'十九兵团，还有杨勇、杨成武同志指挥的两个兵团，都是有着光荣传统、战斗力很强的部队。要把'三杨'拿出去，叫做'三杨开泰'！"

彭德怀说："这是个重大战略措施。中央早已经横下一条心了。现在，美国也把二战中的名将、西点军校高材生李奇微拿上来了。你们来得正是时机。我们已经三战三捷了。眼下正在进行第四次战役。出国作战前，不少同志担心。实在说，我心里的底数也不像咱们在西北打马家军那样。打了几仗，底数就比较清楚了嘛！侵朝美军的武器装备占优势，天上、海上都被他们霸占了；地面上，我们的双腿要和他们的履带车轮子比试。但我们有我们的优势，我们的干部战士勇敢、坚强、能吃苦。我们有灵活的战略战术，同敌人打近战、夜战、运动战。我们部队有长期的实战经验，发挥我们的长处。但要告诉我们的战士，在朝鲜作战不同于国内，打美国鬼子不同于打蒋介石。战略上看敌人是纸老虎，打的时候还要当真虎打，一点也不能马虎！要准备恶战，而且要准备场场都是恶战。"

杨得志说："朱老总到山东为我们送行，指示我们要勇敢加技术战胜敌人。"

彭德怀说："对！我们要把部队指挥好、组织好。"他还特意问道："战士们的棉衣怎么样？"

"没问题。山东人民用新棉花絮的，很暖和。"

彭德怀说："朝鲜是个好地方，就是天气太冷。九兵团就是因为棉衣准备得不好吃了大亏，不少同志冻掉了耳朵，冻坏了手脚，也冻死了人。九兵团入朝急了些，他们来的时候还没来得及换装，在零下30多度的天气里，吃了大亏。你们有什么问题要早讲，要讲实话，要对战士负责。"

彭德怀最后介绍了战场最近情况，并告诉十九兵团领导："十九兵团主要任务是参加打第五次战役。"

彭德怀因急于赶路回国，谈了不到两个小时，即离开十九兵团。杨得志、李志民把他送上车前，看着彭德怀明显地比在西安时消瘦了，眼角内布满了血丝。杨得志关心地问:"彭总身体怎样? 要注意休息。"

"我今年53岁了,身体没有什么毛病。就是睡得太少。不过这次坐汽车回国,路上可以补一补,杨凤安给搞的那个'硬席坐铺',还是满不错的嘛! "

大家都笑了。

杨得志很熟悉杨凤安,这是因为杨凤安是杨得志在西北战场为彭德怀亲自选调的参谋。现在又在朝鲜战场见面,也很高兴。

杨得志对杨凤安说:"杨大个子,要照顾好彭老总,他是战场上的统帅啊! "

彭德怀说:"他的工作了不起,他成了我在战场上衣、食、住、行都靠得住的伙伴了。这是你选的好参谋呀! "

彭德怀接着说:"这次没能见到下面的同志们,请你们代表我问大家好。等我回来,我们一起打第五次战役! "

吉普车开动了。彭德怀把车门拉紧,又往回看望了一下杨得志、李志民等人。他特别感到这些老部属又来到他身边,更增加了信心和力量。

杨得志出生于湖南省醴陵县,是我军闻名的一员战将。1928年2月参加工农革命军第七师,同年10月加入中国共产党。1930年起,在红军第一军团当过排长、连长、团长等职,参加过中央苏区历次反"围剿",曾获三等红星奖章。长征中率第一师第一团担负前卫和先遣任务,曾组织突击队强渡大渡河,给后续部队打开通路,后被誉为"渡河十八勇士"。到陕北后任第一师副师长、第二师师长,参加直罗镇、东征、西征和山城堡诸战役。抗日战争爆发后,任八路军第一一五师第六八五团团长,率部参加平型关战斗。抗日战争胜利后,任晋冀鲁豫军区纵队司令员、晋察冀野战军司令员等职。1947年10月,指挥清风店战役。同年11月在朱德、聂荣臻领导下,指挥石家庄战役,创夺取坚固设防城市的先例。杨得志从红军长征、抗日战争到解放战争,东征西战,是我军一位智勇双全的名将。现在,他又率十九兵团进入朝鲜战场。志愿军规模最大的第五次战役正等待着他和他所率领的十九兵团。他也深深感到了血与火的再次召唤,光荣而神圣的责任正落在他的肩上。

101. 彭德怀汇报朝鲜战局，毛泽东部署轮番作战

从1951年1月25日至2月16日，我军第四次战役第一阶段虽取得歼敌2.2万余人的胜利，但因砥平里战斗失利，战役反击不顺手，战略预备队未能赶来，不能扩大战果，所以也就难以制止敌人的进攻。第二番兵团及补充兵员未到，部队供应正处于青黄不接状态。这时，彭德怀同"志司"其他领导人研究后，果断决定：全线转入运动防御，节节阻击，迟滞和杀伤敌人，争取两个月的时间，等待第二番兵团的到达。彭德怀的防御部署是：全军分为两个梯队。第一梯队展开8个军，防御正面为150公里，西起汉江口，沿汉江北岸，经杨平、中元山、横城、烽火山至下珍富里。第一线防御纵深约25至30公里，抗击时间约1个月。第二梯队为3个军另1个师，任务是一边构筑工事一边休整，准备接替第一梯队，再抗击1个月。彭德怀向各军部署任务后，还特别要杜平为志愿军党委起草一份给各军党委的指示，要求各军党委立即召开师以上干部会，传达和讨论如何执行上述决定。彭德怀在审批此指示时，加了一段很重要的话："总之，争取两个月时间，对我们是迫切需要的。时间就是胜利。望各级干部党员深体此意，坚决完成这一艰巨任务。"

彭德怀在完成上述部署后，于2月20日专程回国，向党中央、毛泽东主席汇报朝鲜战况和请示战略方针。

彭德怀从朝鲜君子里"志司"驻地驱车向北，在朝鲜的原野上疾驶而去。他坐在吉普车里，望着车外黑夜中布满天空的星辰，陷入了沉思……

从1950年10月离京赴朝参战，已历4个月之久。这100多个日日夜夜里，朝鲜战局发生了震惊世界的变化。新中国的开国领袖毛泽东主席正是这种巨大变化的主要策动者。他以大战略家的胆略和智慧，驾驭这场中国人民从来没遇到过的现代战争，周密协调国际关系，取得一个接一个的震惊世界的胜利。身为中朝联军司令员的彭德怀，在战局出现错综复杂情况下，风尘仆仆从前线赶回，急于向毛泽东主席面陈朝鲜局势，迫切之情不难想象。

彭德怀单独行动时，总是喜欢让他的随从秘书杨凤安与他一起同行。

黑夜里，山林公路上静静的。偶尔远处有敌机夜间侦察，投炸弹的爆炸声与火光闪亮。杨凤安这时想起毛泽东很欣赏的一首古典诗词——岳飞的《满江红》，轻轻吟诵起来：

> 怒发冲冠，凭栏处、潇潇雨歇。
> 抬望眼、仰天长啸，壮怀激烈。
> 三十功名尘与土，八千里路云和月。
> 莫等闲、白了少年头，空悲切。
>
> 靖康耻，犹未雪；
> 臣子恨，何时灭？
> 驾长车踏破、贺兰山缺。
> 壮志饥餐胡虏肉，笑谈渴饮匈奴血。
> 待从头、收拾旧山河，朝天阙。

毛泽东喜欢这首词，曾手书此词。杨凤安此时为了活跃情绪，读此一段。

彭德怀的沉思被打断了。他称赞词意，说："岳飞抗金报国，披星戴月，转战千里。一代忠良。"

杨凤安说："国家没有忠臣良将，即使有千军万马，也不能巩固安全呀。"

说话间，吉普车到了鸭绿江边。过江后，在安东(今丹东)改乘伊尔-14专机，在志愿军空军指挥所4架米格15喷气战斗机护航下，飞往沈阳。在沈阳机场，受到东北局书记高岗及东北军区领导人贺晋年、周桓等迎接。高岗首先迎上去，握着彭德怀的手说："志愿军在前方打胜仗，彭总您辛苦了。"其他领导人也表示慰问。在机场客厅停留了将近1个小时后，彭德怀又上机直飞北京。

中午，飞机在北京西郊机场降落。到机场欢迎的是中央军委办公厅的负责同志。彭德怀的夫人浦安修和他的侄女也到机场迎接。

几辆汽车行驶在京郊公路上。车内，彭德怀和夫人浦安修坐在后排。彭德怀的侄女坐在司机旁，回头温情地看着他。彭德怀幸福地微笑着说："我在前线还是很想念你们的。"

浦安修说："我们都为你担心，孩子们天天念叨你，还常在地图上猜你在哪里……"

汽车到了中南海大门，彭德怀让司机停下，对浦安修说："你们先回去吧！"

浦安修十分关切地说："一定要回来吃饭，我们等多久也会等你的。"彭德怀深情地点头。

浦安修和侄女下车，看着彭德怀的车消失了，才进入杨参谋的汽车，驶进了中南海。

彭德怀的轿车驶向玉泉山，在一间不大的会议室旁停下。彭德怀下了车，走向等在门口的毛泽东、刘少奇、周恩来、朱德等中央政治局常务委员。他们和彭德怀一一握手，互致问候，然后一起步入会议室，分别落座。

毛泽东："彭老总，我们的同志和朋友对你不乘胜追击很不理解！"

彭德怀："根据我们对整个战局的分析，我们虽然打了几个胜仗，但还没有从根本上削弱敌人。李奇微这个

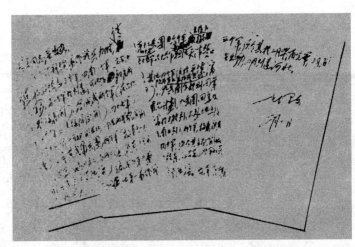

1951年2月7日，毛泽东关于《志愿军采取轮番作战方针》给周恩来的信。

人很狡猾，他要利用我军装备落后与作战弱点，以强大的火力杀伤我有生力量，或实施侧后登陆，他的战役企图已经十分明显了。所以我们决定，把主力撤回到三八线附近，利用有利地形，实施战术反击，然后再图进攻。"

周恩来："我们打过三八线，敌人诱我南下，会重演仁川登陆的故伎。彭总没上他的圈套。彭总提出轮番作战，斯大林十分称赞彭总有办法。"

毛泽东："在撤退这个问题上，有些人有意见，可以不必介意。关于朝鲜战局的发展问题，按照能速胜则速胜、不能速胜则缓胜的原则办。"

彭德怀："邓华同志总结出一套经验，可以用三种方法和敌人周旋：一是快打、快撤，抓一把；二是拉锯式的反复争夺，轮番攻歼敌人；三是克敌固守，打敌反扑。"

毛泽东："当务之急是一线部队要坚守，争取多一些时间，争取空间。"

彭德怀："坚持两个月时间没问题。国内第二番部队要尽快拉上去，早作准备。现在只有十九兵团已开过安东，还有宋时轮的九兵团在朝鲜休整后，可参加春季攻势。这样，第二番参战部队只有6个军，兵力不够。我建议尽快让陈赓指挥的三兵团开上去，其他如杨成武和董其武兵团也要抓紧准备出国作战。"

毛泽东点头表示同意，说："看起来，在朝鲜与美军作战，比我们在国内打国民党军队不同。在国内我们打大歼灭战，一个战役就可以吃掉国民党几个兵团、几十万人。而朝鲜地域狭长，不易大部队迂回，且筹粮困难，运输又难以保证。所以李奇微说我们是一礼拜的攻势，说我们的部队靠战士身上背的那点干粮和弹药，打光了就难再打下去了。敌人把我们的供应切断，空中封锁，一个星期就想把我们拖垮。所以李奇微是动了脑子的，发明了磁性战术，就是像磁石那样吸着我们的部队，把我军吸到他们的纵深，离我们的后方远远的，然后再相机歼灭我军。李奇微很聪明，但是他对你彭大将军确是打错了算盘。你不吃他那一套。你不像麦克阿瑟，打点胜仗就忘乎所以。骄将必败是个规律。你彭老总就是不去洛东江，不上他的当。这一点，我们比敌人高明得多啰。"

彭德怀："打得赢就打，打不赢就走，这是主席的一贯思想。三十六计走为上，今天走明天来，是兵家的策略。"

毛泽东："对。我历来主张，打仗的目的是歼敌，不在一城一地的得失。"

周恩来："听说斯大林要把苏联驻朝大使换回国。斯大林称赞东方有伟大的军事家。"

彭德怀："一切靠毛主席指导，我具体办。"

毛泽东："邓华总结的经验不错。我们有我们的优势。我们组织两番部队，轮流打，消耗敌人有生力量。"

"主席讲得对，在春季攻势中，我们好好研究一下。"彭德怀说。

随后，毛泽东根据朝鲜战场形势，经慎重研究，及时作出了关于坚持长期作战、轮番作战的战略方针：

一、从目前朝鲜战场最近进行的战役中，可以看出：敌人不被大部消灭，是不会退出朝鲜的，而要大部消灭这些敌人，则需要时间。因此，朝鲜战争有长期化的可能，至少我应作两年的准备。

二、粉碎敌人意图，坚持长期作战，达到逐步歼灭敌人之目的，我志愿军应采取轮番作战的方针。决定编组三番轮战的部队，即：将现在朝鲜作战的9个军30个师作为第一番志愿部队；将正从国内调去的6个军及现在朝鲜即将补充的3个军(有2个军现在元山、咸兴地区休整)共9个军27个师作为第二番志愿部队，约4月上旬可全部到达三八线地区，接替现在汉江前线的6个军的任务；将准备从国内调去的6个军及第一番志愿部队中的4个军共10个军30个师作为第三番志愿部队，准备6月中旬调用。

三、根据一、二两月份的作战经验，我因有3个军在咸兴以北战役中损伤较大，从事休整，致使现在前线作战的只有6个军，减员甚大，未获补充。因之我无后备力量，在战役胜利时不能扩张战果，在敌人增兵时不能打敌援兵。同时，我军南进，后方线上，供应很困难，还须留兵守备，故在敌人未被大量消灭前及我尚无空军掩护条件下，我如过早逼敌南退，反不利我分割歼敌。鉴于此情况，在我二番志愿部队9个军于4月上旬到达前线以前，敌之陆军还较我占优势，我应避免进行战役性出击，而以第二番部队6个军及朝鲜人民军4个军在南汉江以北地区进行防御,迟阻敌人……在我第二番志愿部队九个军到齐后再进行有力的新的战役……

2月24日,为了落实毛泽东主席的指示,周恩来和彭德怀一起召集军委各总部负责人在总参谋部开会,讨论轮番作战部队的入朝和如何保障志愿军的物资供应问题。

彭德怀介绍了志愿军面临的严重困难,要求国内各方面想方设法大力支援朝鲜前线。当讨论到具体问题时,有些人强调许多困难难以落实。彭德怀听了十分恼火,猛地站起,把桌子一拍,说:"这也困难,那也困难,难道比志愿军在朝鲜前线还困难吗?你们去前线看看,战士们吃的什么,穿的什么。伤亡那么多人,他们为谁牺牲?现在我们没有制空权,粮食服装运不上去,又饿死、冻死了很多战士,他们都是年轻活泼可爱的娃子呀!难道你们就不心疼吗?"经过彭德怀这一发火,过去长时间不能解决的问题,很快落实了。

随后,彭德怀在中南海又会见了叶剑英和军、兵种的主要领导肖劲

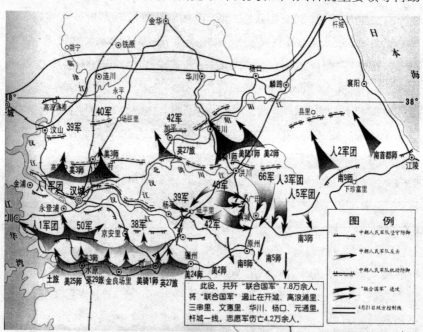

志愿军入朝第四次战役作战经过要图。

光、刘亚楼、陈士榘等。彭德怀根据朝鲜战场敌我双方斗争的情况,提出加强军、兵种和后方建设的意见。

3月初,彭德怀重返前线。

3月7日,侵朝美军再次调整部署,决心集中5个军共14个师3个旅又2个团的兵力开始发动全线猛攻,企图从中间突破造成由东北方向迂回包围汉城的态势,在确保夺回汉城的前提下继续向三八线推进。

当天,美第二十五师分两路在南北汉江汇流处,对志愿军第五十、第三十八军猛攻;美第九军及第十军一部为配合西线夺取汉城的战斗,对志愿军第四十二、第六十六军阵地猛攻。

这一天,志愿军在伤亡不断增大、粮弹严重缺乏的情况下,打得极其英勇顽强,第四十二、第六十六军打退进攻之敌十几次、几十次的疯狂进攻。有七八个连队工事被毁、弹药用尽,最后以枪托、石块与敌拼搏到底,直到全部壮烈牺牲。

102. 主动撤出汉城,先发制人,防止敌侧后登陆

1951年3月底至4月初,朝鲜北方严寒消失,步进阳春季节。在三八线以南漫长数百里的战线上,"联合国军"继续向北推进。在我志愿军邓华集团、韩先楚集团和朝鲜人民军金雄集团的顽强阻击下,敌军的进攻滞缓下来。我第一番作战部队英勇顽强、节节抗击,大量杀伤和滞止敌人,掩护了第二番部队进入朝鲜,快速开进三八线附近。

黑夜,星光灿烂。在三八线以北各条公路上,我军部队和运送辎重的汽车、大车以及炮兵部队的火炮轰隆隆不断由北向南开进。敌机在照明弹照射下,一批又一批地俯冲,投弹、扫射、实施空中封锁,阻止我军向前机动。我新入朝的志愿军三兵团所属之第十二军、第十五军、第六十军正日夜兼程,向三八线开进。我19兵团和9兵团主力也加速调往预定出击地域。

在通往上甘岭的公路上,一辆吉普车由北向南疾驶。车内前排坐着彭德怀。后排坐着彭德怀的军事秘书杨凤安,旁边坐着两个警卫员。杨凤

安告诉一个警卫员负责前方观察,注意前方车辆、空中敌机行动;一名警卫员负责后方观察,注意后面的车辆,以免碰车。

吉普车不时穿越一些部队的队形,向南急速行驶。彭德怀看到公路上往南开进的部队,问杨参谋:"这是哪个部队?"

"十五军。"

"陈赓的第三兵团上来了?"

"十九兵团和三兵团正向预定作战地区开进,我军兵力已处很大优势了。"杨凤安说。

"勿以三军为众而轻敌。今天要赶到上甘岭,同大家研究下一步打法。敌人很狡猾,想施新招。我们要判明敌情,决心才大啊……"

"据通报说,美国政府经过同英、法等国多次磋商,从其全球战略出发,最后决定的侵朝方针是,在不扩大战争范围的前提下,稳步向朝鲜北部推进,待占领有利地区后,即再以'实力政策'为基础,或与中朝进行外交谈判,或继续其军事行动,以保持美国在亚洲的地位。4月初美李军再次越过三八线,并计划从侧后登陆配合正面进攻,将战线推进到北纬三十九度线及其以北地区,在朝鲜半岛蜂腰部平壤以北至元山建立新防线。"

"没有那么便宜事,他们也得做很多准备。"彭德怀自信地说。

"美军正在加速整训在日本的南朝鲜军3个师,扩建釜山、金浦等空军基地。美海军还特别对元山、新浦、清津诸港加强炮击、封锁。有消息说,美国将把国民警卫第四十、第四十五师由美国本土调往日本,与原在日本的美第三十四团组成第十六军,准备使用于朝鲜战场。"

"看来,敌人正在加紧进行登陆作战的准备,威胁我两侧,断我后路。没那么容易。"彭德怀刚毅地说。

彭德怀与杨凤安在吉普车内谈兴正浓,突然敌机飞到上空,投掷照明弹,接着又投下几颗炸弹,爆炸声响彻山中。杨凤安立即命令司机将吉普车开到公路旁山边隐蔽。彭德怀在吉普车上骂道:"狗娘养的。"敌机过后,吉普车继续向前行驶。

3月9日晨,彭德怀到达志愿军总部新的指挥位置金化北面上甘岭。

志愿军几位首长都很高兴，说彭德怀在关键时刻回到志愿军总部。当日下午在一个松树林里，彭德怀与邓华、洪学智、解方、杜平一起围坐在一块大石头上。根据毛泽东和中央军委的指示，几位领导分析了最近的战场形势。为争取主动，创造更多的歼敌机会，彭德怀决定我军于14日夜主动撤离汉城。

撤离汉城，这是一个主动行动，彭德怀早有思想准备。我军解放汉城时，杨凤安拿着报纸向彭德怀报告说，北京城燃放鞭炮以示庆祝。他当时就不高兴地说：假如以后因战争需要而撤离汉城，又怎么办呢？对有的报纸社论中的某些过激口号，彭德怀也不同意。他认为，我们千万不能有速胜的思想，要有打持久战的思想准备。彭德怀认为，撤出汉城后，我们要做好各方面的思想工作。

彭德怀于3月11日致电周恩来总理说：我于9日拂晓前安抵司令部。敌于7日又开始全线进攻。为继续疲劳敌人，缩短我之防线，争取时间，决定放弃汉城，采取运动防御，保持有生力量，吸引敌人主力进至三八线。

根据彭德怀决定，我第一梯队各军从3月10日起，按照预定计划逐步向北转移，由第二梯队接替，继续实施运动防御到三八线及其以北地区，为发起新的反击创造条件。

11日，志愿军几位首长开会，研究第五次战役怎么打法。

彭德怀首先讲了敌人北进时毛泽东主席的想法和估计："毛主席的想法是：在敌之地面兵力占优势的情况下，我军暂不进行战役性出击。如果敌逼我应战，拟让敌人进至三八线南北地区。在我第二番志愿军部队9个军到齐后，再进行有力的新战役。毛主席估计，敌占领三八线以后的行动有三种可能：第一，趁我疲劳继续北进；第二，暂时停止于三八线大约10至20天；第三，较长时间，大约两三个月，停止于三八线，进行永久筑城，待阵地大部巩固后再进。这三种可能，以前两种可能为多。但敌发现我有大量援兵到达时，第三种可能不仅存在，而且可能发生另一种情况，即变为长期相持于三八线。毛主席认为，我应力求避免这种情况。我军应在第二番部队入朝后，趁敌进至三八线及其以南地区立足未稳时，在4月15日至6月底两个半月内实施战役反击，在三八线南北地区消灭美、李军建制部队几万人，然后向汉江以南地区推进，最为有利。"而后，彭德怀请大家发表意见。

志愿军参谋长解方接下话题说："我们得到极为重要的情报：麦克阿瑟和李奇微到朝鲜战场东线视察，敌海军加强了对我元山、新浦、清津诸港的炮击。敌人在加紧准备登陆。登陆地点可能在东线，东岸的通州、元山地区，以配合其陆上进攻，企图打到三八线以北，避免我军由东面山区向其出击。"

洪学智说："我主张把敌人让到铁原、金化地区再打。如果在铁原、金化南面打，我们一出击，敌人一缩，不容易达到毛主席说的成建制地消灭敌人的目的。把敌人放进一些来，我们可以拦腰一截，容易解决问题。同时，刚入朝的部队也可以逸待劳、多一些准备时间。"

洪学智刚说完，彭德怀马上说："我们不能再退了。把敌人放到这一线来坏处很多，铁原以北是平康大平原，是很大的开阔地，敌人坦克进来，对付起来很困难。另外，让敌人打进来，物开里那儿还储存了很多物资、粮食，怎么办？不行，不能把敌人放进来，还是得在金化、铁原以南打！"彭德怀讲了很多，中心的一点，就是不同意把敌人放进来。

邓华听彭德怀讲完，也接着发言说："我倒是同意洪学智的意见，他的意见有道理。应该把敌人放进来打。眼下，第三兵团、第十九兵团将进来，第九兵团也刚刚往前开进，地形都不熟悉，行动也很仓促。把敌人放进来，一是我们可以准备得更充分些，可以以逸待劳，另外也可以进一步把地形摸熟。"

解方和杜平发言也同意放进来打的意见。彭德怀见都不赞成他的意见，有些不高兴，问大家："这个仗你们到底想不想打了？"

洪学智说："老总，打还是要打的，我们是做你的参谋的。参谋的责任是提建议，意见是供你下决心参考的。老总是战场统帅，最后的决心还是老总下。"

邓华也说："老总，你不是让我们提看法吗？我们就是这么看，采纳不采纳由老总定。老总定了的，我们坚决执行。"

彭德怀没作声，起身走了。他亲自起草了电报，还是按照在金化、铁原以南的打法起草的。

吃中午饭时，洪学智陪着彭德怀吃饭，又利用此机会申述己见道："老总啊，当参谋的，有三次建议权，我已经向你提了两次建议，现在向你提最后一次建议，最后由你决定……"他把自己想法又详细地讲了一遍。

彭德怀听了以后，沉思良久，叹了一口气说："你的意见也有道理，我就是考虑朝鲜战场狭窄，把敌人的坦克放进来不好办呀！我之所以没有采纳你们的意见，是担心时间拖长了，敌人有从我侧后登陆的危险。你考虑过吗？我军几十万大军已开进朝鲜三八线地区，往回调头就那么容易？时间不允许我们往回调部队。上来的部队没打仗就往回返，部队的情绪会怎样？现代战争不允许我们像在国内革命战争那样大踏步后退啊！"

时间就是胜利。在战场上，时间观念是指挥官必须考虑的关键问题。我国古代大兵法家孙子说，兵贵速，不贵久。孙子的《九地篇》说：兵之情主速，乘人之不及，由不虞之道，攻其所不戒也。拿破仑说：在战争中，时间的损失是无可弥补的，对此提出的各种理由都是不妥的，因为拖延只能使行动失败。从各方情况看，敌人从侧后登陆的准备加快了。不允许我军拖延下去，消极等待。只有先发制人，以战为守，打乱敌人的战争时间表，破坏敌人侧后登陆企图，才是万全之策。

第十四章　最大的一次战役

103. 彭德怀部署规模最大的第五次战役

　　1951年4月6日,彭德怀在上甘岭"志司"驻地的金矿洞里,召开了志愿军党委第五次扩大会议,布置第五次战役。

　　参加这次会议的人有彭德怀、邓华、朴一禹、洪学智、韩先楚、解方、杜平,九兵团司令员兼政委宋时轮,十九兵团司令员杨得志、政委李志民,三兵团副司令员王近山、副政委杜义德,以及有关的军首长。

　　这次会议,先由邓华介绍前四次战役入朝部队的作战情况。他说:

　　"我军入朝作战,面对的敌军主要是美军。敌军有强大的海、空军,地面部队有高度现代化的装备,这是它的优势。敌人有制空权,火力强,运动快。但敌人新兵多,缺乏战斗经验,士气低。南朝鲜军自遭受朝鲜人民军打击后,大部为新编重建,战斗力不如美军。我军前四次战役取得胜利,是避免了敌人强处,抓住和扩大了敌人弱点,采取切断、包围、攻击,运动中歼敌。敌军的俘虏说:'你们飞机大炮都不怕,提几个手榴弹就往前冲,越打越多。前面拦、后面堵,这种打法古今少有,你们是打仗的专家'。"他接着讲了反坦克、防空和后勤情况。

　　彭德怀开始用他那浓重的湖南口音讲话:

"第四次战役的经验教训主要有两条:在军事上,证明我对现代化装备的敌人进攻,采取坚守防御是困难的,积极运动防御是必须的。在政治方面说明,抗美援朝战争是长期的,以为突破三八线、取得汉城后即可一帆风顺地结束朝鲜战争,是一种幻想。毛主席提出'战争准备长期,尽量争取短期'的方针是非常正确的。在这个方针下,我全国军队今年准备补充60万,全国以国防建设为主,经济建设要围绕国防建设进行。我军实行轮番作战,改善志愿军装备,加强后勤机构,积极准备空军、装甲兵部队参战,尽量争取短期结束战争。"

大家听到此处非常兴奋。我军也将有空军入朝参战,也将有自己的坦克部队了。志愿军增加现代装备,那将是如虎添翼啊。

这时,在座的宋时轮直接了当地问彭德怀:"彭老总,你快说怎么打法吧。你有什么锦囊妙计赶快拿出来。"

彭德怀知道,宋时轮是我军的一位老同志。他1926年入黄埔军校,在学校加入中国共产主义青年团,1927年转入中国共产党。曾在湖南浏阳等地组建游击队,后担任过师长、军长,华东野战军纵队司令。1947年在泰蒙战役中,他指挥第十纵队和第三纵队一部全歼泰安守敌。淮海战役中,为保障主攻部队歼灭黄百韬兵团,曾组织3个纵队阻击徐州东援之敌,后又参加围歼杜聿明集团。1949年任第九兵团司令。他是一员战将,说话直爽。

彭德怀也坦率地回答:"大家讨论嘛,计策靠大家想。我感到,目前的形势很明显。朝鲜战争仍处于艰苦紧张的阶段,各方面的情况及种种迹象表明,敌军在第四次战役中进占三八线后,不但还要继续北进,而且从我侧后登陆配合正面进攻的可能性也很大,其目的是为了占领三十九度线,即安州、元山一线。如果敌人这一阴谋得逞,我军的主要供应线就会被切断,这将对我造成极大的威胁。因此,对敌人登陆的企图要做充分的估计,做好充分的准备。为了粉碎敌人从侧后登陆以配合正面进攻的阴谋,避免陷于两线作战的不利境地,我军必须先敌发起攻击。"

此时,会议中议论起来。有人提出:"敌人侧后登陆的可能性确实程度怎样,什么时候登陆也难估计……"

邓华插言道:"目前,宁可信其有,不可信其无。与其失之过迟,不如失之过早。我们要尽早准备发起进攻。赶在美军实施登陆之前,其正面进攻部队伤亡、消耗尚未补充,预备兵力尚未增到的有利时机,实施反击战役。"

彭德怀对在场的各位兵团司令说:"邓华说得对。大家可以畅舒己见,说说怎么打这个仗。"

这时,各位兵团司令都想大显身手。他们情绪非常激昂,纷纷发表意见,会场十分活跃。大家都表示赞同彭德怀的分析。

彭德怀等大家发表意见后,进一步明确任务。他说:"要改变朝鲜战局,需要消灭敌人五六个师。在第五次战役中,我们要争取成建制地更多地消灭敌人有生力量,粉碎敌人的计划,夺回主动权。实施反击的地域主要是西线汶山至春川一线。该地域有南朝鲜第一师、英第二十九旅、美第三师、第二十五师、第二十四师、土耳其旅和南朝鲜第六师。根据敌人战役布置纵深小,其援兵主要来自横的方向等特点,决定我军在战役指导上,实行战役分割与战斗(术)分割相结合、战役包围迂回与战术包围迂回相结合的方针。在兵力布置上拟首先以一部兵力从金化、加平一线,利用这一带的大山区劈开一个缺口,将东西线敌人割裂。与此同时,以三兵团由正面突击,以九兵团和十九兵团分别从东西两翼突击并实施战役迂回,各个分割歼灭敌人,得手后再向纵深发展。东线人民军金雄集团和西线人民军一军团分别向当面之敌进攻,积极配合作战。位于平壤的第四十七军、位于肃川的第三十八军、位于元山的第四十二军、位于华川、沙里院、载宁的人民军第二、第六军团准备反登陆和反空降。"

彭德怀还对各项准备工作作了具体部署。他指示,立即抓紧时间进行政治动员和战术教育;组织第一批参战部队向新参战部队介绍经验,并派出顾问予以协助;立即组织严密的战役侦察和战术侦察;加紧囤积粮食物资,规定各参战部队自带5天干粮,各后勤分部则准备5天干粮随部队跟进。他还对如何克服因战争反复而形成的三八线南北150公里无粮区带来的困难作了专门布置,要求保证部队能不断获得粮食、弹药供应;要求卫生部门作好收容4—5万伤员的准备;要求工兵部队立即着手抢修熙川经德岘里、宁边、孟山到阳德的公路,准备在敌一旦从侧后登陆、我西线交通被切断时,作为主要运输线。

彭德怀最后又强调了后勤保障工作的极端重要性。他说:"后勤工作,再三重复一句,要特别认真对东线5个军的粮食供应。如一两天没饭吃,再好的(作战)计划都完了。如果这次打胜了,全体指战员的功劳算一半,后勤算一半。"

4月10日,彭德怀把他的设想和部署电告毛泽东主席。

4月13日,毛泽东回电表示:(一)完全同意你的预定部署,望依情况坚决执行之。(二)为防敌从元山登陆,似须以四十二军主力位于元山城内及其附近,确保元山,请酌定。

4月11日和18日,志愿军司令部分别下达了战役指导与战术思想指示,进一步阐明了志愿军党委扩大会议所确定的方针,特别强调"只要我军能紧紧掌握'集中优势兵力,各个消灭敌人'的原则,在战役上把敌人东西割裂,并以足够的兵力把并进之敌分割为几大块,同时在战术上再把几大块分割为几小块,集中绝对优势兵力、火力迅速分别歼灭,我们就一定取胜"。并指出:此次战役能否大量歼灭敌人的重要环节,在于全军能否坚持白天作战。

与此同时,志愿军政治部主任杜平和洪学智商量,起草了第五次战役的政治动员令。4月19日,以彭、邓、洪、韩、解、杜的名义向全军发出。动员令中指出:这次战役是我军取得主动权与否的关键,是朝鲜战争的时间缩短或拖长的关键。动员令号召全军动员起来,发扬艰苦奋斗的精神,以无比的勇敢和智慧,成建制地消灭敌人,争取每战必胜。

至4月中旬,在朝鲜的志愿军已有15个军,我新入朝的十九兵团、三兵团和前段时间一直在休整的九兵团已分别集结到了预定的地区。中央军委还调动了刚组建的4个地面炮兵师、4个高炮师入朝参战。新入朝的炮兵第二师及炮兵第八师1个团、防坦克歼击炮兵第三十一师和高射炮兵第六十一师等均已配属到了各军。这时,志愿军的各种火炮已增至6000多门,其中野、山、榴、反坦克炮1000余门。我军的现代防空作战能力和地面火力已大大加强。我军第一线已拥有11个军共54.8万人。连同人民军第一线3个军团,我方第一线作战总兵力已近70万人。而当时敌军在朝鲜的地面作战部队总数为34万人。

为保证铁路、公路畅通,军委又调铁道兵第二师和4个工兵团入朝,并指派公安第十八师担任铁路、公路沿线的防空哨,负责对空监视。还成立了前方勤务指挥部,指挥6个分部,分别负责对三、九、十九3个兵团的后勤保障工作。

由于我方兵力空前雄厚,在数量上对敌方具有很大优势,志愿军首长对于战役寄予了很高的希望,规划第一阶段攻势就歼敌5个师(其中美军3个师),并推进至三十七度线。

然而,战场实际情况存在着对我方并不完全有利的因素。当时中国方面的空军仍不能参战,坦克兵还在向朝鲜调运途中,中朝部队与敌相比,火力上仍处于劣势。最严重的问题还在于后勤方面,尽管后勤力量已大大加强,但在朝部队成倍增加,供应上的困难还未缓解。三八线以南纵深约150公里的地区因双方反复争夺,居民逃散,已形成无粮区,我方参战部队主要靠身上背负的粮弹作战,一般只能保持5—7天的供应。美军这时也摸清了志愿军的弱点,将志愿军的攻势称为"礼拜攻势"和"月夜攻势"(太黑的夜也不便组织进攻),并确定了"磁性战术"(即我攻即退、保持接触以消耗我军,待我军粮尽后撤时又紧随追击)等一套相应的对策。同时敌方已估计到中朝军队的反击即将开始,我军过去以战役突然性和战术奇袭致胜的因素也不复存在,进行运动战的难度在事实上已大大增加了。

4月中旬,鉴于入朝新军准备仓促,彭德怀曾向中央军委建议,将战役推迟到5月上旬发起。可是由于得到美军新近在日本组建的第十六军有迅速在北朝鲜可能登陆的情报,为避免同时两线作战,于是决定先击破正面敌人,再打登陆之敌。4月15日,命令志愿军第三十九、第四十、第二十六军主力于17日晚上向预定的进攻出发阵地逐步后撤;同时命令各突击集团向进攻出发阵地开进。侵朝美军果然乘势继续北进,美第二十五、第二十四师先头部队于19日进到铁原附近地区。当铁原正面之敌已处于突出的态势时,彭德怀遂决定于4月22日17时30分(结束防御战役的第二天),发动反击战役。

104. 彭德怀派人实地调查六十军断粮饿饭问题

部署已基本就绪,一切准备都已完成。在战役发动前夕的一个晚上,彭德怀和几位副司令员正在轻松地吃顿热饭。饭桌上添了一些朝鲜酸辣白菜。他们边吃边议论着。

彭德怀端起饭碗,愉快地说:"人是铁饭是钢,一顿不吃饿得慌。"

"我们这次发动第五次战役,有粮有弹,一切准备好了,就看这戏出场了。"洪学智说。

"现代战争打的是人的勇敢,打的是钢铁,打的是粮食,是综合力量的较量。这次我们的部队南进距离很远,战线拉长,运输线延长,对我们后勤任务加重了,有些部队的准备还不充分,仍需密切注意"。彭德怀说。

这时,机要员送给杨凤安一份电报,是志愿军六十军发给"志司"的,内容是说六十军的部队有些已断粮饿饭,有的部队在用毛巾和其他日用品换当地朝鲜老百姓的小鸡、酸菜吃。

杨凤安立即把电报交给彭德怀。彭德怀看完电报,心里非常难过,脸上愉快的笑容顿时消失,发怒地把筷子一摔,对洪学智说:"老洪,你怎么搞的? 部队战士没饭吃,饿肚子,我们这饭能吃得下?"

"部队饿饭? 不可能! 昨天运到六十军几十吨粮,他们起码还有三至五天的粮食吃……"洪学智说。

"下边报来情况,我们应该重视,应该派人去调查一下,去看一看是怎么回事"。

"我同意派人去看看。"洪学智说。

这顿饭不欢而散。彭德怀立即对杨凤安说:"你迅速出发到六十军去,看看他们没饭吃是怎么回事,并把这次战役的意图和部署再向六十军军长政委交待一下。"

杨凤安奉命当夜出发,坐了一夜吉普车,拂晓时到达六十军军部。次日晨见到韦杰军长、袁子钦政委,杨凤安立即向韦、袁说:"彭总看到你们的电报,很关心,要我来了解一下情况。"

袁政委说:"粮食是有的,够吃三五天的。部队到住地后,有的用毛巾换老百姓的东西吃,我是怕部队犯纪律,向上级反映部队情况,起草电报的人没有把问题写清楚。"

杨凤安说:"部队违犯纪律和没有粮食吃,这是两回事。你们这样一报,彭总急坏了,晚饭也没吃好。"

杨凤安了解了情况,并把"志司"首长发起第五次战役的意图和部署向军长政委作了介绍后,当即返回"志司"向彭德怀作了汇报。彭德怀就像心中有块石头落了地,立即指示杨凤安去向洪学智报告这一情况。

第二天吃早饭时,彭德怀对洪学智说:"昨晚我向你发火,我错了。还是你了解情况,你说得对。"

彭德怀对下级反映的问题严肃认真,关心战士的疾苦,志愿军的很多同志都是很清楚的,也非常钦佩他的工作作风。

105. 彭德怀转移战场指挥所

召开志愿军第五次党委扩大会议当天,北犯敌人已进至距离"志司"驻地金化上甘岭只有几十公里了。敌机白天晚上不停地在"志司"上空飞旋、轰炸,不时有隆隆的炮声从南面的交战前沿传来。会议结束时,军长们提议,为了彭德怀的安全,请志愿军的指挥所向后转移。

彭德怀说:"我在这里就很安全,又不妨碍你们的指挥。"

军长们说:"你要我们再引诱敌人后撤一步,那么我们的指挥所也得向后转移,这样我们就转移到'志司'指挥所的后边,对彭总的安全我们不放心。"

最后彭德怀指示解方参谋长,"志司"统帅机关拟向位于上甘岭西北百余公里的空司洞转移。

这时已是黄昏时分。各兵团和各军的领导同志匆匆吃了点饭,随后日夜兼程赶回各自的部队。

解参谋长随即带管理处的处长和部分机关人员,前往空司洞进行勘察,布置新的指挥所。

为了防止一旦在转移途中遭敌机空袭,发生意外,志愿军总部的领导转移时分成三批走。彭德怀是头一批,洪学智第二批,邓华是第三批。

傍晚时分,彭德怀离开上甘岭驻地。彭德怀留恋这里,登上一处高坡向南眺望。这时候,敌军已逼近金化。战场前线炮声隆隆,敌军探照灯的巨大光柱,已射到上甘岭上空。

彭德怀皱着眉头骂道:"狗娘养的!依仗飞机、大炮逞凶作恶,来日看老子怎么制你……"

"彭总!"作战处处长丁甘如气喘吁吁地赶来:"敌人逼近金化了,邓、洪副司令让你赶快撤离这里……"

"急什么!"彭德怀不耐烦地挥了挥手,"让他们先走!"

"彭总,你若不走,他们都不肯走。"丁甘如劝道,"你老总是总司令,他们都担心你的安全,敌人的飞机很凶哟!"

"投几个铁弹有什么了不起。铁弹没眼睛,它不认识我彭德怀。"

"司令部机关已转移了,就剩你们几个主要领导了。你们不赶去指挥,机关也不好开展工作呀。"

"那好,我们走!"彭德怀答应着,但就是不动脚步,两眼依然向南观察着。

"彭总,这条沟北边无公路,公路要过中、下甘岭两个村子,从南沟口出去。再迟了,敌人一过金化,南沟口就被堵了。北沟口无法通车。"丁甘如焦急地说道,恨不得上前拉住彭德怀,将他拖走。

杨凤安知道彭德怀的心思。他说:"志愿军总部搬了几次家,先是在大榆洞,后来又到德川以南的北仓里,接着又移到君子里,又从君子里前移到上甘岭。几次搬家,都是由北向南前进。这次是由南向北喽。南征北战。像在陕北,先北后南。现在去伊川以北的空司洞。大路朝天,各走一边嘛。"

彭德怀兴奋地说:"我并不是留恋这里山河的美丽风景。我是在熟悉这里的地形。我彭德怀是一定会回到这里的。敌人有天大本事,也爬不到上甘岭。"

彭德怀走后,洪学智坐一辆吉普车也离开了上甘岭。本来以为晚上敌机就不会来了,可没走多远,敌人的几架飞机嗡嗡嗡地叫着飞过来。先是投了几个照明弹,一下把黑夜照得像白天一样,接着又俯冲下来,投了几个炸弹。为了防空袭,洪学智坐的吉普车在又狭窄又凹凸不平的路上像跳舞似的左拐右拐,一下子没拐好,颠到路边的沟里了。幸好后面来一辆大卡车,用绳子把车拉上了公路。1个多小时后,敌机又嗡嗡嗡地飞到头顶。洪学智的车正在爬山岭,迎面来一大卡车,突然打了一下车灯,敌机发现目标,又是扫射,又是投弹。大卡车加快油门开了过来。洪坐的车没躲得及,与大卡车撞了一下。洪学智虽然双手扶住了前面的扶手,腿却重重地撞在了车帮上,当时就紫了一大片。大卡车带车的是四十军后勤部的一个财务科长。他吓坏了,赶紧下车跑过来说:"哎呀,真不得了啦,把首长给撞了。怎么样啊?"

洪学智说:"腿给撞了一下,不碍事!"

那位科长说:"把首长的车撞坏了,首长先坐我们的车走吧!"

洪学智说:"行了,我们的车能走,你走你的吧,赶快走!再开车小心点儿!"

半夜,洪学智赶到空司洞。

邓华是最后一批离开上甘岭的。那时已过子夜,寒气逼人。当他的吉普车驶过南沟口而调头折向西北的时候,他又透过车窗玻璃,向金化方向眺了最后一眼。他问车中的警卫员:"机关还有人留在后边吗?"

"全部撤离。后边跟的是警卫营。"

吉普车一路疾驶,途中也遇到几次飞机轰炸的险情,后半夜到达伊川以北的空司洞。

朝鲜到处有山林,到处有金矿,到处有一些金矿洞子。志愿军总部进到朝鲜以后都是住的金矿洞。大榆洞是金矿,君子里是金矿,金化是金矿,现在来到空司洞是金矿,最后转到桧仓,也是金矿。为什么老住金矿?原因是金矿有矿洞,好防空。

空司洞山上山下有很多金矿洞。这里的矿洞经常滴水,很潮湿。彭德怀不愿意住洞,就住在山下几间房子里。战士们在房子附近挖了一个小防空洞,便于彭德怀防空用。

彭德怀作战办公室布置完毕。时至黄昏,敌机两架"油挑子"飞临上空,发现了"志司"机关办公人员由山下向山上洞内来来往往搬桌凳,随即俯冲扫射,并投弹两枚,仅离彭德怀的住处五六十米处爆炸。敌机又盘旋了两圈,天黑了才离去。

"志司"领导机关目标已暴露。杨参谋判断敌机明天早晨还会来轰炸,于是天不亮便把办公室的人员叫了起来。彭德怀因夜间工作到下两点才休息。为了让彭德怀多休息一会儿,就没有惊动他。

不大一会儿,就听到敌机的隆隆声向彭德怀办公室的上空飞来。杨参谋喊了声:"'警卫员'赶快叫彭总起床"。警卫员看彭德怀睡得真香,没有叫他。

这时,第一架敌机已开始俯冲扫射。杨参谋跑进屋,伸手把彭德怀拉了起来。彭德怀刚刚离开床,他睡的行军床就打了几个洞(后来这个行军床送回国内,曾在军事博物馆展览过)。

彭德怀刚一出门,第二架敌机又俯冲扫射过来。杨参谋用半边身子把彭德怀掩在底下,十几个机关枪弹头在杨的膀肩和胳膊上边飞过。彭德怀"呀"的叫了一声。杨参谋一看彭德怀没有伤着,才放下心。就在这十分危急的时刻,彭德怀安全地进了临时防空洞。这时彭德怀的洗脸盆也穿了洞,电话机也打坏了,住的地方已数处起火。彭德怀进了防空洞第一句话就问:"邓副司令在哪里?洪副司令在哪里?杨参谋,你快去看一看。"

本来,原先安排邓华靠近彭德怀办公室住。因邓华在下半夜才到,怕惊动彭德怀,就搬了一张行军床,和洪学智挤在一个朝鲜老百姓的屋里住下。第二天刚蒙蒙亮,敌机轰鸣声把洪学智惊醒。他再看邓华,还"呼呼"地打着呼噜。洪学智朝邓华大吼一声:"飞机来了,朝这边来了!"邓华还在熟睡。洪学智一下子把他的行军床掀翻了。邓华醒来,立即爬起来同洪学智一道跑出屋子。由于洪学智的腿被撞肿了,邓华和警卫员搀扶着他,跑到屋旁的一条小山沟。刚进山沟,敌机的火箭弹就发射了。随后,敌机又超低空地飞过来,用机关炮劈劈啪啪地猛扫了一阵子,然后飞走了。

洪学智、邓华等领导人都非常焦急,为彭德怀安全提心吊胆,赶快让警卫员去看。一会儿,警卫员跑回来说,彭德怀已进洞了。大家这才放心。

敌机走后,大家看到彭德怀房子已被打坏,彭德怀住进去的防空洞门口的草袋子上打了足足有70多个子弹眼。真危险啊!从此以后,彭德怀就住洞里办公了。

这次彭德怀作战办公室被敌机轰炸扫射,情势十分危急,但人员无一伤亡。

106. 廖承志率慰问团赴朝鲜

1951年4月上旬,我军第四次战役激烈展开之际,中国人民赴朝慰问团及随团的文艺工作者 一行575人,在团长廖承志,副团长陈沂、田汉,秘书长李颉伯率领下,来到朝鲜。他们先在平壤西部的一个山村会见了金日成,向朝鲜人民、朝鲜劳动党、共和国政府、人民军和朝鲜人民的领袖金日成表示亲切的慰问。

4月30日,慰问团总团和直属分队到达志愿军领导机关。慰问团团长廖承志带领团员来到志愿军总部。下了汽车,彭德怀和全体人员在等候,热烈欢迎他们的到来。彭德怀笑呵呵地说:"哦,你来了,非常欢迎啊!"

"彭老总辛苦了。志愿军同志都辛苦了。你们打得好,祖国人民派我们来前线看望你们。"廖承志也非常高兴地说。

彭德怀指着一排木椅,请慰问团的同志坐下后,十分高兴地把廖承志拉在身边,问长问短,还问了太夫人何香凝的健康情况。此时,廖承志把何香凝画的一幅猛虎图交给彭德怀,高兴地说:"何香凝同志让我带给你的礼物,猛虎是勇敢和威严的一种形象。人们称赞你是虎将雄才,具有虎的胆量和雄才大略。见到你彭大将军我十分高兴。"

"朝鲜有句民间俗话说,虎离山无威,鱼离水难活。我彭德怀靠山是祖国人民、朝鲜人民、党的领导和毛主席的指导。没有这些,面对武装到牙齿的铁老虎,我一百个彭德怀也难生存下来和打垮他们。"然后他恭敬地接过礼品,高兴又赞叹地说:"唔!太夫人画得好极了!此乃无价之宝!我一定好好珍藏。"

原来，祖国人民曾赠彭德怀一张东北虎皮褥。杨凤安秘书回忆，那是祖国有人知道彭德怀常住在金矿洞中。洞中潮气很大，为了防止得关节炎，特给彭德怀送来的。彭德怀感到很不安，对杨凤安说："杨参谋，你把那件东北虎皮送给德高望重的老人何香凝。"他还特别写了一封信，由孟云增送交给了何香凝老人。何香凝，这位辛亥革命的老人是广东南海人，1897年与廖仲恺结婚，后东渡日本求学时加入同盟会，从事革命活动。辛亥革命后到广州，以后坚决支持孙中山的新三民主义，主张改组国民党、国共合作。孙中山逝世后，她坚决执行三大政策，同国民党右派作斗争。1925年，国民党左派、中国民主革命先驱廖仲恺被暗杀身亡，更加激发她的义愤，积极参加北伐战争。蒋介石叛变革命后，她辞去国民党政府的一切职务，进行反蒋斗争，同宋庆龄一起进行革命活动，要求国民党恢复三大政策。抗战八年，她坚决拒往重庆，先后在上海、香港、桂林流亡，积极从事抗战工作，与李济深创立中国国民党革命委员会，主张与共产党合作，反对内战。建国后，任全国人大副委员长，受到全国人民的热爱。对于这位革命老人，彭德怀是十分敬佩的，因此才决定把祖国人民给他的厚礼转赠这位革命老人。没料到老人亲笔作画回赠。

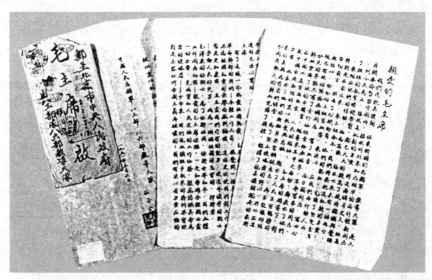

志愿军战士给毛泽东主席的信。

彭德怀向代表们介绍战场情况,说:"敌人想诱我们去洛东江,实行所谓瓦克计划。我们不上它的当。敌人的阴谋落了空。我们不是麦克阿瑟,求功心切而丧失理智。第四次战役敌人的损失和消耗更大。长此下去,敌人就很难支持。"

彭德怀最后很形象地说:"美帝国主义的装备是现代化的,眼睛却长在后脑勺上,只会向后看,前途是一片黑暗。"

4月30日,慰问团在志愿军总部举行慰问大会。廖承志、陈沂、田汉率领慰问团总团与直属分团的代表,向志愿军领导机关献旗献礼。杜平代表志愿军总部接受总团献的一面红旗,上面绣着金光闪闪的大字:"你们是中国人民的代表,是朝鲜人民的忠诚朋友,也是世界和平的英勇前卫。"

在志愿军总部,同志们和慰问团代表畅谈时,都讲到要打破美军的空中优势,志愿军最需要飞机、大炮。廖承志当即表示说:我们慰问团回国以后,开展一个捐献飞机、大炮的运动。他还专门找彭德怀提出了这个设想,彭德怀当即表示说:"我双手鼓掌赞成!"这就是廖承志回国后,在天津向新华社记者正式提出,立刻得到党中央和周恩来总理的同意,并在全国人民中广泛开展的捐献飞机大炮运动的由来。

慰问团携带的由全国人民献赠的1093面锦旗、420余万元慰问金、2000余箱慰问品以及1.5万余封充满深情的慰问信,分送给了中国人民志愿军、朝鲜人民军和朝鲜人民。

107. 彭德怀在战场惦念西北的经济建设

1951年4月,中国人民赴朝慰问团抵达朝鲜战场后,立即分赴前线、后方和志愿军总部,分别进行慰问活动。慰问团将中国人民对中国人民志愿军、朝鲜人民军和朝鲜人民的热爱、感激以及中国人民抗美援朝的坚强决心,带到了朝鲜。他们所到之处,均受到中国人民志愿军指战员和朝鲜军民的热烈欢迎。慰问团这次带来的礼物和文艺工作者的精彩表演,把祖国人民的温暖送到每个战士的心坎上。

彭德怀自从1950年10月初离开祖国大西北经济建设的场地,急促到东北组织大军援朝,又率军进入朝鲜战场,至今已5个多月了。他虽然日夜操劳指挥志愿军同世界上装备精良的强敌作战,但心中仍念念不忘西北的人民生活与建设情况,关注西北的经济建设。所以他对中国人民赴朝慰问团西北分团的活动也很注意。西北是个多民族地区。西北地区为支援志愿军打胜仗,积极作出重大贡献。西北地区各民族牧民共捐献给志愿军的牛肉干即达4400余万斤,青海塔尔寺班禅活佛也捐献了人民币200万元(旧币)。在第二十军五十八师三营的欢迎晚会上,当代表新疆13个民族、500万人民的新疆哈萨克族代表马高委亚和代表内蒙古人民的代表马民,亲切向指战员致慰问词时,全营响起了雷鸣般的掌声,指战员们高呼:"为祖国人民争光荣!"他们向慰问团庄严宣誓:多打胜仗,报效

中国人民赴朝慰问团到志愿军领导机关时,受到热烈欢迎。

祖国人民。

1951年4月19日，中国人民赴朝慰问团西北分团在志愿军第十九兵团慰问活动即将结束时，彭德怀让他的军事秘书杨凤安到十九兵团，把曾震伍接到志愿军总部。曾震伍是慰问团西北分团的负责人之一。1949年曾任国民党第八补给区司令。解放战争兰州解放后，曾震伍由玉门到兰州我军第一野战军(西北军区)总部，与彭德怀商谈和平解放西北(不包括新疆)的有关问题。商谈后，总部领导决定由杨凤安率警卫连由连长组成的一个精悍的排，乘一辆卡车护送曾震伍回到玉门。杨凤安此时认识了曾先生，一路上同曾交谈融洽。彭德怀在解放大西北时就熟悉曾先生，所以决定让杨秘书代表他亲自去第十九兵团接曾先生到"志司"会见。拂晓前，杨凤安到达第十九兵团司令部，见到曾先生，共进早餐后，说明来意是彭德怀邀请他到志愿军总部。曾十分高兴。

杨凤安在临行前，到位于临津江岸边的第19兵团指挥所，见到杨得志司令员，当面转达了彭德怀的问讯："第五次战役攻击前的准备还有什么问题？"杨得志说："一切准备就绪，请转告彭总放心。"

当日黄昏时，杨凤安陪曾先生坐小车出发，半夜约12时回到空司洞。彭德怀早已在作战室附近的小山洞中准备好两张行军床。当夜，彭德怀就与曾震伍同住小洞，一起畅谈。两人一见面非常亲热，如同多年不见的好友。实际上，彭德怀离开西北只有半年时间。

彭德怀与曾先生睡在行军床上，一连串地向曾先生提问。他问西北的经济建设、交通发展、矿藏的开发、工农业生产、人民生活的改善等等。曾先生都作了回答。彭德怀很关心西北地区的人民、西北地区少数民族的生活情景。两人越谈兴趣越浓，彻夜未眠。彭德怀表示，等打完仗他回国，还要到西北去继续建设大西北。

天亮了。吃过早饭，两人又继续谈了半天。最后，彭德怀请曾先生回西北地区后，代向西北的干部和人民问候。曾先生表示一定将彭总的心情带到。

黄昏，彭德怀派他的司机刘祥将曾震伍送到祖国边境城市安东(今丹东)。

108. 杜鲁门撤掉麦克阿瑟所有职务

我军的胜利,使杜鲁门与麦克阿瑟之间矛盾激化,杜鲁门考虑必须对麦克阿瑟采取坚决措施。他已感到作为美国总统已不能对战场指挥官行使职权,问题太严重了。

1951年4月11日下午,美国首都白宫总统办公室。

杜鲁门拿着一封信阅读,随手拿起电话筒,按了一下键盘,接通了布莱德雷的电话:"请到我办公室来。"

布莱德雷走进总统办公室,杜鲁门立即把一封麦克阿瑟的信交给布莱德雷,气愤地在办公室里踱了几步,猛回转身指着布莱德雷手中的那封信,极其严肃地说:"这是一颗政治炸弹。我决不能容忍他这种放肆行为,一再违背最高统帅的意志,我行我素,把形势弄得一团糟。"

布莱德雷看了信中内容后说:"麦克阿瑟太固执,等于违抗命令。他坚持要扩大战争,要用国民党军队。他说什么亚洲输给共产主义,欧洲也就完蛋。这是在鼓吹亚洲第一。现在每个月美国人在朝鲜都要伤亡6000多人,要扩大战争,美国将落入深渊。不能让他再干下去了。"

杜鲁门说:"朝鲜问题只靠军事手段已无法解决,我认为我们那位'可爱的英雄'该休息一下了,他太累了!"

布莱德雷说:"主要盟国已经动摇,看来谈判停战已势在必行。"

杜鲁门说:"得先去掉这个捣乱鬼。"

布莱德雷说:"参谋长联席会议一致意见,应撤麦克阿瑟的一切职务。该下决心了,总统先生。"随后送上撤麦克阿瑟的书面命令。

这时,艾奇逊走进总统办公室,对杜鲁门说:"我们需要一位可以信赖的战场司令官,麦克阿瑟应该滚蛋。马歇尔和哈里曼都和我看法一致。"

杜鲁门立即在命令上签字,然后交给艾奇逊说,通知在朝鲜的陆军部长亲自转告麦克阿瑟,同时在新闻广播中播送这个消息。而白宫先发表了这项重大新闻。

4月11日下午,美国新闻广播播放撤掉麦克阿瑟职务的消息时,麦克阿瑟正在日本。

这时,在美国驻日本东京大使馆内的客厅里,麦克阿瑟同夫人正在请两位美国客人吃饭。一位是华盛顿州的麦钮逊参议员,另一位是美国西北航空公司的斯特恩士。他们正在进行平静而愉快的交谈。

突然,麦克阿瑟的夫人珍妮从他丈夫的肩侧看到门口一人走进厅内,这是麦克阿瑟的随员哈夫上校,他满脸痛苦的表情说明似乎发生了什么不幸的事。珍妮起身走到哈夫面前,哈夫简短而迅速地低声说:"我从收音机中听到司令被免职了……"

麦克阿瑟的夫人被这突然来临的坏消息弄得惊慌失措,但她还是沉着地压抑着内心的痛苦,走到麦克阿瑟身旁,用手轻轻放在麦克阿瑟的肩上。麦克阿瑟这时正为客人的一句话而放声大笑。麦克阿瑟回过头来,珍妮俯身把消息告诉他,声音之低,对面的客人都无法听到。

1951年4月11日,杜鲁门宣布解除麦克阿瑟的"联合国军"总司令一职。图为麦克阿瑟在离开朝鲜战场前的情况。

麦克阿瑟的脸阴沉起来，毫无表情。他的客人们不知出了什么事而迷惘，麦克阿瑟沉默得像尊石像。他抬起头望着夫人，用大家都能听得到的声音，温和地对夫人说："珍妮，别难过，这也是好事，我们终于可以回家了。"

两位客人告退，麦克阿瑟挥了挥手，不失礼貌地送走了客人。

哈夫上校走进室内，呈送给麦克阿瑟一封电文，麦克阿瑟接过阅读：

> 我深感遗憾的是，我不得不尽我作为总统和美国武装部队总司令之职，撤销你盟军总司令、联合国军总司令、远东美军总司令，和远东美军陆军总司令的职务。
>
> 你的指挥权将交给马修·B·李奇微中将，立即生效。
>
> 杜鲁门

接着，大使馆工作人员将一份白宫发布的新闻记录送交麦克阿瑟。上写内容为：

> 我深表遗憾地宣布，陆军五星上将道格拉斯·麦克阿瑟已不能在涉及他所担任职责的问题上全心全意地支持美国政府和联合国的政策。根据美国宪法赋予我的特殊责任和联合国赋予我的责任，我决定变更远东的指挥。因此，我解除了麦克阿瑟将军的指挥权，并任命马修·B·李奇微中将为他的继任者。
>
> 对有关国家政策进行的全面而激烈的辩论是我们自由民主宪法制度的至关重要的因素。然而，军事指挥官们必须按照我们的法律和宪法规定的方式服从颁发给他们的政策和命令，这一点是十分重要的。在危机时，这一因素尤其不能忽视。

麦克阿瑟苦恼地走进卧室，他已支持不下去了。

李奇微求见，勤务兵把他领进客厅，然后去向麦克阿瑟报告："李奇微将军求见。"

麦克阿瑟正在脱上衣,听到勤务兵报告,他气恼地一挥手说:"等候。"

过了好一阵,李奇微等得不耐烦了,在客厅里走来走去。

麦克阿瑟以十分镇静的表情,缓步走进客厅,笑容可掬地向李奇微打招呼:"老朋友,请坐。"

李奇微说:"我奉命前来报到,希望得到您最诚恳的忠告。在西点军校您是我的校长,现在您依然是我的尊师。我需要您在战场上的帮助。"

麦克阿瑟说:"我无能为力。要根本扭转朝鲜战场的败局,我认为必须突破杜鲁门政府的限制,接受我的建议。"

麦克阿瑟一直认为朝鲜战争是西方与共产主义的决战。他主张扩大战争,把战火烧到中国本土。杜鲁门担心这会引起事态扩大,撤掉了麦克阿瑟一切职务。麦克阿瑟无可奈何,但仍表示极大气愤。

麦克阿瑟最后说:"听医生说,总统患了恶性高血压症,脑子糊涂了。悲剧。听说他活不到6个月。"

李奇微一言不发。他静静地听着麦克阿瑟在发泄私愤,他知道杜鲁门身体健康。

麦克阿瑟最后为了缓和气氛,提醒他的学生说:"对付中国人要特别小心,不能大意。他们是打仗的高手,地面作战优势在他们那里。"

109. 彭德怀指挥大规模战役反击

1951年4月19日,美军第二十四师、二十五师进至铁原附近。这两个师在敌军整个战线上形成了突出态势,有利于我军对其实施攻歼。当时,尽管三登后方仓库被炸,志愿军损失了许多作战物资。彭德怀却不仅没有推迟原定的5月上旬发起战役的时间,反而把时间提前到4月22日。

4月19日晚,彭德怀审批了第五次战役动员令。电令将发往各军时,彭德怀对杜平说:"杜平,慢! 你写上:注意此电先发到军,暂不公开,必须在志愿军司令部正式攻击命令下达后,进行作战动员时再下达。"

彭德怀十分重视对这次战役行动部署的保密,以免过早暴露了我军的行动计划。

4月21日15时,彭德怀批发了给志愿军各兵团、各军首长并报金日成首相的《关于第五次战役具体部署》的电报,指出:我春季攻势,决心歼灭北汉江以西美军3个师(欠1个团),英、土3个旅,南朝鲜军第一、第六两个师为目的。

4月22日是星期日。这一天,除中部战场南朝鲜第六师在铁原、金化方向有小规模进攻行动外,整个战线十分宁静。在汉城以东的汉江水面上,美国兵还举行了摩托艇比赛。黄昏,志愿军和朝鲜人民军共15个军(含人民军4个军团),沿着200多公里宽的战线同时开始进攻。一阵阵猛烈的炮火急袭和随后的步兵分队趁着明亮月光,英勇地冲击,打破了宁静的气氛。这次战役,美、伪军投入16个师又3个旅的兵力。地面作战兵力,我军超过敌军一倍有余,居于明显优势。

战役发起的第一天,我中朝部队迅速突破了敌西线防御阵地,向南推进了20多公里,并歼敌一部。

按照彭德怀的预定计划,西线是我军实施主要突击的方向。以3个兵团组成三个突击集团共12个军,以分割北汉江以西敌人为目的。以第3兵团为中央突击集团,从正面突击;以第九、第十九兵团为左、右突击集团,从两翼进行战役迂回。首先分别歼灭伪一师、英第二十九旅、美第三师、土耳其旅和伪第六师共5个师(旅)。然后,再集中兵力会歼美第二十四师和第二十五师。东线人民军第三、第五军团积极箝制敌人,并相机歼敌。

第三兵团是从西南军区抽调新入朝的部队,因司令员兼政委陈赓还未到任,由副司令员王近山带队。三兵团指挥十二、十五、六十军,配属炮兵第二师2个团、防坦克炮兵1个团。突破敌防线后,虽在炭洞、粟隅地区包围了美第三师1个团,但该团在敌飞机、坦克掩护下突围南逃。以后,该兵团于24日晨前出至三八线附近的花峰村、炭洞、板巨里地区,与敌形成对峙。

杨得志指挥的第十九兵团并指挥人民军第一军团,配属1个炮兵团为右翼集团,突破敌防御,在扫除临津江以西之敌后,于23日凌晨先后突过临津江。当时的气候乍暖还寒,指战员们冒着敌人的炮火,在宽约百余

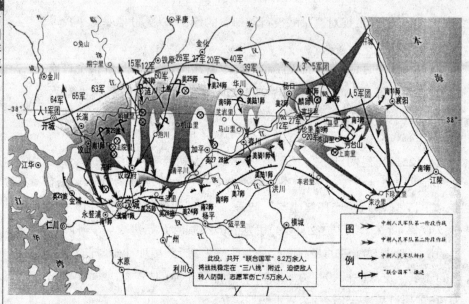

志愿军入朝第五次战役作战经过要图。

米、深及腰际的冷水中勇猛地冲向南岸。志愿军第六十三军过江后，排除敌军多次阻击，直插绀岳山下，随即攻占了江南要点绀岳山，并接着攻向英第二十九旅据守的神岩里。第六十四军过江后，攻占了长坡洞。朝鲜人民军第一军团首先进攻开城、长湍，该两地敌人早已闻风南逃。第一军团随即渡过临津江，逼近汶山。

宋时轮、陶勇指挥的左翼突击集团的第九兵团的二十、二十六、二十七军及三十九、四十军突破敌防御后，于24日零时分别歼灭当面之敌一部，占领了龙华洞地区。四十军趁南朝鲜第六师还是进攻队形、毫无退守准备的时机发起攻击，并一鼓作气向其纵深猛插，胜利地完成了割裂东西敌军联系的任务。三十九军也在突破中歼敌一部后，前出到华川以南，将美陆战第一师隔断在北汉江以东，使其不能西援。左翼突击集团经过一天的战斗，在龙华洞、白云山附近歼灭美第二十四师及南朝鲜第六师各一部，打得南朝鲜第六师、美第二十四师伤亡惨重，狼狈不堪。美国随军记者报道说："当韩国第六师被击溃时，中心地区便出现缺口。这样一来，就把美海军陆战队第一师和第二十四师的内侧暴露出来了"。"韩国

第六师部队像潮水一样向南退去,有的乘车,有的步行,扔下枪炮和给养。美国海军陆战队阻止他们后撤,可是无济于事,配属他们的美国炮兵营也卷进了这场雪崩似的败退之中。"

4月24日,志愿军和人民军各突击集团全部进抵或越过了三八线。

为了发展胜利,彭德怀再次命令右翼突击集团迅速向议政府南北挺进,完成战役迂回的计划。杨得志的右翼突击集团立即调整部署,于25日晚继续向南朝鲜第一师、英第二十九旅发起进攻。经过6个小时的激烈战斗,于当天攻占了汶山、法院里、七峰山一线,歼灭南朝鲜第一师、英第二十九旅格罗斯特步兵团第一营及该旅坦克团大部,共4000余人,其中包括被志愿军生俘的英第二十九旅格罗斯特步兵团中校团长。第六十四军先遣支队和兵团侦察支队,乘势突入25公里,并在20个小时内,打破敌七次阻击,在敌纵深穿插60公里,一举攻占了议政府西南之道峰山,切断了汉城以北之敌的退路,随后又在敌围攻下坚持了三天四夜。这一行动打乱了汉城以北敌军的部署,战后该营和该支队分别被"志司"授予"道峰山营"和"道峰山支队"的光荣称号。与此同时,第六十三军一部在土桥场地区曾包围英第二十九旅2500余人,但因只有一个营插到该敌的侧后,该敌在20余架飞机和80余辆坦克的掩护下突围南逃。

在杨得志右翼突击集团与当面之敌激战的同时,中央突击集团攻占了哨城里,歼敌一部。

至此,中国人民志愿军协同朝鲜人民军已经连续奋战了3个昼夜。在三昼夜的战斗中,虽然使南朝鲜第六、第一师、英第二十九旅及其他当面之敌遭到了较大损伤,但就整个战役行动来说,没有取得理想的歼敌效果,还没有达到打破侵朝美军实行侧后登陆的企图。

这时,彭德怀司令员对下一步作战提出自己的意见并向中共中央军委、毛泽东主席作了报告。其报告的要点是:一、据报,美军4个国民警卫师已由本土调到日本,在日本训练的3个南朝鲜师也可于近期开到朝鲜,估计敌有以一部加强正面,同时在我后方登陆之可能。二、此役,我提前于4月22日开始,各项准备不充分,敌兵力齐头靠紧,前进时步步为营,后退时节节抗击,我插入敌纵深必须经激烈战斗,才能打开缺口,故作战三昼夜,没有达成迂回议政府、截断敌人归路的计划,估计战果有限,不足以打破敌之登陆企图。三、朝鲜地势狭窄,海岸线长,且敌有强大空海军,这些是其登陆便利条件,敌大量援兵到日本,在我后方登陆将更明显。下一战役,须准备打敌登陆部队,因此我主力目前不宜南进过远。我军在朝作战,如不能大量歼灭敌之登陆部队,则其登陆野心始终不会放弃;同时朝鲜地势窄,如敌不登陆,兵力集中,不易分割,不如利用敌之登陆,隔离其联系,反而于各个击破有利。四、如敌很快登陆,我虽有准备,但尚难应付两面作战,如能将敌登陆推迟一个月至一个半月,我即能同时应付两面作战。五、根据以上所述,此次我军拟在打破敌之抵抗后,即以1个兵团及人民军2个军团(共5个军)相机追至三十七度线为止。如敌扼守汉江及汉城桥头阵地,我以小部队监视之袭击之,使敌预备兵团部分增援正面,推迟其登陆时间,减弱其登陆力量,以便歼灭之。我主力则置于三八线及其以北机动地区,准备歼灭敌登陆部队,或各个打击正面反攻之敌。

中共中央军委于28日复电彭德怀,同意了上述作战方针和部署,并指出目前应以敌人很快登陆作准备,免陷被动。

26日以后,侵朝美军不再组织大部队作坚决的抵抗。中国人民志愿军和人民军继续向南突击,很快就攻占了敌在锦屏山、加平一线的第二线阵地。这时,侵略军主力已逐次撤到汉城及北汉江、昭阳江以南组织新的防御。

彭德怀考虑到在汉城以北歼灭敌人的战机已失,遂决定于29日停止进攻。

这样,中国人民志愿军协同朝鲜人民军第五次反击战役的第一阶段作战即告结束。这个阶段的作战共毙、伤、俘侵略军官兵2.3万余人,缴获了大量的武器装备;而且平均前进了48公里,收复了开城、汶山等许多城镇和大片地区。

110. 杨得志率部突破临津江防线

1951年4月22日晨。朝鲜南部临津江水缓缓向南流去,山上青松和鲜花显得更加美丽,春天已来到人间。

在临津江北岸一个小高地上,志愿军第十九兵团司令员杨得志正在观察敌情和地形,准备发起攻势,向江对岸发起进攻。这是第十九兵团出国的第一仗,一定要打出威风。杨得志望着前方,回忆起入朝后彭德怀当面对他指示作战问题时的情景。

早在3月中旬,第十九兵团就入朝了。兵团部在殷山西南住了很短时间,便开进了笃庄洞。这是"志司"指定的集结待命地点。所属部队开进到靠近三八线地区的指定位置,然后又隐蔽机动至临津江边。杨得志和李志民入朝后便立即到设在金化以北上甘岭山沟中的"志司"指挥部去见彭德怀。

彭德怀在靠山根角下的木板房里接见了他俩。这是彭德怀的卧室兼办公室。彭德怀秘书杨凤安拿来几个朝鲜国光苹果,放在桌上。彭德怀看着他们,高兴地对他俩人说:"请吃苹果呀,这是朝鲜同志送的慰问品。你们看什么,别客气。"

李志民先动手拿起一个苹果吃起来。

志愿军冒着敌人的炮火,徒涉汉江。

317

　　彭德怀接着问了第十九兵团入朝后部队的思想状况、生活情况。杨得志说:"部队长途行军,从陕西、宁夏到东北,入朝后从鸭绿江到三八线,特别是进入朝鲜战场,空中有敌机轰炸,夜行昼宿,战士负荷太重,行军很艰苦,非战斗减员不少。艰难程度不次于二万五千里长征。遇到风险也很大。"

　　"这是现代长征。美国飞机不断轰炸,部队伤亡也不少。我和杨凤安坐吉普车或步行也跑了几万里了吧!"彭德怀笑起来说,"没办法,我们的战士还是两个肩膀两条腿,得和敌人的十轮大卡车对抗。"

　　"部队士气很高,我们有信心完成任务。"李志民代表十九兵团表示了态度。

　　"现在,我们面临的主要对手,是美军中将李奇微。他被西方军界称为清醒的将军,是麦克阿瑟下台前亲自点的将。李奇微刚上任,勃勃雄心,抱着首战殊荣的目的上任的。他集中5个军16个师、3个旅,大有一举把我推过鸭绿江之势。我军采取机动防御,在宽正面大纵深,逐山逐水抗击,以空间换时间大量杀伤敌人,使敌人进攻每天要付出千人伤亡的代价,被迫转入防御。现在,我军发动第五次战役,必须把战役分割和战斗分割结合起来。敌人的战役纵深很小,我们必须劈开一个缺口,将敌人东西分割。"

　　最后,彭德怀特别关心地对杨得志说:"杨得志,第五次战役,你的主要对手是范弗里特。范弗里特是美军西点军校毕业生,第二次世界大战期间曾在欧洲一些国家打过仗,很有些实际指挥经验呢。不可掉以轻心。研究他的特点,准备对付他的办法。"

　　随后,杨得志和李志民参加了志愿军党委会,详细听取了全局的情况。在会议结束的当晚,驱车赶回驻地笃庄洞。

　　杨得志回到兵团,立即召开师以上干部会议,传达"志司"会议精神。杨得志把作战、政工、后勤各条战线上的同志集中起来,谈敌情,说家底,提建议,制方案,集思广益。兵团部起草了以司令员、政治委员、副司令员、政治部主任的名义向全兵团发出的《打好出国第一仗的战斗动员令》,号召全体官兵"只要命令一下,上级指到哪里,就向哪里前进。要大胆穿插,要分割包围歼灭敌人。""这是我们出国第一仗,我们要旗开得胜,全力打好这一仗……我们要在第一仗中经受考验,要在第一仗中立功!"

4月22日,十九兵团投入了入朝以来的第一大仗。当日黄昏,兵团各部预先经过急行军,进抵至临津江北岸30余公里一线各预定集结点。十九兵团横渡临津江的具体作战部署是:六十三军担任左翼突击,六十四军担任中央突击,人民军第一军团为右翼突击,这是第一梯队;六十五军为第二梯队,炮八师三十一团负责掩护。突破临津江之后,六十四军在其当面英二十九旅与美三师的结合部穿插过去,割断其联系,直捣议政府,实施战役迂回。首先歼灭英二十九旅、南朝鲜一师,再协同中央、左翼突击集团围歼美二十四师、二十五师。

突破临津江是很艰难的任务。

临津江是朝鲜中部的一条大江。江面宽百米左右,由于受海潮的影响,江水时深时浅,涨潮时水深齐岸,落潮时也有1米以上。江南岸是连绵的群山。敌人依托有利地形构筑了坚固的防御体系,堑壕、交通壕、地堡、铁丝网、地雷布满了大小山头,并以主力防守江南第一线高地及纵深诸要点;江面架有坦克浮桥一座,沟通临津江南北,江中布有铁蒺藜。其炮兵火力可控制江面和江北诸要点及通路。

杨得志在临津江北岸紧靠第一梯队的一个掩蔽部内,指挥部队打响了突破临津江的第一炮。

夜晚9时。"涨潮!"杨得志司令员用报话机下达进攻命令的暗语。

瞬间,两岸炮火织成了密集的火网。成群的敌机涌入江面上空,黑压压的炮弹乌云般压下来。江岸是飞扬的泥土、石块和烟雾;江中是林立般的水柱,海浪般的水涛。对岸,敌人轻重机枪疯狂地封锁着桥梁、渡口、徒涉点。我军战士冒着敌人的炮火,跳到齐腰深的水中,向对岸冲去……

"六十三军第一梯队一八七师4个团已经胜利过江,已接近敌警戒部队……"

杨得志看了看表,从发起攻击到现在仅1个多小时。渡江速度太快了。

杨得志兴奋地用报话机回答:"我现在嘉奖你们获得胜利。要继续发展胜利,扫除敌警戒,抢占制高点,向纵深发展进攻!"

十九兵团其他部队展开渡江,敌机疯狂地轰炸,照明弹、探照灯照得江面白昼一样,加之水底的铁丝网和地雷,使我军伤亡严重。我炮兵加强火力压制敌人的炮火,高射机枪集中火力对付敌人的飞机。江水中的指战员前仆后继,踊跃渡江。

六十三军渡江后,相继夺取了敌4个高地,穿越30里崎岖山路,粉碎敌十多次阻击,攻占绀岳山,于25日突破了伪一师及英二十九旅主要防御地带,占领汶山、七峰山地区。

六十四军渡江攻占了长坡里。

此后,十九兵团在临津江南与敌展开了激战。

111. 第六十三军重创英国王牌军

4月22日黄昏,第五次战役打响后,我军十九兵团六十三军、六十四军成多路向敌突击,强渡临津江。战士们冲破江水中设置的铁丝网和江岸的地雷区,前仆后继,涌上江岸。六十三军第一八七师师长徐信率部突袭成功,仅几十分钟就突破临津江,攻占绀岳山,割裂了英二十九旅与美三师的联系。这是由于傅崇碧军长和徐信事先亲自到江边调查地形水情,准备周密才获得作战的成功。

在4月9日兵团作战会议上,傅崇碧从杨得志司令员传达"志司"作战部署中得知,彭德怀指示十九兵团为主要突击方向,要求拿1个军迅速击破临津江西岸之南朝鲜一师防线后,即由高浪浦里附近强渡临津江。傅崇碧当即主动请战,要求杨得志司令员把首先实施突击的第一梯队任务交给他们军。

十九兵团副司令员郑维山说:"仗有你打的,就怕你过不了临津江!"

"把突击任务交给我们军,不能按时突破临津江,我提脑袋来见!"傅崇碧一捋袖子,坚定回答。

"好!你傅崇碧敢立军令状,我就点你的将。六十三军为第一梯队。你们军从石湖以东至元等里地段强渡临津江,直插绀岳山,切断英二十九旅和美三师的联系,主力协同六十五军歼灭英二十九旅……"

"明白了!"傅崇碧满意地与政治委员龙道权相视一笑。

傅崇碧把主要突击任务交给一八七师。这是因为傅崇碧对一八七师师长徐信很放心。他知道这个刚提拔不久但爱动脑筋、想办法、智勇双全的年轻将才,能克服困难完成任务。4月20日夜,他亲自带领担任突击任务的一八七师师长徐信和几个团长到临津江边勘察水情。徐信当场提出,在总攻发起前,提前让突击团隐蔽埋伏在江北岸,这样能缩短渡江时间,增强攻击的突然性。他这个办法得到军长的赞同。第二天,徐信指挥本师各突击部队迅速隐蔽在临津江边附近地区。对岸敌人毫无察觉。

4月22日黄昏,突破临津江战斗打响。一八七师仅几十分钟就突破临津江,突袭成功。突破临津江后,徐信率一八七师迅速占领英军第二十九旅第一线的阵地,然后继续向纵深发展进攻。徐信亲自指挥师主力第五六一团,以无坚不摧的战斗精神,穿越15公里的崎岖山路,粉碎敌人多次阻拦,直插临津江南岸敌纵深第一个制高点绀岳山,绕至敌后披荆斩棘,攀登悬崖,登上主峰由上向下攻击,将守敌击溃,控制了绀岳山,从而割断了英第二十九旅与美第三师的联系。而后,该团向绀岳山西南沙器幕方向渗透,截断了绀岳山西北雪马里地区守敌的退路。该师第五六〇团则在第五五九团和五六一团协同下,以正面攻击,多路穿插,断敌退路。英二十九旅为英军王牌部队,该旅所属格斯特团更是王牌中的王牌。无巧不成书。正是这个英军闻名的二十九旅,正要在4月23日这一天纪念他们的圣乔治日(守护神日),他们事先在阵地上已做好了进行清雅的祝祭仪式的准备。"神"被请来了。这就是我军第一八七师的神兵天将。事后敌方报道:英二十九旅正准备祝祭仪式,中国人发动进攻,英二十九旅陷于危急,该旅准备的圣乔治日祝祭场变成了血肉横飞的战场,硝烟中迎来最残酷的一天。

4月25日,我十九兵团六十三军一八七师各团协同作战,全歼了雪马里地区之英第二十九旅皇家格斯特团第一营及配属该营之炮兵、坦克各1个连。第五六一团第二连在沙器幕以西截歼逃敌时,战士刘光子看到山沟里挤了不少敌人，只身绕至敌后，突然用冲锋枪扫射，又掷出一个手雷，趁烟雾迅速冲入敌群，大喊一声："交枪不杀！"敌人被突如其来的枪弹声和喊声所威慑，吓得晕头转向，缴枪投降。刘光子一人俘虏63个英国兵，荣立一等功，获二级孤胆英雄称号。他的战斗事迹，成了当时在志愿军流传的一大新闻。

112. 避实击虚，重点围歼南朝鲜部队

我军第五次战役第一阶段虽然取得了一定的胜利，可是只歼敌2.3万人，未能达到预定的成建制地歼灭敌人的计划。从客观原因上看，主要是敌人已根据志愿军夜间穿插的战术采取了节节撤退的战法。敌主力在白天撤退，担任掩护的摩托部队和坦克黄昏撤退，每天最多只退20公里，恰是志愿军一夜前进的路程。结果志愿军攻击部队夜间抓不住敌人，天明后又正好进至敌预设阵地前，反遭敌空炮火力的猛袭。

从我军指挥作战的主观原因上看，也有教训。我军仍沿用国内战争中打大歼灭战的战法，口张得太大，预定的突击距离太远。而且，刚入朝的部队还缺少经验。先期入朝部队所介绍的进攻经验，主要是第二次战役的经验，即认为敌人的防御像个鸡蛋壳，戳破后里面就是空的，可以大胆穿插。可是美军这时已经改变了战术，建立了兵力和地空火力密切配合的纵深防御，我军却还采取过去的尖刀战术，以密集兵力突破一点，就不可避免地要遭到敌地空火力的密集突击，尽管付出很大代价，在整个战线上也只能形成一线平推。

新入朝的大量摩托化炮兵也参加了作战。可是由于指挥员还普遍缺少合同作战的组织经验，部队对于新装备也不大熟悉，因此未能很好地发挥作用。如在夜间行动时，因组织不善和工程保障差，摩托化炮兵一夜只能前进20—30公里，骡马炮兵则往往一夜只能前进8公里，大都跟不上步兵。步兵得不到有力的火力支援，也成为难以大量歼敌的原因之一。

4月29日，彭德怀在空司洞矿洞中，同邓华、洪学智、杜平、解方研究第二阶段的作战方案。

当时,西线美英军主力被迫退守汉城及北汉江、昭阳江南岸之后,整个战线成斜形由西南向东北伸展,把全部由南朝鲜军防御的从杨口、自隐里至东海岸襄阳的一线阵地突出出来了。

彭德怀说:"从当前形势看,我军必须既准备歼灭敌登陆部队,又要各个打击正面反攻之敌。我们要按计划继续实施第二阶段的战役。"

"目前敌人犹豫不决,所以同我们进行拉锯战。这对我们是有利的。要争取更多歼灭南朝鲜军,以便孤立、分散美军,为今后创造消灭美军的有利时机。先选弱的打。"

"要立即转移兵力,要力量集中于东线。"邓华补充说。

"对!下一步要以南朝鲜军为主要歼击目标。"彭德怀明确作战任务后,立即部署进攻兵力:命令由副司令员王近山、副政委杜义德、参谋长王蕴瑞等率领的第三兵团和司令员兼政委宋时轮、副司令员陶勇、参谋长覃健等率领的第九兵团,稍事整补后即隐蔽东移,求得歼灭南朝鲜军两三个师及美第七师之一部。同时,命令志愿军第三十九军进到春川地区,在昭阳江准备渡江,迷惑敌人,掩护第三、第九兵团东移。人民军第一军团、志愿军第十九兵团分别在汉城以西、以东作渡江南进的佯动,以求抑留美军主力于西线。

4月30日,美军为了查明中国人民志愿军的动向,掩护其调整部署,又以一部兵力掉转头来采取"磁性战术",同志愿军和人民军再次保持紧密接触并发动反攻。志愿军第十九兵团和人民军第一军团立即在汉城方向及汉江下游不断地袭扰,人民军第一军团还组织了少量部队在汉城以西渡江。美军十分慌乱,惊呼"汉城面临第二次危机",其反攻大为减缓。直到5月8日发现中朝人民军队可能在中东线发动第二次进攻的时候,才停止了攻击。

5月16日18时,志愿军协同人民军全线发起猛攻,开始第二阶段的反击战役。

宋时轮第九兵团各军很快地突破了敌军的防线。第二十军主力沿鹰峰山方向攻击前进,17日逼近县里。第二十七军主力于17日拂晓前占领美也洞、桃花庵一线,一部攻占了于论里。该两军担任迂回任务的第

六十、第八十一师各自按指定路线向敌纵深猛插。他们不怕伤亡,不为小敌所诱,不停顿地攻击前进,一夜间经大小战斗10余次,歼灭南朝鲜军5个营3000余人,切断了县里地区之敌向西向南的退路。第十二军突破敌军防线后,主力于三巨里歼灭南朝鲜第五师一部。由东北方向向县里攻进的人民军金集团第五军团突破后动作勇猛迅速,把县里地区之敌向东的逃路切断。到17日午间,中朝人民军队切断了县里地区南朝鲜第三、第九师的退路,但未按计划完成对该敌的外层包围。

18日晨,被中朝人民军队包围在县里地区的南朝鲜第三、第九师发生动摇,企图向南及东南方向突围。志愿军第二十军和人民军第五军团乘敌混乱之际,立即分从东西两面出击。中朝人民军队在同一战场直接协同作战,两军指战员在围追堵击作战中主动积极紧密配合,不到一昼夜的时间即将南朝鲜第三、第九两师大部歼灭在县里及其以南地区,并缴获了该敌的全部重装备。

19日,中朝人民军队在县里地区的围歼战基本结束。志愿军第十二军在自隐里地区歼灭了美第二师2个营及法国营大部之后,军主力与临时加强该军的第六十军第一八一师前出到踏枫里地区,人民军第五军团追歼南朝鲜军残部700余人;第三军团于21日收复了襄阳。

志愿军第三兵团与第九兵团同时发起进攻,其第十五军歼美第二师一部。并在大水洞将美第二师第三十八团团部及第一、第二营大部歼灭。

在中朝人民军队的连续打击下,东线敌军于5月20日撤到九城浦里、铁甲岭一线布防;美第十军也向洪川、清凉里逐次东靠,并以美第三师主力进到清凉里、长坪里地区,堵住了战役缺口;南朝鲜第八师北调平昌、堤川,建立了纵深防线。于是,美军又构成了东西联接的完整防线。中朝联合作战司令部遂于5月21日决定停止第二阶段作战,并令各兵团主力逐渐后撤休整,另寻歼敌战机。

这一阶段作战,虽然只有5天,但敌军又被歼2.3万余人,并丢失了大量武器装备。

113. 治军严明,彭德怀追查第六十四军贻误战机的原因

战争就是战争,它要求铁的纪律。战争也是科学,它来不得半点虚假和含糊。

治军之要,尤在赏罚严明。我国古代战国韩非子有句名言说:"赏不加于无功,罚不加于无罪。"彭德怀在朝鲜战场上,一向治军极严、赏罚分明,享有很高威望。

1951年4月30日,我军第五次战役的第一阶段刚刚结束。彭德怀对六十四军作战中没有按照命令规定的时限完成任务,甚为恼火,立即让秘书杨凤安告诉杨迪副处长,发电追查原因,非要弄清楚这个问题。

电报指出:

> 一、第五次战役第一阶段你军任务为突破临津江迅速插至议政府及其以南断敌南逃退路,为什么没完成任务?原因何在?必须严格追究责任。
>
> 二、军(兵团)侦察支队及一九○师五六八团三营能迅速插至道峰山,途中电台打掉,据说还能派人返回联络,证明是可以插过去的。为什么师主力不继续跟进?军亦不严加督促。该侦察支队与三营打得很好,全体同志都值得记功表扬。请即将该两部负责干部姓名报来,以便通报全军嘉奖。
>
> 以上两项电到24小时答复。

这封电报是彭德怀亲自修改的,着重号为彭德怀所加。

杨得志接到电报,立即和政治部主任陈先瑞火速赶往六十四军,参加他们正在召开的紧急党委会议,了解具体情况,总结经验教训,鼓舞斗志,准备再战。

杨得志很清楚这次作战的经验教训。我军中央突击集团第三兵团和左翼第九兵团突破敌防御后,迅速向敌纵深猛插。杨得志指挥第十九兵

团之第六十三军,仅用几十分钟就胜利突破了临津江天险。但是,尽管六十三军突破顺利,进展很快,可是六十四军渡临津江后,向议政府方向实施战役迂回,由于缺乏连续攻击的准备,未组织有效的炮火支援,炮兵被隔在临津江以北不能发挥作用。六十四军在临津江南岸攻击受阻。而此时第十九兵团二梯队第六十五军两个师也已渡过临津江,致使5个师的兵力大部拥挤在临津江南岸20平方公里的狭小地区内,遭敌炮击、航空兵火力突击,伤亡较大,影响了向议政府方向实施战役迂回和全歼英第二十九旅任务的按时完成。

杨得志司令员和李志民政委、郑维山副司令为此都非常焦虑。六十四军担任穿插议政府的任务,被敌人缠在高士洞地区,难以会同三兵团歼敌。目前这种情况,显然影响"志司"的统一作战行动。为此,杨得志两度向六十四军发去电令催促。24日急电为:

> （一）江南之敌为英二十九旅、南朝鲜一师全部仅两万余人,虽有工事、火力强,飞机疯狂轰炸,但散布于四五十里的正面。
>
> （二）我军主力已停于江南狭小背水地区,如不坚决攻击等于死亡,势必遭到不必要的损失,会造成更大的困难。
>
> （三）各军师本日(24日)晚应按原定任务不顾一切牺牲,组织火力密切协同、主动配合坚决攻歼该敌。
>
> 六十四军各师如不猛插到目的地完成战役任务时,会要遭到革命纪律的制裁。

这时,彭德怀也非常关心十九兵团战况。彭德怀有个习惯,战役发起后,他就让秘书和参谋不断地在地图上插小红旗。他要清楚地了解,哪个部队突破了,是什么时候突破的,各部队前进到什么位置。他有时坐在地图旁一呆就是几十分钟,考虑战局可能出现的情况。

"让杨得志兵团按计划行动,问他们怎么搞的,六十四军进展如此缓慢,会影响全局。"彭德怀让杨凤安询问情况,并提示十九兵团注意。

"催促十九兵团的电报,请彭总过目。"杨凤安说着,将一份电报呈给彭德怀。电报内容是:你们必须继续努力,组织火力与运动相结合的作战,勇猛地向议政府及其南北线挺进,否则,正面之敌将节节抗击,退至汉江南岸,增加渡江开展战局的困难。望深体此意,坚决执行之。

杨得志接到彭德怀电报,感到情况紧急,立即采取措施,派出第二梯队六十五军2个师增援六十四军,并直接与六十四军军长曾思玉通话,命其以一部兵力钳制敌人,另以一部兵力迅速突破向纵深穿插,一定要不惜任何代价完成"志司"交给的穿插迂回任务。

混战中,第六十四军第一九〇师侦察支队和第五六九团第三营组成的先遣支队,在20小时内,突破敌人7次阻拦,俘敌100余人,突入敌纵深,前进120公里,终于在24日下午胜利地前进到议政府,占领了通往汉城的交通要道议政府西南之制高点——道峰山,炸毁了山下公路的铁桥,切断了敌人的退路。该先遣支队全体指战员忍着饥饿和疲劳,在道峰山上坚守三天四夜,成了插入敌人心脏的一把尖刀。而六十四军主力攻击东文里受挫,苦战一昼夜才突破敌防御,但向议政府方向挺进,为时已晚,丧失了珍贵的机会。

这时,我左翼九兵团和中路三兵团的进攻亦未按计划取得大的胜利,进展缓慢。敌人且战且退,我军进攻形成平推前进,使这次进攻形成击溃战,而未能达到打大歼灭战的目的。口子张得大,想一下子消灭敌人五六个师,过后看起来,是不可能的。

杨得志接到电报,和第十九兵团政治部主任陈先瑞火速赶到六十四军,参加他们正在召开的紧急党委会议。

杨得志和陈先瑞在六十四军党委会上,除了帮助该军总结经验教训外,还特意鼓励大家吃一堑长一智,从战争中学习战争,继续打好下一仗。六十四军军长曾思玉和担任穿插任务的两个师的主要负责同志都认真地进行了诚恳的自我批评,师的负责同志甚至对每一个战术动作都作了检查。大家认为,没完成战役迂回断敌退路任务的主要原因是:这两个师的部分干部对"穿插"、"分割"战术学习不够,甚至错误地认为"敌在配备上有空隙可插时方能穿插"。因此在无空隙时,不敢坚决突破,犹豫不前,以至失掉战机;当遇敌顽强阻击或突袭时,又缺乏机动灵活的指挥,而采取平推的战法,甚至出现了指挥机关与部队脱节的严重问题,因而进展缓慢,造成拥挤。虽然部队打得很英勇,但未能达到歼敌目的,反遭很大伤亡。

十九兵团司令杨得志和兵团政治部主任陈先瑞代表兵团党委承担了责任。杨得志在肯定指战员们顽强的战斗意志的同时,对军、师领导提出了相当严厉的批评。根据军党委的意见,兵团党委决定给两个先头师的师长、政委以降级和通令警告的处分,给打得好的兵团侦察支队和3营的同志记了功,并上报"志司"和彭德怀。

1951年4月30日。空司洞大矿洞中,"滴嗒、滴嗒……"洞顶渗水的滴落声清晰响亮。狭长的大矿洞有一条水沟,一股流水似小溪潺潺不断。

早晨,彭德怀正在洗漱刷牙。杨秘书走到彭德怀身边,向他报告:"十九兵团杨司令来电话,请你接……"

彭德怀放下洗漱杯,擦了擦嘴唇,向电话机走去。

电话是十九兵团司令员杨得志打来的。他要向彭德怀汇报查处六十四军没完成穿插任务的处理情况。

"彭总,我与陈先瑞一起参加六十四军党委会,通过检查分析,认为这次没完成任务的重要原因是对穿插和分割的战术学习不够,没有坚决实施突破,失掉战机。当遇到敌顽强阻击或突袭时,缺乏机动灵活的指挥。虽然部队打得很勇敢,但未能达到歼敌目的,反遭到很大伤亡。我军炮火也没有充分发挥威力。"

"徐向前说过,一个指挥员随便叫下级和士兵去送死,那是罪恶。自古以来常胜将军是很少的。但是我们的指挥员在战场上要坚决果断。指挥失误使我们的部队蒙受大的伤亡,那便是犯罪。"彭德怀严肃地说。

"我们兵团党委研究决定,给六十四军两个先头师的师长、政委以降级和通令警告的处分,给打得好的兵团侦察支队和三营的同志记功。我们兵团领导对六十四军的失利也负有责任,请首长批评。我们决心,在下一仗中将功补过,请首长把重要任务继续交给我十九兵团,一定不辜负首长的期望……"

"'志司'发给你们的那个追究责任的电报,是经我亲自修改的,我是生了气的嘛! 打得不好,就是要严肃批评,打得好就要记功受奖。我们认真吸取战争的经验教训就是为了今后打好仗,为祖国人民打大胜仗。"

　　彭德怀说完,杨得志立即回答:"彭总放心,部队当前都希望好好打一仗,我们的力量还没发挥出来……"

　　"好嘛。现在部队要好好休整一下。"

　　六十四军第五六九团第三营荣立集体二等功,获"道峰山营"的称号。第·九〇师侦察支队获"道峰山支队"称号。带队指挥员王统被授予志愿军英雄称号。

　　40年后遇到王统,他已是一位年愈古稀的老人。在同他谈及"道峰山支队"的日日夜夜,忆起彭德怀、杨得志、六十四军曾思玉等首长当时的音容笑貌、愤怒严肃的神态,依然十分动情。

　　王统在1938年即参加了河北抗日游击队,在抗日战争的烽火中屡建战功,被誉称为战场神探。1950年参加抗美援朝,在第五次战役中,担任第十九兵团组织的侦察支队支队长。张政委是第六十五军派的,副支队长刘斌系第六十三军一八七师侦察科长。侦察支队由第六十三军一八九

1951年,王统(前排左四)被选为志愿军代表参加中共第八次代表大会。

师侦察连、第六十四军一九〇师侦察连和军侦察连、第六十五军侦察连组成，约500余人，配属电台一部。穿插道峰山成功后，被命名为"道峰山支队"。王统记大功一次。1956年与1958年，他当选为中共第八届代表大会代表，赴北京参加了中共第八次代表大会。

王统对本书作者忆往事时，特交来他写的诗：

《道峰山小唱》——

道峰矗立南朝鲜，"5次战役"穿插间。

志愿战士歇歇脚，美李营中一场乱！

"势如雪崩"将军说，"稳似泰山"战士谈。

轰隆一声巨雷响，日迎星边桥已断！

第六十四军五六九团和第十九兵团侦察支队的这次远程奔袭，是一次类似第三十八军——一三师奔袭三所里一样，出色完成了穿插敌后，切断敌人退路的任务。后续部队没有及时到位，失去了歼敌时机。而且，由于第六十四军攻击东文里受挫，致使我军5个师拥挤在临津江南岸20平方公里的狭长地带，遭敌炮兵、飞机的火力袭击，伤亡较大。率第十九兵团作战的杨得志司令十分痛心。在第五次战役结束后，彭德怀说："第十九兵团入朝时，我就向你们作了交待，朝鲜战场我们面临的敌人与国内不同，你们要准备打恶仗，并从先期入朝的部队中抽调干部到你们兵团传经。"

杨得志说："入朝作战，这次我们兵团担任阻击任务的部队没有按'志司'规定的时间完成任务，没有很好学会先期入朝部队的作战经验。兵团是有责任的……"

彭德怀说："现在看来靠别人的经验不行，还得经过自己实践检验，这样取得的经验，才是真正宝贵的。吃现成饭不行。"

杨得志说："彭总，你放心，下次作战我们一定好好打，一定接受这次战役中的教训。"

彭德怀高兴地说："接受了教训就好，一定要认真总结经验教训。"

有一天,第十九兵团司令员杨得志到'志司',专门向彭德怀汇报这次战役的情况。彭德怀军事秘书杨凤安也是杨得志的老参谋,很熟悉。杨凤安在彭德怀办公室,陪杨得志向彭德怀汇报。

杨得志说:"彭总,我们第十九兵团在第五次战役第一阶段没有完成'志司'赋予的穿插任务,部队对穿插战术有误解,认为穿插就像'穿针引线'一样,没有充分的思想准备,把问题看得简单了,只感到组织好兵力火力,在敌防线上打开一个缺口,从这个口子中猛向敌人纵深穿插,穿插部队到达目标,后续部队却没有按部署迅速跟进与发展战果,结果贻误了战机。"

第五次战役同第四次战役时不同。第四次战役是"志司"直接指挥到军,一个梯队一个梯队进攻和撤退转移。这次因为有了兵团这一级,"志司"没有直接指挥到军。"志司"下令,各兵团自己组织进攻和撤退。所以杨得志深感自己是第十九兵团司令员,负有责任,急忙专程奔向"志司"向彭德怀当面检讨。

114. 心急如焚,彭德怀紧急策划救援一八〇师

1951年4月2日至5月21日的一个多月时间内,中朝军队自第五次战役发起进攻,经连续两个阶段的反击作战,取得了一定的胜利。但我军已经相当疲劳,随身携带的粮弹将用完,后方供应一时又接济不上,且雨季即将来临,部队身后的几条江河 且爆发山洪,供应将完全中断,而敌人被歼数量虽大,但作为主力的美英军成师团建制的损伤很少。彭德怀根据前几次作战的经验,美军有可能很快的转入反扑作战。在这种情况下坚持连续作战,不仅不易歼灭敌人,反会徒遭困扰。因此,在决定结束反击战役第二阶段的时候,同时决定为了争取主动集结休整,总结作战经验,造成而后有利战机,以便更多地歼灭敌人,各兵团留1个师至1个军的兵力,采取机动防御,节节阻击,杀伤消耗敌人,掩护各兵团主力转移三八线以北地区休整。

"志司"组织转移的具体计划是:

十九兵团转移至渭川里、随川以北地区休整，留1个军采取纵深配备，阻击敌人。

人民军第一军团主力转移至开城地区休整，留一部节节阻击敌人。

三兵团主力转移至铁原、金化休整，留1个军阻击敌人。

九兵团主力转移至华川里、金化以东地区休整，留1个师阻击敌人。

人民军金集团主力转移至麟蹄、杨口地区休整，以1—2个师采取机动防御，阻击敌人。

对敌进攻部队，在有利时机我军可组织小规模反击，每次以消灭美军1个连至1个营、南朝鲜军1个营至1个团为目标，以阻滞敌人的进攻，为我军争取更多的时间进行休整。

5月22日，"志司"在答复第十九兵团关于最后抵抗线的请示电中明确指出："根据敌人以前的习惯，利用高度机械化进行所谓磁性战，企图消耗疲劳我军。我军主力北移休整时，敌尾我北犯是肯定的。"

5月22日，中朝军队开始北撤。由于是胜利后的班师，有的部队产生了麻痹心理。当时志愿军还有8000伤员未运走，也影响了部队的行动。

这时，李奇微却根据对我军"肩上后勤"的能力的计算，认为我军已进攻5天，粮弹基本耗尽，又没有得到新的补充，锐气已失，所以使用其以逸待劳的美军7个师为主力，每师约1.8万人，连同南朝鲜军等共4个军13个师的兵力，由摩托化步兵、坦克、炮兵组成的所谓"特遣队"于23日清晨分别沿公路开始全线反扑。

这次敌军的反扑，改变了上次战役中稳扎并进的战术，大胆地以坦克群和摩托化步兵组成"特遣队"，在大批飞机掩护下，沿公路向我方纵深迅速穿插，抢占桥梁和渡口，配合后续部队包围志愿军后撤部队。当时，由于我军对美军如此迅速地组织反扑和采取"特遣队"的方式进行反扑估计不足，加之我担任阻击部队组织协同不够严密，因而在阻击阵地上出现了空隙，美军得以乘虚而入，志愿军北移开始出现被动的局面。由于部队未安排好交替掩护，第三兵团电台又被敌机炸毁，所属部队失去指挥达3天之久，在中部战线一时出现混乱。加上一些指挥员缺乏现代技术兵种的知识，在前沿布置掩护部队时不注意破坏桥梁，也未很好地以火力封锁道路,而是把兵力集中在山头上,结果敌军一旦突破前沿,就能于3天内在我方纵深推进50—80公里。

第十九兵团根据"志司"的部署,第六十三军、第六十四军和人民军一军团分左、中、右三路向渭川里、随川以北地区转移。第六十五军执行阻击任务,异常艰苦,左右友邻部队已后撤60—100公里,没有火力支援;后勤供应跟进困难。但他们打得十分顽强。第一九三师师长郑三生率部队坚守议政府东南佛岩山、水落山、国赐峰地区,其中五七九团二营坚守佛岩山。二营上阵地时,只剩下37人。一九四师五八一团在土美山担负阻击任务,多次打退敌人的围攻。最后一次被敌人包围时,身负重伤的一排长赵百生为避免被俘,滚下悬崖壮烈牺牲。多处受伤的共产党员杜六,在滚向敌群的同时拉响了手榴弹,与敌同归于尽。当阵地上只剩下战士曹邦国时,他毫无惧色,勇猛打退敌人的围攻。战斗结束后,兵团授予这个排"人人都是铁打的英雄汉"锦旗一面。

5月24日,志愿军第十二军军部和下属的2个师、第二十七军主力和第六十军所属的第一八〇师被敌人截断在三八线以南。第一八〇师陷入重围。第六十军指挥员即令主力前往接援,第一八〇师也在同时向史仓里突围。但是,在26、27日两天内,经过多次反复冲杀,接援与突围均未成功。

这时,彭德怀更是心急如火。紧急救援一八〇师是当务之急。

退若山移,进如风雨;击若崩崖,合战如虎——这是诸葛亮的名言。六十军北撤留下缺口,被敌人乘虚而入,整整一个一八〇师陷入重围。这在我军入朝战争中是仅有的啊!

贻误时机或张皇失措就等于丧失一切。时间就是力量,就是胜利,就是军队的生命。

5月29日晚上7点钟,大雨如泼,铺天盖地。闪电雷鸣,震得人耳朵嗡嗡作响。彭德怀在空司洞志愿军总部他的办公室内打电话给洪学智:"你是洪副司令吗?"

彭老总那沉重而沙哑的声音,洪学智是非常熟悉的。他立即回答:"是我,彭总。有什么事吗?"

彭德怀说："当然有事情。你立即回来,有重要事情。"

洪学智一听这话,心里暗暗一惊。他是昨天才从空司洞"志司"到楠亭里"志后"来的。由于前方部队伤亡很大,几天前,韩先楚被彭德怀派回国去要兵去了。韩走后不久,邓华也因夜间行军把头撞在吉普车挡风玻璃上,面部撞伤,回沈阳治疗去了。志愿军党委决定,让洪学智兼志愿军后勤司令,到"志后"去主持工作。他清楚地记得,昨天上午,彭德怀曾对他说:"既然已经决定你兼后勤司令了,你就到那边去吧,那边还有好多事等着你去办呢!"他当晚冒着倾盆大雨,连夜赶到了"志后"司令部。怎么不到一天又被突然召回,着实有点摸不着头脑。但他肯定彭德怀有要事同他研究,于是问:"昨天晚上刚来的,才住了一个晚上怎么就让回去?有什么重要事情?"

彭德怀不耐烦地说:"你别问了。让你回来,你就回来,马上回来!"说完他就撂了电话。

洪学智二话没说,连忙吩咐司机发动汽车。几分钟以后,洪学智和警卫员已坐上了汽车,冲进茫茫夜雨之中。半路上过一条河时,由于水漫进了吉普车发动机,熄火了。司机和警卫员下车又推又修。汽车又赶路了。雨大天黑,山高路险,行驶100多里,半夜两点多才赶到空司洞。

洪学智急步走进彭德怀住的矿洞,见里面点着洋蜡,彭德怀一个人在那儿。他只穿着一条短裤,打着赤膊,满头大汗,正在焦急地、来回地踱着步子,也一夜未睡觉了。

彭德怀听见动静,停下脚步,抬起熬得发红的双眼,看着洪学智说:"噢,你回来了?"

洪学智说:"回来了。"

彭德怀高兴地补充了一句:"说到就到,很好。"

"有令就行,有禁就止。服从命令是军人的天职!"洪学智回答说。

民间有句名言:最伟大的力量,就是同心合力。团结的可贵,在敌人面前才会深知。一个统帅部,总司令与助手如果团结、协调不密切,那就会像古语说的那样:谋事无智者之助,居危无切磋之益。彭德怀为人正直,爱护、尊重贤才良将,充分发挥每个人的长处,"志司"的领导是很敬佩他的。

"你看!"彭德怀一边说,一边递给洪学智一份电报,"你看看,从来没有过的事情都出现了。"

洪学智忙问:"怎么?"

彭德怀说:"六十军出问题了,那个一八〇师同军部、同三兵团和'志司'都失去了联络,电台怎么也联络不上。六十军军长韦杰昨天说,这个师还在行军,还在往回撤,可派部队去找呢,又找不到。"彭德怀一边说一边连声叹气,停了一会又说:"现在让哪个军去接应呢?有的军离它不远,可是电台忽然又不通,接他也没法子接了。"

秘书杨凤安把电报拿来交给洪学智,有三兵团发来的,也有六十军发来的,都说同一八〇师联络不上,而且无处寻找。洪学智看了也很着急,说:"我们的部队正在往后撤,敌人正在跟踪追击,这样联系不上,不会出了什么问题吧?"

彭德怀斩钉截铁地说:"还得想办法继续联系。刚才,我又给他们发了一份紧急电报,命令他们立即派人紧急救援一八〇师。"接着,彭德怀递给洪学智一份电报稿,上写:

> 应即以一八一师、四十五师解一八〇师之围,六十军并十
> 五军首长并王王:
>
> 至现刻止,无反映我一八〇师被消灭。据悉:27日有两个营
> 袭击美军指挥所,被其援军赶到未成。另悉:在纳实里、退洞里
> 获得我一部分武器。据上判断:我救援部队如是坚决,一定可以
> 救出该师,如再延迟不决,必严重损失……
>
> 　　　　　　　　　　　　　　　　　　　彭德怀
> 　　　　　　　　　　　　　　　1951年5月30日1时

这时,彭德怀又布置秘书继续让作战处掌握寻找一八〇师的情况。然后,俩人走到地图前,研究战场形势。地图上标明:敌人这时已分几路向北进攻,金化、铁原这边也来了不少。敌人进至铁原地区,距"志司"驻

地空司洞也只有60多公里了。若敌人继续前进，"志司"的安全就将受到威胁。洪学智提出迅速将四十二军从后边的阳德调上来2个师。研究定了后，洪学智亲自起草电报发往四十二军。

四十二军接到电报后，很快赶到铁原，堵住这里的口子。第二天敌人也到达这里，但为时已晚，见有守军设防，没敢再继续北进。空司洞安全了。"志司"的指挥得以继续顺畅实施了。

这时，彭德怀仍忙于策划援救一八〇师。

115. 邓华、解方汇报朝鲜战局，毛泽东确定"零敲牛皮糖"战法

1951年6月10日，中朝军队在全线进行英勇阻击和不断反击，制止了敌人的进攻，使整个战局逐渐趋于稳定，从被动中恢复了主动。志愿军主动撤出铁原、金化，将敌军阻止于三八线附近。交战双方均转入防御，第五次战役遂告结束。

第五次战役，中朝军队共投入了15个军(军团)的兵力，连续奋战50天，歼敌8.2万余人，粉碎了敌军妄图以侧后登陆配合正面进攻在朝鲜蜂腰部建立新防线的计划，摆脱了在第四次战役时所处的被动局面，并使志愿军新参战兵团受到了锻炼，取得了对美军作战的经验。志愿军也付出了伤亡7.5万人的代价。

这次战役，作战规模大，敌我双方投入地面作战的兵力约100万。就其投入的力量来说，堪称我军战史上规模最大的战役之一。作战样式多，有进攻、防御、转移，且转化急剧；战场情况复杂多变，战斗激烈。

毛泽东曾说：指挥员在战争的大海中游泳，要不使自己沉没，而要使自己决定地有步骤地到达彼岸。作为战争指导规律的战略战术，就是战争大海中的游泳术。

指挥员在战争大海中游泳，驾驭战争走向胜利，就必须不断总结经验，熟悉并改进战略战术，使之适应战场变化了的情况。

1951年5月27日，毛泽东在北京中南海菊香书屋接见了陈赓和志愿军参谋长解方。陈赓是即将赴朝鲜战场担任志愿军副司令员的。解方是

回国向毛泽东主席汇报情况的。毛泽东通过直接询问解方和平日对战场情况的了解，更清楚地认识到我军为什么一次难以成建制歼灭美军的原因。

"解方同志，劳师远征，保家卫国，辛苦辛苦！陈赓同志，你也很快上战场了。今天我既是欢迎解方同志回来汇报，也是欢送陈赓同志上前线，给彭大将军增加个助手。"毛泽东随和地说笑寒暄，使办公室气氛祥和而热烈。

"主席统筹全局，国际国内，诸事如山，比我们累多了。"

"我能吃能睡，只是晚间睡得少了点。太阳落山我工作，太阳升起我休息。人家说，黑夜是作家的朋友。我可不是什么作家，可有什么办法，美国侵略者要捣乱，我就只好奉陪到底。"毛泽东说着，请陈赓、解方就坐，一边从桌上拿起香烟，请陈赓、解方抽，他自己也取一支烟点燃。

毛泽东接着说："解方同志，你是彭老总的参谋长，他要在朝鲜继续指挥打仗，我叫你回来，就是要了解一下战场的详细情况。我特别想听你们谈一谈这次战役的问题。"

解方打开写满密密麻麻字迹的本子，按照事先的准备和彭德怀的交待，详细地汇报了朝鲜战场的形势，轮番作战部队的作战情况，战场目前迫切需要解决的问题等。解方最后谈了第五次战役的经验教训：

一是"口张得大了一些"，即在歼敌目标上企图大了一些。这在当时敌我技术装备悬殊、我无空军配合的情况下，在客观上是困难的，甚至是不可能的。当时，敌军虽然经我军连续打击，受到了很大损失，但大量地成建制地被歼灭的不多，因而还有相当强大的有生力量，还有较强的战斗意志和自信心。特别是敌人已摸到了我军供应补充困难，只能依靠自身携带的粮食、弹药进行5—7天作战的弱点，并针对这一弱点，凭借其技术装备的优势条件，对我军采取了所谓"磁性战术"，即我攻即退，我退即攻，始终与我保持接触，消耗和疲惫我军。对于这些，我军估计不足，没有采取切实的对策。

我军已连续进行了四个战役，没有得到休整补充，虽然增加了第二番作战兵团，但这些兵团刚入朝还没有对美李军作战的经验。我军后勤补给的困难状况和敌我技术装备优劣的悬殊这一根本条件仍未改变。我军还不能进行大规模的歼灭战。

二是"打急了一些"。敌人正面进攻,配合侧后登陆,来击我军的阴谋,对我军威胁很大。我第二番兵团虽已入朝,但尚无力进行两面作战,如敌人阴谋得逞,对朝鲜战局将会产生重大影响。因此,我军为了打破敌人登陆的企图,避免两面作战,乘敌人立足未稳之际,提前发起攻击,是正确的。但是战役的组织准备仓促,不充分。当时第三兵团、第十九兵团入朝后未经休整,就是原第一番入朝的第三十九军、第四十军连续几次战役从未很好休整,部队的体力未得完全恢复;有的部队到达只有一个星期就参加作战。有的部队因粮弹补给不上,被迫停止进攻。

三是"打得远了一些"。在我军无制空权、后方运输供应困难的条件下,向敌深远纵深发展,实施迂回割裂,歼灭敌军重兵集团,也是有困难的。当我军不能在一个夜晚基本上完成战役迂回任务,而在战术上又不能分割包围、打乱敌人部署时,对而后再发展进攻造成的困难就更大。因为敌军能迅速将已被打开的缺口堵塞,或收缩兵力组成新的防御,或者逃脱。我军当夜不能迅速解决战斗,第二天白天敌人则在飞机、炮兵、坦克支援下突围。

毛泽东抽着烟,注意倾听解方的汇报,不时拿起铅笔,在一张白纸上记几个字,一直等到解方把话讲完。

"好,你谈的情况很详细、具体。"解方谈完后,毛泽东点头道,随即站起身来,在室内来回踱步。

陈赓插言补充说:"美军不像蒋介石那样笨拙地计较一城一地的得失,很注意保持战线的连续和完整,必要时不惜放弃汉城,也要发挥其有效的机动性。李奇微的'磁性战术',就是企图让我军吃不掉他们又甩不掉他们,以达到疲惫和消耗我军力量的目的。"

"兵无常势,水无常形。在军事科技手段日新月异的现代化战争中,我们不能抱着老的作战经验不放。我们在国内战场上连续打了二十多年的仗,取得的作战经验毕竟来自现代化程度不高的国内战场。我们用老办法打歼灭战,就不适应新情况了。李奇微接受了教训,动了脑子,发明什么'磁性战术'来对付我们。我们也要来个魔高一尺、道高一丈。我们湖南家乡用稻米精制的一种粘力很强的传统糖块,一般是几斤或十多斤一块,名叫牛皮糖,糖味很甜,群众很喜欢吃,但必须用铁锤一小块一小块地敲下来,才便于吃。我们是不是可以用零敲牛皮糖的方法,对英美军作战,口不能张得太大,必须采取敲牛皮糖的办法,一点一点地去敲。彭老总知道湖南这种吃糖的办法,实际上,你们在朝鲜前线已经采取了这种战法了。"

"历次战役证明,我军实行战略或战役性的大迂回,一次包围美军几个师或一个整师,甚至一个整团,都难达到歼灭任务。这是因为美军在现时还有颇强的战斗意志和自信心。为了打落敌人的这种自信心,以达最后大量歼敌有生力量的目的,似宜每次作战选择攻击的目标不要太大,只要求我军每一个军在一次作战中歼灭美、英、土军一个整营至多二个整营也就够了。……这就是说,打美、英军和打南朝鲜军不同。打南朝鲜军可以实行战略或战役的大包围,打美、英军则在几个月内还不要实行这种大包围,只实行战术的小包围,即每军每次只精心选择敌军一个营或略多一点为对象而全部地包围歼灭之。"

"零敲牛皮糖?"解方惊喜地说,"好哇,主席,就是用这个战术搞敌人,让他没办法对付!"

当日晚间,毛泽东特别向彭德怀发电报提出,我军每一个军在一次作战中歼灭美、英、土军一个整营至多二个营为目标。这样就确定了被称之为"零敲牛皮糖"的打小歼火战的战法和原则。

6月初,志愿军副司令邓华也赴北京,再次向毛泽东主席汇报彭德怀提出的不断轮番各个歼灭敌人的方针和具体部署。毛泽东再次询问一八〇师受损的详细情况,又强调志愿军在打法上轮番作战,可以"零敲牛皮糖"。我军一个军每次以干净彻底地消灭敌人一个营为目标,积少成多,逐步消耗敌人的有生力量,才能使美国知难而退,朝鲜问题才有希望得到解决。

5月27日,彭德怀在"志司"接到解方从北京发来的电报,说毛主席在北京召见了他和陈赓同志,重点指示在打法上同意不断轮番、各个歼灭敌人的方针;应加强政治思想工作;在后勤供应上,同意加强志愿军后勤直接供应到各军。

看完解方的电报,彭德怀非常高兴。彭德怀对"零敲牛皮糖"的比喻很感兴趣。他说:"主席还没忘了家乡的牛皮糖啊!"说罢,当即将解方来的电报转给了第三兵团、第九兵团和第十九兵团的领导同志。

6月25日,志愿军总部在空司洞驻地召开高干会议。会议开始,先由邓华传达了去北京见毛泽东主席的情况以及毛泽东关于持久作战、积极防御和准备同敌人进行谈判的指示,然后分组围绕战略指导思想转变这一主体进行讨论。会议结束,许多干部星夜赶回部队。根据战场实际和毛泽东的指示,中、朝军队用"敲牛皮糖"战术,广泛开展了"你歼敌一个班,我歼敌一个排"的小歼灭战运动,打得敌人惊恐万状,士气低落。在8月18日至10月22日的夏秋季防御作战中,我军歼敌15.7万余人,加上6月中旬转入战略防御以来歼敌数,总计达到25万多人,超过了前五次战役的总和。

116. 第一八〇师损失严重,彭德怀为下级承担责任

1951年6月中旬,第五次战役结束后,"志司"在空司洞召开了一个军长、政委参加的会议。

各兵团的领导和军长相继到了。开会前一天,三兵团当时的主要负责人王近山副司令还没有到会。到"志司"来的首长们议论纷纷,猜想三兵团六十军一八〇师遭受严重损失,彭德怀一定会找王近山算帐,因此估计他不敢来开会。

确实,第五次战役第二阶段结束,中朝军队北撤时,六十军一八〇师没有组织好,部队损失严重。这主要是因为第一八〇师郑其贵指挥失误造成的。但是三兵团和六十军没有采取积极有力的措施,及时派得力部队进行接应和寻找,也是有责任的。

三兵团的领导来了,彭德怀走出洞口亲自迎接。

彭德怀见到来开会的是三兵团政治部主任刘友光,第一句话就问:

"近山同志怎么没来？"

"他……一八〇师没打好，他没敢来见你……"

"开会是研究经验教训。一八〇师受损失，我也有责任嘛。我们主要不是追查责任，更重要的是找一找教训，让我们更聪明些。"彭德怀耐心地回话，使大家紧张的心情立即变得平静了。

会议开始后，彭德怀总结了第五次战役的经验教训。当讲到一八〇师情况时，彭德怀直接问六十军军长："韦杰，你们那个一八〇师是可以突围的嘛，你们为什么说他们被包围了？他们并没有被包围，敌人只是从他们后面过去了。晚上还是我们的天下嘛，后面没有敌人，中间也没有敌人，晚上完全可以过来嘛。为什么要说被包围了？哪有这样把电台砸掉，把密码烧掉的？"

彭德怀接着问："你这个韦杰，军长怎么当的？命令部队撤退时，你们就是照转电报，为什么不安排好？"

会场上鸦雀无声。这时，陈赓已到朝鲜，并参加了这次会议。他资格较老，站起来劝说彭德怀几句。这场批评才算结束。

以后，彭德怀又认真总结了经验教训。陈赓在参加三兵团的总结会上，也对王近山等人进行了批评，说王近山是很能打仗的人，为什么这次转移没有搞好。

其实，5月24日一八〇师被敌人截断在三八线以南，如果采取临机应变的正确措施，是可以避免损失的。当时，面对敌人迅速进行反扑而突然出现的严重局面，被截断的志愿军部队大都表现出英勇顽强的战斗作风。由于敌军"特遣队"兵力不多，敌步兵又普遍缺少近距离攻击搏斗的勇气，主要依赖火力进行封锁拦截，突围坚决的部队都获得了成功。如第二十七军发现敌坦克和空降兵已插入自己的后方，全军又已基本断粮，但是军领导沉着地组织部队交替掩护，寻敌空隙，灵活地绕路转移，全军终于建制完整地平安撤回。第十二军主力也冲出了敌人的包围。该军第九十一团在敌纵深90公里处被围，可是该团发扬红军的优良传统，一路寻食野菜，夺取敌人的武器，并利用夜间和敌人混在一起夺路突围，5天后终于和大部队会合。只有第一八〇师由于领导不力而自身出现混乱，遭受了严重损失。

当然,战场的情况是千变万化,任何时候都会出现意外情况或偶然事件。一八〇师受损失,也有其他方面原因。

在结束第五次战役第二阶段作战时,我军远离后方,粮弹补给十分困难,加之连续作战,异常疲劳,故决定主力北移。完全是主动行动。

贻误时机或张皇失措就等于丧失一切,这是列宁关于军队指挥问题的一句名言。在战场上,遇到意外情况而采取错误决策的指挥员,大多是张皇失措引起的。在战斗情况下,军事首长的任何差错,都会招致极悲惨的后果。

5月23日,当我各兵团开始向北转移之际,敌乘机以美、李4个军共13个多师的兵力,以摩托化步兵、炮兵、坦克组成所谓"特遣队"沿公路向我反击。

人民军第一军团在敌猛烈反击下,经激烈战斗,伤亡重大,被迫撤至临津江以北开城以东地区,已无力担任阻击任务。由于敌人进展迅速,我担任阻击任务的军、师,有些来不及进到阻击地域,构成绵亘的防线。我一线部队虽然与敌展开激烈的战斗,但未能阻止敌人的进攻。敌利用间隙插入我军防线,使我一时处于被动。彭德怀及时下令我军迅速展开,坚决阻止敌人进攻,稳定了防线,争取了主动。

第三兵团第六十军的第一八〇师和一七九师一部在24日分别在汉谷至龙山里地区阻敌,并掩护兵团6000余伤员后送。第一八〇师25日晨渡江后,继续在明月里阻击敌人,终日与南朝鲜第六师激战。美第七师、第二十四师,南朝鲜第二、第六师从机山里、济宁里之间的缺口突入,使我第六十军右翼被敌割裂。同日,东线美空降第一八七团在榆木亭机降,配合陆战第一师1个营进占了富坪里,将我第九兵团主力、第三兵团之第十二军隔绝于论里以东县里地区,十二军被迫由麟蹄东西地区绕道转移。第九兵团也不能执行新延江至大同里地区的阻敌任务,我第六十军左翼亦被敌割裂,处于三面受敌。这时,第六十军即令第一八〇师移至新垈以北地区继续阻敌,但因山大路小,运动困难,加之该师自带伤员300余人,未能到达指定地区。26日,美军第二十四师攻占间材,南朝鲜军第六师进到芝岩里。我一八〇师被隔于驾德山、梧月里地区,陷入包围。"志司"多次电令第六十军设法接援第一八〇师。该军于26、27日曾以第一八一师、第一七九师两次从华川方向正面接援,均未奏效。第三兵团司令部在转移途中遭敌空袭,3天与各军失掉联络。加之第一八〇师领导犹豫动摇,未坚决组织突围,以致该师受到严重损失。

组织大兵团转移是极其复杂细致的工作,不允许有任何疏忽大意,否则就会吃大亏。一八〇师被围遭受严重损失,部分伤员和装备因转移不及而遗弃敌后,教训是深刻的。彭德怀及其他副司令,以及其他志愿军领导人,通过总结第五次战役关于组织转移问题的教训,都认为主要是:

一是对敌情估计不足,没有估计到敌人很快向我军进行反击,因此缺乏滞止敌人反击的思想准备,导致转移的部署不严密,组织计划不周。

彭德怀说:指挥者对敌、我、民情及地形要熟悉。了解敌人的一般情形是容易的,了解其具体情形就不容易。了解我情也是如此。对敌人可能采取什么行动,指挥者没有料到是对战斗指挥的重大缺陷。在残酷的战场,战争就是对指挥才能的最严峻的考验。"不怕一万,就怕万一",有时连万一发生什么情况都应考虑到,这才是避免对方打我措手不及的完善措施。

二是大兵团转移,必须留置足够的兵力阻击敌人;明确规定转移的路线、顺序、时间,各道阻击阵地的位置和扼守的时间;组织好和友邻的协同、接合部的保障,以及防空、防空降、防坦克的保障措施等。这次转移,我军仅部署了2个军又4个多师的兵力担任阻击,平均每帅防御正面约22公里,兵力有些单薄。而这些部队都经过了第一二阶段作战的消耗,加之对敌机械化部队的特点研究不够,单纯的守备山头,不注意控制要道和破路炸桥,缺少反坦克武器和打坦克经验,因而初期未能阻止住敌人的反击。敌利用我军防御的间隙乘机而进,我六十军一八〇师最后陷入敌人包围。

三是在转移时畅通的通信联络非常重要。这次转移中,三兵团司令部遭敌空袭,中断指挥3天。一八〇师在关键时刻把电台毁掉、密码烧掉,失去与上级的通信联系,使之无法对其进行支援。

　　四是最直接的原因，还是该师指挥员右倾动摇，错误地决定部队分散突围，以致失去了战斗力。一八〇师是1951年4月赴朝鲜参加第五次战役的。这个师是1947年刚由山西地方部队升级组建起来的新部队，建立后又一直在解放战争取得胜利的条件下作战，未遇到过特别复杂困难的情况，各级领导大部没有单独作战的锻炼和指挥经验。1950年末，该师从西南军区奉调入朝前，为补充缺员，又临时编入大量新兵。部队入朝时，只进行了打胜仗的鼓动，对于遇到恶劣环境和出现失利缺乏思想准备。

　　从总体上说，一八〇师的失利，关键是师领导的指挥失误。1952年7月19日志愿军党委《关于一八〇师受损失事件通报》中说："如果当时该师领导上政治坚定，果敢沉着，周密布置，细致组织，并能深入动员，同心同德，分头确实掌握部队，则不仅部队全部可以打出来，而且伤员、山炮、重装备亦可大部带出来。"事后，该师师长郑其贵受到撤职和留党察看1年的处分。

第十五章 谈判停战

117. 杜鲁门谋求和谈停战

　　1951年5月2日至16日，美国国家安全委员会再次坐下来对美国在朝鲜所追求的政治和军事目标进行研究，向杜鲁门提出了在恢复战前状态的三八线上通过停战谈判，结束敌对行动，以达到结束朝鲜战争的政策建议。5月17日，杜鲁门迅速批准了这项建议。杜鲁门认为，美国的主要敌人是苏联，只要这个敌人还没有卷入战场而在幕后操纵，美国就决不能在朝鲜浪费自己的力量。

　　美国《朝鲜战争中的美国陆军》一书说，1951年4月，麦克阿瑟被撤销总司令职务后，朝鲜战场上的美军企图获胜的信心大大减少了。经费开支越来越高，"联合国军"的冒险行动越来越多。这促使美国领导的思想开始转变，考虑同共产党人进行谈判的问题。朝鲜停战似乎会给美国带来美好的希望和前途，能使美国取消在朝鲜战场承担的义务，从而平衡美国的对外军援，有利于加强欧洲的防务和重建美国国内的战略预备队。美国需要奋力争取达成和谈协议。

　　到1951年6月中旬，中朝军队连续进行了五次大规模的战役，共毙伤俘敌23万余人，将敌军从鸭绿江边打退到三八线，收复了朝鲜北半部领土。经过五次战役的较量,战争双方的军事力量趋于均衡,战线相对稳定。美军和南朝鲜军已增加到69万余人。中朝军队增加到112万余人。我军虽然兵力占据优势,但敌军拥有现代技术装备优势,在战场上拥有飞机1670架、舰艇270艘、坦克1130辆、火炮3000余门。美军掌握制空权和制海权,其地面部队火力、机动能力也优于我军。

但是,美军也存在致命弱点。美国现役陆军共有18个正规师,投入朝鲜战场即有7个半师,占陆军总数的1/3还多。在美国国内仅剩6个半师。美国战略重点在欧洲,要再往朝鲜增兵很困难。其他国家从各自利益考虑,更不愿意再往朝鲜增兵。面对步兵占巨大优势的中朝军队,也无力再像战争初期那样发动进攻了。

而且,美国在朝鲜战场上连遭失败。一年中美军损失了10万余人,耗资达100亿美元。这两项损耗,都比其在第二次世界大战中头一年的损耗多1倍。1951年度美国军费增加到600亿美元,平均使每一个美国人负担307美元,加重了美国人民的经济负担,引起美国人民的强烈不满,要求和平和停止侵朝战争的反战情绪日益高涨。1951年3月,美国人民发起了"和平十字军"运动,召集了36个州的2500名代表到华盛顿,要求政府结束侵朝战争,从朝鲜撤回美国军队。由于侵朝战争胜利无望,使美国统治集团内部矛盾尖锐。魏德迈在美国参议院作证时说:朝鲜战争是一个无底洞,看不到"联合国军"有胜利的希望。在这种形势下,美国被迫从多方面考虑解决朝鲜问题的途径,放弃单纯依靠军事手段占领全朝鲜的军事战略,转而采取两手策略,寻求"光荣的停战"。

《战争论》作者克劳塞维茨说:"战争不是盲目的冲动,而是受政治目的支配的行为。所以政治目的价值必然决定着愿意付出多大的牺牲作代价,……而且是指承受牺牲的时间的长短。""所以,当力量的消耗过大,超过了政治目的价值时,人们就会放弃这个政治目的而媾和。"

杜鲁门看清楚在朝鲜应该采取以谈判谋求休战的新政策。这是经过美国国内激烈的政策辩论争吵之后作出的决策。

这场争论从1951年5月3日由美国参议院军事委员会和外交委员会联合主持召开的联席听证会开始。出席作证的有麦克阿瑟、马歇尔、艾奇逊、布莱德雷以及三军参谋长，还有前国防部长詹姆逊、前驻华大使赫尔利和前驻华美军司令魏德迈等13人。听证会除了直接追究美国侵朝战争失败的责任外，还对第二次世界大战后美国的远东政策，主要是对华政策进行了一场长达7个星期之久的大辩论。

麦克阿瑟是第一个被调查作证的。他仍然主张以军事手段彻底解决朝鲜问题，即把战争扩大到中国，以海军封锁中国海岸，加强经济禁运；以空军轰炸中国的机场、车站和工业基地；让蒋介石进行反攻大陆的活动等。麦克阿瑟认为，自1951年开始，"联合国军"正面临节节败北的局面，并每时每刻都可能撤出朝鲜。他认为唯一的抉择是要么扩大战争，要么放弃战争。

参加会议的大部分人发言，支持解除麦克阿瑟的职务，主张不扩大朝鲜战争，寻求其他途径结束战争。

5月15日，布莱德雷在听证会上说：赤色中国不是一个足以寻求世界霸权的强盛国家，如果把战争扩大到共产党中国，这一战略将使美国在错误的地点、错误的时间，同错误的敌人打一场错误的战争。他继续说："此时看来，双方在朝鲜都无法赢得一场决定性的胜利。在我们4月5日的备忘录中，参谋长联席会议指出，单靠军事行动，是无法解决朝鲜战争的。"

5月17日，杜鲁门批准了参谋长联席会议讨论的文件和新的行动计划，包括批准进行一定规模的有限军事行动，建立一条更有利的防线，并通过谈判，全力以赴达成一个解决朝鲜问题的方案。

这时美国对朝鲜军事形势作的主要判断是：

"在朝鲜的'联合国军'具有进攻到鸭绿江的能力。其空军与海军的优势、地面军队的强大火力和装甲力量，能够保障这一行动。但是，要花费时间，并且必须准备付出巨大的牺牲。而且，大部分人担心，即使到达了鸭绿江，也并不意味着战争的结束，反而会陷入同聚集在一衣带水的中国东北地区的中国军队进行长期战争的泥潭。"

"联合国军""为了求得全胜而进攻到中国东北地区的中枢部位，或者即使进攻到北京，中国不会停止战争，就会落得重蹈日本覆辙的下场。

此外,苏联介入的危险也是不可估量的。"①

美国首脑开始考虑:朝鲜事态的发展,同介入这场战争的原来的目的离得太远。为推进到鸭绿江而造成10多万人的牺牲,到底是否得计建立统一的朝鲜的政治目的呢? 还有,这种政治目的就是不惜冒着发展成为长期战争和第三次世界大战的危险去追求的目的吗? 他们认为,在这场战争中要取得全面胜利,从战争的性质上来看,是不可能的,在时间上和空间上都是无止境的战争。在这种无止境的战争中浪费美国的力量,就会失去世界的平衡。总之,美国正在为前进不利、后退不行的进退维谷的窘境而感到苦恼。朝鲜战争已走进了死胡同。

美国应该作出新的抉择。

杜鲁门经过多方考虑,选择了谋求谈判争取结束战争的方案。

杜鲁门开始策划新的行动。

1951年5月7日,杜鲁门在华盛顿举行的民防会议上发表讲话,谈到为了不使削弱欧洲防务以及引起盟国的不安,美国不拟扩大"诸如攻击中国大陆"等军事行动,转弯抹角地放出打算停火谈判的气球。

6月1日,联合国秘书长赖伊声明,他认为沿三八线地带停火就能达到联合国的目的,透露美国愿意通过停战谈判结束敌对行动。

6月7日,美国国务卿艾奇逊也发表类似声明:美国的目的,已不是以武力统一朝鲜,而是所谓迫使中国进行和谈。

一时间,美国要人马歇尔、布莱德雷、艾奇逊等人,四处奔跑游说,展开外交活动。一是利用"苏联通"凯南与苏联驻联合国常任代表马立克接触。凯南这时是美国国务院的顾问,正在普林斯顿大学研究所里工作,国务院请他5月中旬来华盛顿,向他交代一项特别任务,让他去见他在苏联工作期间的老朋友马立克,摸苏联的底。二是通过中立国驻中国的外交使节向中国进行试探,摸苏联、中国、朝鲜对停战和谈的态度。马歇尔还利用一家报纸的总编和毛泽东的远亲传递信息,探求我国领导人的反应。艾奇逊后来在他的回忆录中说:"是啊,于是我们就像一群猎狗那样

① 日本陆战史研究普及会编:《朝鲜战争》中卷,第806页。

到处去寻找线索。"

118. 毛泽东、金日成北京会晤，确定准备持久作战争取和谈成功的方针

　　1951年6月3日，金日成首相来到北京，和毛泽东主席、周恩来总理等一起研究朝鲜战局，并协商关于美国提出的朝鲜停战谈判问题。毛泽东与金日成协商取得完全一致的意见，正式决定和美方谈判。关于谈判时机，综观战场实力，我占优势，如能再歼灭它更多些部队再谈，会更有利。关于谈判条件：和平解决朝鲜问题是我们历来的主张，如能"讨论逐步撤退外国军队、包括朝鲜的前途等问题"为条件，我方不宜拒绝。

　　在一个星期之前，当5月下旬第五次战役第二阶段的攻势结束后，中共中央军委对于下一步的战略计划进行了认真的研究。会议在毛泽东的主持下进行。当时任中国人民解放军代总参谋长的聂荣臻参加了这次会议。他回忆说："第五次战役以后，中央开会研究下一步怎么办，会上多数同志主张我军宜停止在三八线附近，边打边谈，争取谈判解决问题。我当时也是同意这个意见的。我认为，把敌人赶出朝鲜北部的政治目的已经达到，停在三八线，也就是恢复战前状态，这样各方面都好接受。如果战争继续下去，我们不怕，而且会越打越强，但是，也不是没有困难。会议在毛泽东同志的主持下，最后确定了边打边谈的方针。"[1]

　　6月中旬，中央军委为志愿军确定了"充分准备持久作战和争取和谈达到结束战争"的新的战略方针。

　　彭德怀接到中央军委和毛泽东的指示，适时进行研究，于7月1日向中央军委和毛泽东发电说：

　　　　经过8个月的激烈战斗，对朝鲜战争是长期的，认识上更深刻了。美为维持东方和世界政治地位，依靠技术优势，故不甘心

---

①　《聂荣臻回忆录》(下)，第741—742页。

失败。惟战争激烈，远隔重洋，人员物资耗费太多，运输亦困难(比我们好)，兵力分散，长期坚持下去，力量削弱。

战斗兵多，人员多，但运输很困难。朝鲜地形狭窄，我平叶作战受到很大限制。在我空军不能维护交通运输和必要的、部分的配合作战前，此种优势目前难以发挥应有的有效作用。我只有决心作长期打算，准备好各项有利条件。

平均两个月进行一次较大反击战役，打退敌进攻。如此我以21个军以三番或18个军作两番进行战斗，似此每月需补充兵员3万。每年战费7至8亿美元(以一九五○年比值计算)。上述概算，估计人力可支持，财力有困难。

充分准备、持久作战和争取和谈达到结束战争的方针是完全必须的。我能掌握和平旗帜，对朝鲜人民、中国人民均有利。坚持以三八线为界，双方均过得去。

这时的朝鲜战场，战线已稳定在三八线附近地区，美国放弃了侵占全朝鲜的企图，并作出了愿意在三八线一带谈判停火的表示。我国我军领导人纵观形势，也决心边打边谈，争取和谈成功。这样，通过和谈解决朝鲜问题的基础和可能性已经具备。

从此，新的斗争便展开了。

119. 李克农、邓华赴开城谈判

1951年7月，和平谈判的曙光随同黎明一起到来。交战双方就要开始在开城坐在一起谈判停战问题了。我方加紧筹备组建谈判班子。

在此之前，彭德怀曾收到金日成给毛泽东主席的电报。电报申明了朝鲜方面对同美国战场和谈的意见，提出了目前谈判的内容和地点，并要求彭德怀代表志愿军出席和谈会议。彭德怀立即召集陈赓、邓华、甘泗淇、杜平、解方等总部的领导，研究落实意见。

大家对朝鲜提出谈判的内容和将谈判地点定在开城无异议，只是认为彭德怀应留在"志司"主持作战。彭德怀提议让邓华代表他去开会。邓华提出换派一名对外交工作熟悉的人去。陈赓、甘泗淇、杜平认为,邓华打仗有经验,外交虽非所长,但他是志愿军第一副司令员,且一直参加了第一至第五次战役,对和谈最有发言权,因此都同意彭德怀的提议。

接着,彭德怀点燃一支烟,慢慢吸着。大家围绕谈判问题谈了起来。

陈赓说:"美帝国主义愿意和谈,这是我们的胜利。朝鲜战争对英、法等国无实际利益,而西欧本身又受着威胁,所以它们与美国相互间的矛盾是存在的,同时美国统治集团内部的斗争也日益剧烈,使杜鲁门不能不考虑选择问题。他想结束朝鲜战争,摆脱被动局面。"

邓华说:"但对朝鲜的前途尚不能盲目乐观,要防备敌人利用和谈重新积聚力量向我进攻。如果停战谈判破裂,我们坚决继续打下去。"

甘泗淇说:"这次美军提出和谈是打出来的。在谈判桌上,他们是不会很老实的,可能提出一些无理要求。我们部队不能有任何松懈麻痹,要提高警惕,多打胜仗,谈判才能顺利进行。"

杜平说:"当前,我们要教育部队决不能松懈战斗意志。"

彭德怀说:"美国为维持自己在东方和世界的政治地位,依靠技术装备上的优势,实行的是战争政策。但是,我们五个战役一打,把他的老虎屁股打疼了,所以极力想摆脱困境,改变目前危局,这就有了和平谈判。李奇微的声明是打出来的。杜鲁门到处摸底寻求门路,要求和谈是打出来的。6月30日李奇微奉命提出和平谈判,党中央和毛主席以及金日成同志都同意和谈了。这是件好事。但是,我们要警惕敌人利用和谈作为烟幕,所以要立即通知各部队加强战斗准备,千万不可麻痹。要教育部队,今后的战斗状态将是打打停停,停停打打,有时战斗还会十分激烈。"

"主席说过,和谈的成功决定战场上的作战情况。他指示我们可以采取'零敲牛皮糖'的打法,一片一片地打,一口一口地吃,不放过任何一个有利的战机。今后的一段时间内,我们不准备组织大规模的反击,根据谈判的进展情况决定我军的行止。"

"敌人也许以和谈来休整他们的部队,他们会进攻的,也会破坏谈判的。我们决不能指望敌人放下武器,立地成佛。要立足于打,以打促谈。

因此,我要求各部队加强战斗准备,为保障谈判打好仗。参加谈判的代表思想要敏锐,要从朝鲜人民利益和全世界人民利益出发,在某种程度上我们也可以作小的让步,但是,我们一定要尊重朝鲜同志的意见。总之部队要积极地打,参加谈判的要积极地谈,谈判桌上叫敌人得不到什么东西,战场上也叫敌人得不到便宜。"

大家展开热烈的议论。彭德怀又接着说:

"以打促谈,我们的条件也不苛刻,以三八线为界,公平合理,也对得起杜鲁门了。"彭德怀幽默的话语,引起大家一阵轻松的笑声。

邓华沉思着说:"如美国耍花招怎么办?"

"如果这样,我们也不用客气。"陈赓刚毅的脸上透着坚定的神色。

古罗马的西塞罗有句名言:战争当以和平为归宿。

中国人民是热爱和平的。

朝鲜战场战士有一首诗表达了中国人民对待战争与和平的态度:

中国人民要不要战争?
请你去问一问
华夏辽阔的黄土地
长江、黄河还有巍巍昆仑。

请你们再去问一问
埋葬在长城脚下战士们的儿女
南京大屠杀万人坑中的烈士后代
他们会告诉要不要战争?

今天,志愿军英勇战斗
抗美援朝打击野心狼
为祖国、朝鲜和世界人民
在战场流血牺牲。

和平不能靠乞求，能战方能言和。

战争不起源于单单一种原因。和平乃是许多力量之间的平衡。

志愿军根据毛泽东的指示，决心利用战场上的战斗和谈判桌上的政治斗争，争取世界人民的更大支持，孤立疯狂扩大战争的人，争取实现停火。

会后，彭德怀将会议讨论的情况和推选邓华、解方为志愿军谈判代表，上报了中央军委。

人民军方面的代表，是由金日成指派的人民军总参谋长南日大将和李相朝少将。

7月2日，毛泽东回电彭德怀，同意彭德怀留在"联司"主持作战，邓华、解方出席谈判代表。并告诉：李克农率乔冠华及其他助手，于7月2日22时由北京乘车去安东，于4日傍晚由安东去平壤，5日和金日成及出席和谈的人民军、志愿军的代表们会商有关和谈会议的一切问题。

我国政府派出的谈判代表，是周恩来总理亲自挑选的。李克农是周恩来第一个想到的代表。他是外交部第一副部长兼军委情报部部长，从1928年起就在周恩来直接领导下工作。1936年作为周恩来和叶剑英的助手，参与同张学良将军的代表谈判，协助周恩来和平解决西安事变。第三次国内革命战争时期，在国共谈判时，他任军调处执行部中共代表团秘书长，协助叶剑英同国民党、美国代表进行了针锋相对的斗争。他有谈判的丰富经验，由他在谈判的第一线指挥是可以放心的。

周恩来还选择了乔冠华作李克农的助手。乔冠华是外交部政策委员会副会长兼国际新闻局局长。他作为伍修权的助手出席联合国会议回京不久，对国际问题研究较深，文思敏捷、才华横溢。

他们受命后，受到毛泽东主席的接见，并奉命组成一个班子后离开北京奔赴朝鲜。李克农一行乘坐的是慈禧太后出行时的专车，车厢正中间，有一个巨大的吊篮，由珍珠、玛瑙、金丝、银线结成。车轮滚滚，夏风灼热，火车奔驰在祖国东北大地上。当晚，列车到达丹东，驻朝使馆柴成文专程迎接，次日抵达平壤。当天，朝鲜人民的领袖金日成在他的办公地点亲切地接见了李克农、乔冠华，倪志亮，柴成文也在座。

120. 李奇微挑选谈判代表

1951年6月，停战谈判就要开始了。

美国政府首脑与各要害部门开始策划，确定与中朝方面的谈判方针、步骤，特别是要挑选能坚定贯彻美国意图又能灵活进行外交活动的谈判能手。

李奇微身为美军在朝鲜战场的总司令，现在要同中朝方面开始谈判停战问题。他采取每一步，都由华盛顿允许。6月初，美国参谋长联席会议就谈判的实施给李奇微发出了由五角大楼和国务院的官员制定的极为详尽的指示，告诉他谈判应遵循的总政策。在这份高度机密的电报中，明确美国在谈判中的主要军事企图：

> 在于停止在朝鲜的冲突，保证制止战争的再起和保卫联合国部队的安全。
>
> 不论对于苏联和共产党中国对决定合理的和可以接受的停战部署的态度是否认真，或是他们是否准备同意订立解决朝鲜问题的可以接受的永久性办法，我们都缺乏确切的保证。所以，在考虑这种停战时，获知在相当长的时期内仍为我们所能接受的停战部署，也是具有重大意义的。
>
> 你和敌方部队司令员之间的谈判应严格限于军事问题；你尤其不应进行关于最后解决朝鲜问题的谈判，或考虑与朝鲜问题无关的问题，如台湾问题和中国在联合国的席位问题；这些问题必须由政府处理。

华盛顿让李奇微在谈判中力争按美国的条件实现停火，包括划定停火线的位置、处理战俘问题等，目标很明确。剩下的问题是挑选既能在谈判桌上同中朝方面灵活讨价还价，又能避免暴露美国贪得无厌的形象的谈判代表。

李奇微奉命挑选率"联合国军"谈判代表。很快,他任命了谈判代表团成员,并向华盛顿作了报告。"联合国军"谈判代表团由5人组成,他们是:

首席代表,美远东海军司令、海军中将乔伊。李奇微认为,乔伊是二次大战中立下汗马功劳的沙场老将,现统管远东美国海军,他"恨共产党人和他们的意识形态",处事言谈老练。

代表,美第八集团军副参谋长、陆军少将雷迪斯。

代表,美远东空军副司令、空军少将克雷吉。

代表,美远东海军副参谋长、海军少将伯克。

代表,南朝鲜第一军团司令白善烨少将。

7月6日,李奇微开会向美方参加谈判的代表团交待任务。他说:

"美国的主要军事利益是停止对抗、保证不再爆发战斗……"

"你们的目标是通过谈判,达成一项美国在相当长期间都可以接受的军事协定。为了争取成功,要小心,不要涉及政治,不要提台湾问题、共产党中国在联合国的席位问题、三八线问题……"

"你们应灵活地与共产党人打交道,主动灵活,小心不要涉及政治。谈判时,要能够一连坐6个小时,既不要眨眼,也不要上厕所。"

美方挑选的谈判班子确定之后,便积极开始准备,等待奔往谈判桌。

121. 美军代表乔伊打白旗到开城引起趣话

1951年5月31日,美国国务院顾问凯南奉国务卿艾奇逊之命,从美国新泽西州普林斯顿大学驱车到纽约海滨长岛格伦克福庄园的一幢别墅,专门拜访苏联驻联合国代表马立克。这里海风习习,环境十分恬静。

马立克在会客厅里接待了凯南。凯南说了些客套话后,明确向马立克表达他受命要传递的主要意思:"美国准备在联合国或在任何一个委员会或是以其他任何方式与中国共产党人会面,讨论结束朝鲜战争的问题。"

双方谈话结束,马立克向自己政府报告。

1951年8月,志愿军第十九医院部分医务人员在朝鲜仁平里。

6月初,金日成和毛泽东、周恩来等一起协商确定实现朝鲜停战的方针后,毛泽东又派高岗陪同金日成前往苏联,同斯大林协商朝鲜停战问题,确定了通过谈判实现停火的方针。

于是,一切按预定的安排开始行动。

6月23日,苏联驻联合国代表马立克在联合国新闻部举办的"和平的代价"的广播节目中发表了广播演说,提出和平解决朝鲜战争问题的建议。他说:"第一个步骤是交战双方应该谈判停火与休战,双方把军队撤离三八线。""我认为,为了确保朝鲜的和平,这代价不算太高。""苏联政府相信,在朝鲜的交战者之间开始进行停战谈判的良好时机已经到来。"

接着,6月25日、7月3日,我《人民日报》连续发表社论,指出:"中国人民是爱好和平的,并且一直为朝鲜问题的和平解决而斗争。""毫无疑问,作为和平解决朝鲜问题的第一个步骤,马立克的提议是公平而又合理的。""中国人民赞成马立克的和平建议。"

世界舆论迅速反应,认为马立克的建议起到打破战争僵局的作用。凯南的试探得到了苏、中的响应。马立克的讲演也得到了美国的响应。

6月25日,美国总统杜鲁门正在田纳西州参加一个典礼。听到马立克的声明,他在发表政策性演说时说:美国"愿意参加朝鲜问题的和平解决。"

当天,杜鲁门特意指示美国驻苏大使寇克求见苏联外交部官员,就马立克的演说询问苏联政府的意见。当得知苏联的答复证明马立克所表达的是苏联官方的意见时,杜鲁门认为他寻找和谈的门路终于走通了。

6月29日,美国国家安全委员会向李奇微发出指示:

奉总统指示,你应在30日,星期六,东京时间上午8时,经广播电台将下述文件向朝鲜共军司令发出,同时向新闻界发布:

"本人以联合国军总司令的资格,奉命通知你们如下:

我得知你们可能希望举行一次会议,以讨论一个停止在朝鲜的敌对行为及一切武装行动问题。

在接到你们愿意举行这样一个会议的通知之后,我将指派我的代表。那时我将提出双方代表会晤的日期。我提议这样的会议可在元山港内一艘丹麦的医疗船上举行。

联合国军总司令

美国陆军上将　　李奇微(签字)"

李奇微在6月30日东京时间上午8时发表了这篇广播讲话。这是美国参谋长联席会议指定一个工作班子与美国国务院合作,经过精雕细琢,为李奇微起草的广播讲话稿。

7月1日,金日成、彭德怀发出复电。北京电台广播了电文,电称:

联合国军总司令李奇微将军:你在6月30日关于和平谈判

的声明收到了。我们受权向你声明,我们同意为举行关于停止军事行动和建立和平的谈判而和你的代表会晤,会晤地点,我们建议在三八线上的开城地区。苇你同意,我们的代表准备了1951年7月10日至15日和你的代表会晤。

朝 鲜 人 民 军 总 司 令　金日成

中国人民志愿军司令员　彭德怀

此后还有多次电文往返。通过电文交换,顺利达成了如下的协议:

1.谈判地点:选定在三八线上的开城。我方没有同意李奇微提出在元山港的丹麦医疗船上进行谈判,我方来往不方便。我方提出在我军控制的开城谈判,这儿离对方控制区很近,来往比较方便。李奇微同意了我方的意见。

2.正式谈判日期:从1951年7月10日开始。

3.为安排双方代表第一天会议细节,双方各派联络官3人、翻译2人,于7月8日上午9时在开城举行预备会议。

4.应对方的要求,我方负责保证对方联络官及随行人员进入我控制区后的行动安全。

5.双方代表团的车队前往开城赴会时,每辆车上均覆盖白旗一面,以便识别。

举世注目的开城谈判将要开始了。世人拭目以待,无时不盼望着从朝鲜的古都开城发出和平的福音。美国国内舆论反响很大,报刊上开始出现"让我们的孩子回家"、"厌倦了战争的军队"等等词语,使李奇微担心朝鲜战场上的美军就此士气更加不振。

停战谈判的序幕就这样拉开了。

1951年7月10日晨,"联合国军"方面代表团成员的车辆上举着一面大白旗,在规定时刻到达开城。记者和摄影人员进行拍照。我方身着军礼服的军官们引导着美国海军中将乔伊等一行人。他们还擎着一面大白旗,"因此看来正像是俘虏来乞降似的"。记者和摄影师簇拥在道路两旁,护送的军官们则挥手致礼。

　　谈判会谈了几次以后,美联社的一个记者写了一篇东西,说堂堂的美国代表,代表"联合国军"总司令去谈判,车上挂着白旗,太不光彩了,这简直是投降嘛!这么一讲,引起了轩然大波。原来说打白旗是为了安全,是保护他们的标志,美联社记者这么一讲,他们不干了,不打白旗了。后来又说在开城谈判也不行了,理由是开城没有中立气氛。他们中止了谈判,要求将谈判地点由开城移到双方军事接触线上的板门店,否则就不恢复谈判。我方为了扫除对方阻挠复会的借口,同意了他们的要求,以后会谈就挪到了板门店。

　　40年后,本书作者同一些同志谈及美军代表扛白旗到开城之事,他们都作为趣闻哈哈大笑,认为美方作了傻事。传统观念,战场上出现打白旗就是投降行为。所以,人们通常把白旗认作是投降的标志。其实,从战争法规的严格意义上讲,白旗是要求暂时休战的标志。

　　1951年7月,朝鲜停战谈判在三八线以南的朝中方面控制区开城正式举行。这是参加谈判的朝中代表团5名代表合影:中为首席代表、朝鲜人民军总参谋长南日大将,左二为志愿军副司令员邓华,左一为志愿军参谋长解方。

开城停战谈判开始时，美、南朝鲜代表的车队在谈判会场附近。

早在远古时期，交战的双方以白色作为向对方表示谈判诚意的象征，于是逐步形成一个惯例：白色旗帜代表要求休战谈判。当交战的一方打出白旗时，对方便知其意，停止进攻行动。持白旗的一方要派出军使、号手、旗手和翻译到对方指挥部说明条件或意图。从军使展示白旗起，直到回到本方所必要的时间止，他享有不可侵犯的权利。这种惯例经历几千年，一直延续至今。

122. 首次陆、海、空协同作战，拿掉朝鲜北部西海域海面的"毒瘤"

1951年11月5日至月底，志愿军总部彭德怀的作战计划中，明确了为配合在板门店的谈判，不仅在陆地上我们与敌人寸土必争，而且对瓮津半岛以北朝鲜西海域海面上所有岛屿的守敌也要肃清，决心攻占朝鲜北部西海域岛屿。

椴岛、大和岛、小和岛位于鸭绿江口外的朝鲜西海域，是侵朝美军和南朝鲜军队的重要前哨和雷达阵地，驻有南朝鲜军"白马部队"1200余人，其司令部、通讯中心均设在这里，还有美国和南朝鲜的情报机关武装特务400余人。该敌经常潜入陆地对我骚扰破坏，并使用大功率雷达、对空台、窃听设备，日夜搜索，侦听我方情报、特别是我空军活动情况，引导作战飞机袭击我方地面目标和空战。这是美军和南朝鲜军的一个重要前哨阵地，它对志愿军的地面和空中军事活动造成十分严重的威胁和影响。

彭德怀的作战计划中，决心拿掉这个"毒瘤"，摧毁敌情报机关，消灭岛上之敌，解除我侧后威胁。

1951年10月，志愿军空军轰炸第八师、第十师开赴一线机场。志愿军总部作出决定：实施陆空协同作战，收复大、小和岛以及附近的其他岛屿。这是中国革命军事史上首次陆空协同作战。

11月1日，中朝人民空军联合司令部向参战的空二、三、八、十师下达了作战命令。2日，空三师出动米格-15型机8架，空二师出动歼击机拉-14型4架，对椵岛、大和岛、小和岛进行照相侦察，查明了敌人的部署、工事配置等情况。

11月5日夜，志愿军登陆部队按预定计划攻占椵岛。为支援地面部队巩固既得胜利，第二天空八师二十二团出动杜-2轰炸机9架，在大队长韩明阳率领下，由沈阳附近机场起飞出航；空二师四团出动拉-11歼击机16架，由副团长张华率领，于14时41分从凤城机场起飞，15时16分和轰炸机编队会合；空三师七团出动米格-15歼击机24架，15时21分从安东浪头机场起飞，至宣川西南身弥岛空域实施掩护。我轰炸机编队在歼击机编队掩护下，于15时39分飞抵大和岛上空，对该岛进行航空火力准备。猛烈的轰炸，顿时全部炸弹倾泻敌阵，岛上很快燃起一片火海。

这次作战行动，各部队都严格按照协同计划组织实施，行动突然，突击队和掩护队会合准时，保持了严整的队形，未遭敌拦阻，取得了较好的战果，沉重打击了敌人，有力配合了登陆部队巩固占领椵岛的任务。

志愿军西海岸指挥所确定，11月30日对大、小和岛之敌发起攻击。

30日下午，空八师二十四团一大队长高月明率领杜-2轰炸机9架，经奉集堡出航,在凤城空域和掩护队空二师四团团长徐兆文率领的拉-11歼击机16架会合,空三师七团出动米格-15歼击机24架,由副团长孟进带领,于身弥岛上空巡逻掩护。

我混合机群刚进入大海上空,突然发现F-86敌机4架,紧接着又发现30多架,黑压压一片冲向我机群。

我混合机群在带队长机高月明的率领下,一面保持和及时调整队形,展开激烈空战,一面冲破敌机阻拦,继续向目标奋勇前进。2中队张孕琰驾驶的右僚机被敌击中起火,但他仍然驾驶着飞机顽强地跟上编队,不肯落后一步。

敌人见我机群且战且进,勇往直前,无法拦阻,便改变了战术,集中兵力攻击我轰炸机群后尾的三中队。这时,三中队的处境更加困难,但他们没有被敌人的疯狂袭击所吓倒,同敌展开殊死搏斗。

宋凤声驾驶的左僚机,两台发动机先后被敌击中起火,烈火和浓烟钻入座舱,机毁人亡的危险威胁着机组每个成员。宋凤声慷慨激昂地发出命令:"你们赶快跳伞,我留下来坚决完成任务!"

战友们忍着心痛,淌着泪水,离开了自己的座位,跳伞了。宋凤声以对敌人的满腔仇恨,对中朝人民的无限忠诚,驾驶战鹰向大和岛的敌巢冲去,壮烈牺牲。

激战中,梁志坚驾驶的右僚机也被敌人击落了,只剩下中队长邢高科驾驶的长机。敌人仗着力量的优势,轮番地俯冲攻击。邢高科叮嘱机组同志:"要坚持住,把敌人火力吸引过来,支援前面机组去完成任务!"他沉着地驾驶着飞机作机动飞行,使敌人难以瞄准射击,只能慌慌张张向他开炮。邢高科镇定自如,一面继续前进,一面开炮还击敌人。通信长刘绍基,在座舱盖被打碎、头部负伤、鲜血直流的情况下,紧盯着从四面八方袭来的敌机,抱着机枪上下左右地猛扫,击落敌机1架,开创了活塞式轰炸机击落喷气式战斗机的先例。

担任护航任务的歼击机上的勇士们,也个个打得英勇顽强。他们利用活塞式歼击机能作小半径转弯的灵活性及其火炮的强大火力,在我轰炸机周围1000米范围内和敌反复纠缠格斗。副大队长王天保抓住良机,瞄准敌机频频开炮,击落敌F-86型战斗机1架,击伤3架。他的战友们也接二连三击落击伤敌机3架。美帝大肆吹嘘的最新式F-86型喷气式战斗机,却被我拉-11活塞式歼击机连连击落击伤。

英雄的壮举,变成了一股巨大的力量。他们互相鼓励,密切协同,打退了敌人一次次进攻,冲破了敌机的一层层阻拦,顽强地飞到了大和岛上空,把炸弹全部倾泻了下去。大和岛上,霹雳巨响,浓烟翻滚,火光冲天,美军和南朝鲜军巢穴顿时变成一片火海。

地面部队乘船疾驶,迅速登岸,一举歼灭了岛上负隅顽抗的全部敌人,解放了大、小和岛,俘敌160余人,缴获各种枪支420支、战防炮1门、电台11部,敌巢从此彻底覆灭。

123. 争取停战后迅速遣返全部战俘的斗争

1951年11月27日,停战谈判双方就第二项议程达成协议,即:为在朝鲜停止敌对行动的基本条件,确定双方军事分界线以建立非军事地区。当天又进入第三项议程(在朝鲜境内实现停火与休战的具体安排,包括监督停火休战条款实施机构的组成、权力与职责)的讨论。朝中方面提出了5项原则建议,主张停战以后双方一切武装力量立即停止一切敌对行为,并在规定期限内以军事分界线为界,自非军事区、对方的后方和沿海岛屿及海面撤走,双方一切武装力量不得进入非军事区和对该地区进行任何武装行动,双方指派同等数目人员组成停战委员会共同负责监督停战的实施。但美方却要求停战监督机构得以自由出入朝鲜全境,限制朝中方面修建机场,允许兵员和武器弹药进行无限制的轮换和补充。虽然朝中方面为了使双方迅速达成协议,提出几次修正案,但美方仍然坚持其无理要求,并在轮换的限额、后方口岸数目、中立国提名等问题上进行纠缠。1952年5月2日,朝中方面在谈判会议上提出,在美方接受朝中方面对战俘的合理方案(迅速遣返全部战俘,并放弃干涉朝鲜北方内政)的条件下,可以同意由波兰、捷克斯洛伐克、瑞士、瑞典4个中立国组成中立国监察委员会。至此,第三项议程基本上达成协议。

第五项议程是：双方有关各国政府建议事项，在第三、第四项议程尚未达成协议的情况下，于1952年2月6日提前开始讨论。在朝中方面的努力下，该项议程于2月17日达成协议，由双方军事司令官向双方有关各国政府建议，在停战协定签字并生效后3个月内，分别指派代表举行高一级政治会议，协商从朝鲜撤退一切外国军队及和平解决朝鲜问题等。

在第三、第五两项议程达成协议后，停战谈判的五项议程，就只剩下第四项议程，即关于战俘的安排问题。这项议程，从1951年12月11日开始讨论，一直未获得解决。朝中方面一开始即提出双方在停战以后迅速遣返全部战俘的原则，并为此进行了不懈的努力；而美方则一直违反日内瓦公约，坚持强迫扣留朝中被俘人员。最初，美方拒绝先讨论确定遣返全部战俘的原则，要以优先遣返病伤战俘、允许红十字国际委员会访问战俘营以及交换战俘材料等枝节问题作为先决条件，阻碍谈判的进行。1952年1月2日，美方提出了"自愿遣返"的原则，主张选择遣返的战俘一对一交换，一对一交换后尚余战俘与他方所拘留的外籍平民和选择遣返的

被我志愿军俘虏的英国第二十九旅皇家重坦克营的之一部。

志愿军给"联合国军"战俘发放香烟。

平民一对一交换,不选择遣返的战俘一律释放为平民。美方企图以此种办法强迫扣留10万余朝中被俘人员作为人质。为了达到这一目的,美方还在战俘营中对战俘进行所谓"甄别",使用南朝鲜和台湾国民党的特务,非法强迫战俘写血书、盖血指印、在身上刺字,甚至杀害战俘,以逼迫战俘拒绝遣返。

朝中被俘人员对美方的迫害进行了英勇的斗争。5月7日,巨济岛战俘营的朝中被俘人员,扣留了美军战俘营长官弗兰西斯·杜德。在这种情况下,美方不得不承认迫害战俘的事实,答应停止强迫甄别,并答应给予人道待遇。

第十六章 反"绞杀战"

124. 洪学智汇报志愿军后勤工作,周恩来确定建立现代后勤新体制

1951年初,第四次战役打响后,前方的物资供应发生困难,急需解决一线部队的补给问题。但是,当时的志愿军后勤力量太单薄,适应不了现代化的大规模战争需要。彭德怀多次提出成立志愿军后方勤务司令部的构想,一直没有落实。

1951年4月下旬,第五次战役第一阶段后期的一天,洪学智接到了彭德怀的电话,让他马上回"志司"。他在天擦黑时乘车赶到空司洞。

一走进彭德怀的矿洞,就听到他大声说:"老洪呀,你马上回国。"

"回国?"洪学智感到突然。

彭德怀倒背着手,在洞内踱了几步。烛光把他的身影投射到洞壁上。

彭德怀面对着洪学智说:"你回去一趟,向周副主席汇报一下我们前线后勤供应的情况。"

洪学智立刻想到,毛泽东主席、党中央、政务院、中央军委对志愿军后勤供应工作是很关心的。1950年秋中央军委进行入朝作战的准备时,已经考虑到作战对象是有高度现代化装备的美国军队,战场条件将与以

往不同。在志愿军出国前夕,周恩来就提出,志愿军出国作战要自力更生,立足于国内供应。10月8日毛泽东发布的入朝作战命令,规定了志愿军的后勤供应由东北军区后勤部负责。中央军委、东北军区为出国部队准备了大量物资,入朝的各军、师也恢复了后勤部。然而,由于缺乏现代战争的经验,未能配备和部署充分的后勤力量,建立完善的后勤体制,志愿军后勤部门不仅没有自己的工程部队和通信系统,而且几乎没有自己的防空武器。结果在敌人强大的航空兵火力攻击下,不仅无法反击,连隐蔽行动都十分困难,一时陷于极其被动的境地。

志愿军在朝鲜战场作战,后勤供应与国内解放战争时期不大相同。志愿军所需装备基本不能取之于敌。过去那种蒋介石充当我军的运输大队长的情况已不存在了。运动战初期缴获物资虽多,却因美军采取破坏战场的方法,缴获到的装备很快被敌机大部炸毁,所余的与我军装备的型号也大多不一致,难于使用。志愿军所需给养也几乎不能取之于当地之民。北朝鲜人民虽然热情支援,可是因战争的摧残,战区人民群众自身的衣食尚且不足。因此,我军几十万出国作战部队的作战和生活需求,基本都要靠国内供应。

随着战争的发展,参战部队增多,物资消耗巨大,运输线长,交通条件差,运输问题更加突出。空中威胁大,物资、车辆损失严重。加上志愿军入朝初期后勤力量薄弱,组织极不健全,又缺乏现代化条件下的后勤工作经验。因此,在整个运动战期间,后方供应工作满足不了前线的作战需要。在第一、二、三次战役中,对全军的粮食供应,仅达到需要量的1/4,弹药只能作重点补给。由于物资供应问题,直接地影响了各次战役的决心、规模和进程,甚至给部队造成不应有的损失。

1950年10月志愿军在第一次战役中,战线距我国境线只有几十公里。战役进行到第10天后,部队前进到距离国境170公里,追敌至清川江时粮弹耗尽,无力继续作战而结束战役。第二次战役虽然是志愿军战绩最辉煌的一次战役,可是战役期间也暴露出后勤工作的严重弱点。原拟定以两个军零两个师的兵力担任西线的战役迂回任务,因粮弹困难被迫减少两个师,影响到取得更大的战果。进行第三次战役前,后方供应的粮食仅能满足前线部队需要的1/4,其余只好向朝鲜北部群众暂借。这时北朝鲜境内的火车还基本不通,前线主要依靠汽车运输。志愿军的汽车虽然已增至2000辆,数量仍远远不够,而且由于敌机在夜间也不断轰炸,汽车行车时不敢开灯,一夜只能行驶30—40公里,运输量仅达到前线最低需要的30—40%。第四次战役,第一阶段在向东线机动兵力时,也因缺粮,致使两个军推迟出发,直至后来因为缺粮而不能使反击作战发展胜利、而在全线转为机动防御。第五次战役第一阶段,参战的11个军中,仅1个军补足了9天的粮食;第二阶段,9个军参战,有4个军未补足粮食。粮弹供应不足,是第五次战役不得不停止进攻的一个重要原因。志愿军的后勤供应问题越来越突出。彭德怀要洪学智回国直接向周恩来副主席汇报,研究解决志愿军后勤供应工作,实在太有必要了。

彭德怀交待:"你回国后,把我们决心成立志愿军后方勤务司令部的想法也和周总理汇报一下。"

洪学智说:"好。"

谈完话后,洪学智简单地收拾行装,带着警卫员,当夜就坐吉普车出发了。路上车多、人多,经常阻车。回国途中,一路上全是夜间行车,为防敌机空袭,不准开灯,有一次险些翻到沟里。

回到北京,洪学智先到帅府园中央军委住地。聂荣臻代总长对他说:"周副主席正等着你呢,快去吧。"

洪学智急急忙忙地赶到了中南海周恩来副主席办公室。

周恩来让洪学智坐下,关切地问:"前线作战情况怎样?"

洪学智向周恩来简要地汇报了前线的基本情况,然后说:"几次战役打下来,我军吃亏就吃在没有制空权,敌机的轰炸破坏使我军遭到了极大的损失。敌机经常一折腾就是一天,见到人就猛冲下来嘎嘎地扫射,扔汽油弹、化学地雷、定时炸弹、三脚钉……晚上是夜航机,战士们叫'黑寡妇',也不盘旋,炸弹便纷纷落下,到处是大火。主要是阻滞我军的行动。"

周恩来说:"美帝国主义欺负我们,疯狂到了极点。但是他们没想到,在他们的海空优势下,我们却打到了三八线。美军这是第一次在世界上吃败仗。不过,志愿军要想不吃亏,就得研究对付敌机轰炸的办法。"

洪学智说:"'志司'在后方支援下,已经加强了高炮部队,并已在关键点上增设了防空哨。现在我军主要靠勇敢精神,比如运输车遇到敌机轰炸时,有的就开足马力,猛跑一阵,带起数百米尘土,搞得敌人不知怎么回事,惊呼共军汽车施放了烟雾弹。"

周恩来笑了,说:"战士们的勇敢精神,打掉了恐美病。同志们付出了鲜血,但教育了4亿人。"

洪学智继续汇报说:"前线将士都盼望我军出动飞机。"

周恩来说:"中国有飞机,许多与我国有伟大友谊的国家有飞机,但是飞机参战还不是时候。"

洪学智说:"志愿军目前没有防空力量,这是影响前方供应的主要问题。从鸭绿江到三八线公路运输线长达数百公里。第三次战役时,前面兵站与后面的兵站相距300多公里,形成中间空虚,前后脱节。另外,后勤分散,也没有自己独立的通讯系统,常常联络不上。"

周恩来说:"所以,外国的军事家说,后勤是现代战争的瓶颈,必须保障畅通无阻。要建立现代后勤体系。志愿军后勤必须加强,中央军委考虑,要给志愿军后勤增派防空部队、通讯部队……"

接着,洪学智又汇报了美军空袭情况,敌人派遣特务潜入我后方指示轰炸目标情况,以及我军干部战士奋勇工作的情况。

最后,洪学智说:"彭总还让我向你汇报一个重要问题。"

周恩来问:"什么问题?"

洪学智说:"成立志愿军后方勤务司令部的问题。"

周恩来很感兴趣地问:"说说你们的想法。"

洪学智说:"从朝鲜战争中,彭总和我们都逐渐认识到了现代战争中后勤的作用。现代战争是立体战争,在空中、地面、海上、前方、后方同时进行,或交叉进行,战场范围广,情况变化快,人力物力消耗大。现在欧美国家都实行大后勤战略,50里以前是前方司令部的事,50里以后就是后方司令部的事,战争不仅在前方打,而且也在后方打。现在,美国对我后方实施全面控制轰炸,就是在我们后方打的一场战争。这场战争的规模,不仅决定了我们在前方进行战争的规模,而且也决定了前方战争的成败。我们只有打赢了这场后方的战争，才能更好地保证我们前方战争的胜利。后勤要适应这一特点，需要军委给我们增派防空部队、通信部队、铁道部队、工兵部队等诸多兵种联合作战，而且需要成立后方战争的统率机关——后方勤务司令部，以统一指挥后方战争的诸兵种联合作战，在战斗中进行保障，在保障中进行战斗。"

周恩来一边听，一边点头，赞扬这个想法很好，答应军委尽快地加以研究，尽快地采取措施。

周恩来听完汇报，让洪学智参加了当年的"五一"节，上了天安门。毛泽东主席亲切地接见了他。

洪学智提出的对后勤体制的构想，是我军军事上的一个创举。现代战争中的后勤体制，就是一种大战略中的重要组成部分。现代西方军事家提出的大纵深作战，空中截断袭击、外科手术式战争战略、打击要害目标战略，都是随着空中兵器的发展向对方后方实施攻击的战略。毛泽东、周恩来和中央军委其他领导同志迅速批准了这个合理建议。这也是我军体制在历史上的一次重大改革。

125. 洪学智兼任志愿军后方勤务司令部司令员

聂荣臻元帅说："抗美援朝战争的整个后勤工作，当时都是在周恩来同志的领导关怀下进行的。""恩来同志对志愿军的后勤保障费尽了心血，作出了宝贵贡献。"这话我们体会很深。事实确是如此。

1950年夏，东北边防军组成后，周恩来要求军委各总部、政务院有关部门，对东北边防军后勤保障方面的困难，要全力以赴地帮助解决，抽调干部和勤务部队健全东北军区后勤部，并在后勤部下设3个分部负责东北边防军作战的后勤保障工作。第十三兵团到达东北时，后勤是由东北军区后勤部管的。志愿军入朝是1950年10月初才正式定下来的，到10月19日入朝，中间也就半个月的时间，在这么短的时间里，来不及组建一个为30万军队出国作战提供后勤保障的志愿军后勤部。东北军区后勤部也是朝鲜战争爆发时，为保障东北边防军的后勤供应，才于1950年8月初匆匆成立的。"东后"成立时人员就严重不足,机构很不健全。到志愿军成立时,东北军区后勤部及所属分部、兵站共缺干部1560多名,占编制总数的54%。

志愿军出国前,原定作战地区距离我国边境很近。后来敌人占领了平壤等地,分兵向中朝边境疾进,战线距离我国边境就更近了。后勤由东北军区后勤部代管,问题不大。

正是基于上述原因,在1950年10月8日毛泽东给志愿军的命令中,才明确规定志愿军后勤由东北军区负责。根据这一命令,东北军区抽调了军区后勤部副部长张明远和东北人民政府农林部部长杜者蘅,带领少数人员组成了东后前方指挥所(简称"前勤"),随志愿军总部出国,负责作战地区后勤供应。

1951年1月下旬,周恩来率代总参谋长聂荣臻、总后勤部长杨立三等出席在沈阳召开的志愿军后勤工作会议,着重研究解决运输问题。会议强调"千条万条,运输第一条。"确定增调铁道兵和工程部队入朝保障运输,并采取措施建立兵站运输线。为保证朝鲜铁路的军事运输,周恩来同金日成协商,组建以贺晋年为司令员、张明远为政治委员的中朝联合铁道运输司令部,统一计划和指挥战时朝鲜铁路运输、修复与保障事宜。

1951年2月,周恩来同总参谋部、总政治部、总后勤部研究,并征求志愿军司令员彭德怀的意见,调周纯全加强前勤工作,同时将前勤指挥所改称指挥部,后勤分部由3个增加到7个。

但是,半年多来,随着战争的发展变化,逐渐证明了这种领导体制与战争的要求很不适应。

志愿军跨出国门进入朝鲜,部队的后勤补给首先遭到的威胁是敌人在朝鲜战场投入的1100余架各种飞机的轰炸。志愿军入朝时共有运输车1300多台,第一个星期就损失了1/6,其中82.5%是被敌机打毁的。第四次战役开始时,敌参战飞机由1100架增加到了1700架,由对后方的普遍轰炸转到重点破坏我运输线。我军的车辆和物资损失更为严重。如1951年4月8日三登车站被炸,车站的物资因未能很好伪装和疏散遭惨重损失,一次即烧毁东线部队急待换装的单衣40万套,以致东线部队在5月份还穿着棉衣,天气太热时只好把棉花掏出。

到这年4月中旬第五次战役打响时,我军入朝部队总兵力已达95万人,比刚出国时增加了3倍多,特别是技术兵种增加、弹药、油料的消耗大幅度增加。显然,这样百万大军的后勤供应,再靠"东后"来代管,已力不从心。而且在敌人空中力量大量增强的情况下,我军保障运输供应的问题变得十分突出,面临的困难也更为严重了。

第五次战役的教训促使我方从各方面对传统的作战方式进行最深刻的重新思考,我方对于后勤工作在现代战争中的地位和作用也有了更清醒的认识。战争的实践证明,志愿军要进行什么样的作战,要打多长时间,能取得什么样的战果,最主要的是取决于后勤保障能力,取决于打后方战役,也就是西方称之为立体战争的战役。

第五次战役后期,军委专门派总后勤部长杨立三,副部长张令彬、空军司令刘亚楼和炮兵司令陈锡联等同志到空司洞"志司",具体了解后勤困难,研究如何加强对志愿军后勤的支持,如何加强志愿军的后勤建设,同时也是到战场实地考察、实习。

彭德怀利用此机会,对杨立三、张令彬、刘亚楼、陈锡联等同志说:"现在最困难、最严重的问题就是后勤供应问题,就是粮食供应不上、弹药供应不上的问题。要解决这个问题,就要加强后勤建设。而当务之急,就是要迅速成立志愿军后方勤务司令部。不解决这个问题,其他的问题不好解决!这个问题,我4月份已让洪学智向周总理汇报了,现在我再反映一下。"

这时,志愿军的领导人彭德怀、邓华、洪学智等都已明显地看出敌人不仅要在前方与我军进行战争,而且要在后方同我们进行战争。为了打赢这场后方的战争,成立志愿军后方勤务司令部显得越来越必要。杨立三、刘亚楼通过在朝鲜的实地了解,亲身体会到朝鲜战场后勤工作的重要性和艰难,认为彭德怀和"志司"其他领导人的意见很有道理。回国后,他们向毛主席和周总理、徐老总、聂老总等军委领导作了汇报。毛泽东主席、中央军委很快表示同意"志司"的意见,并给"志司"发出指示,确定在志愿军首长领导下,"在安东与'志司'驻地之间,组织志愿军后方司令部。"

1951年5月14日晚上8点多钟,彭德怀组织志愿军党委常委的同志邓华、洪学智、韩先楚、甘泗淇、解方、杜平开会,研究志愿军后勤司令部的机构设置、干部配备等问题。

会议一开始,彭德怀就说:"中央决定成立后方勤务司令部,'志后'司令部在'志司'首长的意图和指挥下进行工作。现在中央又给我发来电报,要求'志后'司令要由志愿军一个副司令兼任。现在我们就先定一下,谁来兼这个后勤司令。"

洪学智考虑,他长期以来一直是做政治工作和军事工作的,对军事工作和政治工作、特别是军事工作比较熟悉。而且朝鲜战争的后勤工作太难搞,担心搞不好、搞砸了,没办法交待! 他不想兼,又不好提别人兼,闷在那儿,没有说话。

但是,邓华、韩先楚、解方、杜平,你一言他一语的,都说老洪兼好。

洪学智说:"我不能兼这个后勤司令。"

彭德怀不解地问:"为什么?"

洪学智说:"前一段让我管,我就没管好。现在再让我兼这个后勤司令,还不是弄不好呀! 我旁的什么事情都可以干,就这个事不能干,还是让别人干吧!"

彭德怀听了,显得有些不太高兴,问:"你不干,谁干?"

洪学智举出邓华、韩先楚、李聚奎、周纯全等人,直到彭德怀生气拍着桌子大声问:"你不干? 行啊! 你不用十了! 找干! 你去指挥部队吧!"这时,洪学智才接受大家意见。就在这次会议上,志愿军党委正式作出了由洪学智兼任后勤司令的决定。会后又将决定上报了中央军委。

1951年5月19日,在周恩来总理主持下,中央军委作出《加强志愿军后方勤务工作的决定》,命令:

任命洪学智兼任志愿军后勤司令员,周纯全为政治委员,张明远为副司令员,杜者蘅为副政治委员,政治部主任漆远渥(后为李雪三)。

着即成立志愿军后方勤务司令部,负责管理朝鲜境内之一切后勤组织与设施(包括铁路、军事运输在内);

志愿军后方勤务司令部直接受"志司"首长领导；

凡过去配属志愿军后方勤务部之各部队(如工兵、炮兵、公安、通信、运输、铁道兵各部队、工程部队等)，其建制序列及党、政、军工作领导，指挥与供给关系等，今后统归志愿军后方勤务司令部负责。

中央军委的决定，从理论和实践的结合上阐明了后勤在现代化战争中的地位和作用，扩大了后勤工作的职权和范围，标志着后勤由单一兵种向诸军种合成的重大转变，是志愿军后勤发展史上一个重要的指导性文件。

1951年6月，志愿军后方勤务司令部在原东北军区前方勤务指挥所的基础上正式成立。

126. 血雨腥风,李奇微发动"绞杀战"

1951年夏初，朝鲜战争转入相持阶段以后，美军由于兵力严重不足，缺乏足够的后备力量，面对着兵员有着巨大优势且已构成200多公里绵亘防线的中朝军队，前方地面部队已无力像战争初期那样长驱直入，即使突破我军某一防线也十分困难。

这时，美国又一次迷信它的海空优势，企图凭借空中力量，封锁中朝军队的后勤补给线、交通线，阻滞我军前后方联系。1951年7月，美军乘朝鲜北方发生特大洪水之机，在发动夏秋季攻势同时，对我后方发动了一场大规模的"空中封锁战役"。8月，侵朝美军制定了"空中封锁交通线战役"(亦称"绞杀战")计划，企图用3个月的时间摧毁朝鲜北部的铁路系统，尽可能使"铁路运输陷于完全停顿的地步"。

1951年8月18日开始，美军向我东线朝鲜人民军阵地发起了猛攻。美军在航空兵和坦克配合下，仅在851高地一处便连续发动了18次冲击，均被英勇的朝鲜人民军击退。敌人称该高地为"伤心岭"。美军不甘心，10月3日又集中英联邦师和美军2个师，在大量航空兵、坦克和炮火的掩护支援下，重点在西线我六十四军、四十七军的马良山和高旺山阵地进攻。反复争夺近1个月，阵地被炸为焦土，我仍顽强地守住了阵地，敌又损失了

7.9万余人，以失败而告终。通过东、西线的两次攻势，美方深深感到，地面进攻是无望了。

这时，侵朝美军司令李奇微身着海军陆战队服出现在战场上，胸前依然挂着两颗手榴弹。他对身旁站立着的美第八集团军司令范佛里特说："我已命令远东空军司令奥托·威兰将军，在此谈判期间，应采取行动，以充分发挥空中威力的全部能力，取得最大的效果，来惩罚在朝鲜任何地方的敌人。"

范佛里特："这个决策很正确。"

李奇微："在进行停战谈判、战线稳定的时候，使用空中力量支援地面部队攻击战场沿线的敌方目标，是对空中威力的浪费。"

范佛里特："'伤心岭'就是对我们的教训。"

李奇微："如果我们美军不集中空中力量对敌人后方地区交通线上的目标进行轰炸，那将会是极端愚蠢的。我们的优势是空中，敌人的优势是地面。我们要用空中力量这把刀，去割断地面巨人的咽喉，从空中实施外科手术，巧妙地让敌人完蛋……"

范佛里特："这就是从空中绞死敌人。"

李奇微："说得准确。我们可以称这就是'绞杀战'。我们要用一根绳子把巨人勒死，这根绳子就是我们的空中力量。"

其实，"绞杀战"不是美军的新战法。"绞杀战"是美军仿照1944年3月盟国空军在意大利境内以德军使用的铁路线为主要攻击目标而发动的一次空中战役而炮制的。那次战役，最初被称为空军协同攻势，后来被称为"绞杀战"。朝鲜半岛的地形、交通线的构成以及美军空中封锁的计划，都同在意大利进行过的"绞杀战"极为相似。所以，美军把他们的这次行动亦得意地称为"绞杀战"，想把朝鲜半岛变为昔日的亚平宁半岛。

"绞杀战"的具体战法是在横贯朝鲜半岛的蜂腰部划定一个阻滞地区，以绝大部分空军和海军航空兵进行长时间毁灭性的轰炸，切断志愿军后方交通线，阻滞我军前后方联系，窒息我军作战力量。所以，"绞杀战"又称"阻隔战"、"窒息战"。

为实施"绞杀战"计划，美国远东空军研究了中朝军队的后勤系统，认为在北朝鲜没有支援战争的重要工业,其主要作战物资均来自中国的东北地区和苏联的西伯利亚。美军估计,在朝鲜沙里院一线以南的战区内,中朝军队驻有60个师,每师每天至少需要40吨补给品才能维持有限的战斗,因此每天就必须运送到沙里院一线以南2400吨补给品。这些补给品主要靠卡车和火车运输。每辆卡车载重量为2吨,运送一天所需的补给品即需1200辆卡车。卡车从鸭绿江到前线往返需10天,按5天计算,大约需6000辆卡车。火车每节车厢载重量为20吨,每天只需120节车厢就能运送所需的补给品了。使用火车要比使用卡车经济得多。因此,美军断定"北朝鲜的铁路运输系统对共军具有至高无上的重要性",决定对北朝鲜铁路线实施"全面的空中封锁战役。"

美国远东空军对铁路实施攻击有三种方式,即炸断铁路桥梁、摧毁铁路车辆、破坏铁轨和路基。美军计划在横贯朝鲜半岛选定宽度为纬度一度(北纬38度15分到北纬39度15分)的一个地带,将南北交通干线7条主要运输线分为3个责任区,分别由第五航空队、海军陆战队第一航空队和第七十七特混舰队进行轰炸,以"摧毁各条线路上的每一辆卡车和每一座桥梁","瘫痪三十九度线上各铁路运输终点站和前线之间地区内敌人运输",使之"经常处于不能使用的状态"。

这时,美国侵朝的作战飞机有以南朝鲜为基地、日本本土和冲绳为基地的战斗轰炸机、轻型轰炸机、截击机、战略轰炸机、舰载航空兵和空运师的各种类型飞机1700余架。其中包括美军当时最先进的F-86型喷气式战斗机和可载千磅炸弹的B-26、B-29型战略轰炸机。美军动用了其空军力量的80%,战斗轰炸机和战略轰炸机几乎全部执行这一任务。

1951年8月18日,美军地面部队发动夏季攻势的同时,其空军也奉命以"首要任务"开始了大规模的"绞杀战"。此时,正值雨季,北朝鲜发生了40年来罕见的特大洪水,造成严重灾害,主要江河上的铁路桥梁毁坏94座,中断运输最久的竟达1个半月,公路桥梁也被冲毁50%。志愿军后勤物资集散地的三登地区洪水汪洋。美军乘此机会,出动第五航空队所属各战斗轰炸机联队,封锁朝鲜西北部的铁路线;远东轰炸机指挥部的B-29型飞机,轰炸平壤、新安州、顺川等地的重要铁路桥梁;海军第七十七特混舰队3艘航空母舰上的舰载飞机，攻击东北海岸的铁路线。

美国空军的飞行人员许多都是参加过二次世界大战，飞过上千个小时的，有空战经验，飞行技术很好，经常进行超低空飞行，白天钻山沟，夜间找灯光，狂妄得很。美国空军飞行员们因为天天被命令攻击铁路，据说都编出了"我们在铁道上干活……"这样的歌曲。美军以平均每天32架到64架的大编队出动多次，不分昼夜地轰炸我后方铁路、公路、桥梁和人员、物资、车辆。开始是反复轰炸清川江、肃川江、秃鲁江、德池江和沸流江上未被洪水破坏和正在抢修的铁路桥梁，接着又逐站逐段地轰炸当时还在通车的新安州、西浦、价川"三角地区"的铁路和桥梁。至8月底，使我铁路桥梁尚能通车的仅有几个地段约150公里。

敌人在轰炸、封锁我铁路的同时，也加剧了对我公路线及运输车辆的轰炸破坏。白天以战斗轰炸机扫射待避车辆和囤积物资，在重要桥梁、路线上投定时炸弹和一触即发的蝴蝶弹，阻止车辆通行。夜间在公路上空投照明弹，用轻型轰炸机分区搜巡目标，进行跟踪追击。他们扬言要摧毁我"所有公路交通"和"每条线路上的每辆卡车和每一座桥梁。"

9月至11月，美国空军对朝鲜北方铁路的轰炸破坏逐月加剧。据中朝联合铁道运输司令部统计，美国空军9月出动飞机3027架次，破坏铁路(包括车站)648处次，破坏桥梁57座次；10月出动飞机4128架次，破坏铁路1336处次，破坏桥梁53座次；11月出动飞机8343架次，破坏铁路1937处次，破坏桥梁77座次。美国空军轰炸的重点地区是清川江以南、平壤以北的三角铁路地区。这一地区是朝鲜北方铁路运输的咽喉。南北走向的京义线、满浦线，东西走向的平元线、价新线，都在此连结、交叉。如果这一地区受到破坏，不仅南北东西铁路运输同时中断，而且公路运输也将受到严重破坏。京义线两旁多为水田，不易取土，满浦线路基很高，破坏后抢修困难。美军利用这一特点，平均每天出动飞机5批103架次对这一地区进行轰炸，并逐步压缩范围，死死咬住铁路运输的咽喉。

"铁三角地区"的几段路仅长77.5公里，为朝鲜北部铁路总长的5.4%。据统计，这期间遭受破坏达2600多处次，是朝鲜北部全部铁路被破坏处次的45%以上。4个月中，敌机在这一地区投弹3.8万多枚，平均每两米即中弹1枚。

1952年1月，美国空军为避开志愿军日益增强的对空炮火，放弃对"三角地区"的昼夜轰炸破坏，改取机动地重点轰炸铁路线的两头，即封锁志愿军和人民军作战物资的来路和去路，同时对公路交叉点和公路与铁路交叉点及桥梁等处进行疯狂轰炸，对主要运输干线则进行逐段控制、层层封锁。在"点"上投照明弹彻夜不停，在"线"上见汽车灯火即往返袭扰。同时，在公路线上投掷大量定时炸弹、蝴蝶弹、四爪钉等，企图阻止汽车运输。

127. 战胜朝鲜北部40年未见的特大洪水灾害

1951年7月下旬以后，朝鲜北部的天好像漏了底，倾盆大雨不停地下。空司洞的矿洞内，大雨渗透山上的岩石流入洞中。志愿军总部彭德怀办公室的洞顶也不停地往下滴水。杨凤安和其他公务员用雨衣顶在洞顶漏水处，下边用一个洗脸盆接水。

彭德怀有时走到洞口，面对大雨，对旁边的杨凤安说："大自然也找麻烦，我们不得不面对敌人和自然灾害带来的特大困难，千方百计保障前方战士不缺粮弹……"

朝鲜北部连降大雨，使山洪暴发，河水横溢，泛滥成灾。一般河流水位上涨三四米，最高达11米，水流速度每秒4—5米，最高7米。山洪暴发，河水泛滥，冲毁了大量桥梁和道路，抢修铁路、公路桥梁的备料大部被洪水冲走，志愿军和人民军后方运输线受到严重破坏。洪水所到之处，一片汪洋，交通中断，堤防溃决，房屋倒塌，物资冲走，装备毁坏，人畜伤亡。其水势之猛，持续时间之长，危害范围之广，是朝鲜近40年来所未有的。大雨洪水一直持续到8月底。

在洪水冲击下，前沿阵地上到处是烂泥和积水。工事不断坍塌，道路桥梁不断被冲毁。志愿军主要物资集散地三登周围均成了一片泽国，仓库、医院和高炮阵地全遭水淹。安州、鱼波车站及平壤附近全被洪水吞没。后方几乎所有的路面被冲毁，路基被冲塌，205座公路桥梁全被冲垮，无一幸免。栗里至逍遥里的沿河公路交通中断了20余天。部队的作战和供应，面临着极大的困难。

洪水成为敌人可恶的帮凶，助长了敌人嚣张的气焰。8月初，敌飞机倾巢出动，对我后方交通线实施全面轰炸封锁，清川江、肃川江、秃鲁江、德池川、沸流江上未被洪水破坏和正在抢修的铁路桥梁，成为敌机反复轰炸的目标。洪水也一次一次地冲垮路基，冲毁桥梁、库房。

不少桥梁，修好了又被冲毁，冲毁了又被修好，反复好几次。主要铁路桥梁被冲毁94座次，线路被冲毁116处。如京义线的大宁江、西清川江、南大同江桥，洪浦线明文桥，平元线东大同江、东沸流江桥，均被冲毁，每座桥平均被冲坏3次。东清川江桥先后被冲毁竟达9次之多。德池川桥中断通车45天，秃鲁江桥中断13天。整个铁路运输线被割成数段，能断断续续保持通车的线路，只有价川至新安州、新义州至孟中里、球场至顺川、顺川至长林等段。

洪水的肆虐和敌机的疯狂轰炸，曾一度给我军造成极大困难。8月中旬，一线志愿军的13个军的存粮仅能吃3-6天，二线部队的4个军存粮最多的也只够吃13天。再加上阵地生活设备简陋，昼夜构筑工事，部队体力消耗很大，伤病员增多。志愿军前沿阵地一个野战医院，医务人员上山挖野菜作饭充饥，省下粮食给伤病员。

对这次洪水的防讯工作，"志司"及铁路有关部门事先是有准备的，月初还在沈阳召开了防洪会议，研究部署了朝鲜铁道运输防洪抢修问题。但是，却没料到洪水来得如此之快，来势如此之猛。

当时，前方战争很紧，急需粮弹。只靠后勤工兵部队的几个团抢修被破坏的铁路、公路，就是抢修半年也难以完成任务。那时，邓华不在前线，回国去了。陈赓已到了"志司"，担任第二副司令员。洪学智找他商量办法。

洪学智对陈赓说："修路修桥工程量太大，光靠后勤干，力量远远不够呀，修得太慢要误大事哩！"

陈赓问："你有什么想法？"

洪学智说："得发动全军全民动手才行。除一线作战部队外，不管是机关也好,部队也好,勤杂人员也好,都要组织上阵。另外,还要动员朝鲜人民群众、朝鲜人民军一起参加。反正道路不通,大家的日子都不好过。"

陈赓听了说:"这办法不错,咱们开个会研究一下吧。"

于是,陈赓组织几位有关的领导,在一起开了个会。会上,大家都认为这个办法可行。

陈赓让洪学智谈谈具体方案。洪学智说:"统一布置,合理分工,二线部队每个军、师、团按驻地条件明确包哪一段,限期完成。再困难的地段也要在1个月内完工。总之,1个月以内无论如何也要全部通车。"

有人觉得工程量太大,不易完成。

陈赓严肃地说:"这同第一线作战没什么两样,同样是战斗任务,非完成不可。白天干不完,晚上干,夜以继日,全力以赴。"接着,他又对洪学智说:"老洪,你赶快把具体方案起草出来,然后咱们向彭总报告。"

于是,洪学智便根据各单位驻地情况,做了一个哪一段由哪个单位分工负责的计划。陈赓看了,认为可行,两个人便去请示彭德怀。

彭德怀看了方案以后很高兴,说:"我正为运输线遭到破坏的事发愁呢,你们倒想到我前面去了,这办法很好! 就按这个分工方案赶快下个命令! "

9月8日,在志愿军党委会上,彭德怀又针对这项工作说:"这是战斗任务,所有部队都要集中力量突击。不但要迅速恢复被冲毁的公路,而且要普遍加宽公路,有些地段修些汽车掩体,下面可停放汽车。修几条标准公路,有战略价值。"

会后,志愿军二线部队11个军,9个工兵团和"志后"3个工程队,共10万人,在朝鲜人民军和朝鲜人民群众的配合下,冒着敌机的轰炸扫射,掀起了一个规模巨大的抢修公路的热潮。由于实行了分段包干负责的办法,加快了工程的进度。原计划1个月的工程,只有25天的时间就完成了全部工程。于是,全军后勤运输供应,就度过了最艰难、最危险的难关。

在单线通车的基础上,修路大军还新开辟了许多条迂回公路,使公路纵横联接成网,条条道路通前线。同时,拓宽了狭窄路面,排除了危险路段,疏通了失修的水道涵洞,还在公路沿线修了大量的汽车掩体。志愿军此时从根本上改善了后方交通的状况。

30年后,本书的两位作者看望洪学智老首长时,他对这段历史还记忆犹新。他当时是主管后勤的志愿军副司令员兼志愿军后勤司令员,大家都称赞他是指挥打现代立体战争的反"绞杀战"司令。一次晚饭后,他说:"一个是激烈的战争,一个是特大的洪水,真是雪上加霜,困难上加困难。我作为兼后勤务司令员,日夜不安,夜不成寐,心急如焚!为战胜洪水灾害,保证运输,保障前方的粮、弹供应和伤员的后送,我'志后'的领导们采取一系列的措施。首先是把不通的桥梁和能通的公路连接起来。为此,发动了全军动手,朝鲜人民群众和人民军也都投入了这项劳动,因为道路不通是大家的困难。"

他还特意追忆彭德怀说:"当时,不论是志愿军总部还是志愿军后勤司令部,电话铃不断,电话无非就是催粮、要粮。上边也是催办落实这些事,彭总尤其关心,他性格坦率直爽,常常为查问和催办这些事找我。我有一次对彭总说:'你大概对副手批评最多的就是我了。'彭总说,'你只记批评次数不对,我表扬你的次数也是最多的呀!'"

128. 彭德怀对洪学智说,前方是我的,后方是你的,一定要千方百计打赢立体战

1951年7月,朝鲜北部洪水的危害和美国空军的"绞杀战"给我军物资运输造成了严重的困难。当时,我军每月必须运过清川江以南2500车厢的物资才能维持最低限度的需要,然而8月份,我以工兵部队在江河桥梁被毁坏地区组织漕渡,以汽车在铁路被破坏地区组织倒运,以火车充分利用未被破坏的铁路抢运物资,整月才共抢运过清川江以南物资1134车厢,这远不能满足前线的需要。因此,8月底,我前方部队发生了粮荒,许多二线部队已靠野菜充饥。

这时,驻在成川香枫山的志愿军后方勤务司令部正在夜以继日地指挥后方部队对付40年未遇的特大洪水的破坏,敌人又趁火打劫发起"绞杀战",对我军来说真是雪上加霜。我后方处于最困难、最危急的境地。

"志司"得到敌人要发起"绞杀战"战役的情报后,彭德怀打电话让洪学智立即赶到"志司"驻地。洪学智知道这是有重要紧急情况需当面向他交待,便匆忙坐吉普车赶到枪口。

秘书杨凤安在"志司"彭德怀办公室门口等候,见到洪学智到达,立即领他走进金矿洞彭总的办公室。杨凤安给他端上一杯热茶。

彭德怀高兴地说:"洪大个儿,我正等着你商量一下今后的一个重大对策——对付敌人发动的空中封锁战役。"

洪学智还没有坐下,就坚定地说:"彭老总你放心,有什么事你交待一下,我来办。"

彭德怀站在洞中倒背着手,沉思地说:"李奇微有一点自知之明。他深知美军同我军作战,他们的地面部队虽有空中支援,武器装备也占有很大优势,但地面作战对他们来说不是优势。现在他想了新办法,就是发挥他们空中力量的优势,从空中打击我们的后方。"

洪学智说:"敌人要打他的优势了。他打他的优势,我们打我们的优势。我军士气高,发动群众击破美军的'天门阵'。他对我们无非是空中封锁,我们要建立打不断、打不乱的钢铁运输线,保证前方物资补给。"

彭德怀高兴地说:"看来你早已胸有成竹了。毛主席和中央军委已判明:敌人对我铁路公路轰炸的加强是作为战略企图来打算盘的。窥其企图,一是为在军事上造成我持久作战的困难,二是为配合开城谈判对我施加压力。能不能解决运输问题,保证部队有饭吃、有弹打,这是志愿军能否坚持作战的重大战略问题。"

洪学智说:"美国军队要卡我军的脖子,不让我们吃饭。他们这一手也是够绝的。邓小平同志过去曾说过,打仗,没有弹药毫无办法,没有粮食更是关系部队的生存问题。"

彭德怀激动地站起来说:"孙子说,是故军无辎重则亡,无粮食则亡,无委积则亡。现代战争如果没有后方补充的物资保证,是不可能进行的;后方有充分物资,如果没有强有力的后勤组织工作,以保证第一线的充分供应,是不能取得胜利的。所以,现代战争也是打物资战,打钢战,打粮战。当前,一线部队开始缺粮。要首先组织运粮食上前线。"

洪学智说："我已组织后勤制订了抢运粮食的计划。"

彭德怀说："据情报说,敌人把这场战役称为'绞杀战'战役,从空中绞杀我们的后方运输。敌人要把战争转到我们后方了。这是一场破坏与反破坏、绞杀与反绞杀的残酷斗争。前方是我的,后方是你的。你一定要千方百计打赢这场战役。情况随时向我报告。"

洪学智立即说："彭老总请放心,中央军委和你的指示很明确,我都清楚理解了,一定照办。"

彭德怀满意地对洪学智说："好,后方就看你的了!"

接着,洪学智向彭德怀汇报了志愿军后方勤务司令部的作战预案。

这时,彭德怀的秘书杨凤安在旁边插话说："常言道:请将不如激将。彭老总有办法,把后勤工作在当前的重大责任交给洪副司令。现在该吃饭了,今天做了两个湖南家乡菜,请彭老总和洪副司令吃饭去吧……"

彭德怀说："你安排得很周到。工作要做,饭也要吃。"

洪学智是我军高级将领。他于1913年2月2日生于河南省商城县汤家汇(今属安徽省金寨县)。1929年3月在本县参加游击队,5月参加商(城)南起义,加入共产党。在中国工农红军中,历任排长、连长、营政治委员、团政治处主任,参加鄂豫皖苏区历次反"围剿"。1938年起任抗日军政大学队长、团长,后在苏北历任抗大第5分校副校长,新四军第三师参谋长、副师长。部队进军东北后,任黑龙江军区司令员、纵队司令员、军长、兵团副司令兼参谋长。他参加辽沈、平津、渡江等战役,1950年参与指挥海南岛登陆战役和解放万山群岛之战,10月参加抗美援朝。彭德怀原曾考虑让他作军事指挥工作,最初是主管志愿军司令部各项工作。有时洪学智问彭德怀,你说让我作军事指挥工作,现在让我领着后勤这一摊人马。彭德怀对他说,我过去是这么说过,但现在不能那样做。后勤这一摊,我看准了还是你挑这副重担最合适。

洪学智接受新的任务后,急忙赶回成川香枫山,抓紧组织反"绞杀战"战役。

他意识到,这是我志愿军的后方铁道部队、工程部队、运输部队、公安部队、高射炮兵、航空兵和兵站仓库、医院诸兵种联合作战,与敌人针锋相对地打的一场大规模的后方反"空中封锁"战役，一场大规模的空袭与反空袭斗争，一场现代立体战争。

世界名人韦尔斯曾对现代《空中战争》作了这样的描述：

"飞行器"取代了庞大的充气飞艇，成为战争工具，因而战争的特性也改变了。

旗帜仍在飘扬。新型的空中舰队和新型飞船陆续问世，在它们的俯冲袭击之下，世界变得天昏地暗……

人类是否已能防止这种"空中战争"的灾难呢？他们不能，因为他们没有那样做出来，他们从未具有遏制这种灾难的意志。

然而，在抗美援朝战争中，我军冒着血雨，在洪学智将军指挥下，意志坚强地同这场灾难进行了殊死的战斗，并取得了胜利。

129. 洪学智一线督战，反"绞杀战"再创奇迹

1951年8月至1952年6月，在美国空军实施10个月的"绞杀战"期间，志愿军后方部队与朝鲜军民一道，在防空火力薄弱、技术装备和物资器材缺乏的条件下，以无比顽强的战斗精神，进行反"绞杀战"斗争。

这时，美军投入1700多架飞机，从南朝鲜、日本、冲绳岛或航空母舰上起飞，对志愿军后方交通线实施袭击，企图从空中截断我军前方与后方的联系，割断物资供应。这在美军现代军事理论中被列为大纵深作战理论。空中截断袭击，已成为美军现代作战理论的重要内容。当时，我军称之为立体战争。

志愿军副司令员兼志愿军后方勤务司令部司令员洪学智是直接负责指挥这场立体战争的。

彭德怀非常重视后勤工作，他也经常视察公路、铁路抢修和桥梁建设。他对洪学智担负这项工作非常放心，常对他说："我管前面的，你管后面的。"当时，志愿军的整个后勤工作由洪学智负责。现代化战争的后勤工作非常复杂。我军面临的主要敌人是具有空中优势、掌握制空权的美军，空袭与反空袭的斗争是保障我军运输不中断的中心。当时我军防空

作战能力比较弱,在这种情况下,突破敌人空中封锁,保障物资弹药及时运往前线,就成为决战的焦点。洪学智常常是哪里是关键,他就亲自到哪里。关键的交通枢纽、渡口、敌机封锁地带,都常常出现他的身影。其他志愿军后勤系统的领导,也都是现场指挥,组织运输和指挥抢修铁路桥梁。

铁道兵第一师第一桥梁团抢修满浦线东清川江大桥3号桥墩时,铁道兵副司令员李寿轩到现场指挥。该桥梁团第一连副排长、曾在中国解放战争中荣获登高英雄称号的杨连第,带领全排,为保证修好桥墩,连续搭设11次人行便桥,但都被洪水急流冲毁。当时江北岸有92节车皮的物资急待前运,情况非常紧急。杨连第带领全排大胆创造,架设了一种钢轨架浮桥,使大桥及时通车。

洪学智经常到"三角地区"(即清川江至大同江间的铁路、公路交通枢纽)、元山敌机封锁线、物开里、沙里院等敌人重点空中封锁点去现场督战,指挥部队防空、抢运和抢修关键设施。他在安州渡口对部队进行动员时说:"多运一袋粮食过江,就是你们的荣誉。"工兵第二十二团在安州渡口狂风激浪中,与装卸部队紧密配合,完成了日渡粮弹1000吨的任务。

朝鲜东海岸元山附近一条靠海岸的公路,是通往前方的必经之道。作战物资往前输送,由我国丹东出发,经新义州、阳德、元山到铁原、高城,都要经过这条公路。美国海军常以舰炮火力封锁公路。美国航空母舰上的飞机也不停地飞向公路上空扫射、轰炸,封锁交通线,企图切断东海岸地区的物资补给线。

一次,洪学智到此地视察,从一座小山上看到我志愿军汽车运输队集结在敌封锁线附近的山沟丛林中,正准备出发往前线运送物资。汽车团长向站在山坡上的洪学智报告这里组织运输的情况。洪学智走到汽车队前面,告诉团长说:"是共产党员站出来,带头冲破敌机封锁线。"

汽车司机中的共产党员从队中走出来站在前面,许多非党员司机也走出来与共产党员站在一起。

洪学智面向站成一排的汽车司机说:"同志们,共产党员们,我们必须冲过这个封锁区,前方需要粮食、弹药。彭总说,抗美援朝战争胜利了,一半功劳是后勤战线上的同志。我们面临的敌人有制空权,有空中优势。

385

但是，我们要急前线同志们所急，要保证前线战士吃上饭，有弹药打。我们要保障前线打胜仗。我们要冒着敌机轰炸扫射，像一线战士那样向前猛冲，不怕死我们就能完成任务。共产党员们上车吧！"他讲完话，汽车团长高喊"上车！"司机们立即发动汽车开动了。洪学智看到此种情况非常高兴。

洪副司令举起望远镜向沿海公路望去。有的汽车被飞机击中起火，司机们果断地把车开出离开路面，为后续车辆让开道路。洪学智看着空中的敌机，高喊："高炮部队给我狠狠地打！"我军高射炮齐鸣，炮声、敌机扫射轰炸的炸弹爆炸声，惊动着高山和海浪。

为了同敌空军争夺制空权，1951年9月至12月，我军反"绞杀战"斗争全面展开时，我空军奉命担负保护平壤以北主要交通线。9月下旬开始采取轮换作战的方针，陆续投入作战。到12月底，共出动5个师，飞机3526架次，击落敌机70架、击伤25架。志愿军空军积极作战，同敌人空军展开争夺局部地区制空权的斗争，很快迫使美国空军战斗轰炸机的活动空域缩小至清川江以南，B-29型战略轰炸机从10月起转入夜间活动。在高射炮兵配合下，志愿军空军夺取了清川江以北一定空域的制空权。这一地区被美国人称为"米格走廊"。

我国空军在志愿军1950年10月入朝时，只有3个旅。当时，志愿军急需空军参战，掩护运输线。苏联最初担心参加同美国交兵会引起世界大战，对打赢局部战争信心不足，拒绝出动空军掩护。后来，我国坚决出兵支援朝鲜，在地面作战中接连取得三次战役的伟大胜利，击败美国王牌军，大量歼敌，将战线迅速推进到三八线以南，同人民军共同作战，收复三八线以北朝鲜民主主义人民共和国全部领土，并逼近汉城。苏联在这时看到朝鲜战局已经好转，不再犹豫，于1951年1月起，以2个空军师(每师飞机不足百架)有限地掩护清川江以北的100余公里的交通线。即使如此，苏联由于担心和美国进入战争状态，一直不承认其空军在朝鲜上空参战。驻扎在中国东北的苏联空军人员都穿志愿军军服。苏联这种很有限的参战和支援不能满足反"绞杀战"斗争的需要，我国政府决定采取坚决措施。毛泽东早在1950年末就作出空军参战的决策。1951年3月中国人民志愿军空军司令部和中朝空军联合司令部成立,中国人民解放军空军副司令员刘震任司令员。经毛泽东主席批准,我国空军参战的部队都叫志愿军空军。

这时,我志愿军空军面临的敌手是二战后世界上空中力量最强大的国家。1950年美国空军拥有飞机1.7万架,美国海军拥有飞机1.4万架,美军在朝鲜战区的作战飞机一直保持在1000架以上,最多时达2400架。新中国的空军与这样一个强大的对手进行空战,空军自身乃至后方基地都要冒极大的风险。但是,我空军决

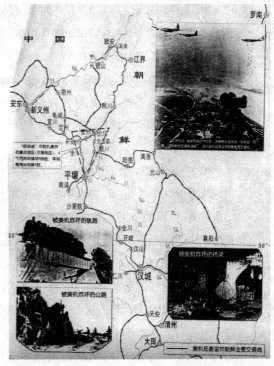

志愿军反"绞杀战"示意图。

心英勇参战,从战争中学会战争,在实战中发展我军空中力量。

在抗美援朝的空战中,锻炼出了新中国第一批优秀的战斗飞行员。空三师的大队长王海带领全大队团结战斗,共击落敌机29架。王海本人击落敌机4架,击伤敌机5架。空4师中队长张积慧前后击落F—86飞机4架,其中包括第二次世界大战中的美国"空中英雄"、有过击落21架飞机纪录的乔治·阿·戴维斯少校和他的僚机。我军这些空中英雄们把勇敢、技术和战术高度巧妙地结合起来,在当时世界最高水平的空战中创造出了光辉的战绩。戴维斯在美国被称为"最了不起的喷气王牌驾驶员",他的被击毙,在美国空军以至美国国内都引起了震动。美国空中优势遇到挑战,美远东空军司令威兰悲哀地承认,戴维斯的毙命是"对远东空军的一大打击。"

抗美援朝战争期间,新中国的空军先后有10个驱逐师和2个轰炸师

的部队共672名飞行员和5.9万名地勤人员,参加了实战锻炼。战争中,志愿军空军共战斗出动2457批26491架次,共击落敌机330架,击伤95架。志愿军空军被击落231架,共116名飞行员阵亡。我国空军在朝鲜大战中发展壮大。从1950年秋到1953年秋,仅3年时间,中国空军由只有1个航空兵师、几十架作战飞机,发展到拥有23个航空兵师近3000架飞机,从空战的实力看仅次于美、苏,跃居世界空军的第三位,在朝鲜反"绞杀战"中发挥了重大作用。

我军高炮部队在反"绞杀战"斗争中也发挥了重大作用。1951年春,志愿军拥有4个高炮师,每个军和每个地面炮兵也编有1个高炮营。后来,国内空军所属的部分高炮部队也入朝参战。同时,我军还发动广大群众开展打飞机运动。群众积极性提高后,怎样运用现有装备,以劣胜优,各种办法也都会想出来的。如设置假目标,引诱敌机低飞进入我轻武器射程内,同样能打掉敌机。有的汽车司机用步枪4发子弹打掉一架飞机。这时期,在新幕附近,我军一个连队开军事民主会,大家出主意,研究怎样打飞机。一位老炊事员提出一个办法,叫"兔子踢鹰",即有意识地设置假目标,使敌机真假难分,诱敌机上当。他们在山谷中的公路上用木头、树枝做成假大炮、汽车,上面用绿树叶盖着,看上去似乎是伪装,实际上是假伪装,沿公路一排一排立在那里。敌机来了,果然以为是我军往前机动的炮兵部队,一架接着一架俯冲下来,超低空飞行和扫射。这时,我埋伏在山顶上的重机枪、轻机枪一齐开火,当即打落敌机一架。战士们高兴地呼喊起来。有的战士说,这是防空作战中运用"诱敌深入"的战法。

我军高射炮部队还利用秘密机动和游击战术。物开里是我军的重要交通枢纽,"绞杀战"开始后,敌机天天到这里轰炸。我军掌握了敌机的活动规律和情况后,在夜晚秘密地把一个高炮营调过去,有12门高炮和4挺高射机枪。一天,敌人一个小队4架F-86战斗机又来轰炸了,他们向低空俯冲下来,我高射炮突然一齐开火,当场将4架全部击落。本书作者王天成在物开里西侧唐仁里南山坡抓到1名美国飞机驾驶员。他在空中乘降落伞徐徐降落到地面时,王天成赶到他的降落点,令他投降。他立即举起双手。这时,赶来两名人民军战士,坚决要将他击毙。其中一战士说他的母亲被敌机炸死，要为他母亲报仇。王天成全力作了解释工作，劝说他们，我军对待被俘的敌人的政策是交枪不杀。这个飞行员说，他只要不死，什么要求都答应，并不断用英语说："救我，救我"。随后他们把他押送回去，用担架把他抬到医院。我军医务人员给他包扎了伤口，他非常感激。在王天成看管他的一段时间，双方用英语交谈，以练习王天成的口语会话能力，他也向王天成学汉语，赞扬中国人对待战俘有人道主义，是王天成救了他的命。他说战争结束待他回国，今生今世不会忘掉救命之恩。

我军高炮部队采取各种战术打敌机，特别是设假目标做"诱饵"战术，引敌进入埋伏圈集中火力打击，非常有效，这时，我高炮部队每月击落的敌机提高到60架左右，其中多为游动炮所击落。在固定阵地上击落一架飞机平均要消耗2000多发炮弹，游动作战击落一架敌人飞机则平均只消耗300发炮弹。战争期间，志愿军后方高射炮部队共击落敌机430架，探照灯部队还照落敌机4架。我高炮部队的积极作战，在保卫后方交通线、粉碎敌"绞杀战"斗争中立了大功。

后勤卫生战线的同志在反"细菌战"中也作出重大贡献。他们救死扶伤，抢救大量伤病员的生命。有的为抢救伤病员，在敌机空袭下英勇牺牲。这时，王天成曾因患感冒发高烧住在瑞兴一野战救护队，和十几位伤病员在一位名叫黄梅龄的上海女医生医治下重返岗位。以后听说她牺牲在朝鲜战场。同志们对这位白衣战士的服务非常感动。许多医务工作者在反"绞杀战"中作出了重大贡献。

美空军对我军实施的"绞杀战"，既没有使志愿军和人民军后方运输线瘫痪，也未能迫使朝中方面在停战谈判中屈服。1952年5月31日，范佛里特在汉城记者招待会上承认："虽然联军的空军和海军尽了一切力量企图阻断共产党的供应，然而共产党仍然以难以令人置信的顽强毅力，把物资送到前线，创造了惊人的奇迹。"

美远东空军在对他们的"绞杀战"所作的最后分析报告中承认："由于共产党后勤系统的灵活……绞杀作战未获成就。"

30年后，美国一位学者发表文章，说他希望有机会见一见我军指挥反"绞杀战"创造世界军事史上奇迹的将军——洪学智。志愿军的后勤，引起美国军事学术界的重视。

130. 彭德怀拒绝接受最高勋章

1951年10月23日，朝鲜民主主义人民共和国最高人民会议常任委员会为纪念中国人民志愿军入朝作战一周年，"决定以一级国旗勋章授予中国人民志愿军司令员彭德怀将军，因为他在朝鲜人民反抗美帝国主义武装侵略的解放战争中，以卓越的指挥艺术，指挥英雄的中国人民志愿军给予美国侵略者以歼灭性的打击，给了朝鲜人民军以莫大的帮助"。

当日，杨凤安向彭德怀报告朝鲜政府的通知。

彭德怀立即表示拒绝，说："我有什么功劳值得授勋的。我不过在后方作了些具体工作。这个勋章应该授给那些战斗英雄，我哪能比得上他们的功劳大？"

吃饭时，"志司"其他领导邓华、洪学智副司令以及解方参谋长都说：

彭德怀与金日成在礼堂观看文艺节目。

"这是朝鲜政府的正式决定,你的贡献是有目共睹的,当之无愧的,还是慎重接受的好。"

但是,为这件事,彭德怀还是给中央军委发电,提出他不愿接受勋章的意见。中央军委复电,命他尊重朝鲜政府的决定。

10月25日,朝鲜政府代表团来到桧仓。当晚,在志愿军司令部驻地大矿洞内,举行了隆重的、有各军战斗英雄参加的授勋大会。

金抖奉委员长代表朝鲜最高人民会议常任委员会和政府,对中国政府和毛泽东主席,对彭德怀将军率领的中国人民志愿军全体指战员表示感谢和慰问。然后,他将朝鲜民主主义人民共和国的最高勋章一级国旗勋章佩戴在彭德怀的胸前。

彭德怀对自己被授予这一最高勋章始终感到不安。会后,他托着金光闪闪的勋章说:"这勋章授给我不合适。第一应授给高麻子(指高岗),第二应该授给洪麻子(指洪学智)。如果没有他们两人昼夜想尽办法支援志愿军的粮弹物资,志愿军是打不了胜仗的。"

131. 迫敌空军放弃对"三角地区"的封锁

1951年11月,志愿军空军部队越战越强,越打越精。11月23日又取得了8:1的战果。当天敌机数批袭击肃川、清川江铁路运输线,刘震司令员亲自指挥空三师七团升空作战。七团副团长孟进带领米格机群,在肃川空域截敌F-80战机20架。

说起孟进,7团都熟悉,他是个待人宽厚挚诚、很能体贴下级的好领导。他和王海、刘玉堤一同毕业于东北老航校,他是飞行一期甲班,王海、刘玉堤是飞行一期乙班,按辈分,孟进是他俩的师兄。在航校,孟进是飞行尖子。开国大典空中受阅时,孟进是惟一的我军培养的第一代飞行员。进入朝鲜空战,孟进总感力不从心。尽管七团在他带领下战绩辉煌,尽管他的空中指挥艺术也得到苏联顾问交口称赞,但孟进对自己不满。这种不满随着空战的激烈、残酷,日渐加剧。

这天,七团副团长孟进带领米格机群升空作战。七团一大队大队长刘玉堤是他的得力猛将。空三师都习惯叫刘玉堤为"大刘"。刘玉堤是位关东大汉，他的一双眼睛像两颗黑太阳，光芒犀利、咄咄逼人。他驾机升入蓝天如虎添翼，勇猛灵活，挥洒自如。空三师亲眼见到他的飞行枝能的，甚至国民党起义的飞行教官都惊叹，称他是真正英雄。日本教官看见他的飞行也竖大拇指："吆西！你的前途大大的有！"这天，他亲自听到彭德怀的希望："要像陆军那样，控制敌机的活动，不能让敌人猖狂入侵。"

空战中，刘玉堤率领二中队猛追向海面逃窜的两架F-84。敌迅速下降，企图摆脱。刘紧盯不放，并令僚机打敌僚机，自己乘敌长机刚一拉起时，将其击落。此时敌僚机正从右前方左转弯，在约距130米处掠过，刘玉堤疾速开炮，将其击落。当刘玉堤由海上飞抵永柔以北上空时，发现正下方敌机1架。敌同时发现刘玉堤在尾追，即飞入山沟。正当敌左转弯绕山头时，刘玉堤很快切半径，瞄准攻击，再击落1架。刘玉堤在退出攻击跃升至5000米时，又发现清川江口上空有50余架敌机。在几十倍于己的敌阵面前，刘玉堤毫不畏惧，坚决向敌冲击。当隐蔽接敌至200米时，被敌发觉，敌分路而逃，刘跟随右转攻击，又击落敌机1架。二、三大队亦相继击落敌机3架，击伤1架。这次空战，共击落敌机7架，击伤1架，我机仅伤1架，打出了高水平。

侵朝美国空军改装F-86E型战斗截击机后，妄图凭借装备优势，组织一二百架大型混合机群对我侵袭。当时年轻的志愿军空军经过1年的空战锻炼，已迅速壮大，指挥机关和参战部队都取得了一些经验。在战术技术上，不仅能打敌F-84、F-80战斗轰炸机，也敢打敌最先进的F-86战斗截击机；不仅能打小机群，也敢和敌大机群交锋。空三师参战后，"志司"要求他们坚决打敌大机群。在12月2、5、8日的空战中，该师参加了敌我双方达300架喷气式飞机的大规模空战，指战员越打越强，再接再厉，取得了击落击伤敌机11架的战绩。1952年2月1日，毛泽东主席看了战报后，欣然写道："向空军第三师祝贺"。空三师和志愿军空军广大指战员深受鼓舞，决心继续勇敢杀敌，争取更大的胜利。

在空四师、空三师先后参加大规模空战取得初步经验后，我空军确定由这两个师带领新部队参战，以加速各部队的轮战锻炼。

12月13日，空十四师四十团出动18架飞机，在空三师九团18架飞机掩护下，在清川江上空与敌空战，击落敌F-86两架，击伤1架，自己也遭受了较大损失，取得了经验教训。

12月14日，空二师六团出动24架飞机，在空三师九团掩护下，取得击落击伤敌F-80战机各1架、击落敌B-26战机1架的战果，首创志愿军空军击落敌轰炸机的战绩。

12月30日，空六师开始参战。在1952年1月31日的空战中，击落敌F-84和F-86各1架。

随后，空十五师、空十二师、空十八师相继投入战斗。

截至1952年5月底，志愿军空军歼击航空兵部队共有9个师18个团按计划进行了轮番锻炼，出战中计有85批1602架次进行空战，击落敌机123架、击伤敌机41架，我机被敌击落84架、击伤28架，敌我损失比为1.46:1。

美军空军连遭打击后，在清川江以北的空中优势受到很大削弱，被迫放弃对"三角地区"的封锁。美国空军参谋长范登堡惊呼："共产党中国几乎在一夜之间就变成了世界上主要空军强国之一。"美方还承认，"米格曾把战斗轰炸机逐回清川江以南"，"对铁路线进行历时10个月的全面空中封锁，并没有将共军挫伤到足以迫使接受联合国军等方面的停战条件的地步"，"绞杀战是失败了"。

第十七章 实施阵地战

132. 彭德怀在志愿军总部动员"三反"

1951年冬，毛泽东在为中共中央起草的指示中指出："应把反贪污、反浪费、反官僚主义的斗争看作如同镇压反革命的斗争一样的重要，一样的发动广大群众包括民主党派及社会各界人士去进行，一样的大张旗鼓去进行"，动员全党立即把"三反"斗争开展起来。12月1日，中共中央发出《关于实行精兵简政，增产节约，反对贪污、反对浪费和反对官僚主义的决定》。随后，中共中央又发出《关于反贪污斗争必须大张旗鼓地去进行的指示》。1952年中央人民政府举行元旦团拜时，毛泽东号召立即开辟一条新的战线，要求"我国全体人民和一切工作人员一致起来，大张旗鼓地，雷厉风行地，开展一个大规模的反对贪污、反对浪费、反对官僚主义的斗争，将这些旧社会遗留下来的污毒洗干净"。这样，"三反"运动就在全国全军迅速展开了。志愿军总部在司令员兼政治委员领导和主持下，和国内一样，在全军范围开展了"三反"运动。

"三反"运动，就是党中央领导下开展的反对贪污、反对浪费、反对官僚主义的群众运动。这是一次反对资产阶级腐蚀的斗争，但它主要是在县级以上党和国家机关的人员中进行的。当时之所以要开展这样一场斗争,主要是当时党和国家机关内部的贪污、浪费和官僚主义现象已经发展到相当普遍、相当严重的地步,必须发动一场大斗争来处理。如对刘青山、张子善的处理就是一个典型例子。刘青山、张子善是1931年和1933年入党,经历过土地革命、抗日战争和解放战争严峻考验的老干部。刘青山参加过1932年高阳农民暴动,曾被国民党逮捕,在敌人的严刑逼供下,坚贞不屈。张子善1934年被国民党逮捕入狱,曾参加狱中的绝食斗争,在敌人面前表现了共产党人的英雄气概。他们在十年内战、八年抗战和三年解放战争中,都曾进行过英勇斗争,曾经在不同的领导岗位上出生入死地苦斗过,曾经为新中国的诞生作出过自己的贡献。全国胜利后,他们贪污腐败,蜕化变质,堕落成为人民的罪人。在"三反"中,毛泽东主席下决心坚决果断地严惩这两个人,其意义与影响极为深远。另外,当时国内各机关部门浪费现象也十分突出。而贪污、浪费之所以这样盛行,则又是由于我们党内、政府里不少干部沾染了官僚主义恶习的结果。为此,一场反贪污、反浪费、反官僚主义的斗争已经不可避免。如果党不进行这场斗争,不仅影响抗美援朝战争,也会发展到亡党亡国的危险地步。

1952年元旦前后,国内开展"三反"、"五反"运动时,为贯彻党中央的精神,彭德怀也在朝鲜领导全体志愿军开展"厉行节约、反对铺张浪费"运动。他首先进行调查研究,指示政治部门向全军介绍国内"三反"、"五反"运动情况,并动员全军搞好宣传教育,结合志愿军的实际情况搞好"三反"运动。

杨凤安回忆,彭德怀在1952年2月一天早晨,让他找身边的警卫员开党小组会,会上叫警卫员对他提意见,看他哪些方面有浪费。警卫员们内心里想,彭总连一件新衣服都不愿领,还有什么浪费。他们沉默了一会,都不发言。

这时彭德怀说:"你们不说,我自己说。我每月吸3条烟就是个浪费(当时是供给制,每人每月供应3条烟),1条烟几万元,3条烟就是十几万元。"(当时1万元折合人民币1元)。

在春节除夕志愿军总部机关干部动员大会上,彭德怀除了阐明开展厉行节约、反对铺张浪费这一运动的伟大意义和具体措施外,当众检讨了他自己吸烟就是一个浪费，并宣布戒烟。从此，再不叫警卫员给他领烟了。

彭德怀最反对用公款大吃大喝。他经常到部队视察，在出发之前，从不叫工作人员事先通知他所去的部队。他常说，部队领导干部很忙，你通知人家，还不是叫人家迎接你？当部队请彭德怀吃饭时，桌子上多摆了几个菜，又摆上了酒，这时他嘴一噘，很严肃地说：把管理员找来。见到管理员说："这些东西哪来的钱？是你自己的吗？拿着人民的血汗，挥霍浪费，这是犯罪。"

彭德怀在朝鲜战场上，严于律己，艰苦朴素。他以广大工、农、兵群众的标准来衡量和约束自己，严格要求自己不搞特殊化，不脱离群众，不提什么要求。每顿饭，一荤一素两小盘菜，一碗汤，能吃饱肚子就行了。按供给制度分配的东西，彭德怀尽量地节省，少领或不领。他入朝时仍穿着在西北战场上那身褪了色的粗呢衣，领口、袖口、裤脚都破了。他穿的衬衣补了又补，警卫员要给他领一件，他说还可以穿，不要领。

自从新华社奉命在新闻广播中正式向全世界公布了彭德怀将军为中国人民志愿军司令员后，全国和全世界为之震惊，甚至当时战场上的敌军将领也既有惊恐也有敬佩。彭德怀的名字和"彭大将军"的故事成了人们交谈议论的热门话题。于是慰问信、慰问袋，各种包裹、盒子、食品、罐头、烟酒、糖果等等源源不断运到朝鲜战场，亲切慰问亲临前线指挥的"彭大将军"。许多是直接寄给彭德怀的。中央军委也托专人给彭德怀送来衣服、被褥和各种食品等。

当时担任中共湖南省委书记的黄克诚，也派人送来大批湖南特产慰问原任红三军团的老首长，并附来一封信，信中亲切地写道："敬爱的彭总：哪里最危险，哪里最艰苦，哪里最困难，你就在哪里出现，你不愧为伟大的共产主义战士，我党的优秀党员，中华民族的英雄儿子……"黄克诚在他写的《丹心昭日月，刚正垂千秋》一文中写道："彭老总的生活是极其艰苦朴素的。他自红军时代起，就经常教育干部战士，莫忘我们吃的穿的都是人民的血汗。我们是人民的儿子，不要忘本，不要忘记人民，不要铺张浪费，不要追求生活享受。他自己身体力行，不愧为艰苦朴素的模范。

彭老总对于在他身边工作的同志,更是知寒知暖、关怀备至。不仅政治上、工作上关心帮助,生活上也体贴入微。记得他入朝作战时,我考虑到前线生活艰苦,给他送去些湖南特产,后来听他秘书说,他大都转送给了作战科、机要科、通信科等机关工作同志。许多慰问品,都是由他的军事秘书杨凤安按他的指示分给别人的。彭总看到给他的慰问品,总是告诉杨凤安:'这些东西分给大家共同享用,机关工作忙的多给他们分点,他们很辛苦。'他有时还亲自看着分慰问品,给他多留他立即制止。"

彭德怀在朝鲜战场,小公、住宿、吃饭常常是在十几平方米的小洞内,洞顶时常滴水,很潮湿。许多人见到彭德怀住的地方是如此艰苦,十分感动。彭德怀入朝前在国内西安军政委员会工作,他和浦安修同志住在十几米的小房子里,兼他的办公室。另有一个小会客室。没有卫生间。厕所在房子外约20米处,挖了两个土坑,周围用几张席子一遮,形成一个简陋的厕所。洗澡用一个浴盆,每天晚上擦一擦。西安附近临潼著名的温泉贵妃池,离西安市内并不远。彭德怀知道温泉的情况,也有人请他去洗温泉。但是,彭德怀经常把工作排的满满的,日夜操劳,不更多考虑个人生活享受,所以他一次也没去过。

133. 彭德怀、浦安修战地相见

1951年11月底,深秋季节。天气越来越凉。朝鲜田野一片金黄颜色。

一天下午,志愿军副司令兼志愿军后勤司令洪学智在"志司"驻地桧仓,告诉杨凤安要安排一顿湖南饭菜。

他说:"杨大个,你是'志司'办公室副主任,请安排一顿湖南饭菜,今天有贵宾来咱们这里。"

杨凤安说:"谁来这里呀? 怎么今天由你洪副司令亲自布置? "

洪学智说:"你暂时别管这么细。你安排好了,到时自然你会知道。这事先别惊动彭老总。客人还在途中。"

洪学智指的客人,是彭德怀的妻子浦安修。事情是这样:当时,浦安修在陕西咸阳棉纺厂任党委书记。陕西省委派一批人到东北参观工业建

设,学习东北经济建设的经验,带回西北搞建设。浦安修一行到东北参观访问了沈阳、鞍山等地的一些工厂企业后,代总长聂荣臻给洪学智通了电话,让他安排浦安修到朝鲜。浦安修到达川东志愿军留守处,陈己斋主任给洪学智打来电话,请洪学智派车去接。11月28日,浦安修到达桧仓。她和随员稍作休息,便由洪学智引到"志司"彭德怀办公室。

这时,彭德怀正在作战室研究在重要阵地建立隧道式的据点,以抵御敌人的炮击问题。杨凤安来到作战室,对彭德怀说,洪学智请他到山边办公室去,有事商量。

彭德怀立即来到办公室。走进门,看到桌子上摆了几个湖南菜,有腊肉、辣子鱼等。他这时还被蒙在鼓里,不知道怎么回事。见到陈赓、邓华、洪学智、甘泗淇都在这里,他好奇的问:"怎么今天有什么喜事?改善生活了,还是请客吃饭?"

洪学智说:"有贵宾到。"

彭德怀说:"洪大个儿,你又开玩笑了,我怎么事先不知道,哪里来的贵宾?"

洪学智哈哈笑了起来,说:"你一见面就会知道,还是你很熟悉的贵宾呢!"

陈赓、邓华、甘泗淇也都笑得合不上嘴。

彭德怀更是摸不清头脑,着急地问,"哪里来的客人?你老洪为咱改善生活,这都是湖南家乡菜,好吃,大家请坐,别客气,请我的客,大家一起共享。"说完话,彭德怀高兴地坐下了。

这时,杨凤安引进浦安修。浦安修身穿一件棉布大衣,高高的身姿,面带微笑地走进室内。彭德怀突然发现他的妻子出现在面前,立即站了起来,坦率而诚恳地说:"哎呀,是你来了。真没想到贵宾是你,我先坐下了,这不是喧宾夺主了……"

陈、邓、洪、甘等大笑起来。

彭德怀接着说:"你怎么来这里了?这里是战场呀,是前线。"

浦安修理解彭德怀,他总是关心别人超过关心自己。她很敬重地说:"彭总,怎么不欢迎吗?抗美援朝上战场我也有份,就许你出生入死,在战场冲杀，你有勇气来朝鲜，我也有勇气来。"

彭德怀高兴地笑了，说"好，谁敢说女儿不如孩男。"

洪学智插话说："请贵宾入座。我们好多天也没吃一顿有荤菜的饭了，今天一是欢迎志愿军的客人，祖国来的亲人。浦安修同志从西北、东北，一路上风风雨雨，征途万里，昨天进入朝鲜后还遇到敌机轰炸，真是冲破空中封锁线来到这里，我们为你接风。二是我们也来'打牙祭'。"

邓华说："老洪说的代表大家的意思了，请入座吧。"

彭德怀说："这是你老洪的安排，你这么关心我们。我不用太多的关心，多关心前线的战士，让他们吃饱吃好。"

甘泗淇说："这一时期的后勤补给解决了不少问题，彭总你放心，前线战士生活也有改善。有祖国人民的支援，肉罐头、大米、白面都吃上了。"

邓、洪、甘等都热情为浦安修添菜。

彭德怀对浦安修说："我可是真没有想到你会来这里。彭钢他们都好吧？"

浦安修说："都好。你离开西安进京，我们全家也感到，一定会是军情紧急，很可能又是毛主席委托你率兵出征的事。抗美援朝受到全国人民的拥护。今年'五一'劳动节前后，在中国城乡举行了声势浩大的抗美援朝、反对美国武装日本、保卫世界和平的示威游行，参加群众达两亿多人。西北地区今年就有两万多名各族爱国青年参加志愿军赴朝作战。"

洪学智说："祖国人民大力支援前线，我们目前日子已好过多了。"

浦安修说："现正在进行捐献武器运动。很多地方、单位和个人，都积极捐献。"

洪学智说："下一步我们就有空军参战了。空中并不属于侵略者。"

浦安修说："甘肃省玉门油矿的职工，在8天内用增产所得捐献了'石油工人号'战斗机一架。"

邓华说："西北工人群众做了大贡献。"

浦安修说："全国都一样积极支前。彭老总，你们老家，湖南省湘潭县有一位76岁的勤杂工谭楚云，每月只有8元的收入，从中国人民抗美援朝总会发出捐献武器号召之日起,他就做了一个竹筒,上面钻一个小孔,每天工余挑三五担水,把卖水的钱装进去,竹筒上写着'抗美援朝生产捐献谭楚云记'的字样。"

彭德怀说:"你介绍这些情况,听了满受鼓舞的。"

洪学智说:"人家是党委书记,是祖国人民到朝鲜来的代表之一么。我们要很好接待。"

邓华说:"彭老总应亲自接待好哟……"

大家笑了。

饭后,彭德怀领着浦安修,在桧仓金矿洞附近散步。他望着近处巍巍的高山峡谷,又看看旁边的妻子浦安修,思绪万千——

早在1938年秋,大概也类似现在的深秋季节,他认识了这位面目清秀、一身才气的姑娘。当时她才二十几岁。彭德怀从前方赴延安参加中共第六届第六次中央委员会全会。一天,中共中央组织部副部长李富春邀请从前方和大后方回延安开会的几个领导干部在那里聚会,中央组织部的一些青年干部也在座。彭德怀坐下来和大家打招呼。座中一个曾在北平师范大学上学的姑娘似乎引起了彭德怀的注意。她眉清目秀,仪态端庄,在北平念书时就参加了中国共产党,21岁的年纪,已经有了3年党龄,经历了在北平做党的秘密工作的严峻考验。彭德怀和她初逢之后,李富春做了他们之间婚姻的介绍人。滕代远拿出自己1个月的津贴费5元钱为老战友祝贺新婚。几个消息灵通的战友一起来吃了一餐较平素略为丰盛的晚饭,热闹了一番。几天后,他和妻子又奔赴敌后共度烽火岁月。

在华北敌后战场,彭德怀带领部队在一次突围后,在一个打麦场上点名,看到齐了没有,他没有看见浦安修。当时,浦安修所在北方局的队伍被日本鬼子冲散。彭德怀想,他的妻子那么瘦弱,可能是牺牲了。后来,大家突然发现浦安修倒在一个老百姓小屋内昏睡,几天没吃饭,劳累的身体已支持不下去了。彭德怀心里非常难过和感动。他敬佩这位文弱的知识青年总是坚强地在血与火的战场上战斗。

解放战争中,在西北的西扶战役中,彭德怀奔走在战场指挥部队作战时,也是在战斗激烈的战场,在阵地战壕中,发现拿着手枪、身上还挂着几颗手榴弹的女人,注意看时,才发现是他的妻子。所以,彭德怀爱说的一句话就是:"我怎么总是在战场碰见你,真没想到"。

现在是在朝鲜战场,从跨过鸭绿江到北朝鲜中部的桧仓,要经过"铁三角"敌空中重点封锁区,行程上千里,真可说也是现代条件下的长征。他又见到了浦安修,又是没想到。他又一次钦佩她的勇气。

傍晚的阳光在夕照中显得格外柔和。他们边走边谈,倾吐心曲,直到晚霞消尽,夜幕降临。

过了一个星期,浦安修要回国了。她来前,黄克诚(当时任湖南省委第一书记)给彭德怀送来了一些湖南土特产并有一匹夏布。彭德怀让杨凤安把湖南的土特产分成若干份,分给作战、机要、通信等部门的同志们。剩下的一匹夏布,彭德怀说用它作盖地图的帐子。还剩下一点,杨凤安请浦安修带走了。彭德怀知道此事后,便告诉杨凤安:"给浦安修打个电话,告诉她黄克诚同志送来的布,剩余的请她在北京交给总后勤部长杨立三。"

彭德怀送走了妻子,又投入了指挥部队进行阵地战的搏斗中。

134. "零敲牛皮糖",全线战术反击

1952年秋,朝鲜战场形势处于相对稳定状态,战争双方的作战活动属于前沿侦察、警戒战斗和小规模的阵地攻防战斗。停战谈判则因美方顽固地坚持扣留朝中被俘人员的无理主张而陷入僵局。

中国人民志愿军和朝鲜人民军经过春夏一系列巩固阵地的斗争,此时以坑道为骨干的防御体系已经完成,正面战线阵地更加巩固,并取得了依托坑道工事进行攻防作战的经验,东西海岸防御阵地也得到了加强。由于已经取得了反"绞杀战"的胜利,前线的物资供应有了很大改善。志愿军特种兵尤其是炮兵进一步得到加强。志愿军和人民军的作战条件比以前任何时候都好,在战场上的主动地位进一步增强,不仅可以胜利地进行坚守防御,并且具备了依托坚固阵地实施进攻的有利条件。

虽然"联合国军"还保持技术装备的优势,并且也构筑了相当坚固的

支撑点式的防御阵地,但兵力不足的弱点日益突出,士兵厌战情绪不断增长,其优势的航空兵、炮兵火力,在志愿军和人民军坚固的坑道阵地面前,作用已大为降低,进攻作战屡受挫败,防御作战往往人地两失。"联合国军"在整个战线上已处于愈来愈不利的境地。

1952年是美国总统竞选的年头。朝鲜战争前途的抉择成了总统竞选中争论的焦点。民主党和共和党竞选人尽管争论不休,但他们在侵朝的基本政策上并无很大的差别。即将下台的杜鲁门政府为了给民主党的侵朝政策壮声色,继续对朝中方面进行威胁,说"美国在朝鲜的忍耐是有限度的"。"联合国军"总司令克拉克也主张"立即进攻"。7月13日,美陆军参谋长柯林斯在克拉克陪同下到达南朝鲜,和美第八集团军司令范佛里特一起到西部战线进行视察。30日范佛里特声称,要对朝中方面施加军事压力,绝对不能指望立即停战。

此后,范佛里特与李承晚以及美军第一、第九、第十军军长等视察前线阵地,美海军舰只调动频繁,美航空母舰独角兽号、西西里号和主力舰依阿华号相继开到朝鲜西海面。敌特务加紧搜索延安、白川地区军事情报。美国空军除继续轰炸平壤等城镇外,又重点轰炸志愿军和人民军前线主要阵地、兵力集结地等军事目标。

志愿军和人民军根据敌军动向判断,"联合国军"为了配合谈判,在其以空中轰炸的压力迫使朝中方面屈服的企图失败后,有可能举行局部进攻,可能集中两个师左右的兵力,在海、空军的配合下于延女半岛进行登陆作战,迂回志愿军和人民军的侧后,或占领延安、白川地区,造成包围开城的态势;同时,为配合其登陆作战,还可能向志愿军和人民军正面实行牵制性进攻,进攻重点可能置于平康地区。

根据这一判断,8月28日,志愿军和人民军决定:西线志愿军第十九兵团和人民军第二十一旅,立即调整部署,准备抗击敌人的登陆和保卫开城;正面各军(军团),加强侦察,监视敌人,严阵以待;同时,东西海岸部队也要做好必要的战斗准备。

9月上旬,志愿军和人民军防敌局部进攻的准备工作基本完成。为了配合停战谈判,粉碎敌人可能的局部进攻,并锻炼部队,取得经验,志愿军和人民军于9月14日决定举行全线性战术反击作战，指示志愿军第一线之第三十九、第十二、第六十八军，在10月底分别由第四十七、第六十七、第六十军接防之前，每个军选择3—5个有利作战目标，对敌实施战术反击，求得歼灭敌人一部并在反复争夺中大量杀伤敌人；为配合该3个军作战，志愿军和人民军其他各军(军团)也选择1—2个目标进行反击。

9月18日黄昏，第三十九军第一一五师第三四五团第三营以两个连的兵力对上浦坊东山的50多个地堡阵地发起攻击，3分钟即突破敌人防御，激战23分钟，全歼守敌250余人。担任阻援的该营第八连也击退敌增援分队5次反扑，歼敌200余人。第三四五团及参加这一阶段反击作战的志愿军和人民军各军(军团)都按预定作战计划，攻克了敌军阵地，共打退敌1个排至1个团兵力的反扑160余次。至10月5日，巩固占领6处阵地，其余主动撤离，共歼敌8300余人(其中美军2000余人)。

10月3日，志愿军和人民军决定在"联合国军"的部署没有大的变化之前，按既定计划实施第二阶段反击作战，并统一于6日开始动作。

从10月6日开始。志愿军第一线7个军，共组织了1个团另13个连又23个排和35个班的兵力，在760门火炮支援下，在180公里的正面上，同时向"联合国军"防守的23处阵地发起攻击。各突击部队在炮兵和坦克的支援下，迅速勇猛地突入敌人的阵地，先后占领敌人阵地21处，其中除两处阵地的敌人因为惧怕被歼而先行逃窜外，有16处阵地的守敌全部被歼，有3处阵地的守敌大部被歼。接着，在志愿军攻占的6座重要山头阵地上展开了激烈的争夺战。

在铁原西北10公里的药山洞地区，以394.8高地为主的山岭，形同卧马，所以又称"白马山"。南朝鲜第九师两个营在"白马山"盘踞了将近一年，构筑了许多大小地堡，各堡之间均以交通沟、堑壕相连接，山上还有许多地雷和陷阱。南朝鲜军吹嘘这座山是"钢铁阵地"。10月6日黄昏，志愿军第三十八军的突击部队在猛烈炮火支援下，很快突破了敌人前沿阵地，并占领了6个山头，守敌大部分被歼。这时，南朝鲜第九师派出1个团前来增援，企图守住主峰阵地。第三十八军突击部队又在猛烈炮火配合下，强攻主峰。敌人地面上的地堡大部被摧毁后，残敌转入暗堡进行顽抗。经过激烈的战斗，第三十八军突击部队将暗堡里的敌人全部消灭，完全占领了主峰。接着，第三十八军突击部队又在炮火支援下勇猛出击，乘胜肃清了主峰以南几个山头上的残敌，占领全部阵地。此后，敌人用100多门火炮、10余架飞机向主峰狂轰滥炸，并以重兵连续反扑。第三十八军又陆续投入4个团的兵力与敌人进行激烈的争夺战，每一个地堡、每一段交通壕、每一米土地，都经过反复的争夺，一直战斗了9昼夜。第三十八军在这次反击战斗中，共歼敌9600余人。

志愿军第十五军在铁原东北391高地的反击作战中，出现了一位维护战场纪律而忍受烈火烧身的伟大战士——邱少云。391高地位于铁原东北10余公里处，山势险要，有敌人1个加强连防守，是敌人安在志愿军前沿阵地前的一个"钉子"。拔掉这个"钉子"，不仅可以改善志愿军第十五军防御态势，而且可以对敌形成威胁。从志愿军前沿阵地到391高地，中间有3000米宽的开阔地。为了缩短冲击距离，使战斗具有突然性，该军第二十九师第八十七团组织500多名战士，在发起攻击的头一天(10月1日)夜间，潜伏在距敌只有60米的草丛里。第二天上午，突然飞来4架飞机，在潜伏区投下了几颗燃烧弹，有一颗落在离第九连战士邱少云2米远的地方，四散飞起的火花落溅在他的腿上。他腿上插的伪装物烧着了，火焰往上冒。邱少云身后有一条水沟，只要他滚到水沟里，就可以把身上的烈火熄灭。但这样一来，就会被敌发觉。邱少云为了不暴露部队的行动意图，严守潜伏纪律，在烈火烧身时，他依然趴在那里，一声不吭，一动不动，直到壮烈牺牲。下午5时许，反击部队在邱少云的献身精神鼓舞下发起冲击，经40分钟的战斗，攻占了391高地，全歼南朝鲜第九师第五十一团1个加强连。此后，第八十七团与第四十四师第一三二团配合，在391高地与敌人反复争夺，先后打退敌7个营兵力的多次反扑，歼敌2700余人，并巩固了阵地，出色地完成了反击391高地的任务，志愿军司令部予以通报表扬。

邱少云牺牲后，朝鲜人民和中国人民志愿军怀着深深的敬意，在391高地石壁上刻了一行大字："为整体、为胜利而自我牺牲的伟大战士邱少云同志永垂不朽！"为了表彰邱少云的英雄事迹，志愿军领导机关给他追记特等功,追授一级战斗英雄称号。志愿军第十五军党委追认他为中国共产党党员。朝鲜最高人民会议常任委员会追授邱少云"朝鲜民主主义人民共和国英雄"称号和金星奖章、一级国旗勋章。

10月31日,志愿军结束了第二阶段战术反击作战,共对48个目标反击58次,巩固占领11个点,共毙伤俘敌1.89万余人。

中国人民志愿军全线性战术反击,是转入阵地战后向"联合国军"阵地发动的有计划有组织的进攻,先后对"联合国军"连、排防御阵地及个别营防御阵地共60个目标进攻77次,打敌排以上兵力反扑480余次。经过反复争夺,巩固占领阵地17处,共毙伤俘敌2.7万余人,缴获各种火炮32门、各种枪2373支,击毁各种火炮57门、坦克67辆、汽车74辆,击落敌机183架,击伤241架。志愿军为此付出了伤亡1.07万余人的代价。朝鲜人民军,在东线也对敌军3个目标进行了猛烈进攻,取得了歼敌1700余人的胜利。在志愿军和人民军全线连续有力的反击下,"联合国军"十分狼狈,8个师频繁调动,疲于奔命,越来越处于被动地位。志愿军和人民军已愈战愈强,进一步掌握了战争主动权。

10月24日,中共中央、中央军委在给志愿军的贺电中对这种战法予以高度赞扬,指出:"此种作战方法,继续实行下去,必能制敌死命,必能迫使敌人采取妥协办法结束朝鲜战争。"

135. 秦基伟、李德生指挥血战上甘岭

1952年是美国第34届总统竞选之年,解决旷日持久、耗资巨大的朝鲜战争问题,成了总统竞选中争论的中心。民主党的领袖和总统候选人安蒂文森遇到共和党候选人艾森豪威尔五星上将的强烈抗争。艾森豪威尔在二战中曾任欧洲盟军最高统帅,享有一定名气。他在演说中宣称,如果他当选,他将亲自访问朝鲜使战争迅速停止。在这种政治形势下,杜鲁门总统切望扭转朝鲜战争中的被动局面,企图在前线打一个胜仗,给执政的民主党制造点竞选的声势,缓和一下国内外的不满情绪,争取支持。

1952年8月,美国首脑指示"联合国军"总司令克拉克在朝鲜战场扭

转被动局面,打个胜仗,以改变美军和南朝鲜军作战精神上处于萎靡的状态。克拉克偕高级军官审到朝鲜前线中部战线视察,同美军前线司令官第八集团军司令范佛里特、南朝鲜总统李承晚进行磋商和谋划,决定集中兵力、火力,向上甘岭地区发动进攻。范佛里特将此攻势称为"扭转当前战局"的"金化攻势",又称"摊牌作战",要向志愿军和人民军进行最后"摊牌"。

克拉克10月8日悍然宣布和谈无限期休会,在同一天,批准了美第八集团军司令范佛里特的"金化攻势"计划。此次攻势的目标是范佛里特亲自勘察选定的,即上甘岭地区的两个山头——597.9高地和537.7高地北山。

上甘岭是朝鲜中部一个山村,位于金化以北五圣山南麓。五圣山海拔1000多米,南瞰金化,西瞰铁原、平康地区,东扼金城通往通川至东海岸公路,是我中部战线战略要地,也是朝鲜中部平康平原的天然屏障。五圣山以南上甘岭地区的597.9高地和537.7高地北山,是五圣山主阵地的前沿连的防御要点。这两个山头阵地态势突出,楔入敌方,地形复杂、山高坡陡,可瞰制金化,直接威胁敌人金化防线。敌人要夺取五圣山,必须首先夺取这两个高地。而如果敌人夺取了五圣山,就从中部突破了我军防线,在我战线中央打开了一个缺口,就可以进一步进到平康平原。敌人的坦克就可以发挥优势。所以,敌人企图占领597.9高地和537.7高地北山,改善其防御态势,以便伺机夺取五圣山,以军事压力增强其在停战谈判桌上的地位。

美第八集团军司令范佛里特直接指挥这次战役。

10月14日3时,敌人先以众多的航空兵、炮兵火力向我上甘岭的两个高地进行了两个小时的猛烈轰炸和炮击,随后于凌晨5时,美七师、南朝鲜二师共7个营的兵力,在300余门火炮、30余辆坦克、40余架飞机的支援下,对我仅3.7平方公里的两个山头发起了连续不断的猛烈冲击。与此同时,美七师、南朝鲜九师4个营还向我十五军二十九师和四十四师阵地进行了箝制性进攻。

在为时43天的上甘岭战役中,前23天的作战任务由以秦基伟为军长的第十五军担负,后20天的作战任务由李德生副军长指挥下的第十二军部队接替。14日,直接负责上甘岭地区防务的十五军军长秦基伟、政委谷景生对敌人的进攻态势迅速向"志司"首长作了报告。

《孙子兵法》说,"不动如山,动若雷震"。敌人进攻,我军坚决迎击,采取地面反击与坚守坑道作战相结合的战法,确立突不破的防线。

这时,"志司"领导研究决定,全线战术反击继续进行,以配合十五军粉碎敌人对上甘岭的攻势,同时命令十五军集中力量反击敌军的进犯,确保我五圣山阵地。

十五军当时归三兵团指挥。三兵团的司令员兼政委是陈赓。彭德怀回国后,陈赓在"志司"代理一段司令员工作,这时也因另有任务回国了。在"志司"的领导这时主要是邓华、杨得志等。

杨得志副司令直接打电话,了解三兵团及十五军的部署调整和作战准备情况。

杨得志同三兵团参谋长王蕴瑞直接通话,向他讲了"志司"的决定。杨得志说:"毛主席、彭总都关心这一仗。彭总说,敌人把兵力集中起来了,在五圣山决战,这很好。我们要利用坑道工事,加上以'零敲牛皮糖'战法,大量歼灭敌人,消耗敌人有生力量。"

王蕴瑞向杨得志报告三兵团的部署情况,然后说:"三兵团决心打好这一仗。为加强指挥,兵团、军、师、团四级指挥机关都调整靠前了。十五军四十五师已改变反击注字洞南山的计划,调到五圣山集结。上甘岭打响后,初步稳住了阵脚。"

杨得志说:"战斗虽然刚刚开始,但从敌人的兵力部署和开始进攻的气势来看,这将是几年来少有的一场恶战。告诉十五军的同志,不但准备工作要仔细,还要准备付出巨大的代价。五圣山是我们的屏障,一定要稳稳地守住。'志司'将全力支援你们。"

王蕴瑞说:"请首长放心,秦基伟组织十五军开展了'一人舍命,十人难挡'的硬骨头活动。一线指战员们提出:过去讲誓与阵地共存亡,现在讲绝不让阵地丢半分。阵地要存,人也要存。"

杨得志称赞三兵团与十五军的英雄主义。他也清醒地意识到,敌人将孤注一掷,十五军将面临一场前所未有的挑战。

战役开始第一天,敌人对我仅有3.7平方公里的阵地投入7个营的兵力。五圣山前沿一天落弹近30万发,五圣山主峰下每秒钟落弹五六发,我表面阵地工事几乎全部被毁。敌以成营的部队向我阵地发起冲锋。我军坚守阵地的排长孙占元在两腿被打断的情况下,仍然指挥战斗。他一个人打两挺机枪,直到子弹打完。敌人冲上阵地,他拉开仅有的一颗手榴弹导火线,和冲上来的敌人同归于尽。

10月18日,美军和南朝鲜军两个营攻占我表面阵地,形势相当严重。但是,秦基伟是位有预见、有心机、很果断的指挥员。他调整部署后,稳坐如山,按兵不动,等到当日夜晚,将两个连秘密投入坑道并机动至待机位置。次日晨,在我火箭炮齐射及大量炮火掩护下,战士们由坑道突然发起冲锋,迅速收复597.9高地的3个阵地。就在胜利在握的关键时刻,附近零号高地敌一个火力点突然猛烈开火,我部队遭受很大伤亡。正面进攻的六连,全连只剩下16个人,其中有战斗能力的仅9人。关键时刻,营参谋长带领通讯员黄继光上来了。22岁的黄继光主动要求参加三人爆破小组。他带上另两名通讯员立即隐蔽前进。临走前,他把别在胸前的抗美援朝纪念章取下来,交给参谋长,并对参谋长说:"请告诉祖国人民,请告诉慰问团的同志,听我们的胜利消息吧!"爆破组扑上去炸掉敌两个火力点后,一个同志牺牲了,黄继光和另一个同志负伤倒地。敌人地堡里的机枪更加疯狂起来。我们的部队被敌火力压制很难前进。黄继光站起来,忍着伤痛,从侧面接近敌地堡,伸开双臂扑向喷吐着烈焰的射击孔。部队沿黄继光用生命打开的通路冲了上去,收复了全部阵地。

上甘岭战役中我军炮兵打得也很漂亮,充分发挥了威力。志愿军于11月1日将预备队第九十一团投入战斗,调9个炮兵连参战。志愿军九十一团八连创造了一个班歼敌400余名、我仅伤亡3人的光辉战迹。

11月5日,三兵团副司令王近山和副政委杜义德决定将十二军三十一师的3个团全部投入该两高地作战。十五军的四十五师除炮兵、通信、后勤保障部队外,撤出战斗进行休整。十二军副军长李德生在德山岘组织五圣山战斗指挥所,统一指挥各参战部队。由炮兵第七师师长颜伏组织炮兵指挥所，统一指挥配属的炮兵。十五军军长秦基伟统一指挥该两指挥所。"志司"将三兵团新的作战部署和决心向毛泽东主席作了报告。

11月7日，中央军委复电批准"志司"加强十五军作战的决心和部署，电文大意是：五圣山作战，已发展为战役规模，并取得巨大胜利，望你们鼓励该军，坚决作战，为争取全胜而奋斗。

中央军委11月9日还对上甘岭地区作战部队发嘉奖电。毛泽东批示，将"志司"对十五军等参战部队的嘉奖令转给全国各大军区、各特种兵及军政院校。好消息鼓舞了战场上的广大官兵，他们决心再了敌以更大杀伤。

李德生指挥第十二军于11月11日开始投入战斗，以第三十一师两个连的兵力，在114门火炮支援下，对537.7高地北山表面阵地之敌发起反击，迅速夺回了表面阵地。第三十四师一个团也参加了该高地的坚守作战。12日，南朝鲜二师三十二团连续进行反扑。双方在几个阵地上反复争夺。敌人投入兵力总共在6个营以上，集中战役使用的炮火，每日数十架飞机轮番轰炸。4天激战，我军反击20余次，击退敌人近百次冲击，杀伤敌人2900余人。

11月15日，三兵团致电表扬十二军，指出：第十二军在战斗中打得英勇顽强，工事修得既快又好，战术灵活，这种战斗作风颇堪嘉奖。

11月25日，敌军连续反扑均被我军击退，遭受伤亡惨重，被迫停止了进攻。

从10月14日至11月25日，敌我双方在上甘岭地区不足4平方公里的两个高地上，展开长达43个昼夜的攻防争夺战。敌人先后投入6万余人的兵力，火炮300门、坦克近200辆、飞机3000余架次，发射炮弹190余万发，投掷炸弹5000余枚。在如此狭小的地段集中这样密集的火力，这在世界战争史上也是罕见的。山头几乎被削低了两米，山上的石土被轰击成为一米厚的粉末，走在高地上就像踩在土堆上一样，松土没膝。整个高地不要说树木光了，就连根草茎也找不到。敌我都称它为"红山头"。

我军经受了严峻的考验，依托以坑道为骨干同野战工事相结合的坚固阵地，投入第十五军、第十二军的4个师以及炮兵第二、第七师等部共4

万余人、114门火炮,发射炮弹共40余万发,在单位火力密度上也创造了我军战史上的最高记录,抗击敌25次营规模的冲击和营以下650次冲击,以伤亡1.1万余人的代价,最终守住了阵地,使敌遭受惨重失败而不能前进一步。战役中,我军歼敌2.5万人,击落击伤敌机270架,击毁击伤大口径火炮61门、坦克14辆。美国新闻界评论说:"这次战役实际上变成了朝鲜战争中的'凡尔登'","即使使用原子弹也不能把狙击兵岭(指537.7高地北上)和爸爸山(指五圣山)上的共军部队全部消灭"。

我军在上甘岭战役的胜利说明,志愿军此时已发展到可进行"寸土必争"的固守防御的现代阵地战水平,已经可以适应当时世界上现代化程度很高的战争要求。

上甘岭战役既是一次大规模的坚守阵地防御战,也是一场名副其实的"打钢铁"、"打后勤"的现代化战役,弹药消耗极大。在43天的战役中,共供应各种物资1.6万吨,其中仅弹药一项即达5000多吨,平均每天120吨。战斗紧张时,一个团作战,需要两个团负责运输物资。敌人炮火密度大,加上大量航空兵、坦克及火炮,在前沿到纵深构成层层火网、火墙,实行昼夜不停严密封锁。但即使如此,上甘岭阵地的坑道供应一直没有间断,使我作战部队保持了充分的战斗力。

我军在上甘岭战役中的指挥艺术明显高出美军一筹。当战斗激烈、形势不利时,我军主动放弃表面阵地的争夺,避开美军攻击锋芒与火力优势,转入坑道作战,符合《孙子兵法》上"避其锐气,击其惰归"、"以迂为直,以患为利"的原则。转入坑道后,使敌方占优势的航空兵、坦克和炮兵火力失去了作用,而我军则能够发挥近战夜战的优点,以我之长击敌之短。虽然美军占领了表面阵地,但主动权仍在我军手中。当敌人疲惫之时,我军发动反击,一举夺得了战役的最后胜利。上甘岭战役的组织指挥与《孙子兵法》对照,充分证实了我军以劣胜优战役指挥的先进性。上甘岭战役也证明,现代进攻性武器技术发展迅速的情况下,世界确有突不破的防线。这种组织坚守阵地防御的经验,将具有重要意义。

第十八章 反登陆准备

136. 美国只剩下从侧后冒险登陆这一手

1952年,朝鲜战局继续处于对峙状态,停战谈判也因美方的破坏而长期中断,陷于僵局。此时,美国认为朝鲜形势处于转折关头。美国要摆脱困境,必须探索新的途径。这里的主要原因是:

战争的旷日持久,对美国愈来愈不利。在两年多的侵朝战争中,美国已损失兵员31万多人,直接用于战争的军费开支达150亿美元,间接用于战争的费用达800亿美元。沉重的军费负担和巨大的伤亡,使美国人民的厌战情绪更为加重,要求尽快结束朝鲜战争的呼声日益强烈。特别是美国的陆军主力部队长期陷于朝鲜战争的泥沼中,破坏了美国全球战略的格局,更使美国当局忧心忡忡。英、法等国从自身的利益出发,不愿长期在侵朝战争中劳民伤财,也在渴求结束这场战争。在这种形势下,美国谋求尽快结束朝鲜战争的新途径。

这时,在美国政府内部,对于如何结束朝鲜战争,广泛议论着三种可能的选择:(一)在战俘问题上寻求妥协,以实现停战;(二)扩编南朝鲜军队,使美国逐步从朝鲜战争中脱身;(三)增调部队,不惜冒扩大战争的风险,以大规模的军事进攻,甚至使用原子武器来赢得战争。对于第三种选择,随着美国总统竞选活动的展开和党派斗争的日益加剧,其声浪愈来愈高。美国共和党的麦克阿瑟等人,叫嚷要"在共和党取得政权以后,全力打赢这场战争"。共和党总统候选人——曾在第二次世界大战中出任欧洲盟军司令、指挥过诺曼底登陆战役、刚刚辞去"北大西洋公约组织"武装部队最高司令职务的艾森豪威尔,由于利用美国人民要求早日结束朝鲜战争的迫切愿望,在竞选中公开许诺他当选总统后"将亲自去朝鲜,并结束这场战争",因而击败民主党总统候选人艾德莱·史蒂文森,于1952年11月5日当选为美国第34届总统。

1952年12月3日,新当选的美国总统艾森豪威尔偕同准备在新内阁担任国防部长的查尔斯·威尔逊、参谋长联席会议主席布莱德雷、太平洋战区司令阿瑟·雷德福等到朝鲜前线,与侵朝美军高级将领克拉克、范佛里特和南朝鲜"总统"李承晚等人举行了一系列会议,并视察了美陆战第一师、美第二师、英联邦师、南朝鲜首都师和第一师等。艾森豪威尔在回国途中,8日在威克岛附近的重巡洋舰"海伦娜"号上停留时,又同他新任命的国务卿杜勒斯、财政部长汉弗莱、内政部长麦凯等举行会议。会议和磋商的结论是:美国"不能容忍朝鲜冲突无限期地继续下去"。艾森豪威

1952年12月,美国新当选的总统艾森豪威尔(左二)在朝鲜前线。他声称,美军不能总停留在一条固定的战线上,必须打破僵局。

尔从朝鲜回到纽约后发表了一个声明,宣称要以"行动"而不是"言语"来打破僵局。

新任国务卿杜勒斯甚至主张用"三齿耙捕龙"的战略(即一根齿从朝鲜出来,另一根从台湾出来,第三根从印度支那出来)来对付中国。美国军界则提出了各种扩大战争的实施方案。他们认为,面对志愿军和人民军甚为坚固的正面阵地,要进行大规模的军事进攻,最有效的方法莫过于利用海、空军优势,在朝鲜东西海岸实施两栖登陆,配合正面进攻。"联合国军"总司令克拉克曾组成专门小组,制定了实施计划——《8—52作战计划》。这个计划的要点是,通过陆、海、空三军大规模的全面攻势,推进至元山——平壤一线。其中包括地面部队合围性攻击,大规模两栖登陆和从空中、海上对中国境内的目标实施空袭。这一计划呈交美国参谋长联席会议审议。此后"联合国军"便频繁进行登陆作战和空降作战演习,派遣大批特务潜入志愿军和人民军后方刺探东西海岸情报。还新建了南朝鲜第十二、第十五2个步兵师,6个独立团,28个炮兵营,并将新建的两个师于1952年底投入一线作战。这样,"联合国军"第二线就保持有美军3个师、南朝鲜2个师另3个团的机动兵力。两年以来,美国采用了很多办法和中朝人民军队斗争,没有一样不遭到失败。现在只剩下从侧后冒险登陆的一手,它想用这一手来打击中朝人民军队。只要把它这一手打下去,使它的冒险归于失败,它的最后失败的局面就确定下来了。

137. 彭德怀回国治病

1952年初,彭德怀的前额左眉上方长的一个小肉瘤。肿瘤越来越痛,面积也稍有增大,身体日见消瘦。1951年8月间彭德怀与医生就发现并开始诊治,一直未见好转。

彭德怀戎马一生,早就患有肠胃病和痔疮。到朝鲜后,长期在恶劣的条件下生活,住在寒冷、阴暗、潮湿的矿洞里,饮食、睡眠无常,十分紧张地工作。他已是50开外的人,指挥百万大军,叱咤国际战场,雄风尤胜当年,但毕竟身体不饶人了,旧病不断发作,经常大便出血,大家都为他的健康担心。

正在这时，美国违背国际公约，用飞机把带有各种细菌的老鼠、苍蝇、跳蚤、蜘蛛、蚊虫等活物，大批撒在中朝军队的阵地和后方，发动灭绝人性的细菌战。彭德怀接到疫情报告后，既震惊又气愤，立即通报全军紧急防疫。中央得报后，很快成立了防疫委员会，由周恩来总理亲自主持，先后组织了大批医学专家和100多个防疫大队到朝鲜，及时控制了疫情。

经过一个多月的紧张劳累，彭德怀的肿瘤病情愈加重了。医生怀疑是癌，劝他立即回国割除，他总是说："没关系，死不了！""我要等李德全(政务院卫生部长)的调查团来，把美帝国主义这一滔天罪行弄清楚，好把真相向全世界公布。"

这时，邓华又病倒了，不得不回沈阳治疗，彭德怀更无法脱身。几位副司令员、副政委等劝说无效，于3月19日给中央军委和毛泽东主席连发两次电报说："经昨日医学专家会诊结果为瘤子，估计是挨着骨头长"，"大家认为不能轻易地进行手术，但彭说'你们割开一个口子一挤就行了，若是你们害怕，我签字负责'等语。""为慎重起见，最好回国治疗。"

周恩来接电，向毛泽东建议去人换彭德怀来京割治。毛泽东即派陈赓前去朝鲜代彭德怀主持"志司"工作。

陈赓在1952年3月31日的日记中写道："黄昏时到达'志司'，与彭谈，告以主席意见及我来意，促其归国休养。但彭未表示意见。"陈赓无可奈何，第二天和副司令员宋时轮、副政委甘泗淇3人给毛泽东并军委发急电说："彭总经周校长、史书翰共同诊查后，认为愈早手术愈好，但这里无X光照像检查，因此大家提议他马上回国治疗，绝不能再拖延，彭总意见认为最近还需去金首相处一谈，我们同意这一意见。但这要推迟到5月份才回国治疗，据医生意见似不甚妥，究应如何，请中央决定。"

周恩来得电，经请示毛泽东，于4月2日以中共中央的名义给彭德怀并陈赓等人回电说："德怀同志即应按照大家提议，马上回国治疗，绝对不应推到五月。"电报同意彭德怀去与金日成一谈，但规定："动身时间不要迟过4月上旬。至要。"

陈赓拿着中央的电报去让彭德怀看，笑说："中央来电催你马上回国治病，我看你还敢违抗中央命令吗？"

4月4日，中央再次来电催促。

1952年4月7日，彭德怀离开战斗了1年半的朝鲜前线，在平壤会晤金日成后，乘吉普车北去。沿途一辆辆被烧的汽车和坦克，一座座被炸成秃头的山岗，一

在抗美援朝战争中，祖国人民开展了轰轰烈烈的捐献运动，为志愿军购置武器。图为祖国人民购置的坦克正运往前线。

处处被毁成废墟的城镇，一群群失去亲人的孤儿寡母，景象凄惨，触目惊心，彭德怀紧蹙眉头。他已经打了一辈子的仗，渴望着以战争的胜利换取国家的和平和安全。

4月9日，彭德怀由安东乘火车到达沈阳，听取东北军区领导人关于志愿军后勤工作的汇报，指示应加速改善运输条件。

4月12日，彭德怀由天津乘火车抵北京，随后即前往中南海向毛泽东报到，并简要汇报了当前朝鲜前线敌我双方态势和备战情况，以及今后对敌作战方针的意见。

为了保密，他化名"农业大学王校长"住进北京医院。经手术治疗后，于5月5日康复出院。

这时朝鲜战场已相对稳定，中央决定彭德怀留北京接替周恩来主持军委日常工作，调陈赓回国创办军事工程学院，命令邓华为中国人民志愿军代司令员。

138. 彭德怀与金日成一起访问莫斯科，斯大林答应增加军事装备援助

1952年8月，彭德怀和金日成一起，作为斯大林的客人，前往莫斯科

访问。他们在克里姆林宫与斯大林举行了两次会谈,交谈朝鲜战场和停战谈判的情况。

9月1日,彭德怀、金日成、朴宪永抵达莫斯科,由苏联军方接待,住在乡下的别墅。9月4日,斯大林约见了彭德怀、金日成、朴宪永,在座的有莫洛托夫、马林科夫、贝利亚、米高扬、布尔加宁、卡冈诺维奇等。会中,斯大林询问了朝鲜战局及谈判的情况。他说:"中朝人民是英勇的。苏联可以援助朝鲜3个空军师。可给中国和朝鲜各1个师的喷气式轰炸机,给朝鲜再增加5个高射炮团、2000辆汽车。阵地前沿多布地雷。"

会谈结束后,与会的全体人员被邀请到斯大林别墅会餐。饮宴间,斯大林依次向大家祝酒。他忽然举着一大酒杯,要彭德怀也给自己斟满一大杯白酒。彭德怀有胃病,但见斯大林如此盛情,站起身来,同斯大林碰杯后,一饮而尽。斯大林很高兴。

深夜席散,人们陆续走出餐厅。在取衣帽时,斯大林走到彭德怀身旁,再次表示他对英雄的中国人民志愿军的慰问,并向彭德怀问起朝鲜战场上的战俘处理问题。斯大林对彭德怀根据我军一贯宽待俘虏政策处理朝鲜战场战俘的工作表示赞赏。

这次访问,斯大林赠给彭德怀一辆"吉姆"轿车,以表示友谊。

139. 彭德怀对杨得志说,必须预防美国侧后登陆,切不可稍有大意

1952年9月16日,彭德怀结束了与斯大林会谈返回北京。

这时,美国为挽回在朝鲜战场的被动局面,于10月8日单方面中止已进行10个月的关于战俘问题的谈判。14日,美军在金化上甘岭地区发起代号为"摊牌作战"的进攻,投入美军1个师和1个空降团,南朝鲜2个师共6万人,动用坦克170余辆,飞机3000多架次,火炮300多门。

彭德怀认为,志愿军一方面要坚决顶住新上任的"联合国军"总司令克拉克的"摊牌行动",还要防备克拉克重演"仁川登陆"这一招。于是,在10月底上甘岭战役激烈进行之际,彭德怀便离京赴辽东沿海,进行反敌登陆作战的准备。

在安东召开了空军作战会议后,他冒着凛冽的寒风,由安东沿着海岸到大连察看地形,一旦美军从朝鲜西海岸登陆时,我军从侧翼配合,打击美军。

回京后,彭德怀根据毛泽东关于"志愿军应从肯定敌人要从西海岸清川江至汉川登陆这一基点出发,来确定行动方针"的指示,召开了一系列军事会议进行部署。

11月23日,彭德怀给杨得志复信说,朝鲜战场,敌军秋季损失较大,但不会因此而死心,必须预防敌人米春从我侧后登陆。为此,今冬我驻瓮津半岛的团以上指挥员,须亲临前沿侦察地形,了解有关作战之各项具体情况,切不可稍有大意。

12月17日,彭德怀又以军委名义复杨得志12月1日报告:应在西海岸分批分段演习一次至两次反敌人登陆作战,以及在防御阵地后面盆地、谷地等地区演习对敌空降部队作战。

140. 彭德怀坐进米格战斗机座舱,视察志愿军空军部队

1952年11月底,一个晴冷的日子。

空三师地勤人员忙碌着为升空的飞机做最后的检查;待命起飞的飞行员在机翼下等候命令。

一辆吉普车在机场指挥室的门口停下,从车里走出几个穿陆军制服的人。彭德怀走近,空地勤人员站起。执勤官跑步向前做了报告。

彭德怀注意地听着他的报告词。然后,彭德怀在空三师政委高厚良陪同下走向队列,和前排的人挨个握手。

他握住一个地勤人员的手,突然停顿下来,双手托起那只手,久久望着。那只手的手背已经冻成紫红色,手指又粗又大,肿胀得很严重,手背已经烂了,紫痂上渍着脓血。

"为什么不包扎?"彭德怀皱起眉头。

"……包上纱布,工作就不灵便了。"

"去找医生,包起来!"彭德怀下了命令,然后问:"你是机械员?喜欢

417

我年轻的志愿军空军,正准备起飞迎击敌机。

自己的工作吗?"

"报告司令员同志,我很喜欢,非常喜欢。我们大家都很喜欢自己的工作。"

彭德怀满意地笑了。他朝右走了几步,飞行员们立正了。

彭德怀示意大家稍息,说:"空中是很冷的啊!"说着,他走到范万章跟前。范万章一挺胸膛,回答道:"不冷,司令员同志。温度还不到零下45度。"

话没说完,彭德怀已经把他衣服上的一个扣子解开了。范万章明白了司令员要看他的内衣,便赶忙解开了飞行服的钮扣,露出灰色的棉被心和白色的衬衣。

彭德怀一件一件看过,说:"你们穿这些衣服冷啊!应该加厚。里面应做宽一些,可以多穿些内衣进去。"

彭德怀朝飞机走去。机头、机翼、机尾,他一一细看,绕着米格机转了一圈又一圈,最后蹬上舷梯,坐进座舱。

飞行员李文清指着座舱里的设备,一一介绍。彭德怀认真地听着。

米格-15性能优良,但也有缺陷,"腿短",飞不到三八线就得返航。彭德怀从空军能直接支援前线地面部队的需要出发,一再希望空军基地推进到北朝鲜境内,曾先后投入近10个师的兵力在朝鲜北部修建歼击机机场。美国空军发现志愿军正在加紧修建这些机场,派飞机频繁进行狂轰乱炸,阻止志愿军的这一行动。他们知道,如果这些机场建成可部署米格战斗机,那米格战斗机的作战半径就可扩充到平壤。17个在建设中的机场炸了修,修了炸,最后只能停工。

彭德怀的目光严峻,走下飞机,自语般地说:"好飞机。如果空军能像陆军一样控制住敌人的活动,那么就可以更快地战胜敌人。"

吉普车载着彭德怀司令员远去了,机场上人们的心还是沉甸甸的。

141. 任命"西海指"指挥员

毛泽东对敌在我军侧后登陆的可能性极为重视,经过周密分析和研究,就朝鲜战场的军事形势做出估计:敌人从正面向中朝人民军队较坚固的纵深阵地实施攻击的可能性,不如向中朝人民军队后方两侧进行登陆作战的可能性大。中朝人民军队如能坚守北朝鲜东西海岸,稳定和巩固侧后,挫败敌人的登陆计划,并以正面战线的战术出击作配合,朝鲜战争的主动权就会牢牢地掌握在中朝人民军队手中,而战局就会向着更加有利于中朝人民的方向发展。

12月20日,中共中央给志愿军下达了关于准备一切必要条件,坚决粉碎敌人冒险登陆,争取战争更大胜利的指示。这一指示指出,敌人有从中朝人民军队侧后海岸线,特别是西海岸汉川江、清川江、鸭绿江一线,以7个师左右兵力举行冒险登陆进攻的充分可能。为此,必须尽一切可能增强海岸及其纵深的坚固防御工事,同时增强三八线正面的纵深防御工事;在对侧后威胁最大的海岸线及其纵深,部署充分的兵力和火力,保证粉碎敌人从海上的进攻及其大量空降部队的进攻。

中共中央命令,志愿军代理司令员和政治委员邓华兼任西海岸指挥部司令员和政治委员,梁兴初为副司令员。

彭德怀回国治疗,病愈后主持中共中央军委日常工作,邓华接任志愿军司令。此时由邓兼任"西海指"司令员,可见中央军委对反登陆作战准备的重视。

邓华受命后,设"西海指"于安州附近,并以20余天重新调整了东西海岸的兵力部署。

142. 30万大军做好反登陆作战准备

1952年12月下旬,志愿军总部根据毛泽东和中央军委的指示,召开了党委扩大会议和军以上干部会议,决定:在"持久作战、积极防御"战略方针指导下,以反登陆作战准备作为1953年的首要任务。12月23日,志愿军领导人下达了《粉碎敌登陆进攻部署》的命令,对各部队防务调整和工事构筑等任务作了明确规定。

反登陆作战准备,按照预定计划,必须在1953年3月底以前,在东西海岸构成10公里纵深的坚固防御地带。而当时正值严冬季节,天寒地冻,冰厚雪深,气温一般在零下20摄氏度至零下30摄氏度,冻土层达1米左右。但志愿军平均每天有几十万人参加施工。广大指战员都以忘我的劳动,昼夜突击,想尽各种办法完成任务。施工用的炸药缺乏,就拆卸敌人投掷的未爆炸的炸弹挖取;没有工具,就利用炮弹皮等废铁自行制造。仅据西海岸第一线3个军的统计,即挖取炸药10600公斤,自制工具30余种、9000余件。

中国人民为支持志愿军反登陆作战,从国内向朝鲜调运了筑城所需的钢筋、水泥、木材等大量器材;还抽调了4个汽车团、5000余名铁路员工、3个医院和14个医疗队入朝,以加强筑城的保障工作。朝鲜政府命令矿工停工两个月,自带工具同志愿军一起挖坑道。当地朝鲜人民则帮助志愿军修桥筑路,并支援了部分木料。

在中朝两国人民的大力支援下,志愿军指战员经过4个月的艰苦努力,到1953年4月底,圆满地完成了筑城任务。在东西海岸设置了纵深达10公里的两道防御地带,动用人工6000多万个,挖掘坑道8090条,总长720余公里,相当于朝鲜永兴到釜山凿了一条石质隧道;挖堑壕、交通壕3100公里,构筑了605个永备水泥工事及大量的火器掩体。这样,在东西海岸和正面1130多公里的弧形防线上,形成了以坑道和钢筋水泥工事为骨干的支撑点式的防御体系。

志愿军在完成东西海岸筑城任务的同时,反登陆作战的其他准备工作也已经完成。

第一、第十六、第二十一军,第五十四军第一三〇师,已改换新装备的第三十三师,担负构筑工事任务的第一三八师,坦克第一师,野战炮兵6个团另4个营,高射炮兵1个团另1个营已先后入朝。第五十四军军部率第一三四、第一三五师已集结于中国东北地区,作为志愿军战略预备队。空军14个师,也准备随时参加反登陆作战。

以新入朝的第十六军、第五十四军第一三〇师以及第一三八师,并调正面第一线的第三十八、第四十军,加强西海岸防御力量;以新入朝的第二十一军第六十一师、第六十二师1个团和第三十三师,并调正面第一线的第十五、第十二军,加强东海岸防御力量;调正面第一线的第四十七军至谷山地区,为志愿军预备队;以入朝不久的第二十三、第二十四、第四十六军和第一军,分别接替上述正面第一线各军的防务。

从中国国内调来海军1个布雷队,对西朝鲜湾航道布设了水雷,共设置4个雷区;有两个海岸炮兵连进入西海岸重要阵地;还有1个鱼雷艇大队和1个海上巡逻大队完成了临战准备,可以随时进入预定海域遂行作战任务。

以志愿军司令部、政治部机关部分人员及原西海岸指挥所人员组成西海岸指挥部。中央军委任命李志民为志愿军政治部主任;4月6日,中央军委决定由聂凤智接替调任他职的刘震担任志愿军空军司令员。

志愿军铁道兵(增调6个师),和工兵部队对朝鲜北方的交通网路进行了改造和完善。新建铁路龟城到德川、价川至云山段于4月中旬先后通车,使朝鲜北部三大铁路干线联为一体,并在原有铁路线上新建便桥35座,迂回线路4处。

担任海岸防御的各军,根据预定的作战方案,进行了紧张的战备训练和实兵演习。到此,志愿军30万大军作好反登陆作战准备,严阵以待,对付敢于冒险从志愿军侧后登陆之敌。

143. 反击艾森豪威尔对中国的恫吓和威胁

1953年1月20日,艾森豪威尔正式就任美国总统后,于2月2日发表国情咨文,极力鼓吹美国的全球侵略扩张政策。

在朝鲜问题上,他宣布:"我现在下令第七舰队不能再用来保卫共产党中国了。"意思是要唆使台湾国民党军队对中国大陆东南沿海地区进行登陆进攻,以配合美国在朝鲜的军事冒险。

1953年2月3日,艾森豪威尔又同派兵参加"联合国军"的16国代表策划对中国实行封锁。这实质是艾森豪威尔对中国进行"恫吓"和威胁。

针对这种情况,7月2日,毛泽东在中国人民政治协商会议第一届全国委员会第四次会议上发表讲话,针对艾森豪威尔的这种言行,给予了有力回答,严正地宣告:"我们是要和平的,但是,只要美帝国主义一天不放弃它那种蛮横无理的要求和扩大侵略的阴谋,中国人民的决心就是只有同朝鲜人民一起,一直战斗下去。这不是因为我们好战,我们愿意立即停战,剩下来的问题待将来去解决。但美帝国主义不愿这样做,那么好罢,就打下去,美帝国主义愿意打多少年,我们也就准备跟他打多少年,一直打到美帝国主义愿意罢手的时候为止,一直打到中朝人民完全胜利的时候为止。"

毛泽东的这一讲话,表达了中国人民将抗美援朝战争进行到底的坚强意志,使志愿军全体指战员受到了极大鼓舞,更加加紧了反登陆作战的准备工作。

144. 美国重新回到谈判桌上

1953年春天,美国参谋长联席会议以克拉克的《8—52作战计划》为基础,不间断地策划扩大朝鲜战争,声称谈判如果破裂"将全力打击共产党人"。

艾森豪威尔决定,如果战俘遣返问题的谈判不能按其无理要求达成协议，美国将"不再受世界上任何君子协定的限制"，"不再为把战争限制在朝鲜半岛而负责"。

但是，美国中央情报局提出情报预测："目前在北朝鲜的部队，大约有19个中国军和5个北朝鲜军团。……其中大约有30万人被部署在可能发生登陆作战的海岸地区，可立即投入海岸地区的作战。……沿目前战线至东西海岸，一个大纵深的坚固的防御体系已经形成。"一旦"联合国军"按计划在朝鲜发动进攻，"中国军队将展开最大限度的地面防御来抗拒联合国军的进攻并实施坚决的反击"。

克拉克也认为，志愿军"沿海滩的防御体系，和前线的防御体系一样，纵深的距离甚长，并且它的效力大部分依靠地下设施。但是，除开地下工事外，还有一道一道明壕从滩头向后分布，因此，任何从海上攻击的部队，一旦他们在岸上获得立足点，即被迫着去攻击一道又一道的战壕。他们要突破水际布设着的刺铁丝网，雷区到处都是，大部分稻田地区被水淹没，使它们变成战车的大陷阱，使我们的装备在泥淖中进退两难"。

志愿军和人民军大规模的反登陆作战准备，是对美国和"联合国军"企图进行登陆冒险的有力一击。在正面攻不动、两翼又是森严壁垒的情况下，美国当局被迫又回到停战谈判问题上来打主意。

1953年2月22日，克拉克至函金日成和彭德怀，提议在停战前先行交换病伤战俘，试图以此为转机恢复停战谈判。

3月28日，朝中方面本着和平解决朝鲜问题的一贯立场，同意了克拉克的提议，并建议立即恢复停战谈判。

4月20日，双方开始交换病伤战俘。4月26日，中断6个月之久的停战谈判重新恢复。

第十九章　以打促谈

145. 彭德怀电复杨得志：举行小规模的歼灭战，新换班部队练兵

　　朝鲜战场上的形势对"联合国军"越来越不利。1953年1月29日结束的"丁字山"战斗，敌人在阵地前沿丢下了150多具尸体，还有7架被击落的飞机，我军仅伤亡17人，敌我伤亡比较是9比1。艾森豪威尔西点军校时的同学范佛里特哀叹说："共军阵地十分坚固。"美国新闻界发出消息说："攻击丁字山共军阵地的不幸后果，使国会议员们惶惶不安地说：'不管采取什么方法，美国的死亡名单必定更长。'"

　　2月10日，美第八集团军司令兼联合国地面部队总指挥范佛里特被美国陆军部免除了职务，垂头丧气地退役回国了。这位美军中将在朝鲜战场指挥作战两年。他在"有限目标攻势"、"1952年秋季攻势"、"伤心岭"、"上甘岭"等都留下败绩，举世"闻名"，灰溜溜地离任回老家了。接替他职位的是美国陆军部主管作战和行政的副参谋长泰勒中将。

　　泰勒上任也没有起死回生的灵丹妙药，"联合国军"继续遭到失败。仅当年三四月间，我军就胜利出击100余次，歼敌3万人以上。

　　4月1日，志愿军第九兵团司令王建安发电报请示对敌发动一次全线

的战役或战术反击。他针对"联合国军"守备兵力分散，一个排、一个连以至一个营阵地守备为最多，因此建议正面各军同时发动一次反击，每一个军选一到两个点，举行反击能获全胜。杨得志立即报军委。

4月3日，彭德怀代军委拟电复杨得志、王建安：根据目前情况，在我确有充分准备下，举行小规模的歼灭战，每次歼灭敌一两个排至一两个连……使九兵团及其他兵团取得新的战斗经验及促进停战谈判均有利。如确有把握，发动时间亦可提早……

杨得志接到军委指示，4月30日召开了兵团干部会议，由"西海指"、第三、第十九、第九、第二十兵团的司令、政委、参谋长参加，确定了战役指导方针和部署。

这时期，"联合国军"总兵力已达120万人，地面部队有24个步兵师。其中南朝鲜军已达17个步兵师，连同其海空军共64万余人，装备、火力已接近美军水平。我军总兵力为180万人(含朝鲜人民军45万人)，地面部队有25个军(含朝鲜人民军6个军团)，兵力、火力有了很大的加强，阵地更为

志愿军第三任司令员杨得志和参谋长王蕴瑞在朝鲜。

巩固、作战物资也很充足。弹药总囤积量达12.38多万吨,平均每个军囤积3100多吨,每个炮兵师囤积1000多吨;粮食总囤积量近5亿斤,可供全军食用8个半月。9万新兵已补入部队,一线部队基本上达到了齐装满员。我军的弱点是对敌坚固阵地实施进攻作战的经验不足,我新入朝的部队尚缺乏实战经验。为此,彭德怀指示要以打小歼灭战练兵。

146. 配合谈判,以6个军发动夏季反击战役

1953年4月26日,恢复了关于战俘问题的谈判。战争停下来的可能性比过去增大。但是,美国统治集团内部有一些人,仍竭力鼓吹发动进攻,"取得军事上的胜利"。南朝鲜李承晚集团更是极力"反对在没有取得完全统一的情况下进行任何停战谈判",叫嚷要向鸭绿江进行一次全面的军事进攻,"必要时单独作战"。新上台的艾森豪威尔政府一面同朝中方面继续谈判,一面积极扩充南朝鲜军,作继续战争的准备。

志愿军和人民军经过反登陆作战准备,在战略上更趋主动,可攻可守。而"联合国军"在战略上愈益被动,特别是在正面战场,已处于无可奈何的地步。"联合国军"阵地工事虽较1952年秋季普遍增强。但兵力仍然不足,士气更加低落。

毛泽东主席根据交战双方的情况,为志愿军提出了明确的指导方针,即:同朝鲜人民军一起,争取停,准备拖。而军队方面则应作拖的打算,只管打,不管谈,不要松劲,一切仍按原计划进行。

据此,志愿军领导人决定,继续加强东西海岸防御工事,随时准备粉碎敌人登陆进攻,同时采取针锋相对的方针,以积极行动配合停战谈判。

4月20日,志愿军领导人预先发出了夏季反击战役指示。5月5日,志愿军领导人下达了战役补充指示,确定:战役的目的"主要是消灭敌人,锻炼部队,吸取经验,以配合板门店的谈判。同时,适当注意改善现有阵地"。战役指导的基本精神是"稳扎狠打"。所谓"稳扎",就是要掌握持久作战并能随时粉碎敌人进攻的原则,要稳重,防止轻敌急躁、急于求成,一定要做好各项准备,有充分把握后再开始进攻;同时要采取积小胜为

大胜的方针,每军攻击目标以不超过一个营为原则,最好每次歼灭一两个排或一两个连,战役发展有利时再适当扩大。所谓"狠打",就是要在正面战线巩固、侧后也有了保障的情况下,放手进行作战,狠狠地打击敌人,做到"不打则已,打则必歼,攻则必克,守则必固"。打击对象以美军为重点,根据敌人分布,西线以打击美军为主,东线以打击南朝鲜军为主。

4月18日,中央军委决定,志愿军参谋长解方、第十九兵团司令员韩先楚、第二十兵团代司令员郑维山轮换回国任职。李达任志愿军参谋长,许世友任第三兵团司令员,黄永胜任第十九兵团司令员,杨勇任第二十兵团司令员。为加强对作战的指挥,要求来朝轮换的高级干部,于5月上旬到达部队,准备回国的则在主持反击作战以后再走。5月5日,中央军委调第二十兵团政治委员张南生任志愿军政治部副主任,王平任第二十兵团政治委员。

志愿军参加反击战役的第一线6个军,选定了攻击目标营、连、排共计56个。各部对选定的攻歼目标反复周密地进行了侦察和抵近观察,察明了敌人的兵力、火力配备和阵地工事的具体情况,并较普遍地在攻击目标前约200—400米附近秘密构筑了屯兵洞,或在便于隐蔽的地形上选择了潜伏区,以保持战斗发起的突然性,减少在接敌运动中的伤亡。

147. 坑道争夺战

1953年5月11日,为了促进朝鲜停战早日实现,紧密配合谈判斗争,志愿军总部决定,凡对敌连以下目标已完成进攻准备的,即提前开始作战。

根据志愿军领导人这一决定,东线第二十兵团第六十七、第六十军,于5月13日晚,分别对南朝鲜军科湖里(金城东南)南山、直木洞(金城西南)东南棱线、883高地(杨口北)西北无名高地等7个连以下目标发起进攻。经过激烈战斗,均迅速攻占了阵地,歼灭了守敌。其中第六十七军第二○一师反击科湖里南山,全歼南朝鲜军1个加强连,并在打敌反扑中歼灭大量敌人,受到志愿军司令部通报表扬。

科湖里南山由南朝鲜第八师1个连另1个排防守,有坑道4条,长150米,有明暗地堡和火力点,并以交通沟相连接,工事较为坚固。13日晚,为攻克这一坚固阵地,志愿军第六十七军第二〇一师以1个连另1个排2个班的兵力,向科湖里南山发起进攻。首先集中八二迫击炮以上火炮127门进行火力急袭,将主要突破地段敌阵地表面工事大部摧毁,并压制了敌人炮兵半小时未能发射。步兵发起冲击后,仅25分钟即将敌表面阵地占领。随后展开了激烈的坑道战。战士们先将坑道一头的坑道口炸毁,而后以惊人的胆量从另一坑道口或扒开通气孔钻进去,4人为一小组,交替前进,用绑着手电筒的冲锋枪射击。同时,对敌展开政治攻势。敌人一见坑道口被炸,志愿军战士们钻进来与他们短兵相接,兵刃相见,即惊慌失措,缩为一团,有的交枪,有的负隅顽抗即被击毙。曾在1951年荣立一等功的孤胆英雄唐凤喜,带领尖刀班,用这些办法在17分钟内占领敌人两条坑道,歼敌13人,在打敌反扑中又利用敌人坑道坚守,歼敌70余人。坑道工事在英勇善战志愿军手里,是攻不破的钢铁堡垒,而在贪生怕死的南朝鲜军手里,却成了他们自掘的坟墓。

5月16日,中央军委对志愿军实施反击作了进一步指示,指出:停战谈判仍在拖延,何时能够停战尚难断定。因此,志愿军仍然要坚持长期的稳扎稳打方针。实施战术反击分三个步骤进行,每一步骤大体以1个团选数个点反击,主动、持久地歼敌,消耗敌人。

1953年5月25日,西线第九兵团所属第二十三、第二十四军和东线第二十兵团2个军,又攻歼了"联合国军"13个连以下目标。

第一次进攻作战,经过14天的激烈战斗,志愿军先后对"联合国军"20个目标(其中连的5个,排的12个,班的3个)攻击29次,计全部歼灭敌人3个连22个排3个班,大部歼灭2个连1个排2个班,并先后击退敌2个班至2个营的反扑113次,共毙伤俘敌4100余人,志愿军伤亡1608人,敌人与志愿军伤亡对比为2.6:1。

148. 全线主动猛烈出击，促成谈判全部达成协议

1953年5月27日，东线志愿军第二十兵团的第六十、第六十七军发扬积极主动作战的精神，开始将攻击规模扩大到夺取南朝鲜军营的阵地；随后又在金城以东，北汉江两侧，连续夺取南朝鲜军团的阵地。志愿军第一线其他各军和朝鲜人民军第一线各军团，也按照预定计划，积极向当面之敌进行反击。

27日晚，第六十七军第二〇一师以4个连的兵力，在200门火炮支援下，攻占金城西南栗洞南山及其毗邻的690.1高地东北、西北两山腿，歼敌1个连另6个排，并击退敌1个排至5个连反扑41次，共毙伤俘敌1750余人。同日晚，第六十军第一八〇师以4个连兵力，向北汉江东949.2高地以北的方形山发起进攻。该山有6个山头及3个山腿，像屏风一样掩护着南朝鲜第五师主阵地949.2高地，守敌为该师两个连及配属部队共450余人。为达到战斗发起的突然性，战前第一八〇师在方形山正面挖掘出击坑道130米，直抵距攻击目标仅80米处，以1个连潜入出击坑道，3个连潜入敌纵深侧翼松林内。攻击开始时，突然以八二迫击炮以上火炮108门猛烈射击，一举摧毁敌表面工事达60%。潜伏部队乘机在正面和侧翼分9路同时对敌猛烈冲击，打敌措手不及，仅14分钟即全部占领敌表面阵地，尔后又用打坑道战的办法，全歼了固守坑道之敌。5月28日至6月4日，南朝鲜军投入4个营另2个连的兵力，在100余架次飞机和大量炮兵支援下反扑50余次，均被击退。第一八〇师此次战斗共歼敌1130余人。

5月28日，西线志愿军第十九兵团也开始第二次进攻作战。第四十六军以11个排的兵力，在八二迫击炮以上火炮150门支援下，同时向长湍以北马踏里西山、梅岘里东南山土耳其旅1个连另2个排和坪村南山英联邦师1个连发起攻击。仅经10分钟战斗，即将上述几处守敌全歼，而后又击退敌人23次反扑，巩固了阵地。这次战斗共歼敌1320余人。

志愿军进攻作战的节节胜利，有力地配合了停战谈判斗争。5月25日，美方撤回了无理要求扣留朝鲜人民军被俘人员的方案，基本上同意

朝中方面5月7日所提"将不直接遣返的其余战俘继续留在原拘留地交由中立国进行遣返安排"的方案,停战谈判有了较大进展,可望很快达成全部协议。

然而就在这时,南朝鲜李承晚集团阻挠、破坏停战谈判的活动加剧,叫嚣"反对任何妥协",要"进军鸭绿江","单独打下去",要强迫扣留朝鲜人民军被俘人员,并指使其谈判代表退出谈判,还在汉城、釜山等地导演了反停战的所谓"群众游行"。

根据这种形势,志愿军领导人于6月1日发出关于调整部署的命令,指出:为使此次战役打得更策略一些和使新入朝的部队迅速开赴一线得到作战锻炼,反击作战对象改为以南朝鲜军为主,求得大量歼灭其有生力量,对英国及其他国家的军队暂不攻击,对美军也不作大的攻击(只打1个连以下的目标)。命令新入朝的第十六、第五十四、第二十一军立即开赴第一线,准备投入作战。第十六军归第九兵团指挥,接替第二十三、第二十四军平康接合部各1个师的防务;第五十四军集结谷山地区,为志愿军预备队。

6月4日,第二十兵团召开作战会议,决定以第六十、第六十七两个军互相配合,集中力量进一步打击金城以东北汉江两侧的南朝鲜第八、第五两个师,分别攻击敌人各1个团的阵地,并准备粉碎敌人从纵深机动两个师以上的兵力的反扑。

第六十军准备以3个团兵力,向北汉江东侧883.7高地、973高地、902.8高地等南朝鲜第五师第二十七团阵地发起进攻。这一地区是南朝鲜军防御的突出部,山势崇峻,地形复杂,不便通行。南朝鲜军阵地高于志愿军阵地,可以居高临下,实施严密的炮火封锁。志愿军若以通常手段接近敌人,必然拖长接敌时间,增大部队伤亡,难以保持突击力量,也容易失掉战机。为了缩短攻击距离,减少伤亡,保持发起进攻的突然性,第六十军在战斗发起前一天晚上,将进攻部队13个步兵连、4个营部、1个团指挥所共3000余人,秘密进入距敌前沿较近的有利地形和森林内隐蔽潜伏。这么大量的部队在敌人眼皮底下潜伏,是相当困难的,他们进行了非常严密细致的组织实施工作。战士们为了避免洋镐、水壶碰响,便缝了布套。潜伏时不能抽烟，大家都把卷烟纸和烟丝上缴。进入潜伏区时，后面的人踏着前面人的脚步前进。上坡先把活动的石头搬掉，再回头轻轻地拉第二个人；下坡一个挨一个地坐在地下，慢慢往下溜。衣服挂破了，脸手刺出了血，都忍耐着。在敌前潜伏下来更是难熬，嗓子多痒也不能咳嗽，困倦了轮班休息，遇有打鼾和说梦话的都赶忙推醒。特别是当敌人炮火打到潜伏区、身体被炸着的时候，战士们自觉遵守铁的纪律，顾全大局，忍受着剧烈的疼痛，甚至直到流尽最后一滴血。在潜伏过程中，出现了15名邱少云式的英雄战士。五四二团第八连战士苟子清，被敌炮弹皮击中腰部，肠子滑出腹外。他把肠子塞了回去，用毛巾堵住伤口，一声不吱地坚持着，表现了最大的坚韧精神，直至光荣牺牲。就这样，3000余人的庞大队伍，在敌人的眼皮底下潜伏了19个小时而未被敌人发觉，创造了战争史上的奇迹。

6月10日第六十军发起进攻时，第二十兵团原任代司令员郑维山、政治委员张南生和新任司令员杨勇、政治委员王平均亲临前线指挥作战，第三兵团司令员许世友也来观战。第六十军集中八二迫击炮以上火炮259门向敌阵地实施了20分钟的火力急袭，敌人的工事有70%被炮火摧毁。接着，在敌阵前潜伏的部队如离弦之箭，从北、东两个方向，多路、多梯队迅速向敌进行突击，很快突破了敌人前沿阵地。在向敌纵深挺进的过程中，遇到了敌人的炮火拦阻和步兵的顽强抵抗，但进攻部队勇猛穿插，奋力攻击，势不可挡。担任主攻883.7高地的第一八一师第五四三团第七连，遭敌炮火压制，连长、排长全部伤亡，卫生员主动代理连长，重整组织，继续冲击，最后全连仅剩7人，终于在第三连第二排配合下占领了883.7高地。担任主攻973高地的第一八一师第五四二团第八连，因突破口正面崖高坡陡，几次攀登都未上去，指挥突击的营长负伤，连长牺牲，教导员带领连队从右侧迂回才得以突破。但当进到离主峰100米时，被铁丝网拦住去路。两个爆破手去爆破，中途负伤倒下。连队被敌炮火压在铁丝网附近不能前进，如不很快冲上去，敌人就会跑掉。这时后续部队还在不断地跟进，如聚集在这里，必然增加伤亡。在这关键时刻，火箭筒班班长李云峰毅然伏在铁丝网上，让战友们踏身而过。这样连过两道铁丝网，李云峰的衣服全被撕破,上身被铁刺刺了许多伤痕,不断流血,全身颤抖,满头大汗。他咬紧牙关,用尽所有力量从铁丝网上爬起来,踉跄地向前追赶部队,摔倒了爬起来再走,走不动就爬行。但没爬多远,面前又一道铁丝网拦住去路,从另一突破口插上来的一支冲击部队又被挡在铁丝网边。瘫倒在地的李云峰鼓足力气,一翻身又扑在铁丝网上,以嘶哑的声音喊道:"快到主峰了,为了胜利,从我身上过吧!"部队过完之后,李云峰又被炮弹炸伤了6处,昏了过去。当他被战友们救醒时,部队已冲上主峰。李云峰荣立一等功。就是这些英雄的英勇拼搏,经50分钟战斗,全歼了883.7高地、973高地、902.8高地一线守敌,首创进行阵地战以来一次进攻作战歼敌1个团的范例。

第六十军在此次进攻作战中步炮协同得好,并把巧妙的指挥和部队的英勇顽强相结合,因而取得了毙伤俘敌14800余人的重大战果。

根据第二十兵团为了掌握主动,两个军要相互配合有节奏地交替进攻的意图,继第六十军之后,第六十七军于6月12日以3个团的兵力,在八二迫击炮以上火炮308门、坦克8辆支援下,向南朝鲜第八师第二十团据守的金城以东、北汉江西侧座首洞南山(十字架山)发起进攻。南朝鲜军称座首洞南山为"模范阵地"、"京堡垒",经常组织军官到此参观。第六十七军第二〇〇师第六〇〇团第三营机枪连在掩护步兵分队冲击时,1挺重机枪枪架被敌炮击毁,无法射击。而这时,进攻部队被敌人火力阻于山坡上不能前进。在这紧急时刻,战士任西和用双手托起火热的机枪身,以身体当枪架,让射手射击了2000余发子弹,掩护战友向前冲击。任西和的双手和两臂被打红了的枪身烫伤,他强忍剧疼,把全身的力量集中到托枪的两手上。排长见此情景,跑过来代替任西和当枪架,但刚刚打了几十发子弹,任西和为了让排长指挥部队冲击,又迅速将枪身夺过来。敌人也集中火力向这重机枪还击。任西和全身7处负伤,但不言不语,直到光荣牺牲。从另一个方向攻击主峰的第六〇〇团第二营第五连,在通过敌人猛烈炮火封锁的一条山沟时,连长、指导员都负了重伤,突击排排长任志明主动代理连长,带领部队迅猛冲击,并机智地指挥火箭筒手、爆破手连续摧毁敌人几个火力点,仅用25分钟即占领主峰表面阵地,而后迅速转入对坑道内的敌人作战。敌人依托坑道的发射点,使用火焰喷射器等顽抗。任志明又带领战士们勇敢敏捷地用爆破等办法,逐段歼灭了坑道内的敌人。任志明荣立一等功,获二级战斗英雄称号。在进行激烈地坑道战的时候,担任红旗手的战士陈仁华,一手举着红旗,一手用炸药炸毁挡住去路的敌人地堡,排除了前进的障碍,迅速把红旗插上主峰。随后,他又用反坦克手雷和手榴弹打退敌人的反扑,使红旗牢牢地在主峰上飘扬,迎来了后续部队。陈仁华荣立特等功。

第六十七军在反击作战中,共毙伤俘敌13500余人。志愿军司令部予以通报表扬。

在志愿军第二十兵团向北汉江两侧之敌发起进攻的前后,西线第九兵团所属第二十三、第二十四军和东线朝鲜人民军第三、第七军团也先后向敌22个营以下阵地发起进攻,共毙伤俘敌1.1万余人。

6月8日,停战谈判双方达成了遣返战俘的协议。6月15日,停战谈判全部达成协议,按照双方实际控制线划定军事分界线的工作即将完成,签署停战协定在即。为了促进停战的实现,志愿军司令部于15日19时命令各部队:"从6月16日起,一律停止主动向敌人攻击,但敌人向我发动任何进攻,则应坚决给以打击。"

此次进攻作战,志愿军先后对"联合国军"和南朝鲜军51个团以下阵地攻击65次,61次获成功,全部或大部歼灭了守敌,共计毙伤俘敌4.1万余人。志愿军伤亡1.7万余人。

第二十章 实现和平

149. 毛泽东令杨勇、王平赴朝鲜指挥作战

1953年4月，毛泽东主席以中央军事委员会主席的名义签署了一项新的任命：调任杨勇为中国人民志愿军第二十兵团司令员。王平为该兵团政治委员。

这时，彭德怀因回国治病，也正在北京。

5月5日，杨勇和王平应召晋见彭德怀。

北京的5月，春光明媚，万紫千红。中南海的风光尤为秀丽、迷人。杨勇、王平此刻无心观赏这里的旖旎景色，急匆匆地来到彭德怀的住处。

此时，彭德怀正在客厅等候。

"彭总，您好！"高大魁梧的杨勇和精干机敏的王平一前一后走进门来。

"噢，来了。请坐，坐！"彭德怀站起来，热情地和他俩一一握手。

刚刚坐下，彭德怀就说："你们打算什么时候去朝鲜呀？"没有寒暄，没有客套。彭德怀生性耿直，说话办事从不拐弯抹角。他那轮廓分明的脸上，显示出期待的神情。

杨勇说："我们想尽快去。"

"好啊、快点去。"彭德怀说："朝鲜问题还挺复杂。这个美国佬，还没揍老实。谈不好好谈，打又不敢打，尽在那里耍花招。特别是那个战争狂人李承晚，穷叫喊'北进'呀'统一'呀，拖着美国捣乱，妄想依靠美军为他打天下，甚至还想'单独干'，真不知道天高地厚了。你们去了以后，要认真准备一下，我们还要好好教训教训他。"

彭德怀接着说，"叫你俩去朝鲜，这是主席亲自批准的。主席的意思是多选几名老将军去加强一下抗美援朝的斗争。由于美帝国主义坚持扣留朝中战俘，破坏停战谈判，并且妄想扩大侵朝战争，所以抗美援朝的斗争必须加强。主席说过，我们是要和平的，但是，只要美帝国主义一天不放弃它那种蛮横无理的要求和扩大侵略战争的阴谋，中国人民的决心就是只有同朝鲜人民一起，一直战斗下去。他们愿意打多少年，我们就跟他们打多少年，一直打到他们罢手的时候为止，一直打到中朝人民完全胜利的时候为止！"

"请彭总放心，也请转告毛主席：我们一定完成任务，直到取得光荣的胜利。"王平表示了决心，杨勇也接声相应。

"周恩来总理早就说过，要把'三杨'拿出去，让'三杨开泰'。杨得志、杨成武已先期赴朝，现在，你杨勇要求参加志愿军也如愿以偿了。王平和你也是老搭档。我相信你们一定能干出名堂来。"彭德怀愉快地介绍情况。

杨勇和王平是在1931年初红军第一次反"围剿"，活捉了国民党前线指挥张辉瓒时就相识的老战友了。后来，杨勇在彭德怀指挥的红三军团担任政治委员，而王平则在第十一团担任政治委员。在艰苦卓绝的岁月里特别是在跨越万水千山的征途中，彭德怀察觉到张国焘有个人野心，十分担心党中央和毛泽东的安全。部队行至巴西，彭德怀派王平所在的十一团隐蔽在毛泽东的驻地附近，以防不测。毛泽东巧妙地摆脱张国焘设下的圈套，改随红三军团北进时，彭德怀又安排杨勇率十团负责保卫毛泽东的安全。在革命的紧要关头，他们同担风险，共闯难关，交替掩护党中央机关和毛泽东走出草地，翻山越岭，直到胜利到达陕北。这次，他俩又结伴而行，前往朝鲜战场担负要职。

彭德怀还叮嘱："到了朝鲜,一定要尊重朝鲜同志,特别要尊重金日成同志,拥护朝鲜劳动党。要记住主席的指示,爱护朝鲜的一山一水一草一木。"

谈完话后,彭德怀招待杨勇、王平吃了午饭,作为送行。然后杨、王告辞了。

150. 杨勇、王平到达金城前线指挥所

1953年5月11日,杨勇、王平辞别了祖国和亲人,踏上了抗美援朝、保家卫国的征途。列车从丹东开出不久便驶上鸭绿江大桥,5月16日到达中国人民志愿军总部所在地——桧仓。邓华代司令员、杨得志副司令员以及政治部李志民主任等同志,热忱地欢迎他们的到来。

杨勇在欢迎的人群中见到了杨得志,兴奋地老远就高喊:"老杨哥。"他们早在1936年就相识。抗日战争中一起参加平型关大战,开辟和坚持冀鲁豫抗日根据地。解放战争中他们又并肩战斗,有着兄弟般的情谊。杨勇比杨得志小两岁,习惯喊他"老杨哥"。解放后由于工作需要,他们一南一北分开了,一别就是四五年。现在,老战友异国重逢,好不亲热。杨得志把杨勇一行让进住所,两人高兴而热烈地畅谈,仿佛有说不尽的话题,当然最主要的还是朝鲜战局。

"朝鲜战局仍处于紧要关头。敌我双方经过长期的激烈斗争,特别是经过我军实施大规模的反登陆作战准备,因战俘问题长期中断的停战谈判于4月26日恢复了,从而打破了谈判僵局。"杨得志从容地介绍形势。

"谈判又重新开始了,但是敌人不老实,还在继续进行讹诈。只有战场上打得好,谈判才可能谈得公平。"杨勇直接发表了自己的见解。

"是这样。在敌人营垒内部,一些好战分子,如美第八集团军前任司令范佛里特等人仍然公开反对妥协,极力鼓吹要取得军事上的胜利。李承晚集团更是极力反对停战,叫嚷要向鸭绿江进行一次全面的军事进攻,并说必要时单独作战。美国新当选的总统艾森豪威尔曾在竞选中许诺要亲自到朝鲜去,赢得这场战争。艾森豪威尔曾在第二次世界大战中

指挥过诺曼底登陆,满负盛誉,又试图在朝鲜再显身手。"杨得志概括地介绍了战局。

"和平不能靠乞求,要靠斗争。前阶段志愿军取得了许多重大胜利,我们要好好学习你们的经验。"王平说。

"李承晚集团在加紧准备进行全面进攻。为配合板门店停战谈判,促进停战的实现,中国人民志愿军决定对敌发起夏季反击战役。你们正是在这关键时刻到二十兵团就职的。二十兵团正面主要是李承晚的伪军。身负重任,光荣啊!"杨得志高兴地说。

"我们明天就去金化地区。"杨勇着急地回答。

5月19日,风和日丽。杨勇、王平一行驱车在三千里美丽河山的腹地东行。没用多时,他们便来到二十兵团所在地——台日里。这里是只有几户人家的普通山沟。兵团司令部坐落在群山环抱的山洞里。山上的树木被敌机轰炸得残缺不全,大片大片被烧成焦木或枯桩,使秀丽的景色变得荒芜。

二十兵团是1951年初夏入朝的。司令员杨成武因事回国,其职由原十九兵团副司令员郑维山代理。政治委员是张南生。当时该兵团所属六十七军和六十八军,在三八线上金城北侧地区担任防御。在杨勇、王平到来之前,夏季反击战第一次反击已于5月13日开始。战斗正在紧张进行之际,他们来到了这个兵团。杨勇住在司令部附近的一个山洞里,从不远的地方时常传来激烈的枪炮声。置身于异国战场又听到这久违的枪炮声,杨勇立即感到了某种亢奋,进入了一种临战的精神状态。

151. 李承晚进行捣乱,和谈陷入危机

当停战谈判已全部达成协议,正在进行停战协定签字的准备工作,朝鲜停战即将实现的时候,一贯蓄意破坏停战谈判的南朝鲜李承晚集团,公然违背全世界爱好和平人民的意志,冒天下之大不韪,从1953年6月17日夜起,在南朝鲜的沧山、马山、釜山、尚武台4个战俘营,以"就地释放"为名,强行扣留了2.7万名朝鲜人民军被俘人员,并把他们中的许多

人强编到南朝鲜军队中去。紧接着，李承晚又发出反对签订停战协定的叫嚣，声言停战协定一旦签订，"要把我的军队从联合国管辖下撤出来"，"打到鸭绿江"等，以达到破坏战俘遣返协议的实施和停战实现的目的。李承晚集团破坏朝鲜停战实现的行动，使停战协定无法签字，执行停战协定失去了保证。

李承晚集团的这一行径，立即引起了全世界爱好和平人民的愤慨，遭到了国际舆论的谴责，也引起美国首脑们的不满。但是，他们却一时没有对策，形成骑虎之势。

1953年6月6日，美国得到消息，中国政府和朝鲜民主主义人民共和国政府大体同意"联合国军"5月25日的建议。很明显，只需澄清几个细节就可以正式签字了。克拉克急忙去把即将发生的情况通知李承晚。当晚，克拉克和美国驻南朝鲜大使布里格斯来到李承晚的官邸。他们一边共进晚餐一边交谈。随行人中还有艾森豪威尔向南朝鲜派出的一名特使沃尔特·罗伯逊。这位风度优雅、头发灰白的弗吉尼亚人，是以极度老练和耐心而声名卓著的美国助理国务卿。他们想让李承晚这位固执老人配合行动，实现三八线停火。

李承晚开始心境平和，他的奥地利出生的妻子弗朗西斯卡总是在这样场合穿着一套飘拂如仙的朝鲜服装参加他们的谈话。还有一只白毛小狗在场。

"我国政府已经决心向前走，并在5月25日条约的基础上签订停战协定，马上就要就战俘问题达成协议，现在请阁下考虑协调行动。"

布里格斯大使此时把他带来艾森豪威尔的一封私人信函交给了李承晚。李承晚打开，看到信中提出："美国将采取实现停火，并支持南朝鲜的步骤，但不以继续战斗来保障朝鲜的统一……"

"美国采取这种策略是犯了一个大错误。"李承晚看完信后激动起来。他的夫人见到李开始发怒，拖着小狗退了场。

"停战后，美国在今后共产党攻击情况下将保障韩国的防务。"布里格斯补充说。

"美国和联合国已经背叛了我们。你们不将战争推进到军事上的胜利以重新统一朝鲜。你们出卖了朋友,也等于出卖你们自己。"李承晚大怒地高喊。

"我们的共同利益没有多大损失。我们的对手是强大的。中国人是很难打败的。目前这种选择是惟一的出路。我们没有力量再支持你的不现实的计划了。"克拉克也直接迎上去表明立场。

"我感到极度失望。你们可以撤走所有联合国部队,撤走所有经济援助。我们将决定我们自己的命运。我们不要求任何人为我们打仗。我们可能一开始就犯了错误,依赖外部来援助我们。很抱歉,但是在目前这种情况下,我不能向艾森豪威尔总统保证我的合作。我们将自己单独行动。我将领导这场战争继续打下去。"李承晚勃然大怒地继续说。

"你们单独干当然可以。你们的20个师对付中国军队是不够的。如果没有美国的武器装备和经济支援,单干能维持多久?中国有句古语,识时务者为俊杰。目前,冒险单干不是上策。你是个东方有头脑的老人,不要让中国人把你打得个鼻青脸肿,到那时再同意签字。我劝你还是争取到一个体面的和平为好……"罗伯逊在关键时刻,对这个战争狂人作出了友好的规劝。

这次会晤,并没有使李承晚回心转意。克拉克一行从李承晚官邸返回了美军司令部。他向美国参谋长联席会议和美国总统发电,报告情况。电文中说:他们"劝说李承晚接受停战条件方面毫无进展。从未见过他这样神志恍惚、怒气冲冲和感情用事。会谈未获成功。李承晚近日常常通宵不眠。这位南朝鲜领导人根本不讲道理,目前不能肯定李承晚是否已下决心要破坏和平,但他确有能力来违反停战条件使联合国军大为难堪。目前我看不到有任何解决办法,莫如静待事态发展。"克拉克和艾森豪威尔等名人都束手无策。

实现三八线停战的最大障碍是李承晚,世界静观事态发展,有谁能对付这个通向东方和平大道上的绊脚石呢?

152. 克拉克准备秘密搞掉"绊脚石"

李承晚的干扰使美国人感到恼火了。在汉城侵朝美军司令部办公室,宽敞的大厅坐着美国驻南朝鲜大使布里格斯和新任"联合国军"总司令克拉克。

"李承晚使我们处于进退两难的境地。"布里格斯失望地说。

"他已经说出来的话和没有说出来的话,都充满对我们的威胁和责备。"克拉克气愤地表示同意布里格斯的看法。

"无论发生什么情况,在经历了三年战争,毕竟是损失了这么多鲜血和财富之后,我们不会因为'家庭内部'的争吵,就把朝鲜扔下不管,任其落到赤色分子手中去的。但是,由于韩国提供了前线2/3的人员,听说李承晚突然决定把他们的部队撤出'联合国军',如果真是这样,将会使朝鲜军事形势陷于一片混乱。"布里格斯分析形势,发表了他对局势发展的判断。

"我们明确华盛顿的指示,要抓紧完善'大棒'政策的实施。"克拉克果断地表示了他的态度。

克拉克根据美国政府的指示精神,指定美第八集团军司令泰勒,开始准备实施军方的"从最坏处着眼的应急计划",即一旦李承晚把韩国军队撤离"联合国军"的指挥,美军就设法搞掉李承晚。这个计划早在杜鲁门政府时就有。1952年杜鲁门曾考虑以武力除掉南朝鲜总统。这在美第八集团军内部被称为代号"永远准备着"的秘密行动计划。该计划预想了三种紧急情况:(1)韩国军队对联合国部队的指示不予置理;(2)韩国军队单独采取行动;(3)最极端的情况:韩国军队和平民同联合国部队"公开敌对"。在第一种情况下,美国和联合国部队将着手保卫大城市周围的重要地区,海军与空军将继续处于戒备,对韩国军队和政府的情报活动将增加。在第二种情况下,将作出某种"保护性"撤退以确保基地之安全,韩国警卫部队将被解除武装,代之以可靠的联合国部队,平民的动向将受到控制。

最严重的也是最后的选择,即第三种情况要求采取最极端的措施。克拉克将这种措施的一部分内容向美国参谋长联席会议发电作了报告:

> 邀请李承晚到汉城或其他地方,使他离开韩国临时首都。联合国军司令官进入釜山地区,拘捕5—10名在李承晚的专横行动中担任过领导人的韩国高级官员。并通过韩国军队总参谋长实行军事管制法,直到取消之时为止。

此外,美军还准备在李承晚拒不接受"联合国军"停战条件的情况下,将他单独扣押起来。然后,"联合国军"司令部将着手建立一个由首相张泽相领导的政府;如果他拒绝,则将在韩国军队或直接在"联合国军"领导下建立一个军政府。

美国参谋长联席会议、美国国务卿杜勒斯和国防部长威尔逊均批准了侵朝美军司令部的这个"永远准备着"的计划。他们通知侵朝美军司令克拉克,在极其紧急的情况下,他有权采取必要行动以保障部队的完整。这实际上明确表示,克拉克在紧急情况下可以把李承晚搞掉。

与此同时,克拉克还采取了美国政府指示他干的另一条政策,即软的一手,诱使李承晚改变主张,答应停战后美国将与李承晚订立长期军事合作条约,作为交易的条件,让李承晚接受美国的主张。

153. 毛泽东、彭德怀决定再给李承晚一次沉重打击

李承晚破坏停战谈判的行径,引起全世界舆论的谴责。各国舆论指出,李承晚集团扣留战俘是"背信弃义的行动","危害了全世界不耐烦地期待着的和平",谴责李承晚是"不负责任的乖戾小人"、"世界上最危险的人"。

英国首相丘吉尔在下院声明说,李承晚扣留战俘是性质严重的事件,他"深为震动"。

联合国大会主席、加拿大外交部长莱斯特·皮尔逊写信给李承晚,指

责他扣留战俘的行为违背了"把韩国军队交给联合国指挥的责任,极其令人遗憾"。

联合国秘书长达格·哈马舍尔德也发表声明说,"这是朝鲜停战过程中的一个严重的发展",是"显然违反联合国立场"的。

李承晚的倒行逆施,搬起石头砸了自己的脚,陷于十分孤立的地位,也使美国处境十分尴尬。当时的政治形势对中朝方面非常有利,形成了志愿军再给南朝鲜军以狠狠打击的良好时机。只有抓住这一有利时机,在政治上和军事上采取坚决措施,停战后长期稳定的和平局面才能得到保证。

毛泽东在关键的时刻抓住了这个主要矛盾。

1953年6月19日,毛泽东在北京中南海他的办公室,同朱德和周恩来交谈。

"和谈越是看来要接近成功,李承晚就越是大发牢骚怨言。南朝鲜最近反美集会越来越频繁,规模越来越大,李承晚号召南朝鲜人采取单方面行动。在最近一次集会上,他宣称:无论在板门店发生什么情况,我们的目标仍然不变,我们永远的目标就是从南方到鸭绿江,统一朝鲜。必须继续战斗,直至到达鸭绿江。"周恩来平静地谈着朝鲜局势。

"据美国参谋长联席会议最后一份历史性文件说,'美国或者联合国军的说理、劝导或是抗议,无一能打动顽固不化的李承晚,让他放弃一意孤行的方针'。"朱德接着说。

"美国侵朝美军最新的司令克拉克最近也透露说,'当前迫在眉睫的危险就是李承晚要把他的代表从联合国军谈判小组中撤走,他担心这会导致我们放弃会谈。"周恩来说。

"联合国也联合不了李承晚。西方认为他难以捉摸,而且行动起来有时不计后果。"周恩来又补充说。

"看来,帝国主义阵营内部的争吵和分歧正在扩大。鉴于这种形势,我们必须在行动上有重大表示,方能配合形势,给敌方以充分压力,使类似事件不敢再度发生,并便于我方掌握主动。"毛泽东说。

"要给李承晚点颜色看看。与恶棍打交道,不把他打个鼻青脸肿,他也不知你的功夫。他是不会服输同意停战的。"朱德说。

6月20日,朝中方面首席谈判代表南日在双方代表团大会上,宣读了金日成元帅和彭德怀司令员致"联合国军"总司令克拉克的信,严厉指责美方纵容南朝鲜当局的行动,指出这是"有意纵容李承晚集团去实现其蓄意已久的破坏战俘协议、阻挠停战实现的预谋,我们认为你方必须负起这次事件的严重责任",质问克拉克"究竟联合国司令部能否控制南朝鲜的政府和军队"?"朝鲜停战包括不包括李承晚集团在内"?

同日,彭德怀由北京赴开城,准备办理停战协定签字事宜,途经平壤给毛泽东发了一封电报:

> 毛主席:20日晨抵安东,南北朝鲜均降雨,故白日乘车至大使馆,与克农、邓华均通电话。根据目前情况,停战签字须推迟至月底比较有利。为加深敌人内部矛盾,拟再给李承晚军以打击,再消灭李承晚军15000人,此意已告邓华妥为布置。拟明21日见金首相,22日去志司面商停战后各项布置,妥否盼示。

毛泽东接到彭德怀的电报后,当即复电,表示同意:

> 6月20日22时电悉,停战协定签字必须推迟,推迟至何时为适宜,要看情况发展才能决定。再歼灭李承晚军万余人极为必要。

此后,志愿军迅速开始了在金城发起反击的作战准备。

154. 彭德怀组织指挥金城战役,为和平谈判打开通路

6月21日,在接到毛泽东主席的复电后,志愿军党委在彭德怀的亲自主持下开会研究,决定立即在全线发起第三次反击,狠狠地打击南朝鲜军。

金城战役共击退敌反扑1000余次，毙、伤、俘敌7.8万余人，收复土地178平方公里，给南朝鲜军以沉重打击，有力地促进了停战签字的实现。

志愿军发动的金城战役要图。

会议在桧仓山洞中举行。杨得志介绍战局说："现在，在金城以南，西起金化、东至北汉江这一地区防守的南朝鲜首都师和第六、第八、第三师4个师，经过志愿军夏季战役第一、二次战术反击，已遭到一定的打击，防御体系已被破坏，阵地更加暴露突出，对我军实施进攻作战极为有利。同时，我们在金城地区已集中绝对优势的兵力和相当强大的炮火，并已查明了这一地区南朝鲜军纵深阵地的工事情况，掌握了南朝鲜军的防御特点，取得了进攻敌营、团坚固阵地的经验。我军指战员在胜利形势下，斗志旺盛，信心很足，具有非常有利的条件。"

"为保证这次作战胜利，特给二十兵团加强火箭炮兵、高射炮兵各1个团，还有一些坦克、工兵等。加强后的金城正面我志愿军5个军，共有82迫击炮以上火炮1094门，平均每公里44.8门，还有坦克20辆。南朝鲜军和我志愿军兵力对比为1:3，火炮对比为1:1.7。"邓华从容地说明敌我态势。会议活跃起来。

"我们现在不是打小米加步枪的仗了，你们看，我们的炮兵也要显示一下威力了。让敌人也尝尝我们的战争之神的厉害……"彭德怀兴奋地说。

"我们'志后'的同志们调集了10个汽车团，共2000辆汽车，昼夜向前线抢运物资。共前运物资约1.5万吨，其中包括各种炮弹70余万发，炸药124吨。我们保证金城前线指战员吃得好，用得充足……"洪学智满有信心地说。

"好，现在我们就是要准备充分，万无一失。李承晚妄想堵住和平的大门，我们要用实力把它打开。"接着，彭德怀对这次反击作了部署：指示二十兵团，以他们指挥的4个军，第六十七、第六十八、第六十、第五十四军及"志司"又加强给他们的二十一军，在金城以南牙沈里到北汉江间22公里地段上实施进攻，以拉直金城以南战线，以歼灭当面南朝鲜军8个团另1个营为战役目的。7月上旬完成战役准备，7月10日前后发起进攻。志愿军其他各军，此时只作进攻准备，但基本采取守势，如敌进攻则坚决歼灭之。

彭德怀部署完后，会议结束。参谋们开始了紧张的组织工作。

1953年7月15日至27日，彭德怀指示惩罚李承晚，志愿军部队发起金城反击战，共毙、伤、俘敌5.2万余人，有力地促进了朝鲜停战的实现。图为志愿军火箭炮向敌阵地轰击。

敌军狼狈溃逃。

第二十兵团接到志愿军首长的指示,在新任司令员杨勇、政委王平主持下召开兵团党委会和师以上干部会,决定以所属5个军组成3个作战集团,突破敌阵地后首先集中力量攻击金城西南梨头洞、北亭岭、梨船至金城川以北之敌,拉直金城以南战线。

志愿军后勤司令部调集10个汽车团2000多台汽车,昼夜抢运作战物资1万多吨,其中炮弹7000吨,70余万发。

7月13日夜,天空浓云密布,大雨欲来。我军首先以1000多门大炮进行火力袭击,在20分钟内发射炮弹1900余吨。猛烈的炮火,摧毁了敌军大部分工事。我卡秋莎火箭部队两个师也向敌阵地发射火箭炮弹,猛烈轰击敌人。我突击部队乘势发起攻击,一小时内即全部突破敌前沿阵地。

西集团突破敌阵地后,以迅雷不及掩耳之势强攻当面之敌,以渗透迂回支队向敌后纵深猛插。六○七团侦察排的一个13人侦察班,在副排长杨育才的带领下,在捉住俘虏弄清口令的情况下,化装成护送美军顾问的南朝鲜兵,接连混过敌人三道严密警戒,出敌不意地直抵敌首都师第一团——"白虎团"团部。正赶上敌指挥所开会,他们突然开火,打死打伤敌团长以下54人,活捉19人,捣毁了"白虎团"团部和通信联络,使其无法再组织抵抗和增援,该团很快溃乱。这个侦察排有力地支援了师主力战斗,对全歼"白虎团"起了重大作用。接着,他们又趁黑夜堵截溃逃之敌,歼灭了一个位于"白虎团"团部附近的炮兵营大部和乘车来援的南朝鲜首都师机甲团二营大部,并击毙了该团团长陆根洙。这一仗把李承晚的王牌团全歼,美军和南朝鲜军都大为震惊。

志愿军缴获的李承晚亲自授予"白虎团"的"优胜"虎头旗。

14日,我军西集团在进攻中生俘了南朝鲜首都师副师长林益淳。我军中央集团攻占龙渊里、东山里。我第二十四军突破敌防御阵地后,迅速歼灭了注字洞山附近之敌,保证二十兵团右翼的安全。战役自始至终贯彻"稳扎狠打"方针,及时巩固地占领了新攻占的阵地,发展很快。至14日晚,金城川之敌已全部被我肃清。

南朝鲜军遭我痛击后,李承晚埋怨美军见死不救,美军和南朝鲜军矛盾加深。"联合国军"总司令克拉克感到事态严重,和美第八集团军司令泰勒匆忙赶到金城前线,整顿败军,准备反扑,企图夺回金城以南失地。在19日和20日两天中,他们出动400多架次飞机,在大量坦克和火炮火力支援下,实施猛烈的攻击。我军不畏牺牲,英勇作战,给敌人以重大杀伤,坚守了阵地。至27日,我军一共歼敌达5万余人,胜利结束了金城战役。

155. 停战协议签字

我军的金城反击战取得重大胜利,总共毙伤俘敌12.3万多人(仅第三阶段进攻毙伤俘敌7.8万多人。超过预定歼敌数字5倍以上),攻占敌阵地面积220多平方公里,拉直了金城以南战线。我军的反击战重重打痛了敌人,迫使敌方向我方作出了实施停战协定的保证。"联合国军"总司令克拉克请求马上在停战协定上签字。疯狂反对停战、叫嚷"继续打下去"的李承晚,也不得不向美方表示准备实施停战协定的条款。

历史记录了这个重要事件。

1953年7月10日板门店和谈复会,到7月16日达成停火协议,双方在一系列重大问题上展开紧张的会议桌上的斗争。7月16日一次会议上,美方代表哈里逊改变了以往满不在乎的傲慢姿态。他习惯在会场上吹口哨现在也不吹了,一本正经地坐在那里,听取我方的质问,并把要回答的措辞一个字一个字地写在纸条上交给其他代表传阅同意后再照本宣读。

我方问:"你们美国军队方面能不能控制南朝鲜政府和军队,使他们履行停战协定?"

对方答:"你们可以确实相信我们,包括韩国军队准备履行停战协定。"

我方问:"如果韩国政府和军队破坏停战协定的实施,怎么办?"

哈里逊答:"大韩民国进行任何破坏停战的侵略行为时,'联合国军'将不予以支持。"

我方问:"如果南朝鲜在停战后采取进攻行动,'联合国军'是否不再支援南朝鲜,包括武器装备、物资供应在内?"

哈里逊答:"我方保证如果韩国破坏停战,采取进攻行动时将不再给予武器装备、物资供应的支援。我方已做十多个保证了,你们应相信我们的诚意了,希望尽快签字实现停火。"

7月19日,我方首席代表南日大将把美方首席代表哈里逊对实施停战问题所作的保证公诸于世。

停战协定签字终于有望了,和平有望了。这是所有反对战争、要求和平的人们共同努力的结果,是中朝人民军队浴血奋战的结果。

早在美方提出停火建议时,毛泽东根据交战双方的情况,为志愿军提出了明确的指导方针,即:同朝鲜人民军一起争取停,准备拖。而军队方面则应作拖的打算,只管打,不管谈,不要松劲,一切按原计划进行。据此,彭德怀和邓华、杨得志决定,继续加强东西海岸防御工事,随时准备粉碎敌人登陆进攻,同时采取针锋相对的方针,以积极行动配合停战谈判。金城反击战取得重大胜利,敌人要求在停火协议上签字。这时,毛泽东主席在北京关注着板门店发生的一切。

7月下旬的北京西山山坡,青松蓝天,风和日丽。毛泽东坐在座椅上观望青山。周恩来走上山坡,来到毛泽东身旁。

周恩来说:"彭总报告,美国方面要求尽早实现停战,在板门店谈判中保证遵守各项停战协议条款……"

毛泽东回答:"美国方面愿意停火,不再打了。这样做好么!中华民族是爱好和平的民族,我们是被逼上梁山的。如果他们停止侵略,我们一天也不愿打仗。"

周恩来说:"他们催我们和朝鲜同志尽快签字。"

毛泽东说:"告诉彭总,同意签字。请转告金日成同志。"

志愿军观察组与美军观察组共同测定军事分界线。

周恩来说:"我们也希望东方早日结束战争,实现和平!"

毛泽东说:"多少事,从来急。和平对人民来说,来得越快越好。"

志愿军总部和驻板门店谈判代表团很快得到毛泽东和金日成的指示。我方根据有关各方希望尽快结束战争的情况,鉴于美国方面对于朝鲜停战协定的实施作出了完全的保证,尽管这时我军还可以乘胜取得更大的胜利,但为了实现全世界爱好和平人民迫切要求停止朝鲜战争的愿望,早日实现朝鲜停战,仍然同意了美方希望尽快签字结束战争的要求,决定签字。

为此,双方商定,再次校正军事分界线。7月24日,双方谈判代表确定了最后的军事分界线。由于志愿军和人民军向前推进,交战双方实际接触线有了变化。最后划定的军事分界线,比6月17日南朝鲜当局强迫扣留战俘事件前划定的军事分界线又向南推进了192.6平方公里。志愿军总部接到谈判代表团关于双方最后校正了军事分界线,并将于7月27日签字的报告后,于7月25日,以"联司"的名义向朝鲜人民军及志愿军发布了定于26日6时停止向敌进攻的命令,并明确指出,在这已划定的军事分界线以外新占领敌人的各点,应主动放弃,撤回原阵地。

7月27日，双方确定为朝鲜停战协定签字的日子。本来是朝鲜三八线上一个普普通通的小镇板门店，此日却成为人们关切的中心，世界关心的热点。这个本来也是普普通通的日子，就因为朝鲜停战协定要在这时签字，它也成了值得人们永远记忆的日子。

这一天，板门店天气晴朗，夏风宜人。

上午9时，寂静的板门店突然活跃起来，迎来了专程前来采访这件"头号新闻"的世界各地的记者200多人。签字大厅是前一天确定，由我国一批工人修建的。当时我国国内去了一批工人，正在为志愿军代表团赶修办公室和宿舍。他们在7个小时内，用木框加上油毡、三合板和苇席，建造了一座具有朝鲜民族风格的飞檐斗拱的大厅。当记者看到这座奇迹般的大厅时，翘起大拇指说，共产党人办事效率真高，没想到一夜间竟建起一幢崭新的建筑。

1953年7月27日，双方代表在板门店谈判大厅签订停战协定。

美军代表哈里逊中将在停战协定书上签字。

上午9时30分，朝鲜人民军和志愿军以及美军、南朝鲜军共8名佩带安全袖章的军官，分别步入开城板门店会议大厅四周守卫着。随后，双方出席签字仪式的人员分别由指定的东西两门入厅就座。

10点整，大厅里一片安静。朝中代表团首席代表南日大将和"联合国军"代表团首席代表哈里逊中将从大厅南门进入大厅，分别在会议桌前就座。两位首席代表在本方助签人员协助下，在自己一方准备的9本停战协定上签字。之后，由助签人员同时交换，再在对方交来的9本停战协定上签字。之后由助签人员把这9本停战协定带回去，尽速送交司令官签字。

同日，"联合国军"总司令、美国陆军上将马克·克拉克在汶山的帐篷里，在停战协定上签字。

一些记者上前围住克拉克说："请将军发表对这次签字的体会和感想。"

克拉克说："在执行我政府的训令中，我获得了一项不值得羡慕的荣誉，那就是我成了历史上签订没有胜利的停战条约的第一位美国司令官。我感到一种失望的痛苦。我想，我的前任麦克阿瑟和李奇微两位将军，一定具有同感。"

记者问："美国国防部长布莱德雷将军说，美国参加朝鲜战争，是在错误的时间，错误的地点，打了一场错误的战争。你认为这话对吗？"

克拉克答："我同意这种看法。"

1953年7月27日，朝鲜人民军最高司令官金日成于平壤在朝鲜停战协定上签字。

志愿军司令员彭德怀于开城在朝鲜停战协定上签字。

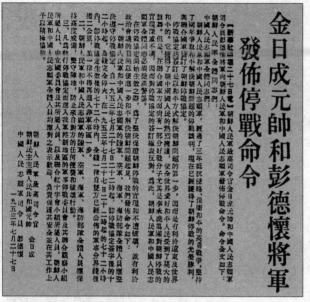

金日成元帅和彭德怀司令员发布停战命令。

记者问：“你们的教训是什么？”

克拉克答：“我们失败的地方是未将敌人击败，敌人甚至较以前更强大……”

同日晚10时，金日成元帅在平壤首相府在停战协定上签了字。

同日，中国人民志愿军司令员兼政治委员彭德怀，在朝鲜人民军副司令官崔庸健次帅的陪同下到达开城，出席了中国人民志愿军和朝鲜人民军驻开城前线部队举行的盛大欢迎会，以及朝中代表团为庆祝达成停战举行的盛大宴会。

彭德怀在志愿军代表团会议室，在朝鲜停战协定上签了字。

彭德怀签字后，面对文本，对在场的将领们发表感人肺腑的讲话：“我在签字时心中想，我方战场组织刚告就绪，未充分利用它给敌人以更大打击，似有一些可惜。但是，实现和平，这对人民来说，是高兴的。”彭德怀的话，说明我军把实现人民的和平的愿望压倒一切。

在停战协定签字的当天，金日成和彭德怀立即发布命令，命令朝鲜人民军和中国人民志愿军全体人员“应坚决遵守停战协定，自1953年7月27日22时，即停战协定生效后的12小时起，全线完全停火；在停战协定生效后的72小时内，全线一律自双方已经公布的军事分界线后撤2公里，并一律不得再进入非军事区一步。”

这一天，志愿军总部机关的同志们，脸上露出喜悦，人人都显得格外文静，都在等待着一个重要时刻的到来。“志司”作战室内，邓华、杨得志、洪学智等领导和参谋人员一起,围坐在电话机旁,关心其中一部黑色单机。这是与板门店直接通讯的热线电话机,能最先听到板门店的签字情况,听到和平的信息。

真正具有历史意义的时刻来到了。1953年7月27日22时,朝鲜全线完全停火。在朝鲜的一切战斗行动完全停止。

在停火时间到达前一刻钟,双方阵地上枪声、炮声四起,照明弹、曳光弹五颜六色照得满山遍野一片通红。在三八线阵地上、坑道里的志愿

中朝女战士高兴地跳起舞来。

军官兵,抑制不住内心的兴奋,仰望黑色的天空。

手表上的时针指向22点,顷刻间,万籁俱寂。刚才还是战火纷飞的战场,转眼就连弥漫在空气中的硝烟与火药味都慢慢地飘散在夏夜的凉风中了。志愿军和朝鲜人民军官兵立刻高兴地跳了起来,大声喊叫:"我们胜利了,和平来到了,和平万岁……"

连日来,朝鲜半岛一片欢腾,沉浸在庆祝胜利的喜悦之中,朝鲜群众,包括妇女儿童,纷纷走向街头欢呼,有的狂欢歌舞,有的泪流满面……

朝鲜停战协议签字这一天,在北京中南海,毛泽东也接到来自彭德怀的报告。这一天,他起得早,走出屋门,响亮地唱了一嗓子京剧。这个场

面给许多卫士留下深刻的印象。毛泽东高兴的时候常用这种方式抒发他欣慰愉快的心情。朝鲜实现了和平，这是他战略指导的结果。其实，这位驾驭战争的人，早在1952年夏就看出来了。美国侵略者处于不利状态、挨打状态，如果不和，它的整个战线就要被打破，汉城就可能落入朝鲜人民之手。现在，全世界人民渴望已久的朝鲜停战终于实现了。中国人民志愿军所进行的抗美援朝战争，至此也就胜利结束了。毛泽东当然抑制不住喜悦的心情。毛泽东对抗美援朝战争取得伟大胜利，作出了世界公认的重大贡献，除了他对这场战争实施了一系列正确的战略指导外，他支持儿子抗美援朝，毛岸英牺牲在朝鲜战场。

就是在朝鲜停战签字这天，毛岸英的爱人刘松林到中南海看望毛泽东。周恩来总理当面深沉地对刘松林说："我们胜利了，但是中国人民也付出了代价。岸英同志在朝鲜牺牲了，我们没有及时告诉毛主席和你，希望你理解……"

刘松林痛不欲生，泪流满面。

1955年设立的毛岸英烈士墓碑。

周恩来让刘松林躺在沙发上。当周恩来安慰毛泽东时，他的手碰到毛泽东的手，心里一惊，急忙对刘松林耳语："松林，你要节哀，你爸爸的手都冰凉啦！"刘松林又去安慰爸爸。

毛泽东深知她的心情，缓慢地说："松林，你今后就是我的大女儿。你有什么要求和困难，尽管提，我会帮助你的……"

刘松林说："爸爸，战争已经结束，我希望把岸英的遗体运回祖国。"

毛泽东摇摇头说："青山处处埋忠骨，何必马革裹尸还。抗美援朝战争，要付出代价的！为了国际主义共产主义事业，反抗侵略者，中国人民志愿军英

2000年，抗美援朝50周年之际，杨凤安与毛新宇在朝鲜为毛岸英烈士扫墓。

勇战斗，前仆后继，牺牲了成千上万的中华优秀儿女。岸英就是其中的一员，一个普通的志愿兵。不能因为是我的儿子，就当成大事。不能因为是我、党的主席的儿子，就不应该为中朝两国人民而牺牲！中国人民有成千上万家庭中的亲人牺牲在朝鲜，成千上万的志愿军烈士不是安葬在朝鲜吗？我们不应要求任何特殊照顾。"

毛岸英烈士安葬在朝鲜的平安南道桧仓郡的"中国人民志愿军烈士陵园"中。陵园坐落在山丘之中，四周环绕着参天的苍松翠柏，山间清溪缓流，显得分外庄严肃穆。一百多名中华儿女安息在这里。毛岸英的墓在最前排的正中间。墓前石碑上刻着："毛岸英同志之墓"。

朝鲜停战后，彭德怀司令员乘坐吉普车，开出了开城，随后跟着一辆吉普车，乘坐着邓华、洪学智副司令。彭德怀亲自到三八线一些阵地视察，到了马良山、五圣山、上甘岭等地。吉普车沿着弹坑累累的公路前进，沿路不断遇到正在进行军民联欢的群众。朝鲜老百姓和志愿军战士欢乐地跳着朝鲜民族舞。

彭总乘坐的小车进入一座青青的山岗。这里是三八线上开城北部巍峨挺拔的松岳山,山上那12000个烈士墓,都是朝鲜人民亲手所建。彭德怀下车步行。美丽的小山岗上,遍地长满了青草野花,还有松柏挺立。在松柏之间有许多墓碑,后面的高山弯弯曲曲伸延远方。

彭德怀走着,一一看着墓碑,他的神情严肃沉重。中华儿女为支援朝鲜人民抗击侵略者,捐献了黄金,也以鲜血和生命使美丽的三千里江山、美丽的三八线又重新恢复了和平。

156. 彭德怀宣告:西方靠几尊大炮霸占一个国家的时代一去不复返了

1953年8月1日,彭德怀乘汽车离开平壤回国。到沈阳后,他特地在东北地区逗留了几天,以便朝鲜地区有变化,他可以马上返回。

8月10日下午,彭德怀乘火车回京。车到锦西站,车站转来周恩来办公室的电话,说是总理让转告彭老总,请他在中途休息几小时,换乘专列,在明晨8点钟以后到达北京站。

8月11日上午9时,彭德怀的专列缓缓进入北京站。站台上悬挂着红色大字横幅:"欢迎中国人民志愿军彭德怀司令员胜利归国大会",两旁结着红色彩球。党和国家领导人邓小平、林伯渠、郭沫若及北京各界数千人在站台迎接,掌声和欢呼声响成一片。人们挥动手中的鲜花和彩旗,向彭德怀热情致意。到车站欢迎的还有中国人民政治协商会议全国委员会、中国人民抗美援朝总会、各民主党派领导人和各界代表2000多人。中国人民抗美援朝总会主席郭沫若致欢迎词,代表全中国人民向彭德怀表示热烈的、诚恳的欢迎和感谢。他说:全中国人民都感谢你们,全世界爱好和平的人民都感谢你们。你们的胜利是全世界人民的胜利,是和平的胜利、民主的胜利、正义的胜利。

9月12日,中南海怀仁堂座无虚席,中央人民政府委员会在这里举行扩大会议,听取彭德怀关于中国人民志愿军抗美援朝工作的报告。

彭德怀详细叙述了中国人民志愿军英勇作战的过程,和为保卫和平、反抗侵略取得的伟大胜利。中朝人民军队从1950年6月25日至1953年

7月27日，共毙、伤、俘敌109万人，其中美军39万余人。中国人民志愿军在作战中壮烈牺牲和光荣负伤的共36万余人。

彭德怀在报告的最后说："美国当发动侵略战争之初，满以为年轻的朝鲜民主主义人民共和国是不堪一

1953年9月12日，中央人民政府委员会举行第24次会议，中国人民志愿军司令员彭德怀在会上作《关于志愿军抗美援朝工作的报告》。

击的，满以为解放刚才一年的中国人民是不敢起而支援其邻人共同反对美国侵略的，因而他们指望用闪电的袭击来达到侵占全部朝鲜并进而侵犯我国东北的狂妄目的。""然而，美国干涉者失算了，他们的狂妄野心被粉碎了。""在三年激战之后，资本主义世界最大工业强国的第一流军队被限制在他们原来发动侵略的地方，不仅不能越雷池一步，而且陷入日益不利的困境。这是一个具有重大国际意义的教训。它雄辩地证明：西方侵略者几百年来只要在东方一个海岸上架起几尊大炮就可霸占一个国家的时代是一去不复返了，今天的任何帝国主义的侵略都是可以依靠人民的力量击败的。它雄辩的证明：一个觉醒了的、敢于为祖国光荣、独立和安全而奋起战斗的民族是不可战胜的！"

彭德怀的报告不时被热烈的掌声打断。

157. 彭德怀回国负责主持中央军委日常工作，勉励杨凤安好好学习

1954年9月5日，彭德怀总辞去中国人民志愿军司令员职务，由邓华任司令员，杨得志、杨勇任副司令员。9月28日，中共中央政治局决定，由下列几人组成中共中央军事委员会。主席：毛泽东；委员：朱德、彭德怀、

1954年9月，朝鲜民主主义人民共和国政府代表团访问我国，国防部部长彭德怀和金日成首相共叙友情。

林彪、刘伯承、贺龙、陈毅、邓小平、罗荣桓、徐向前、聂荣臻、叶剑英。并决定由彭德怀负责军事委员会的日常工作。

彭德怀 1952 年 4 月被接回北京，对他额上的脂肪瘤进行了切除手术，5月出院。他要求很快返回朝鲜前线，但是中央要他留下休养一段时间，由中央办公厅安排他住进中南海永福堂。彭德怀在这里休养两个来月，中央讨论了他的工作安排。

7月初，周恩来在政治局会议上提议把彭德怀留在北京，以军委副主席的身份兼任总参谋长，主持军委日常工作。大家一致同意，但彭德怀表示不愿接受这一工作。主要原因是他不想再从事军事工作了。另外，他也感到总参谋部当时的工作确实繁重，自己难以胜任。从1947年3月起周恩来主持军委日常工作，5年多时间，是军事工作极为繁重又卓有成效的时期。但新中国建立后，周恩来身为政务院总理兼外交部长，国家的经济建设和国际外交事务已使他够劳累了，因此急需把军委日常工作交给另一人来管。1951年10月中共中央决定林彪主持军委工作，但他上班仅3个多月就病倒了。彭德怀是想推举一个身体强健的人来顶住这繁重的任务，这样他也可以摆脱军职。但是，中央决定后，他又再次服从决定，顾全大局，进入统帅部，肩负起军事使命。他上任后，工作高度紧张，白天办公，晚上批阅文电，有时通宵开会。

彭德怀的军事秘书兼志愿军司令部办公室副主任杨凤安，在彭德怀回国后，被组织上安排到军事学院学习。

1954年4月，杨凤安回国时，彭德怀一再吩嘱杨凤安，回国时把他在朝鲜志愿军总部常看的书带回北京。杨凤安把彭德怀的书用两个皮箱装好带上，并将彭德怀在朝鲜战场矿洞中睡觉铺在行军床上的一个黑狗熊皮褥子也带了回来——这是西北人民关心彭德怀在朝鲜住洞子潮湿易得关节炎，赠送给他用的。

杨凤安回国到北京，住在前门外打磨厂。彭总把杨凤安和杨凤安的爱人鲁虹云一起，接到中南海他的办公室。

杨凤安这时已29岁，他同鲁虹云是1953年新年在朝鲜战场结婚的。他们当时都在"志司"工作。鲁虹云在"志司"办公室任机要秘书。她17岁就在山东家乡当区妇救会主任，参军后在华东军区为粟裕当机要员。抗美援朝第三次战役后，从国内抽调了一些优秀的机要人员入朝，她带领几名山东籍姑娘来到朝鲜。这位山东姑娘有着山东人特有的机敏、泼辣的性格。她与杨凤安结婚的日子里，杨得志还特意在新年前夕，邀请他们新婚夫妇到他的办公处，让厨房做了几个菜，又让几个人作陪，祝贺他们新婚。一年后，杨凤安与妻子鲁虹云返回祖国，回到北京，又得到彭德怀的邀请，夫妇俩格外激动。

彭德怀把杨凤安和他的爱人接到中南海后，杨凤安向彭德怀汇报了朝鲜停战后的情况：志愿军一边防备美军破坏停战协议发起进攻，一边帮助朝鲜人民重建家园。

当时，彭德怀的妻子浦安修也在场。在西

志愿军组织部长任荣、本书作者杨凤安与志愿军战斗英雄合影。

北军政委员会时,杨凤安和浦安修都是彭德怀的秘书,杨凤安主管军事事务方面的。此时,杨凤安看到浦安修有白发了,说:"才几年不见,怎么有了白发了?"

彭德怀笑呵呵地说:"人家大知识分子,现在搞轻工业了(当时浦安修在轻工业部工作),操心操得把头发都变白了……"

大家都笑了。

彭德怀继续说:"你带来的书我留下(这是彭德怀在朝鲜战场'志司'指挥所常看的书,包括《毛泽东军事著作》、《马克思、恩格斯军事理论》、《孙子兵法》、《麦克阿瑟》、《美海军登陆作战》等书籍)。装书的两个皮箱给'志司'办公室带回去……"

停了一停,彭德怀又说:"那个皮褥子你带回来干什么? 留给杨得志司令员铺在行军床上用吃。矿洞里很潮湿……"

杨凤安说:"停战后,'志司'的同志们都不住洞子了,都盖起了新房。'志司'住的是工兵盖的新房和楼房,皮褥子用不上了。这件黑狗熊皮褥子是西北人民赠送给您的,给您带回来留个纪念。"

彭德怀说:"好,先留下,以后叫景希真同志(他的警卫参谋)送到总后杨立三那里。"两只装书用的皮箱,当即交给送杨凤安从朝鲜回国的警卫员,带回朝鲜战场,交给"志司"办公室。

这时,彭德怀请杨凤安夫妇吃中午饭,并告诉厨师增加两个菜,共4小盘菜。

吃饭时,杨凤安对彭德怀说:"我到军事学院去学习,您还有什么指示?"

彭德怀说:"不要浪费时间,要好好学。"杨凤安体会到,这是彭德怀鼓励他抓住时机,努力搞好学习,以适应以后国防现代化建设的需要。

后来,杨凤安以优秀成绩从军事学院毕业,走上了军事科研岗位。

158. 志愿军凯旋归国的日子

1957年11月,各国共产党和工人党在莫斯科举行会议期间,毛泽东主席和金日成首相谈到从朝鲜撤出中国人民志愿军的问题。毛泽东说："鉴于朝鲜的局势已经稳定，中国人民志愿军的使命已经基本完成，可以全部撤出朝鲜了。朝鲜人民可以完全依靠自己的力量来解决民族内部事务。"金日成完全同意毛泽东的意见。

　　1958年2月5日，朝鲜民主主义人民共和国政府发表声明，主张撤出在朝鲜的一切外国军队，并在外国军队撤出朝鲜之后，在一定时间内实现全朝鲜的自由选举。同时提出，应当早日实现南北朝鲜之间的协商，以实现

越南文工团赴志愿军司令部慰问演出。

朝鲜的和平统一。中国政府于2月7日发表声明，完全赞同和支持朝鲜政府的声明。

　　1958年2月19日，中朝两国政府发表声明，宣布中国人民志愿军决定在1958年底以前分批全部撤出朝鲜。

　　志愿军各部队在撤出朝鲜之前，掀起了帮助朝鲜人民生产建设的高潮。在朝鲜停战以后，志愿军在维护停战协定的同时，把帮助朝鲜人民医治战争创伤、重建家园当作自己的责任，以高度的热情，参加了恢复重建朝鲜北半部的工作。在接近战区的许多地方，当丧失家园的朝鲜人民回乡时，志愿军战士们协助盖房子、修学校、填平田中的无数炸弹坑，起出敌人埋下的地雷等爆炸场，使朝鲜人民尽快安居，恢复生产。志愿军铁道兵部队，仅3个月即修复、整修和新建桥梁308座，车站37处，帮助朝鲜铁

毛泽东和金日成在一起。

路员工迅速地全部恢复了朝鲜北部原有铁路线。志愿军工程兵部队担负
了很多规模巨大的工程,修建了平壤、咸兴等城市的办公大楼、医院、学
校等建筑20多万平方米,帮助朝鲜人民修复了具龙、泰川等8座水库,修
筑堤坝1300余座,全长310公里。志愿军帮助朝鲜人民重建家园的行动,
受到了朝鲜劳动党、朝鲜民主主义人民共和国政府和朝鲜人民的热情鼓
励和称赞。

当中国人民志愿军全部撤出朝鲜的决定宣布以后,志愿军和朝鲜军
民之间结成的兄弟情谊,绽开更加绚丽的花朵,出现了中朝团结友好的
新高潮。

当志愿军部队分批撤出朝鲜时,金日成首相和朝鲜党政其他领导
人,不顾国事的繁忙,分别亲自到撤军部队驻地看望,慰问和欢送志愿

军，亲自出席欢送大会和欢送宴会，给了志愿军以巨大的鼓舞。在这些会议上，金日成等朝鲜党政领导人以全体朝鲜人民、朝鲜劳动党和共和国政府的名义，感谢中国人民志愿军在朝鲜人民反侵略战争中所作的贡献，称赞他们"在朝鲜战争中所建立的丰功伟绩，将同朝鲜美丽的山河一起万古长存"，赞扬中国人民志愿军"同朝鲜人民之间结成的深厚友谊，将永远留在朝鲜人民子孙的心中"。

这时，本书作者王天成和"志司"的同志，怀着激动的心情，等待返回久别的祖国。王天成已在这块土地上战斗工作8个春秋了，多么想念与家乡的父母团聚和相见，但对曾战斗过的地方以及热情的朝鲜人民仍有一种难舍难分的友情。"志司"的同志更缅怀那些牺牲在远离故乡战场上的烈士们，他们又一次到"志司"附近朝鲜平安道桧仓郡中国人民志愿军烈士陵园里，再看看一个个普普通通的烈士坟墓。一个墓前，立着一块三尺高的花岗石石碑，碑上刻着七个大字："毛岸英烈士之墓"，这就是毛泽东之子毛岸英烈士的墓。毛泽东对毛岸英的牺牲，心情是很沉重的。毛泽东

朝鲜的志愿军烈士陵园，毛岸英墓在此陵园中。前排左四为本书作者王天成。

强忍失子之痛,挥泪表态:同意彭德怀同志的意见,把岸英的遗骨和成千上万的志愿军烈士一样,掩埋在朝鲜的土地上。这些事,志愿军总部及驻地朝鲜群众中都传为佳话。灿烂的阳光,照射在烈士的墓碑上,它它闪着金光。群山巍巍,松柏常青,风过山林,呼呼有声。那墓碑,那金光,那群山,那青松,以及那时时从山林中传出来的松涛声,似乎在传颂着人世间最伟大、最真挚的父子情。

王天成回国之前,和同志们在烈士陵园留影留念,照了许多难忘的照片,也写了赞语:

　　　　巍巍青山埋忠骨,弯弯碧水颂君魂。
　　　　蓝蓝天空伴赤子,世世永远赞英雄。

1958年10月25日,是中国人民志愿军抗美援朝8周年纪念日,也是中

　　1958年,志愿军总部与志愿军最后一批部队撤离朝鲜。金日成在车站欢送志愿军司令员杨勇、政委王平等。

国人民志愿军总部官兵乘坐最后一列列车离开平壤回国的日子。

这一天,平壤全城到处飘扬着朝中两国国旗。在宏伟的平壤车站大楼上,高悬着金日成和毛泽东的巨幅画像。大楼两旁悬挂着用朝中两国文字书写的标语:"英雄的中国人民志愿军官兵们建立的伟大功勋,在我们祖国历史上永放光芒"。

上午10时,中国人民志愿军总部官兵从金日成广场整队出发前往车站,杨勇、王平走在队伍的最前面。在志愿军步行经过的街道两旁,簇拥着热情洋溢的30万平壤市民。他们手执鲜花和彩旗,把整个街道组成一条彩色的"河流"。许多人从行列里跑出来向志愿军献花献礼物,依依不舍地拉着志愿军话别。大约两公里长的街道,志愿军的队伍整整用了1个小时才穿过。

在车站广场上,杨勇向平壤市人民致告别词。杨勇、王平等人同前来欢送的金日成等朝鲜党政领导人热烈握手告别。

12时整,志愿军总部官兵乘坐的列车,在"祝你们一路平安"的欢送声中,驶离平壤车站。

至此,志愿军按1958年2月22日发表的声明,全部撤出了朝鲜。

第二十一章 结 语

159. 抗美援朝战争的历史地位

书写到最后,我们还想谈点关于抗美援朝战争的历史地位问题。这主要是因为,抗美援朝战争已过去40多年了。现在,人们对抗美援朝战争的理解如何? 美国一位学者写了一本名叫《被遗忘的战争》的书,提出不要忘掉这场战争。我们是这场战争的胜利者,更应重视对这场局部战争的研究,清楚这场战争的历史地位。我们认为,抗美援朝战争具有重大历史意义,主要是:

一、世界战争史上的光辉篇章

抗美援朝战争是一场带有国际性的反侵略战争,也是二战后规模最大的现代局部战争。战争虽然只是在朝鲜半岛进行,但参战国较多。以美国为首的16个国家的军队组成的"联合国军"和南朝鲜军队,投入兵力最多时达120多万人。中国人民志愿军和朝鲜人民军,投入兵力最多时达180多万人。在战争中,中、朝人民军队团结一致,把敌人从鸭绿江边打退到三八线地区,粉碎了美国政府妄图征服全部朝鲜并进而扩大侵略的计划,有效地捍卫了朝鲜民主主义人民共和国,保障了中国的安全,对维护世界人民的和平事业、反对侵略战争具有极其重要的意义。抗美援朝战

丹东鸭绿江断桥处大型青铜塑雕群像前，志愿军老战士给青年讲解抗美援朝的历史。

2006年9月落成的丹东鸭绿江断桥北端《为了和平》大型青铜雕像。前中为彭德怀。

争在世界军事史上占有重要的地位。

二、中国人民反对美国侵略的重大历史贡献

伟大的抗美援朝战争，是中国人民为着"抗美援朝，保家卫国"的崇高目的，组成中国人民志愿军开赴朝鲜而进行的一场反侵略的正义战争。中国人民和中国人民志愿军，在中国共产党和毛泽东同志正确领导下，发扬高度的爱国主义、国际主义和革命英雄主义精神，不畏强暴，艰苦奋斗，同朝鲜人民和朝鲜人民军一道，在2年零9个月的作战中，共毙伤俘敌109万多人，其中毙伤俘美国侵略军39万多人，击落击伤敌机1.2万多架，沉重打击了美国的侵略气焰（美国在战争中消耗了大量物资，开支战费达830亿美元，仅次于它在第二次世界大战中的耗费），从而迫使敌人接受中、朝和平解决朝鲜问题主张，在朝鲜停战协定上签字，使这场战争以侵略集团的失败而告结束。

为夺取战争的胜利，中国人民志愿军也付出了相当代价。在战争中牺牲和负伤的有36万多人，开支战费人民币65亿元。中国人民和中国人

志愿军老兵在大型青铜雕像《为了和平》前。

民志愿军为反对美国侵略做出了重大贡献。

三、世界军事史和军事学术研究的重要课题

抗美援朝战争,是二战后一场规模巨大的国际性战争。虽然这场战争始终局限在朝鲜半岛,但战争双方投入到战场上的兵力共达300万人。侵朝美军是当代西方最强大的军队,还有英国、法国等15个国家也都追随美国派兵参战。在战争中,侵朝美军拥有空、海军优势,控制着制海权和制空权,实行的是陆、海、空三军联合作战,使用了除核武器外所有的现代化高技术兵器和装备,是高度现代化的战争。而志愿军技术装备完全处于劣势地位。因此,使志愿军在战争中遭到了极大的困难。但是,志愿军遵循毛泽东主席实行人民战争的战略指导, 在彭德怀司令员指挥下,一切从实际出发,依据敌对双方的特点正确指导战争,紧紧依靠人民群众,发挥广大指战员的积极性和创造性,趋利避害,以己之长击敌之短,终于战胜了一切难以想象的困难,不仅赢得了战争的胜利,而且取得了打败美国侵略军的宝贵经验。这些经验是进行局部战争战略指导的典范,是我军研究、借鉴的重要课题。这段历史,也是教育青年的非常丰富和宝贵的精神财富。

160. 抗美援朝战争历史对现实的重要启示

一、正确的战略战役指导是打赢现代战争的关键

毛泽东指出:"抗美援朝的胜利是靠什么得来的呢?是由于领导的正确。领导是一个因素,没有正确的领导,事情是做不好的。"抗美援朝战争再次证明了这一真理。同美国相比,中国的经济和军队装备确实非常落后。但是,中国人民志愿军和朝鲜人民军,却打败了以美国为首的"联合国军"。这里的关键是,中共中央、中央军委和毛泽东、周恩来、彭德怀等老一辈无产阶级革命家, 创造性地运用了马克思主义的战争指导路线,对战争实行了正确的指导,从敌我双方的实际情况出发,具体地分析战争的具体情况,着眼于战争的特点和发展,从中找出行动规律,并应用这些规律于自己的行动,力求使主观指导符合客观实际,能动地争取战争

的胜利。研究抗美援朝战争中我军的战略战役指导,具有重要现实意义。

二、以劣胜优是打赢现代反侵略战争的立足点

我军取得抗美援朝战争的伟大胜利,基本经验之一是,贯彻敢于斗争又善于斗争,坚持立足于现有武器装备,有什么武器打什么仗的原则。毛泽东从制定出兵决策,到志愿军入朝之初指示:"应当从稳当的基点出发,不做办不到的事。"志愿军就是从这个基点出发,采取了一系列极富有创造性、灵活性的而且是卓有成效的战略战术,以劣胜优,打败了强大的敌人。武器装备落后,就要靠军事理论先进。以劣胜优是符合实际的立足点。

三、发展最新军事技术和作战理论是打赢现代反侵略战争的重要条件

抗美援朝战争,美军武器装备比我军强许多倍,使我军付出相当代价。我们不可忽视武器是打胜仗的重要因素这个原理。因此,超前研制和发展新军事技术和作战理论,将成为加强国防建设、打赢反侵略战争的重要条件。

四、和谈是解决军事抗争的有效途径

朝鲜战争的历史启示:战争可以避免。无论是民族间或是国家间,任何最尖锐、最深刻的矛盾和冲突,都应该而且可以通过和平谈判方式解决。美国研究中美关系的著名学者、兰德公司研究员乔纳森·波拉克说过这样一句话:"朝鲜战争的结束,表明世界大战并不是注定不可避免的,而且即使最敌对的敌手之间也能停止那种损坏双方利益的战争。这些可以证明在朝鲜战场和朝鲜谈判桌上学到的经验的永恒意义。"

161. 彭德怀在朝鲜战场上的卓越军事指挥

1950年10月,以美国为首的16国组成的"联合国军"入侵朝鲜,逼近中国边境。彭德怀率中国人民志愿军抗美援朝、保家卫国,以不畏强暴的英雄气概和坚韧不拔的毅力,经过2年零9个月的艰苦卓绝的浴血奋战,终于同朝鲜人民一道,打败了装备精良的侵略军,迫使敌人接受和谈,最终实现停战。彭德怀成为第一个打败美军的中国统帅,成为享誉国内外的著名军事家,甚至战场上的对手美国将军也不能不叹服他的指挥才能与胆略。彭德怀为抗美援朝战争作出了重大历史贡献。在纪念彭德怀诞辰100周年之际,我们两人作为曾在朝鲜战场彭德怀身边工作和他领导下的老志愿军,以亲身经历论述彭德怀驾驭朝鲜战争的卓越军事指挥,缅怀彭德怀元帅不可磨灭的历史功绩。

彭德怀在朝鲜战场的卓越军事指挥,我们认为突出表现是:

一、首先是具有伟大战略家的胆识与气魄,敢于在敌强我弱悬殊、形势对我十分不利的情况下定下出战的决心

1950年6月25日,朝鲜内战爆发。27日,美国总统杜鲁门宣布派美军支援南朝鲜军作战,同时派美海军第七舰队侵入中国台湾海峡。8月下旬,美国侵朝空军开始不断侵犯我国东北领空,轰炸扫射我安东(今丹东)、辑安等城镇。9月15日,美军经过精心准备,出动7万多人在朝鲜西海岸仁川登陆成功,很快切断朝鲜人民军前后方联系。25日占领汉城。9月底,美军向三八线以北抵进,宣称要用武力统一全朝鲜。10月1日,毛泽东接到金日成求援信,当日召集中共中央书记处会议,力主出兵援朝。与会领导人针对我国国内的困难,顾虑较多。主要是:第一,朝鲜战局如此急速恶化。这时,敌军15个师、42万多人,在1000多架飞机支援下,逼近三八线。我国派兵到三八线已失去有利时机。第二,我国国力、军队装备与美国相差悬殊。当年,新中国钢产量仅为美国的一百多分之一。美军一个军有70毫米口径以上火炮1000多门、坦克500辆。我一个军这样火炮才36门,况且没有坦克,没有空军。在装备及火力如此悬殊的条件下贸然出兵同美军作战,是否有利。第三,我国刚刚开始进入经济全面恢复与建设。这时出兵援朝,美国同我国进入战争状态,美国即使仅使用空军轰炸中国大城市,使用海军或鼓动台湾国民党军进攻中国沿海地区,也是引火烧身。权衡利弊,多数人有顾虑。毛泽东针对多数人主张不出兵的意见,4日在政治局会议上说:"你们说的都有理由,但是别人处于国家危急时刻,我们站在旁边看,不论怎么说,心里也难过。"应毛泽东紧急召到北京开会的彭德怀,听到大家发言的倾向是最好不打这一仗,也听了毛泽东最后的讲话，没有发言。毛泽东起草电报给斯大林，明确说明中国决定派12个师于10月15日到达朝鲜北部支援人民军作战，并明确说等待苏联援助武器装备和空军配合作战。5日，毛泽东单独同彭德怀谈话。彭德怀以诚表示他也感到朝鲜亡国很痛心，并肯定说苏联能快速提供装备援助和空军支援，可以同美军较量一下，坚定了毛泽东出兵的决心。毛泽东当面与彭德怀谈任命他为志愿军司令率兵援朝，征求其意见。彭德怀表示服从中央决定。下午，彭德怀在政治局讨论出兵援朝的会上发言说：出兵援朝是必要的。打烂了，最多就等于解放战争晚胜利几年就是了。如让美军摆在鸭绿江岸和台湾，它要发动侵略战争，随时都可以找到借口。彭德怀的发言引起与会领导人及其他将领的敬佩，特别是敬佩他临危受命率军入朝作战的无畏精神。中央原来决定派林彪率军作战，考虑他曾是第四野战军司令员，熟悉第一批出国作战部队，但是林彪托词有病不肯去。所以毛泽东对彭德怀愿负重托十分满意。8日，毛泽东派周恩来总理飞抵莫斯科请求尽快落实苏派空军支援问题。11日深夜，毛泽东接到周恩来报告说，斯大林拒绝派空军支援。这意味我国出兵就得单独干了。苏联不给装备，我军要靠当年缴获的五花八门武器装备同拥有现代化精良装备的美军作战，会遇多大的困难？13日，毛泽东又电召彭德怀从安东回京再议出兵决策。此时朝鲜首都平壤告危，朝鲜人民军仅剩5万人了，朝鲜危在旦夕。毛泽东与彭德怀等协商后决定出兵援朝计划不变，不能见死不救。周恩来在莫斯科迅速转告斯大林中国按原计划出兵援朝。斯大林此时被感动得落泪，激动之情，溢于言表。彭德怀已下定决心，为了维护国家安全，一定要打，要打就要打赢，令出国部队10天完成作战准备。入朝后，彭德怀指挥我军连续发动三次进攻战役，扭转了朝鲜战局。敌军遭痛歼，溃退三八线以南。古往今来，战争中最神秘最重要而又最困难的事，莫过于战略决策与战争指导了。我军的胜利，为而后公正合理解决朝鲜问题创造了基础。事实证明，中共中央作出关于国家安危与亚洲命运的出兵抗美援朝战略决策是英明正确的，也证明彭德怀在支持和坚定毛泽东主持中共中央政治局作出出兵援朝决策过程中的重要作用。克劳塞维茨在他著的《战争论》中说，一个卓越的统帅，除了经验和坚强意志外，还需具有其他一些非凡的精神素质。我们随彭德怀入朝作战的人深深感到,彭德怀具有伟大战略家的胆识与气魄,敢于在敌强我弱悬殊、形势对我十分不利的情况下定下出战的决心,也在于他具有高度的爱国主义、英雄主义精神。当年朝鲜战场上我军的重要对手、侵朝美军第二任总司令李奇微在回忆录中感叹地说,美国有关朝鲜战争的重大错误之一是低估了中国人的实力,在于美国采取越过三八线进攻朝鲜的行动,认为当时中国"没有一位神志清醒的司令官"会向鸭绿江以南派兵作战。当前,美国学者承认彭德怀是这样的神志清醒的司令官。他的业绩正成为中外学者研究的永恒学术课题。

二、审时度势,把握战机,创造战场,结合实际确定作战方针

战争是敌对双方凭借一定物质条件进行的主观能力的竞赛。这种主观能力,首先是指挥员审时度势的能力。战争中的审时度势,也就是对敌情、我情、友邻、地形等的了解、分析和判断。正确的战役决心来自正确的情况判断,这是正确运用战略战术的基本前提。彭德怀在毛泽东的战略指导下打了胜仗,主要原因就是他能正确把握战机,创造战场,结合实际确定作战方针。

1.把握重大战略性战役决战的战机

战争中贻误或丧失战机都等于丧失一切。在朝鲜战场,敌我双方多国军队在这个狭长的半岛上交战,几乎每一个战役都是关系战争全局利害的战略性战役。因此,抓着最有利于歼灭敌人有生力量、实现政治目标的战机,对于获得战役的胜利关系重大。彭德怀总是掌握并客观分析战场情况,适时抓着战机,实事求是向中央军委报告,适时定下实施战役的决策,因此能在我军被迫急速出国作战的被动和劣势中,争取到了主动和优势,不误时机,打了胜仗。

10月8日,彭德怀临危受命任中国人民志愿军司令员兼政治委员,率军出国作战。当日彭德怀到沈阳听朝鲜内务相朴一禹汇报敌情,10日致电毛泽东建议:原拟先出兵2个军及2个炮兵师,恐鸭绿江铁桥被炸不易集中优势兵力,失去战机。故决定将4个军3个炮兵师全部集结鸭绿江南,待机歼敌。他根据实际情况,改变了原定计划。毛泽东11日复电同意彭德怀部署。19日,彭德怀带1名参谋、2名警卫员和1部电台,第一个进入朝鲜。26万大军同日在数个渡口跨过鸭绿江进入朝鲜,接着完成了战役兵力展开,为实施第一次战役创造了有利布势。从10月8日彭德怀受命到19日大军出国完成作战准备,仅用12天时间,其中彭德怀来往于北京、沈阳、安东(丹东)3次,入朝后又日夜兼程于10月21日与金日成首相会面。金日成充满感激之情,紧紧握着彭德怀的手说,志愿军来得及时,中国人民是真正的朋友!

第一次战役胜利后,麦克阿瑟仍错误判断我出国兵力仅为6—7万人,仍将其主力部队部署于清川江南岸和黄草岭、赴战岭以南地区,准备发起圣诞节前结束朝鲜战争的总攻势,以5个师经长津湖北进,而后向西;以8个师另2个旅由清川江北上,总兵力达22万余人,两军拟在江界以南会合,围歼志愿军和人民军于朝鲜北部,赶在鸭绿江冰封前攻占全朝鲜。

毛泽东电告彭德怀,务必注意敌有向我举行反攻之可能。彭德怀判明情况后,适时抓着战机进行决战,发动了第二次战役,痛歼侵略军的一部分王牌部队,扭转了朝鲜战局。"联合国军"败退到三八线附近。

到1951年1月,志愿军出国作战80天,连续取得三次大规模进攻作战的胜利,毙伤俘敌7万余人,把敌人从鸭绿江边驱逐到了三十七度线附近。此时,苏联驻朝大使和一些同志认为美军正准备全面撤退,主张乘胜追击,一鼓作气把侵略军赶出朝鲜。彭德怀认为,敌人虽遭我三次沉重打击,但主力没有被削弱,后备力量很强,技术装备仍占很大优势。我军相当疲劳,特别是减员很大,随着战线南移,我军后勤运输已延长到500至700公里。在敌机封锁袭扰下,我后方弱点暴露更多,前送后运更加困难。在敌我力量未发生根本变化的条件下,显然决战时机并不成熟。为此,坚决停止追击。毛泽东同意他的意见,指示能速胜则速胜,不能速胜则缓胜。

朝鲜战场的实践说明,不能贻误战机,也不能盲目地一味进攻。不注意客观情况,求胜心切,采取冒险的行动,都会导致惨败。

2.精心创造战略性战役决战的战场

创造实施战役的战场,是对战争空间因素的充分利用,是实现保存自己、消灭敌人这一战争目的的基本条件。毛泽东在志愿军入朝前就指示彭德怀，从同高度现代化装备的敌军作战和地理环境考虑，注意创造有利于我歼敌的战场。彭德怀在朝鲜创造战场通常考虑的因素是：（1）有利于实现战略意图。（2）有利于粉碎敌人的作战企图。（3）有利于达成歼灭战的作战目标。（4）有利于下一战役的发展。其核心是能否大量歼灭敌人，发展胜利。

抗美援朝第一次战役着眼点是，出奇不意迎头痛歼侵略军，取得一个立足点，站稳脚跟，为而后发展胜利创造条件。彭德怀与其助手志愿军副司令邓华、洪学智等，入朝后几天内，依据新的战场情况形成新的判断，定下正确的决心，改变原来部署，确定在清川江以北地区运动中歼敌。第一仗像足球队入场，先进入场地，则在政治上、军事上都争取到主动。

第二次战役选择在清川江附近预设战场，也是从敌情、我情、兵力对比、地形等因素出发，有利于我诱歼骄敌，有利于我诱敌深入，实施穿插、分割、迂回、包围，歼灭敌有生力量。

创造战场同时是根据准确判明敌人战略动向确定的。现代局部战争特别要注意判明己方的主要威胁和主要威胁方向，判断失误则导致战略和作战指导的失误。要精确做到敌最可能从哪里来，我军就在哪里严加防范。美军仁川登陆收到的突袭效果就在于朝方未能注意防守薄弱地区。彭德怀在朝鲜战场，放在桌上和枕头旁的3本书中，有一本是麦克阿瑟在二战中的登陆作战战例和他的生平经历材料。熟悉敌人指挥官的脾气和秉性，掌握美军的特长和规律，一直是彭德怀经常告诉参谋的话题。1953年2月，根据情报，美军7个师和南朝鲜2个师在二线集结，并加紧登陆作战演练。中央军委和彭德怀适时判断敌可能在西海岸的汉川江、清川江至鸭绿江一线地区和东海岸元山地区登陆，指挥和调集志愿军6个军19个师及人民军1个军团以及另2个军7个师和人民军2个军团分别在东西海岸进行反登陆准备，共挖掘总长720公里的坑道工事和3100公里长的堑壕、交通壕工事。美国发现我军两翼海岸已森严壁垒，遂放弃登陆企图，被迫于1953年4月26日同我恢复了停战谈判，从而为此后朝鲜停战的实现铺平了道路。40年后，美国学者来华进行学术交流时说，1953年中国军队进行了半年的反登陆准备，兵力兵器与工事构筑已相当充分，美国已不敢重演仁川登陆式的作战。

3.从战场实际出发确定作战方针

我军入朝，主要作战对象是美国侵略军，它不仅有高度的现代技术装备，而且其部队久经训练，许多是二战中的王牌军，实战经验也很丰富。指挥官的军事素质较强，具有一定的求实精神。彭德怀面对这样的敌人，在新的战场，从理解战略全局基础上，从政治、军事、兵力、态势、地形等方面，找出影响战争进程的利害所在，确定我军的作战方针。例如，志愿军入朝前，原计划入朝后采取"积极防御、阵地战与运动战相结合，以反击、袭击、伏击来歼灭与消耗敌人有生力量"的作战方针，第一个时期只打防御战。志愿军入朝后，彭德怀根据敌尚未发现我军入朝、正分兵冒进的情况，当机立断，放弃原定计划，改从运动中歼敌作战方针，打赢了出国第一仗。

初战胜利后，彭德怀顺应战场形势的发展，采取了以运动战为主，与部分阵地战、游击战相结合的正确方针，将敌人从鸭绿江边打回到三八线，扭转了战局，奠定了抗美援朝战争胜利的基础。

经过第三、四、五次战役，我将战线稳定在三八线附近。此时，敌我力量对比出现了相对均势，短期内敌无力大举进攻，我也难以歼灭敌重兵集团，整个战场呈现相持局面。敌人被迫一面同我进行停战谈判，一面又加紧扩充军备，准备继续坚持侵略战争。1951年6月，彭德怀派邓华去北京向毛泽东汇报战场局势。毛泽东指示"充分准备持久作战和争取和谈达到结束战争"，确定"持久作战、积极防御"的战略方针。1951年6月，彭德怀根据我军技术装备条件限制，一时尚难歼灭敌人重兵集团的实际情况，在志愿军党委扩大会议上根据毛泽东提出的"零敲牛皮糖"战术，确定对敌采取打小歼灭战方针。此后，我军实行了由运动战向阵地战的战略转变，进入了打小歼灭战阶段。我军愈战愈强，成功粉碎了敌人多次进攻，并对敌坚固阵地也进行了多次战术性进攻，直至战役规模的进攻，大量地歼灭和消耗了敌人。

三、扬长击短，灵活运用兵力与战法

彭德怀在朝鲜战场卓越的军事指挥，不仅表现在他客观准确的审势，把握战机、创造战场与确定作战方针，而且能巧妙灵活运用兵力与战法，扬我军之长，击敌军之短，战胜技术装备处于极大优势的敌人。

1.利用与扩大敌人的错觉，调动敌人，诱敌深入，出奇制胜

抗美援朝第一次战役，彭德怀根据已掌握的敌情（敌人没有发觉我军入朝参战），决定以一部分兵力阻击东线进攻之敌，集中主力于西线，从运动中各个歼灭敌人。他要求在与敌人接触前，强调隐蔽行动，严守秘密，隐蔽突然地寻机从运动中打歼灭战，取得了战役的突然性。

第二次战役，彭德怀准确地抓住了敌人对我军兵力的错误估计和恃强骄狂心理，决定"让敌人更放胆深入，使敌人战线拉得更长更好打"，采取诱敌深入方针，以便予痛歼。毛泽东赞扬彭德怀这一"作战部署是完全正确的"。于是，我军有计划地后撤，示弱诱敌，隐蔽了我军企图，扩大了敌人的错觉，使敌人贸然放胆北犯。这就是后来威震世界的彭德怀在清川江一带设下罗网，表演了"姜太公钓鱼"战法。当敌人进入清川江以北我预定歼敌地区时，我军先从对方侧翼薄弱部位打开缺口，大胆实施迂回，将敌各个分割包围，诱歼美军和南朝鲜军，促使战局急转直下。敌人被迫开始了向三八线的大退却，当时被美国新闻界称之为美军历史上最暗淡的一页，引起美国国内像"患了癌症一样的绝望与惊恐"。

在朝鲜战场，我军实施诱敌深入较之以往国内作战更为复杂和困难。彭德怀采取以精兵诱强敌，以稳妥可靠的行动诱歼骄兵。如派志愿军主力之一的第三十八军第一一二师担任诱敌任务。其次是灵活变换诱敌方法。如节节阻击，迷惑敌人，使敌在试探性进攻中放胆前进；或主动后撤，示弱予敌，使其不遭杀伤，消除疑虑。第三次战役，我军选在除夕之夜发起进攻，完全出敌意料，造成了战役突然性，一举突破了敌人三八线既设阵地。第四战役横城反击和第五次战役的发起，我军乘敌立足未稳，给以猛烈攻击，得到了出敌不意的效果。

2.集中兵力打歼灭战

集中兵力打歼灭战，是我军作战的传统战法，也是我军作战的中心

目的。因时、因地、因情集中兵力,适时造成局部优势,各个歼灭敌人,是彭德怀在朝鲜战场作战指挥最精彩的表现之一。在朝鲜战场同突击力、火力、机动力很强的敌军作战,扬我之长,击敌之短,以劣势装备战胜强军,更是必要的战法。彭德怀有时采取四面包围,穿插分割,迂回包围战术,将敌人割裂,在完成战役包围与战术分割之后,又依据情况确定歼敌顺序,分作几个作战阶段,集中优势兵力,一口一口吃掉敌人。第一次战役,彭德怀采取"分途歼敌"的战法。第二次战役,又把实施迂回、切断敌退路作为保障战役的重点,将第九兵团投入东线作战,保障西线集中了兵力,从而取得了歼敌3.6万人的伟大胜利。

3.巧妙发挥我军运动战、夜战、近战的特长

运动战、夜战和近战,是我军最擅长的传统战法,也是历来我军以劣势装备战胜敌人的有效战法。我军入朝,彭德怀根据毛泽东关于要广泛地进行夜间作战和寻机同敌打运动战的指示,作为争取转变朝鲜战局的决定条件之一。

我军在朝鲜战场打运动战,受着敌我装备劣优悬殊和地理环境条件制约:首先是,敌掌握了制空权和制海权,我军基本上没有空军掩护,彭德怀称之为"一军对付三军"(指我只有陆军,敌拥有陆、海、空三军)。我军白天难以实施机动和发动进攻,也难以在白天进行补给和就地补给,部队靠战士背的仅能维持7—10天的弹粮打仗。李奇微称我军为"7天攻势"。其次,朝鲜半岛三面环海,幅员较小,我军不能在更大范围内进行类似国内战争那样的大踏步的进退。第三,敌军已摩托化、机动快、补给快、突击力强、火力强,遭打击后可快速改善态势或恢复攻势;我军机动能力低,火力弱,对敌重兵防守集团很难啃动,也难吃掉。打运动战速决性增高,流动性缩小。彭德怀针对这些新问题,创造性地采取以下战法:(1)乘敌之隙,给敌以突然打击。(2)集中兵力于第一个夜间突破敌人防御,打乱敌人的战斗队形,深入到敌人战役纵深,切断其退路,猛戳敌人的屁股,动摇其布势。次日昼间乘敌混乱继续歼敌,同敌人拼刺刀、打近战。(3)实施迂回,进行侧后攻击,断敌退路。(4)适时决定战役截止,胜利后不作深远追击,取得休整部队的时间。美国将军在回忆录中称,在朝鲜战

场,美国士兵最怕有月亮的夜晚,最怕听到中共军队吹冲锋号的号声。一位英军皇家骑兵旅的士兵在夜战近战中被我军俘获,在战俘营的娱乐晚会上表演自编自说的小品说,他是英国王牌部队受过高级训练的士兵,会开坦克、会驾驶汽车,技术高、身体壮,在夜间被中国人俘虏实在遗憾!这说明敌人对我军夜战、近战的恐惧和感受。战争是对作战双方的综合考验。战争也是无情的。胜利属于正义一方和其拥有高超谋略的指挥官。

4.创造以坑道为骨干阵地的阵地战

在抗美援朝第五次战役后,敌我双方经过激烈较量,侵略军被迫同我开始了停战谈判。于是,军事斗争要适应谈判斗争的需要,便成为朝鲜形势的新特点。双方都在三八线附近转入战略防御,以坚守现有阵地,积极准备条件,促使形势向有利于自己的方向转化。我军总的战争指导思想转为"充分准备持久作战和争取和谈达到结束战争"。新的形势和任务,规定我军必须坚守现战线,实行由运动战向阵地战的转变。在此形势下,彭德怀指示,建立以坑道为骨干、同野战工事相结合的支撑点式的坚固阵地。我军依靠一般野战工事,抗击敌人在大量炮兵、航空兵和坦克兵支援下的猛烈进攻,极其艰巨困难,代价也相当大。1951年,彭德怀指挥我军在粉碎敌秋季攻势后,在正面战线和东西海岸建成以坑道为骨干的支撑点式坚固工事,共构筑坑道1250公里,相当于陇海铁路连云港至西安段挖了一条石质隧道;共挖堑壕6240公里,接近于万里长城的长度(6700公里);共挖土石6000万立方米,以1立方米为单位排列,可绕地球1周半。在阵地战时期,彭德怀指挥部队采取了战略防御中的战役和战斗的进攻战,施行打小歼灭战原则,并开展机动性质的"坚守防御"、"冷枪冷炮"狙击活动以及小部队的袭击、伏击等。上甘岭坚守防御战役和对敌连、排支撑点的攻坚作战,创造了战争史上阵地战的奇迹。毛泽东曾称赞,这种战法继续实行下去,必能致敌于死命。

5.打击敌军弱点与要害目标

选择作战目标是定下战役决心最重要内容,需要随着战场的变化,在筹划战役行动时加以明确。彭德怀在朝鲜战场,通常把敌人的企图、兵力部署、战场态势、指挥官素质、部队战斗力状况,进行分析比较,选择作战目标,力求打敌弱点,打敌要害,起到牵一发而动全身、突破一点而动摇敌整个防御体系的作用。

彭德怀在朝鲜战场拣弱敌打,主要选分散孤立之敌、分兵冒进之敌、分路进攻各路相距较远而失去协同之敌、战斗力较弱之敌、武器装备较差训练素质低以及非主力部队等。抗美援朝第一、二次战役,选择重点歼灭南朝鲜军及孤立冒进的美军,均取得初战的胜利。

彭德怀根据政治目的和战略目标、战场态势、作战指挥的协调程度、地理环境的影响,在有把握的情况下,也敢于啃硬骨头,选择处于要害部位的强敌打,拣要害打。如第一次战役,彭德怀首先求得消灭南朝鲜军第八师、第七师、第一师,然后看情况再歼美英军。毛泽东同意了这一决心。第二次战役,毛泽东与彭德怀选择歼灭美骑兵第一师和美第二、第二十五师等3个师的主力。第五次战役,我军对在无空军掩护、地面火力又弱的条件下,一时尚难歼灭敌人重兵集团认识不足,在选择歼敌目标上,战役企图过大。彭德怀及时总结了经验教训,很快地得到解决。金城战役,我军选定歼火南朝鲜首都师及另3个师共8个团为战役目的。我共毙伤俘敌7.8万余人,缴获坦克45辆,汽车279辆,飞机1架,各种炮423门,各种枪7400余支,收复土地175平方公里。整个夏季进攻战役共毙伤俘敌12.3万余人,给敌人严重打击,迫敌签订停战协定。

四、刚毅果断,坚定指挥影响全局的军事行动

彭德怀在朝鲜战场部署关系全局的重大军事行动,处置重大问题,总是听取志愿军副司令员和司令部参谋人员的意见后,对重要事实还亲自调查,然后以会议形式讨论,集中正确意见。一旦定下决心,便刚毅果断,狠抓行动的到位和落实。

1.狠抓志愿军技术装备的改善,增强现代诸兵种协同作战能力

我军入朝作战初期,虽然依靠灵活机动的战略战术获取胜利,但是由于我军技术装备条件的限制,仍不能充分发挥作战效能。因此,彭德怀认为,进行现代战争,一定要有必要的现代武器装备,一定要有能掌握现代武器装备的人,这两者都不可缺少。1951年2月,根据毛泽东的指示,由中央军委副主席周恩来和彭德怀一起召集有关单位领导人在中南海居

仁堂会议厅开会。彭德怀在会上提出希望国内各行各业都要全力支援，特别是空军和高射炮武器应尽快入朝参战。有些人强调国内困难，许多问题一时还难以解决。彭德怀听到十分恼怒，猛地站起，把桌子一拍，怒气冲冲地说："这也困难，那也困难，你们去前线看看，战士们吃的什么，穿的什么！现在第一线部队的艰苦程度甚至超过长征时候，伤亡了那么多战士，他们为谁牺牲？为谁流血？现在既没有飞机，高射火炮又很少，后方供应运输条件根本没保障，武器、弹药、吃的、穿的，经常在途中被敌机炸毁，战士们死的、伤的、饿死的、冻死的，这些都是年轻可爱的娃娃呀，难道国内就不能克服困难吗？"事后周恩来连续几天召集一系列紧急会议，使问题得到解决。同年3月3日，斯大林复电毛泽东，同意派遣两个驱逐机师和调5个高炮师入朝作战，答应中国增订6000辆汽车当年下半年交货。此后，我军在朝鲜战场步兵基本上逐步都换成了苏式装备，改变了新旧武器混用的局面，炮兵、装甲兵等兵种的数量和质量也有很大提高。由于我军改善了装备，加强了火力，进行阵地战的能力显著提高，既能进行上甘岭式的坚守防御战役，又能进行金城战役那样的对敌坚固阵地进攻战役。这些与彭德怀为解决我军重大实际问题，总是挺身而出、仗义执言、认真负责、狠抓落实的指挥作风分不开的。

2.重视后勤保障工作

在抗美援朝战争中，后勤保障工作遇到了不少新情况和新问题，任务极为繁重、复杂而艰苦。主要是，我军出国作战，就地取给和取之于敌十分有限，所需一切物资几乎全部要靠国内统筹供应。现代战争，物资消耗量巨大。我军后方交通运输条件远远落后于敌，加上敌空军不分昼夜地对我交通线进行狂轰乱炸，特别是1951年夏，敌投入1700余架飞机，对我实施空中封锁交通线战役(亦称"绞杀战")，企图切断我军前方与后方的联系，割断物资供应。这是西方现代作战理论大纵深作战中的空中截断袭击重要组成部分。这给我军后勤工作造成了严重困难。

彭德怀就任志愿军司令员的第一天，就十分关心后勤工作。他引用《孙子兵法》说："'是故军无辎重则亡，无粮食则亡，无委积则亡。'现代战争如果没有后方补充的物资保证，是不可能进行的；后方有充分物资，如果没有强有力的后勤组织工作以保证第一线的充分供应,也是不能取得胜利的。"所以,现代战争也是打钢铁仗、打物资仗、打粮食仗。我军入朝前,他要求"兵马未动,粮草先行",首先把两个月以上的作战物资提前运往朝鲜战地,并向毛泽东请示加强运输力量。我军入朝后,他指出朝鲜铁路线不适应战争的需要,立即报告金日成首相,建议中、朝合建球场至德川以及金城经泰山、宁边至球场的中间铁路干线,并建议加修数条战略公路。经过金日成同意后,他又亲自过问勘察和施工,保证了以最快的速度建成,对支援战争起了重大作用。1951年5月,彭德怀主持志愿军党委研究后勤工作,作出了加强后勤工作的决定。成立志愿军后勤司令部,任命志愿军副司令员洪学智兼任志愿军后勤司令部司令员。整顿健全了后勤组织机构,改善了供应体制。在抗美援朝战争中,后勤工作千头万绪,但根本任务是在敌人空军封锁、破坏的情况下,把国家提供的大量物资源源不断地及时运往前线。为此,彭德怀与洪学智狠狠抓住战场兵站联结的运输线的建设这个关键,使这个前运后转的大动脉"打不烂、炸不断",保证了战争的胜利。3年中,我军后方战场修复铁路路基640公里,修复桥梁2294座次,加宽公路8100多公里,新修公路2510公里,基本上保证了运输需要。针对反"绞杀战"需要,彭德怀动员我军在前方和后方全面展开群众性对空作战,将步枪、轻重机枪等武器组织起来,积极打击超低空飞行的敌机,打击了敌机的嚣张气焰。后来,我军空军参战,先后投入10个歼击机师,高射炮兵、探照灯具、雷达兵等也都陆续加强,经过艰苦奋战,击落了美国空中英雄戴维斯等驾驶的敌机,平均每天击落击伤敌机14.2架,夺取了清川江以北一定空间与时间的制空权,粉碎了敌人的空中封锁。

抗美援朝战争结束后,美国一些学者来华交流,提出要见当年在朝鲜战场负责后勤补给的将军洪学智,请他谈如何创造了战争史上的业绩,建成一条美国强大空军炸不断的运输线。美国将军还邀请他到美国西点军校讲课。洪学智对他们介绍,同本书作者也说,主要是彭德怀领导有方,重视后勤。他对彭德怀在志愿军总部说过的一句话记忆犹新。彭德怀对他说:"我曾考虑让你管别的工作,但现在朝鲜战场后勤工作需要你负责。前方是我的,后方是你的。你一定要抓好后勤保障。抗美援朝战争的胜利,一半功劳属于后方战线的同志。"

3.指导军事行动与政治斗争紧密结合,保障政治目标的实现

彭德怀在朝鲜战场,一直把我军的军事行动同整个政治斗争任务紧密结合起来,保证了政治目标的实现。彭德怀的高超军事指挥艺术与政治斗争艺术,表明他不愧是国际著名军事家,又是杰出的政治家。

中国人民志愿军入朝作战的正义行动,其目的正是为了争取条件,使朝鲜问题在公正合理的基础上获得解决。

1951年4月,麦克阿瑟被撤销总司令职务后,朝鲜战场上的美军大大减少了获胜的信心。当年5月,美国国家安全委员会再次坐下来对美国在朝鲜所追求的政治和军事目标进行研究,向杜鲁门提出了通过恢复战前状态的三八线的停战谈判,结束敌对行动,以达到结束朝鲜战争的政策建议。杜鲁门迅速批准了这个建议。到1951年6月中旬,中朝军队连续进行了五次大规模的战役,共毙伤俘敌23万余人,将敌军从鸭绿江边打退到三八线,收复了朝鲜北半部领土。经过五次战役的较量,战争双方的军事力量趋于均衡,战线相对稳定。美国在朝鲜战场上连遭失败,一年中美军损失了10万余人,耗资达100亿美元。这两项损耗,都比其在第二次世界大战中头一年的损耗多1倍。美国在这种形势下,放弃单纯依靠军事手段占领全朝鲜的军事战略,转而寻求"光荣的停战"。

《战争论》作者克劳塞维茨说:"战争不是盲目的冲动,而是受政治目的支配的行为。所以政治目的价值必然决定着愿意付出多大的牺牲代价……而且是指承受牺牲的时间的长短。""所以,当力量的消耗过大,超过了政治目的价值时,人们就会放弃这个政治目的而媾和。"杜鲁门采取以谈判谋求休战的新政策,是经过美国国内激烈的主要围绕对华政策的辩论争吵之后决定的。这场大辩论持续长达7个星期之久。这场辩论是在由美国参议院军事委员会和外交委员会联合主持的联席听证会上举行的。美国国防部长在会上明确指出:他反对扩大朝鲜战争,赤色中国不是一个足以寻求世界霸权的强盛国家。如果把战争扩大到中国,这一战略将使美国在错误的地点、错误的时间,同错误的敌人打一场错误的战争。美

国多数权威人士说,朝鲜战争是一个无底洞,看不到有胜利希望,承受不了巨大的消耗。此后,美国要人四处奔走,探求通过停战谈判达到结束战争行动。

1951年6月,金日成首相到北京,和毛泽东主席、周恩来总理协商关于美国提出的朝鲜停战谈判问题,取得完全一致意见,正式决定和美方谈判。中央军委为志愿军确定了"充分准备持久作战和争取和谈达到结束战争"的新战略方针。彭德怀接到指示,适时进行研究,向毛泽东发电说:"充分准备、持久作战和争取和谈达到结束战争的方针是完全必需的。""坚持以三八线为界,双方均过得去"。随后,彭德怀派出志愿军副司令员邓华代表他参加中朝停战谈判代表团前往开城,同时指示部队配合谈判,加强战斗准备。彭德怀指出:"主席说过,和谈的成功决定战场上的作战情况。""今后的一段时间内,我们不准备组织大规模的反击,根据谈判的进展情况决定我军的行止。""我要求各部队加强战斗准备,为保障谈判打好仗。参加谈判的代表思想要敏锐,要从朝鲜人民利益和全世界

本书作者杨凤安、王天成与全国政协副主席赵南起(左一)审阅八一电影制片厂摄制的故事影片《北纬三八线——抗美援朝战争》。

人民利益出发,在某种程度上我们也可以作小的让步,但是,我们一定要尊重朝鲜同志的意见。总之部队要积极地打,参加谈判的要积极地谈。谈判桌上叫敌人得不到什么东西,战场上也叫敌人得不到便宜。"在长达两年之久的迂回曲折的谈判过程中,彭德怀在军事上不断地粉碎敌人的进攻并进行胜利的反击,在政治上则从严正立场揭破敌人阻挠停战实现的阴谋。针对敌人内部阻挠和平解决朝鲜问题的主要一方,在战场上给予惩罚;当美国在英国支持下极力阻挠停战谈判时,就集中力量打击美、英军队;当英、法等国表示愿意接受停战时,就停止打击英、法等国军队;当李承晚集团疯狂反对停战时,就集中力量狠揍南朝鲜军。1953年6月,停战谈判有了显著进展,李承晚集团却不顾全世界舆论的谴责,公然扣留我方战俘,阻挠停战谈判的签字。这时,彭德怀冷静地分析了形势,决定"再狠狠地教训李承晚一下"。毛泽东同意他的部署。我军随即发起了金城进攻战役,向南朝鲜4个师25公里的防御正面展开猛烈突击,一小时内即全线突破敌防御阵地,共毙伤俘敌7.8万多人,活捉了南朝鲜首都师副师长,沉重打击了李承晚集团的猖狂气焰,迫使敌人在停战协定上签了字。

这场战争已结束快50年了。它的历史意义和现实意义是永恒的。彭德怀在朝鲜战场的卓越军事指挥,也是他一生最伟大的功绩之一。朝鲜最高人民会议常任委员会授予彭德怀"朝鲜民主主义人民共和国英雄"称号和一级国旗勋章、金星奖章,以表彰他率领和指挥中国人民志愿军为协助朝鲜人民抗击美国侵略所作出的杰出贡献。斯大林在电文中称赞彭德怀是当代天才军事家,提出东方作战要依靠彭德怀,他是久经考验的指挥员。江泽民同志在纪念彭德怀诞辰95周年座谈会上指出,在朝鲜战局发展的严重时刻,他慨然受命,率领中国人民志愿军入朝作战。他这种知难而进、勇为前驱的精神,一直为广大干部和群众所称颂和敬仰。在现代化的抗美援朝战争中,他始终都在最前线运筹帷幄,精心指挥,充分显示了他的非凡胆略和精湛指挥艺术,成为享誉国内外的著名军事家。志愿军许多老同志称赞说,彭德怀在战场,决策时殚精竭虑,指挥时坚决刚毅,受挫时顽强不屈,出错时赏罚严明,胜利时宽容敦厚。彭德怀自己

今日丹东——新义州大铁桥。

则说,仗打胜了不是他高明,是群众主宰胜利。

近年来,随着我国对外开放和中美建交后外交关系的改善与发展,双方学者、历史学家共同认识到,朝鲜战争是二战后最大的一场战争,但因担心外交上出现敏感,对朝鲜战争的历史研究很不够。美国兰德公司高级研究员乔纳森·波拉克在北京中美学者学会上说,人们忽略了对朝鲜战争的现实和未来的影响的研究。很少有人对西方有关朝鲜战争的政治、战略和经济后果和对中苏和中美关系的影响进行评价,原因是缺少文件资料。在中国公开的材料中,许多问题没有详细的叙述。例如谁指挥志愿军作战这些基本事实在国外还弄不清,至今仍有争论。澄清这些含糊不清的事实,有助于了解朝鲜战争的历史。

美国著名作家约翰·托兰在他新著《漫长的战斗——美国人眼中的朝鲜战争》一书中说,朝鲜战争是一个值得纪念的充满人类悲剧和洋溢着交战双方英雄气概的传奇历史,是一部令人难忘的世界性重要史诗。虽然它是美国唯一一场没有被树碑立传的重大战争,但美国出版了许多朝鲜战争史著,充分描述世界战争史上的这一光辉篇章。这场战争对现实与未来具有重要启示作用，大国并没有吸取应该吸收的教训，这将会付出代价。这位美国作家在访问中国时，与本文作者见面，还谈到，他在书中写到美国第二任美军司令李奇微在撤离汉城时在办公室布条上写：美第八集团军司令李奇微向中共军指挥官致敬。当时李奇微还不知道志愿军司令员是谁。在历史上，第一次打败美国军队的中国将军是彭德怀，他是中国人的骄傲，我们应该详细宣传介绍自己的民族英雄。

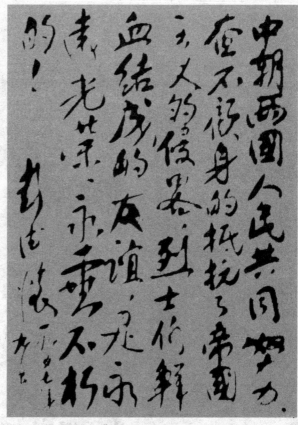

1957年9月，彭德怀为在朝鲜建立的中国人民志愿军烈士陵园的题词。

我们两位作者也深感如实地介绍和研究彭德怀在抗美援朝战场上的卓越军事指挥，是不可推卸的历史责任，也希望有关学术界关心具有重要历史意义和对 21 世纪国防建设拥有重要启示的抗美援朝战争史的研究。

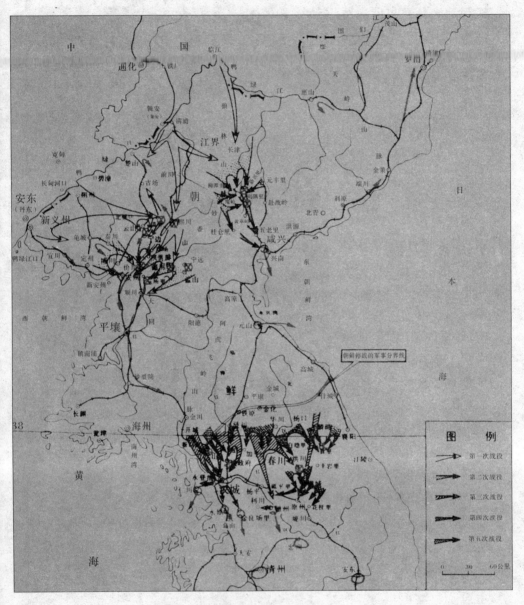

抗美援朝战争示意图

图书在版编目(CIP)数据

北纬三十八度线：彭德怀与朝鲜战争/杨凤安，王天成著.—北京：中央文献出版社，2009.1

ISBN 978-7-5073-2701-4

Ⅰ.北… Ⅱ.①杨… ②王… Ⅲ.①彭德怀（1898~1974）—生平事迹②抗美援朝战争—史料 Ⅳ.K825.2 E297.5

中国版本图书馆CIP数据核字 (2008) 第199239号

北纬三十八度线——彭德怀与朝鲜战争

著　者 / 杨凤安　王天成

责任编辑 / 王春明

封面设计 / 中外名人

出版发行 / 中央文献出版社

地　址 / 北京西四北大街前毛家湾1号

网　址 / www.zywxpress.com

邮　编 / 100017

销售热线 / 63097018

编辑部 / 83085889

经　销 / 新华书店

排　版 / 名人设计排版中心

印　刷 / 北京汇林印务有限公司

680×960　16开　32印张　440千字

2009年1月第1版　2012年6月第2次印刷

印数：6001—9000册

ISBN 978-7-5073-2701-4　定价：65.00元